공부를 재미있게 여기게 해주신
우리 할머니 플로렌스 홀랜더 여사께

현지 학부모가 알려주는

미국대학
진학코디

What High Schools Don't Tell You
(And Other Parents Don't Want You to Know)

Copyright © 2007 by Elizabeth Wissner-Gross
All rights reserved including the rights of reproduction in whole or in part in any form.

Korean translation copyright © 2019 by Hunter Ins.
This edition published by arrangement with Avery, an imprint of Penguin Publishing Group,
a division of Penguin Random House LCC through Shinwon Agency.

이 책의 한국어판 저작권은 Shinwon Agency를 통하여
Avery, an imprint of Penguin Publishing Group, a division of Penguin Random House LCC사와
독점 계약한 사냥꾼 출판사에 있습니다.
저작권법에 의해 한국 내에서 보호를 받는 저작물이므로
무단 전재와 무단복제를 금합니다.

현지 학부모가 알려주는
미국대학 진학코디

The reason for the publication:
Introducing Korean parents to how to apply to American colleges and universities

On top of significant differences in academic qualities between Korean and American colleges and universities in general, providing ample global opportunities for the future college graduates will be a good enough reason to go to American colleges and universities, but what really matters in practice is that it gives Korean students an opportunity to see a totally different world, no matter what they will end up doing after graduating from college. What American colleges and universities offer is beyond imagination, in stark contrast with what is happening in Korean colleges. I know this too well, based on my personal experiences gathered from three different American colleges — graduating from Oklahoma State University in Biochemistry, also from Rensselaer Polytechnic Institute in Chemistry, and being a Ph. D. candidate at Johns Hopkins University in Bioorganic Chemistry. It would be too bad if anybody had to miss out on this kind of invaluable opportunity. Whether or not anybody goes to Korean college must be by choice, not by lack of information. Of course, the tuition and living expenses are among very important deciding factors whether or not to go to American colleges, but even in this point, an applicant must be provided with all the necessary information by which to decide.
In conclusion, this book, a translation of ⋯. is being published to offer a worthy alternative to going to Korean colleges and universities, not to mention providing an efficient tool for those who have already decided

to go to American colleges and universities. Spending a lot of money and time to publish this book will be worth every bit of it, if one single student decides to go to American college because of this book, or finds this book helpful in her or his application.

However, there is something we need to be very careful of; there might be some details in this book that do not apply to present situations because of the inevitable changes that have happened since the first edition of this book was published. Even with that in mind, most of what this book explains will be a great asset in understanding the exact process of American college application, and in learning things to be careful of in that process.

Any new relevant information updated inside and outside of the original version of the book written in English will be posted at www.xpertprep.com.

Simple Reminders; There are a few concepts or terms that need some clarification because of the differences between Korean and American school systems and their ways of looking at things.

한국어판 출판에 부쳐:
한국의 학부모님께 전하는 미국 대학 지원 정보

미국 대학과 한국 대학이 학문적으로 질적 차이가 크다는 것뿐 아니라, 졸업생들에게 주어지는 기회가 세계적이고 매우 방대하다는 것 역시 미국 대학에 지원하는 충분한 이유가 될 수 있다. 그러나 정말 중요한 것은 학생들이 졸업 이후에 어떤 길을 가게 될지와 상관없이, 한국 학생들이 미국 대학에 가서 보게 되는 세상은 이제까지 그들이 보아왔던 세상과는 전혀 다른 세상이라는 것이다. 미국 대학에서 제공하는 것들은 상상을 초월하는데, 이는 한국 대학에서 벌어지고 있는 일들과는 극명하게 대조된다. 나는 세 개의 각각 다른 미국 대학에서의 경험으로 이를 매우 잘 알고 있다. (오클라호마주립대학 Oklahoma State University at Stillwater 생화학전공 및 졸업, 렌슬리어종합공과대학 Rensselaer Polytechnic Institute in Troy 화학전공 및 졸업, 존스홉킨스대학 Johns Hopkins University at Baltimore 생유기화학 박사과정 수료) 누구라도 이런 기회를 놓치게 되는 건 정말 안타까운 일이다. 누구든 한국 대학에 진학하거나 혹은 하지 않거나 결정하는 것은 반드시 자신의 선택에 의해야 하지, 정보 부족 때문이어서는 안 된다. 물론, 미국 대학에 진학할지 말지 결정하는 데 등록금과 생활비 등의 재정적 문제는 매우 중요한 문제이다. 그러나 그렇다고 하더라도 대학에 지원하고자 하는 학생은 대학을 결정하기 전에 필요한 모든 정보를 제공받아야 마땅하다. 지원자의 개인적인 차이를 마치 일반화할 수 있는 것처럼 주장하는 수많은 책과 유학원들의 잘못된 설명을 보면서, 정말로 일반화할 수 있는 내용으로만 꽉 찬 책을 발견하여 번역 및 출판하지 않을 수 없었다.

요컨대, 이 책은 이미 미국 대학에 진학하기로 결정한 사람들에게 효율적인 도구를 제공하는 것은 말할 것도 없고, 한국 대학 진학에 대한 가치 있는 대안을 제시하기 위해 출판된 것이다. 이 책을 읽고 단 한 학생이라도 미국 대학에 진학하기로 결정하거나 대학 지원에 이 책이 도움이 된다고 느낀다면 출판을 위해 들어간 많은 금전적, 시간적 노력들은 그 가치를 충분히 했다고 본다.

다만 주의를 기울일 필요가 있는 부분은, 책의 내용 중에 현재 상황에는 적용할 수 없는 몇 가지 사항들이 있다는 것이다. 왜냐하면 이 책이 첫 번째 출판된 이후에 일어난 불가피한 변화들로 인한 것인데, 그럼에도 불구하고 이 책에 나와 있는 대부분의 내용들은 미국 대학 지원 과정에 대해 정확히 이해를 하고 그 과정에 있어 어떤 점들을 주의해야 하는지를 알게 하는 큰 자산이 될 것이다.

원서판에서 추가로 업데이트 되는 모든 정보들은 앞으로 www.xpertprep.com 에서 확인할 수 있다.

{일러두기}

이해를 돕기 위해 미국의 학교 및 입시 제도와 관련해 간단히 설명해 둔다. 우선 한국과 미국의 학제를 잠깐 비교할 필요가 있다. 독자들도 알듯이 미국에서는 초등학교부터 고등학교까지 학년을 죽 이어 올라간다. 한국은 중학교과 고등학교의 구별이 분명하지만, 미국은 중학교와 고등학교가 같은 학교인 경우도 많으며 그래서 중학교를 middle school 이 아니라 junior high라고도 부른다. 7학년에서 12학년까지가 연속되어 있는 셈이다. 한국의 학제에 대입하면 미국 7학년이 한국 중1이고 미국 9학년은 한국 중3이지만, 미국은 9학년을 freshmen이라고 부른다. 즉 9학년은 미국에서는 고1이며, 그러므로 고등학교가 4년인 셈이다. 대학 지원서를 쓸 때 9학년부터의 성적표를 요구하는 것도 그래서이다. 한국 학생들에게는 귀찮은 일이다. 중3 성적표도 필요하기 때문이다.

11학년을 junior, 12학년을 senior라고 하며 이 책에서는 혼동을 피하기 위해 각각 최종학년 전 학년(11학년)과 최종학년(12학년)이라고 옮겼다.

또한, 대학에서 지원자를 판단하는 재료가 되는 credential과 profile이라는 개념을 파악해 둘 필요가 있다. 지원 시 대학에 제출하게 될 résumé 또는 이력서에는 해당 학생의 주요 credential이 명기돼 있어 전체적인 profile을 보여주게 된다. credential 과 Profile 은 같은 것일 수도 있고 다른 것일 수도 있다. 같은 내용을 다른 관점으로 보는 것이라고 볼 수도 있고, profile이 credential을 포함한다고 볼 수도 있다.

관점의 차이라고 본다면, 학생의 한 모든 일을 의미한다는 점에서 학생을 얼마나 믿을 수 있느냐가 credential이고 학생의 특징이 무엇이냐가 profile이다. 그런데 일반적으로 credential는 GPA, SAT등 점수로 나타나는 학생의 기록을 의미하는 경우가 많고 profile 은 여기에 점수로 환산할 수 없는 부분을 포함하는 경우가 대부분이다. 예를 들면 봉사활동에서 받은 상이나 봉사활동 기간 같은 확인 가능한 내용은 credential이고, 같은 봉사활동에서 얻은 경험을 본인이 배운 점 등의 방법으로 글로 기록했다면 이건 profile인 셈이다.

목차

The reason for the publication:
Introducing Korean parents to how to apply to American colleges and universities | 6

한국어판 출판에 부쳐:
한국의 학부모님께 전하는 미국 대학 지원 정보 | 8

일러두기 | 10

서문. 고등학교에서는 가르쳐주지 않지만 이 책이 가르쳐줄 이야기 | 14

1부. 대학 진학 성공의 비밀? - 작전이 필요하다

제1장 | **목표가 없다면 이룰 것도 없다** : 자녀가 열정을 찾도록 도우라 | 22
제2장 | **전략적 방학 만들기** : 진학에 유리한 경력을 만드는 시간 | 40
제3장 | **4개년 학습 계획** : 대학들이 선호하는 최선을 다하여 도전하는 학생 | 68
제4장 | **개인 계획과 학교 생활의 조화** : 선생님들을 우리 편으로 만들기 | 98

2부. 전공 분야별 대정리 - 자녀를 위한 최고의 기회들을 찾는 방법

이 책을 읽는 요령 | 108

제5장 | 수학 : 수학 성공의 세 가지 길 | 110

제6장 | 과학과 공학, 1부 : 과학 경시대회 나가기 | 134

제7장 | 과학과 공학, 2부 : 연구 노선을 달리는 발명가와 연구자 지망생 | 150

제8장 | 예술 : 창의적인 지원자에게 스포트라이트를 | 190

제9장 | 인문학 : 모든 대학이 원하는 학자 | 228

제10장 | 언론, 매체, 사회운동 계통 : 뛰어난 아이를 헤드라인으로 올리기 | 248

제11장 | 정치, 행정 : 처음부터 순서대로 정치 리더의 길로 | 268

제12장 | 경영 : 장래의 대사업가 마케팅하기 | 282

책을 끝내며 | 294

감사의 말 | 296

부록 1. 40가지 관심 분야별 여름방학 4개년 계획 | 299
부록 2. 기관, 시설, 행사명 찾아보기 | 329

서문

고등학교에서는 가르쳐주지 않지만
이 책이 가르쳐줄 이야기

그래서 당신 하는 일이 뭐냐고 사람들이 물어볼 때, 나는 때로 아이들 꿈을 실현시켜 주는 일을 한다고 대답하고 싶은 충동을 느낀다. 왜냐하면 내 의뢰인들이 나의 진정한 재능은 바로 거기에 있다고 얘기해 주기 때문이다. 하지만 내가 하는 일을 잘 모르는 사람들은 그렇게 말하면 이상하게 보리라는 것을 알고 있다. 아무튼 내가 실제로 하는 일은, 학생들의 가장 큰 꿈이 무엇인지 찾아주고 이어서 그 포부를 달성하도록 도와주는 일이다. 작전은 고등학교 재학 기간에 아이들에게 힘을 주는 데에 강력하게 초점을 맞추고 있다. 그렇게 해서 그 아이들이 꿈에 그리는 대학에 지원할 즈음에는 자신의 관심 분야에서 워낙 두드러진 성취를 거두어 어느 대학 할 것 없이 모두 그 아이들을 학생으로 받고 싶어 할 만큼 압도적으로 매력 있는 학생으로 만들어주고자 함이다. 나는 8학년부터 그 위 학년들을 맡아 일하는데, 그중 어떤 아이들은 자기가 꼭 하고 싶은 일이 뭔지 또렷하게 말할 수 있는 반면에 다른 아이들은 전혀 감이 잡히지 않는다고 그런다. 두 시간에 걸친 상담에서 나는 대개 그런 학생들의 꿈과 열정이 뭔지 표면으로 끌어올려 주고 탄탄한 계획을 짜줄 수 있다. 그들이 목표를 달성하는 데 보탬이 될, 손에 넣을 수 있는 최고의 기회들 몇 가지를 알려준다.

아이들은 나에게 말한다. 우주비행사, 록 스타, 영화 제작자, 물리학자, 소설가, 발명가, 중세 마법사, 올림픽 출전 선수, 기가 막힌 사업가, 심지어 대통령이 되고 싶다고까지 한다. 내가 하는 일은 나 말고 다른 사람들은 안 하고 있는 것 같은 일인데, 곧 이 꿈들을 진지하게 받아들이는 것이다. 학생과 함께 거기에 도달할 경로를 지도로 그려본다. 시작점은 학생이 13, 14세인 때부터다. 오늘날과 같은 초경쟁 시대라 해도 가장 인기 많은 대학에 입학 허가를 받는 건, 학생이 활력과 야심으로 가득 차 기운차게 꿈을 추구해 가고 있을 땐 비교적 간단한 과업이다. 학생들이 가고 싶어 꿈꾸는 대학들이 있는 것과 마찬가지로, 내가 발견하기로 대학들도 받고 싶다고 꿈꾸는 학생들이 있다. 나는 학생들이 그런 꿈의 학생이 되도록 돕는다.

무기력하다는 소리를 듣는 아이인데 내가 찾아가 만나는 사이에 돌연 그 어떤 학문 또는 예술적 열정에 불이 당겨져 놀랍게도 반짝 빛을 보여 주는 일, 배운다는 것과 세상에 대하여 그 학생을 흥분하게 한 내면의 불티가 피어나는 그런 일보다 더 신나는 일이란 없다. 학부모들은 내가 만나고 나서 자녀가 딴 애가 됐다고 자주 말씀하신다. 심지어 가족 전체가 확 바뀌었다고도 한다. 조목조목 가르쳐서 그렇게 만든 것이 아니라 십 대 아이가 어릴 적 꿈을 재발견하게 도와줌으로써 생기는 일이다. 테라피를 한 게 아니라 그저 십 대 청소년에게 내가 여러 해 동안 몰입하여 조사해 만든, 틀림없는, 해볼 만한 계획을 보여준 것뿐이다. 대부분의 십 대들에게서 나는 그들의 꿈이 표면 바로 밑에 묻혀 있는 것을 발견한다.

아이들을 상대로 일해 온 여러 해 동안에 나는 관심 있게 관여하는 학부모들이 자녀가 꿈을 이루게 해주는 데 결정적인 역할을 할 수 있다는 것을 알게 되었다. 어른들에게서 도움 받는 걸 내키지 않아 하는 아이들의 경우에조차 그랬다. 예컨대 당신의 아들이 작곡가가 되고 싶어 하는데 당신에게 아주 틀림없고 탄탄하고 그 목표까지 한 발 한 발 확실하게 이루어갈 계획이 있다고 치자. 아들이 그 계획대로 하고 싶어서 열의를 갖고 덤빌 것이라고 생각하지 않는가? 그리고 당신의 딸이 전국적인 정치인이 되고 싶어 하는데 당신은 8학년 때부터 시작해서 성공을 향해 밟아갈 과정을 알고 있다 치자. 딸이 얼마든지 당신과 함께 노력해 나갈 마음을 먹지 않을까?

나는 믿는다. 잘만 하면, 십 대 시절은 순수한 에너지가 풍성히 흘러넘치는, 검열을 받지 않은 포부가 넘치는, 치열한 학문적 열정이 가득한 시기가 될 수 있다고. 아인슈타인보다 더 똑똑한 사람이 되겠다는 꿈, 셰익스피어보다 더 훌륭한 작품을 쓰겠다는 꿈, 렘브란트보다 더 그림을 잘 그리고 테레사 수녀보다도 더 큰 봉사를 하겠다는 꿈. 십 대들은 거침없이 나아가게 해줘야 한다. 하지만 교육 전략가로서 내 경험에 비추어 볼 때 십 대 아이들의 대다수가(심지어 톱클래스인 학생들도) 방향성이 없는 것 같다든가 지겹다, 기운 빠진다는 이유로 누가 막 다그치거나 어르고 달래지 않으면 공부를 하지 않곤 한다. 학교생활과 십 대 생활의 즐거운 부분 사이에는 거의 겹치는 데가 없다. 그리고 십 대들은 자기 꿈들이 달성될 것이라는 희망이 거의 없이 대부분 그저 자신을 방기하거나 무언가 하찮은 데에 감정적으로 똬리 틀고 있거나 한다.

그 잃어버린 꿈들을 되돌려주는 것이 내 일이자 이 책의 사명이다. 십 대들에게 (그리고 그 부모님들에게) 가슴속 가장 깊은 곳에 있는 일에 대한 열망이 현실이 될 수 있다는 걸 보여주고, 그리고 그들에게 목표를 이루게 해줄 입증된 길을 제시하는 것이다. 물론, 이 과정에서 부모들이 얻게 될 부수적인 이득도 많다. 학문, 예술, 운동에 대한 열정을 추구하는 아이들은 키우는 재미가 아주 그만이다. 하루하루가 신나는 모험 같다, 배울 것이 많고 성취할 것도 많고. 그리고 대학들은 그런 아이들을 너무너무 좋아하므로, 지원하기가 한결 수월해진다. 사실상, 그런 아이들은 모든 대학에서 차마 거절 못 하는 지원자다.

이 책에서, 내 두 아들 알렉스와 재크를 포함해 중학생과 고등학생 수백 명과 함께해 온 교육 전략가로서 내가 발견하기에 이른 비밀들을 가르쳐드리겠다. 내 아이들은 하나는 현재 하버드 물리학 전공으로 이학박사 과정을 마쳤고 다른 녀석은 하버드와 MIT에서 생물물리학 연합 박사과정을 시작했다. 알렉스와 재크가 아직 고등학생일 때 나는 경쟁 학생들의 부모들을 만나보았다. 개중에는 전국 최고 성적을 기록한 학생들도 있었다. 만나본 부모님들 중 많은 분들이 너그럽게도 가벼운 대화 자리에서나 공식적으로 한 면담에서 본인들의 전략을 공유해 주셨다. 그러는 과정에, 나는 또 다른 야심 가득한 우수 학생의 가족들에게 조언해 주기에 충분한 정보들을 얻게 되었고, 직업적인 교육 전략가가 되기로 마음먹었다.

내가 맡아온 학생들은 인텔 과학영재 발굴 대회 최종심에 들었거나 수상자가 되었다. 전국 대회에서 메달을 따고 국제 과학 기술전 및 중학생급 디스커버리 챌린지에서 상을 받았다. '미국의 젊은 발명가를 위한 내셔널 갤러리'에 참가를 권유받았고, '노벨 물리학상 첫걸음' 행사에서 국제적인 수상자로 거명되었다. 그들은 뉴욕 시 오페라에서, 또 텔레비전 광고에서 배역을 따냈다. 그들은 SCA(Student Conservation Association)로 우리의 국립공원들에서 학생 직원이 되는 신나는 기회를 얻었다. 정기간행물에, 신문에, 그 외 전국적인 출판 매체에 글을 실어 펴냈으며 고등학교 재학 중에 발명을 하여 특허를 땄다. 전미 수학 경시대회 팀 및 컴퓨터 경시대회 팀과 함께 훈련을 받고 그 외 여러 학술 경시대회에서 준결승, 결승까지 갔다. 공동체에 빼어난 기여를 하여 의회에 나가 의회상을 받기도 했다. 그리고 주니어 올림픽에 출전하여 각자의 종목에서 전국 순위에 오르고, 중병 환아들을 위한 기금을 조성하는 종합 공연을 조직하는가 하면, 큰 규모의 전국 행사에 창작물을 선보이고, 지진 피해자 돕기 해외 행사를 뛰고, 허리케인이 할퀴고 간 뉴올리언스에 대한 의료 지원을 거들었다. 뉴욕 시에 자원 재활용 프로그램이 조직되도록 이끌고, 야구 배트나 스포츠 헬멧을 필요한 어린이들 손에 보급할 수 있게 중고 운동기구 기부 운동을 조직했다. 그 학생들은 하버드, MIT, 예일, 프린스턴, 스탠퍼드, 칼테크, 듀크 등의 최고 대학들에 입학 허가를 받았다.

이 책을 쓴 것은 부분적으로는 내가 학생들과 함께 10년 넘게 밝혀 온 정보들이 다른 데서 찾을 수 없는 것들이기 때문이다. 이런 책은 이 책 한 권 뿐이다. 내용을 구성하면서 '비밀들(secrets)'이라고 한 건 대부분이 야심 만만한 학부모들이 남이 알까 쉬쉬하는 정보이기 때문이다. 이분들은 자기 자녀와 대입을 놓고 경쟁하는 딴 아이 부모들과 자기들의 접근법을 공유하고 싶어 하지 않는다. 그리고 진로 상담 선생님, 학교 교장 선생님, 아이들을 가르치는 교사 분들은 대체로 이 책에서 논하는 기회들 중 많은 것이 존재하는지조차 모르신다. "이런 정보를 도대체 어떻게 다 모으셨어요?" 내가 맡은 학생 부모님들이 늘 하는 질문이다. 나는 여러 해에 걸친 조사와 탐구로 이런 정보들을 갖추었다. 대학들의 입학처장 분들과 면담을 했고, 가장 성공적인 결과를 거둔 학생들의 크리덴셜들이며 레주메를 연구했다. 미국에서 가장 우수한 몇몇 학생들의 부모님들과 이야기 나누어 보았고 또 가장 중요하게는 내 아들들 입시에서 아이들과 함께 열심히 뛰었다.

이 책은 빈틈들을 채워준다. 아이들이 저마다 가진 예술, 체육, 학문에 대한 열정에 맞추어 학부모님 및 교육 담당자가 견고한 입시 대책을 세우도록 해주는 내부자의 특급 정보를 드린다. 아이들의 꿈을 실현시켜 주고 가족들과 동지애를 갖게 하여 신나는 팀워크를 이루도록 해줄 장기 전략을 제공한다. 최고 대학에 입학하기 위한 경쟁이 그 어느때보다도 치열한 이 시대에 부모님과 자녀는 하나로 뭉쳐야 하며, 이상적으로는, 아이들이 아직 8학년이나 9학년일 때부터 계획을 수립해야 한다. 고등학교에 다니는 4년 동안 최대한의 결과를 도출하고 대부분의 대학들에 매력을 보여주기 위함이다.

이 책이 자녀들을 위한 최상의 기회를 어떻게, 어디서 찾아낼지를 누설해서 부모님들에게 힘을 실어주었으면 하는 것이 나의 바람이다. 그러한 기회들을 이용함으로써 여러분의 자녀들은 어떤 분야를 선택하든 그 분야의 굵직한 영재가 될 것이며, 결과적으로 미국 내 유수의 대학들에 입학 허가를 수월하게 따내게 될 것이다.

책의 내용은?

이 책은 309개의 비밀들을 통하여 십 대 자녀가 성공(대입뿐 아니라 어떠한 직업을 지향할 것인지에 대해서도)을 거둘 확률을 여러분이 높여줄 수 있게끔 도와드릴 것이다. 독자 분들의 교육 수준이나 금전적 형편, 민족적 종교적 정치적 배경과 상관 없이 말이다. 여러분 자녀가 다니는 고등학교의 수준과도 무관하며, 지금까지 자녀의 성취가 최고로 뛰어난지 아닌지 여부와도 관계 없다. 고등학교 저학년 학생 및 중학교 마지막 학년 학생의 부모님들을 대상으로 한 책이기는 하나 여러분의 자녀가 이미 고교 최종학년 전 학년이라 해도 유용한 팁이 잔뜩 있을 것이다. 아직 입시 대비를 해주기에 너무 늦진 않았다.

책의 1부는 여러분의 자녀가 가슴 뛰어 할 목표를 수립하고, 그 목표를 달성하기 위한 건실한 입시 계획을 세우도록 여러분이 도와줄 방법을 안내한다. 여러분 자녀가 보낼 여름방학들의 대부분을 어떻게 설계할지부터 학교 공부는 어떻게 할지까지 모든 것을 망라한다.

2부는 광범위한 전공 분야들에서 여러분 자녀가 두각을 드러내게 해줄 기회들을 분야별로 나누어 파고든다. 한 장씩을 할애하여 학생을 해당 분야의 스타덤에 올려줄 수학, 과학 연구, 과학 경시 분야의 족보를 논한다. 마찬가지로, 예술(순수미술, 극, 음악, 무용, 창조적인 글쓰기가 포함된다.)과 인문학(고전, 역사, 문학을 포함한다.), 언론과 사회 운동 분야, 행정학, 경영학에 관하여도 장을 두어 부모님들에게 대부분의 대학들에 호소력 있을 활동들에 관하여, 자녀들의 성공을 확실히 할 방법에 관하여 내부자의 조언을 드린다. (대학들에게 설득력을 발휘하는 것이 무엇이냐에 따라 여러분 자녀가 결과적으로 선택할 활동이 결정되어야만 할까? 그렇진 않다. 하지만 대학들에 무엇이 먹히는지를 아는 것은 부모님이나 학생들이 알고서 결정을 내리게 하는 데 분명코 도움이 될 터이다.) 2부를 보실 때에는 여러분 자녀들의 흥미 분야에 해당하는 장에 우선적으로 초점을 맞추시라. 하지만 어쩌면 흥미 있어 할지도 모를 분야들을 논하고 있는 장들도 꺼리지 말고 더러 탐구해 보시길 바란다. 여러분 자녀가 이 책에서 상세하게 설명한 경로 중 어느 경로든 진지하게 그대로 따라갔다면 대학들에서 엄청나게 탐을 내게끔 될 것이다.

마지막으로, 이 책 끝부분에 실은 부록은 44개의 여름방학 계획들을 제공한다. 흥미 분야에 따라 목록화한 것으로 컴퓨터 게임 디자인이나 패션 같은 인기 있는 전공부터 인류학이나 철학과 같은 좀 더 관념적인 전공까지를 망라했다.

"하지만 이런 프로그램이며 계획들은 애초에 타고난 재능이 유달리 뛰어난 아이들에게나 효과 있는 게 아닐까요?" 어떤 부모님들은 첫 면담에서 이렇게 묻곤 한다. "아니요." 나는 그렇게 대답해 준다. 내 경험에는 이건 결국 저 오래된 질문 '천성이냐 양육이냐?'다. 학생이 동기부여가 아주 잘되어 승승장구하면 그건 타고난 걸까 그렇게 길러진 걸까? 여러 가족들을 접하여 일을 하면서 나는 점점 더 이렇게 믿게 되었다. 설령 타고난 게 우리가 맨처음 갖고 시작하는 설비를 통제한 대도, 양육이야말로 최후의 승리자라는 것이다. 부모님이 자녀를 어떻게 대하는지, 자녀의 인생에 어떻게 관심을 기울이는지, 방향 제시를 얼마나 해줄 수 있는지, 그리고 가장 중요하게는, 여러분 자녀의 꿈과 야망에 얼마나 많은 관심을 기울여주는지에 달려 있다. 대부분의 부모님들은 부모님이 신경 써주는 것이 자녀의 성공에 얼마나 큰 영향을 미치는지를 미처 깨닫지 못하고 있다. 든든하게 뒷받침해 주는 부모님이 길을 인도하는 아이들은 훨씬 더 많은 것을 할 수 있고 성취도 더 높은 경향이 있다. 아이들이 일단 열정과 꿈을 정하여 노력을 하기 시작하면 말이다.

놀랄지 모르지만, 내가 맡았던 수퍼스타감 학생 부모님들은(그리고 아이들 본인들도) 더러 이렇게 고백한다. 초등학교 시절 공부를 처음 시작하던 때에는 꼭 두드러진 우등생은 아니었다고 말이다. 소설가 학생이 1학년 때 글을 제일 잘 읽는 아이였던 것은 아니며, 화학자 지망 학생이 4학년 때는 산수를 빨리 못했고, 배우 학생은 원래 수줍었다. 그 학생들이 뒤에 와서 빛을 발하게 된 건 상당 부분 부모님들이 시간을 들여 자녀들의 꿈을 잘 알아주고 그 꿈을 현실화하기에 기꺼이 함께 노력해 준 공이 있어서였다.

내가 미국에 있는 아이들 모두를 만나 그들의 꿈이 무엇이고 무엇에 영감 받았는지를 밝혀내 줄 수는 없기에, 나는 이 책을 써서 독자들에게 여러분도 또한 무언가 멋지고 굉장한 목표를 지향하는 아이들을 키워낸다는 마법을 즐길 수 있음을 귀띔해 드리고자 했다. 여러분도 또한 기회들을 전해 주는 이가 될 수 있다. 메리 포핀스가 되어주고 산타클로스가 되어주고 그 밖에 다른 어떤 꿈 실현자가 되어주고 싶은 부모님이시라면 이 책은 그 배역을 멋지게 해내어 여러분의 십 대 자녀들에게 피가 되고 살이 되게, 자녀들 꿈 실현을 도와줄 대학으로 가는 길에 올려주는 법을 구체적으로 알려드리기 위해 존재한다.

실행하시라. 여러분의 따님이 언젠가 치료법을 발견할 의학 연구자가 될 수 있게 배경을 만들어주시라. 여러분의 아드님이 전시회를 떨어울릴 미술가가 되도록 도와주라. 빈곤한 사람들에게 먹을것을 줄 공동체의 기금 조성 사업을 이끌고자 하는 아드님의 노력을 지지해 주라. 부모님인 여러분은 아들딸의 꿈을 현실로 만들게끔 도와줄 힘을 갖고 계시다. 그리고 이 책이 방법을 가르쳐 드릴 것이다.

1부

대학 진학 성공의 비밀?

작전이 필요하다

제 1장

목표가 없다면 이룰 것도 없다
자녀가 열정을 찾도록 도우라

우리는 다른 학부모에게서 "애들은 애들답게 키워야죠." 하는 말을 들을 때가 많다. 어쩌면 독자 여러분도 그렇게 말하는 분인지 모르겠다. 그러나 그런 말은 지금 바로 잊길 바란다. 아이에게나 어른에게나 놀고 쉬는 것은 중요하지만, 열정을 가진 분야에 몰입하는 것도 재미있다는 것을 대부분의 사람들이 안다. 또한 열심히 공부하는 데에는 대학 입학이라는 장기적 이득이 있을뿐더러 결국 좋은 일자리를 갖게 해준다.

고등학교에 들어갈 자녀가 있는 학부모들에게, 아이들과 함께 열심히 뛰어보는 것이 부모와 자녀 모두에게 신나고 재미있고 보람찬 경험이 될 수 있다고 나는 말한다. 이 시기는 자녀들의 성격을 파악하고, 기술과 재능과 좋아하고 싫어하는 것들을 찾아내도록 도울 수 있는 시기다. 중요한 건 막 고등학교에 들어갔을 때가 장거리 목표를 설정할 때라는 것이다. 무엇을 하고 싶은지 자녀들에게 물어보고 전략을 세우도록 도와줄 때다. 이 장에서는 독자 여러분과 여러분의 자녀들이 이토록 흥미진진하고 강렬한 여행을 시작할 때에 맞추어 자녀들이 관심사를 찾고 나아갈 방향을 모색하는 데 도움이 되고자 한다.

Secret 1 자녀들의 목표 설정을 돕고, 재능과 열정을 개발할 최고의 기회를 찾도록 돕고, 가장 흥미를 느끼는 분야를 향한 성공 전략을 개발하도록 부모가 함께 힘써 주는 것은 대학 진학 성공을 보장하다시피 한다. 모든 대학은 힘이 넘치고, 스스로 동기부여가 되어 있고, 재능 있고, 일을 마무리 지을 수 있고, 호기심 많고, 열정적이며, 열심히 하는 학생을 찾는다.(이 단어들을 기억했다가 자녀들이 지원서를 작성할 때 써넣을 수 있게 하라!) 꿈을 찾도록 부모가 도와줌으로써 자녀들이 위에 열거한 자질들을 계발하는 데 중요한 역할을 할 수 있다.

Secret 2 **고등학교 선생님들이 말해주지 않는 가장 큰 비밀 중 하나는 "입시 전쟁"이 실은 8학년이나 9학년에 시작한다는 것이다.** 자신의 목표나 어느 대학을 갈지를 11학년 말이나 12학년 초에 가서야 정하는 것은 경쟁의 대열에서 뒤처진 것이고, 오늘날과 같은 초경쟁 환경에서 이는 단순히 좀 늦은 정도로 끝나지 않는다. 자녀들이 어디서든 알아줄 최우수 학생이 되기를 원한다면 마지막 학년에 올라가기 전에 이미 그렇게 되어 있어야 한다.

이 책의 목표는 여러분들을 현재의 대입 광풍에 휩쓸리게 만들려는 것이 아니라, 여러분의 자녀를 "탁월한" 존재로 만들어서 대학교가 뽑을 수밖에 없게 함으로써 광풍을 초월하는 데 있다. 일반적으로 고등학교는 여러분의 자녀들이 대입에서 경쟁력을 높일 수 있는 방법을 알려주지 않는다. 심지어 11학년이 끝날 때까지 대학은 신경 쓰지 말라고 하거나 "학창시절을 즐기게 해주세요."라고 말하기까지 한다. 이렇게 해서는 안 된다. 여러분의 자녀들은 대학교에서 뽑아줄 만한 관심 대상이 될 수 없다.

이 장에서 나는 여러분과 자녀들의 열정과 꿈을 찾을 수 있도록 돕는 것에 그치지 않고, 최고의 대학교들이 여러분의 자녀들을 선발할 수밖에 없도록 만드는 흥미진진한 전략을 설계하도록 도와드릴 것이다. 여러분의 십 대 자녀가 앞으로 살면서 장기적으로 하고 싶은 게 무엇인지 아직 모른다고 걱정하지 마라. 호기심이 가는 것을 선택하게 하고, 충분히 열정을 보이는 한은 계속할 수 있게 해준다(아이들은 기복이 있다). 6개월 만에 그만둔다면, 6개월간 소중한 경험을 한 셈이다. 이때의 경험은 그다음 목표를 고르고 집중하는 능력을 향상시켜 준다.(한 차례 양질의 경험을 했으면 그것은 여러 가지 목표로 이어진다. 예를 들어, 훌륭한 방학 중 과정에 참가했다면 자녀들의 학습 방법과 실기가 향상되고, 관심사가 발전함에 따라 그것이 다른 분야의 학습에도 보탬이 되게 마련이다.)

Secret 3 입시 전쟁을 시작하려면 계획이 필요하다. 자녀를 위한 계획에는 다섯 가지 요소가 포함된다.

❶ 전체적인 비전이나 꿈을 확인하기. (1장)
❷ 비전 실현에 직결되고, 전체 전략의 근간이자 실질이 되는 방학 계획(미국 고등학교 여름방학에 해당하는 4회—옮긴이) 세우기. (2장)
❸ 비전과 직결되는 고등학교 전 기간 계획 및 당해 연도 연중 계획 세우기. (3장)
❹ 매력적인 레주메 개발. (3장)
❺ 장기 목표를 달성하기 위한 작은 단계로서, 목표와의 거리를 좁혀줄 6개월짜리(더 짧아도 된다.) 단기 목표 계획. (3장)

이 책을 읽는 지금 이미 8학년이 지났다고 조바심 낼 필요는 없다. 설령 9학년, 10학년, 심지어 11학년이라고 해도 기회는 있다. 그러나 시작이 빠를수록 더 많은 기회가 있고, 더 많은 크리덴셜을 얻을 시간이 있다.

꿈을 가지고 출발하라!

"제 아이들은 동기부여가 하나도 안 되어 있어요." 수많은 학부모들이 이렇게 얘기한다. "우리 집에는 지구상에서 가장 게으른 아이가 있어요. 깨우지 않으면 24시간 잠만 잘 거예요." "사력을 다해 딸아이에게 동기부여를 하려고 노력했어요. 하지만 아이는 내 말을 듣지 않아요."

Secret 4 십 대의 동기부여에서 가장 중요한 비결은 목표와 꿈을 설정하는 것이다. 그런 다음 그 목표를 달성할 수 있는 계획을 세운다. 경험적으로 볼 때 우리는 더 큰 목적을 위한 일을 할 때 시간이 더 빨리 가고, 인정받는 일 쪽에 더 관심을 갖는다. 내가 훌륭한 연주자고 청중들이 연주에 열광할 게 틀림없다면 연습 시간이 즐겁다. 반면에 다시는 활용할 일도 없을 것 같은 무슨무슨 전투가 일어난 날짜를 외운다는 것은 정말 따분하다. 한심하게 느껴지는 빡빡한 일에 시간을 소모하거나, 계속해서 못한다고 꾸지람 듣거나, 내가 한 일을 제대로 평가받지 못할 때는 누구나 냉담해지고 동기부여가 되지 않는다. 하지만 내 목표를 생생하게 실감할 수 있다면 지금 하는 공부가 어떻게 내 꿈으로 한 발짝 가까이 가게 해 주는지가 보인다. 이와 같이, 연결성과 목적성을 깨닫는 것이 강력한 동기부여가 된다.

Secret 5 **열넷, 열다섯 먹은 아이들에게 대학 진학이 목표의 전부는 아니지만, 적어도 그 일부이기는 하다.** 부모로서 자녀가 고등학생이 되어 어느 한 대학만을 고집하거나 대입이 인생의 끝이라고 믿기를 바라지는 않을 것이다. 아이들의 꿈은 대학 진학보다 훨씬 높아야 하며 대학은 인생의 더 큰 목표를 달성하기 위한 발판이어야 한다. 인생의 성공을 보장하는 단 하나의 또는 몇 군데의 대학이란 건 없다.

고등학교 시작 또는 중학교의 끝 시점에서 대학은 열심히 공부하기 위한 동기부여의 대상이자 고교 생활에서 전반적으로 성취할 목표로 보아야 한다. 자녀들이 직접 대학에 방문해 보는 것은 장래상을 시각화하는 일이 될 수 있고, 캠퍼스 분위기만으로도 활력을 얻을 수 있다. 입시 준비가 끝나는 11학년 말까지는 굳이 캠퍼스 구경을 하러 갈 필요 없다고 하는 사람들 말은 무시해야 한다. 여러분은 자녀가 일찍부터 관심 분야에 집중하고, 목표를 설정하고, 그 열매를 딸 수 있게끔 기세를 올리기를 바랄 것이다.

8학년 내신 성적이 계산되기 전이나 9학년에 막 들어갔을 때 자녀들이 가장 관심을 가지는 선망하는 대학 캠퍼스를 방문해 보는 것이 좋다. (이 장 끝부분에 여러분과 자녀들이 관심사를 정리하는 데 도움 될 방법들을 제시했다.) 예를 들자면, 공학과 과학을 좋아하는 자녀들과 함께 MIT, 칼테크, 하비머드, 라이스, 올린, 쿠퍼 유니언, 코넬, 버클리, 스탠퍼드에 가보라. 의예과나 수의대에 관심을 가진 자녀와는 워싱턴, 존스홉킨스, 노스웨스턴, 브라운, 터프츠를 방문하라. 미술, 음악, 영화를 전공하고 싶어 하는 자녀들과는 커티스, USC, UCLA, 로드아일랜드 디자인스쿨, 오벌린, 뉴욕대 티시, 칼아츠, SUNY 퍼체이스, 파슨스, 프랫, 예일을 방문하라. 장래에 정치가를 꿈꾸는 자녀들과는 하버드 케네디 스쿨, 조지타운, 프린스턴 우드로윌슨 스쿨, 터프츠 플레처 대학원, 클레어몬트 매케나, 시카고 대학교에 가보라. 기업가가 되고자 하는 자녀들과는 와튼, 뉴욕대 스턴, 버룩, 뱁슨 칼리지, 미시간, 듀크에 가라. 이렇게 함으로써 자녀들에게 열심히 노력하면 이런 멋진 곳에서 공부할 수 있다는 장래상을 시각화해 주는 것이다.

Secret 6 **첫 캠퍼스 투어는 관광객이 된 것처럼 즐겁게 계획하라.** 학생 식당에서 식사를 하고, 사진을 찍고, 선물 가게에서 티셔츠를 사라. 스트레스를 주는 여행은 하지 마라. 이런 말은 하지 마라. "봤지? 정말정말 열심히 공부해야 이런 좋은 데 오는 거야."
캠퍼스 투어의 목적은 자녀들이 실제로 보고 스스로 깨닫게 하는 것이다. 동시에, 어느 특정한 대학만이 최고라든가 졸업 후의 성공을 보장해 준다든가 하는 건 아니라는 것도 알려주도록 하라. 설령 여러분의 자녀가 이 대학이나 저 대학에 진학하지 못하더라도, 또 다른 흥미진진한 기회들이 많이 있다.

Secret 7 **캠퍼스 투어는 일찍 할수록 더 즐거운 경험이 된다(그리고 덜 불안하다).** 8학년이나 9학년의 여름방학이 캠퍼스 투어의 적기이다. 이때의 캠퍼스는 연중 가장 매력적이다. 대학생들은 프리즈비와 자전거를 즐기고, 초목은 울창하고 꽃들이 활짝 피었으며, 캠퍼스가 덜 붐비고 자녀들의 스트레스도 덜한 시기이다. 사람들은 기꺼이 질문에 답해 주고, 캠퍼스를 걷다 보면 누군가 비공식적으로 안내를 해주기도 한다. 또한, 자녀들의 나이가 어릴수록 학부모와 함께 하는 캠퍼스 투어에 저항감이 적고 덜 고집을 부린다. 대학생 나이에 가까워질수록 자기 의견이 강해지기 때문에 십 대와 대학 방문하기가 점점 더 힘들어진다. (캠퍼스에 가보는 것 자체에 스트레스를 받기도 한다.) 많은 학부모들이 캠퍼스 투어에서 자녀들이 안 가겠다고 고집을 피우고 차 안에 틀어박혀 꼼짝도 하지 않았다는 끔찍한 경험담을 들려준다. 8, 9학년 여름방학은 자녀들의 저항이 덜한 시기이다.
캠퍼스 투어는 11, 12학년에 가서 하면 되지 그 전에는 할 필요가 없다고 하는 진학 지도 교사들도 있다. 그러나 대부분의 캠퍼스 투어에서 제공되는 대학 정보

세미나는 막 고등학생이 된 자녀들에게 매우 유용할 수 있다. 대부분의 대학들은 전공 분야에 대한 강한 학문적 관심과 기록을 보유한 수험생들을 선호한다고 말한다. 그러므로 여러분의 자녀가 이 트랙에 빨리 올라탈수록 더 강력하고 더 믿음직한 지원자가 될 것이다.

대입에 더 유리한 분야가 있을까?

자녀를 위한 경력 기록을 만드는 첫 단계는 자기가 과연 어떤 학문, 어떤 예술에 열정을 가지고 몰두할 수 있을지를 파악하게 돕는 것이다. 대학들이 제일 뽑고 싶어 하는, 아니면 최대한 많이 뽑으려는 특정 분야가 있을까?

Secret 8 — **대학들은 대부분 수학, 과학, 공학, 인문학, 예술, 저널리즘, 지역사회 봉사, 리더십 및 비즈니스 분야에서 재능이 증명된 학생들을 원한다.** 어떤 과가 있고 어떤 특별활동을 운영하는지에 따라, 지역사회 봉사 및 스포츠와 같은 비학문적 분야를 포함하여 다른 쪽으로 뛰어난 학생을 좋아할 수도 있다. 자녀의 잠재적 관심 분야 찾기를 도울 때 대학들이 보편적으로 운영하는 과목과 과외활동들을 고려하라. 각 대학 홈페이지의 "Academics" 또는 "Student Life" 메뉴에서 과목을 찾아보라. 예컨대, 대학에 고대 그리스어 과목이 있는 경우, 자녀가 고대 그리스어를 배웠다면 과외활동으로 인정한다. 같은 이유로 대학에 뛰어난 미식축구부가 있는 경우, 미식축구 선수 지원자는 대우를 받는다. 약간 농담같이 들리겠지만, 대학은 이기적이라 자기네가 원하는 게 우선이고 학생이 원하는 건 나중이라는 말이 있다. (대학이 원하는 특정한 학생상이 매해 바뀔 수 있다는 점에 유의해야 한다. 이 해에는 오보에 연주자를 뽑고 싶어 하고, 다음 해에는 크로스컨트리 주자를 원하기도 한다. 또는 올해는 고전 전공자를 원하고 내년에는 토목공학 전공자를 원할 수도 있다.)

그렇다면 어떻게 대학들이 원하는 분야를 미리 예측할 수 있을까?

진실은, 여러분은 예측할 수 없다는 것이다. 이 정보를 공개적으로 공개하는 대학은 거의 없다. 그래서 자녀의 이력서를 특정 학교의 필요에 맞추려고 시도하기보다는 자녀가 진정으로 관심을 가지는 과외활동들을 하게 하고 경쟁이 덜한 분야에 관심을 두어볼 것을 권장한다. (예를 들어 고등학생들에게 익숙하지 않은 인류학, 고대 그리스어, 바순 연주, 원자공학, 식품과학 등의 분야가 자녀의 입학 확률을 높일 수 있다.)

자녀가 전혀 의욕이 없다면

Secret 9 **무기력한 자녀에게 관심 분야를 찾아주는 일이란 무에서 유를 창조하는 일같이 느껴질 수 있지만 실상은 해봄직한 도전이다.** 항상 자녀가 관심을 가지는 것에 집중하라. 관심을 가져보라고 강요하면 금방 피곤해하거나 지루해할 것이고, 동기부여의 유일한 수단이 다그치는 게 되어버리고, 부모 자식 관계가 완전히 상하게 된다. 많은 학생들은 부모가 항상 들들 볶는다고 불평하고 많은 학부모들은 자녀를 다그치는 역할을 해야만 하는 게 정말 싫다고 한다. 내 경험에 의하면 대부분의 자녀들에게는 관심거리가 있다. 부모님들이 그걸 알아주어야 한다. 한데 모여 놀기만 좋아하는가? 암 치료법 연구 지원을 비롯하여 갖가지 명분을 위해 모금 파티를 여는 단체들이 있으니 그런 데 가입해 파티 기획을 하도록 해보라. 야구 카드를 샀다 팔았다 하기에 여념이 없는가? 야구 카드 시세에 쏟는 관심의 방향을 돌려 주식 시장 동향을 관찰하고 파악하게끔 해보라. 밤이고 낮이고 텔레비전에서 록 음악 공연만 보고 있는가? 텔레비전 방송 제작에 관해 배우도록 해줘라. 그러면 고등학교 고학년이 되어 제작사의 인턴으로 일해 볼 길이 열린다. 컴퓨터 게임 중독인가? 컴퓨터 교육 프로그램을 찾아 컴퓨터 게임 만드는 법을 배우게 하라. 그게 무엇이든 자녀가 자연히 갖게 된 관심과 스스로 가진 동기를 도구 삼아 자녀로 하여금 학교를 벗어난 후의 인생이 있고 기회가 있음을 깨달을 수 있게 해주는 것이다.

"만들어진" 열정은 나쁠까?

"좋아하는 걸 하세요." 뉴잉글랜드(아이비리그 대학들이 있는 미국 북동부 지역—옮긴이)의 한 리버럴 아츠 칼리지 입학처장이 한 말이다. "트라이앵글을 좋아한다면 트라이앵글을 연주하는 거예요." 열정이란 만들 수 없는 것, 배워 익힐 수 없는 것이 아니다. 요령 있는 학부모는 트라이앵글에 대한 자녀의 관심을 다른 타악기로 확장시켜서 밴드와 앙상블에서 활동하도록 한다. 꽃을 좋아하는 아이라면 식물학에 대한 열정을 일으켜보라. 나의 상담 학부모 중 한 분은 딸이 엄청나게 전화 통화를 많이 하는데 그 내용이 친구들 고민 상담이라는 것에 착안해 아이에게 심리학에 대한 열정을 불어넣었고, 결국 그 딸은 최상위 대학의 심리학과에 합격했다. 자녀에게 새로운 길을 제시하고 연관된 기회 찾기를 도와주라. 그러나 억지로 원치 않는 분야로 끌고 가는 일은 없도록 주의해야 한다.

명확한 열정이 없는 자녀에게 관심 분야 찾아주기

관심 분야를 발견하고 싶어도 도무지 되지 않는 아이들이 있다. 이런 아이들은 열정을 가질 분야를 찾기에 좀 더 격려와 지도를 해야 한다. 부모와 함께 하는 견학 여행은 자녀들의 관심 분야를 찾는 데 매우 중요하다. 공항, 국립공원, 박물관, 콘서트, 대학, 공장, 대기업, 법원, 신문사, 동물보호소, 동물원 등 다양한 곳에 가본다. 사람들이 하는 일에 대한 토론을 장려하라. 견학 여행을 리드하는 것 말고도, 부모는 자녀들의 활동을 주의 깊게 살펴보고 관심 있어 하는 것과 잘하는 것들을 찾아내야 한다. 물이라도 마시면서 자녀들 옆에서 다음과 같이 슬쩍 떠보라. "너는 항상 과학소설을 읽는 것 같은데? 발명가가 되려나 봐." 또는 "너 가구 재배치하는 걸 보니까 정말 독창적인 인테리어 디자이너가 될 것 같구나." 여러분의 자녀가 장난감 병정이나 낙서 수집과 같은 특이한 취미를 가진 경우라 해도 진취적이고 창의적으로 그런 관심을 수용하여, 가족의 종교나 철학과 충돌한다든가 꼭 반대할 이유가 있는 경우가 아니라면, 전쟁 역사학이나 만화영화 제작과 같은 한번 관심을 가져볼 만한 분야를 추천해 주어야 한다.

관심 분야를 찾을 때 꼭 한 분야만을 제한할 필요는 없다. 3, 4년 동안 이것저것 알아보고 11학년이 되기 전에 한두 가지 분야로 좁히면 된다. 내가 컨설팅한 한 학생은 고고학, 라틴어, 그리스 극, 이탈리아를 좋아했는데 고전 전공으로 아이비리그 대학 여러 곳으로부터 입학 허가를 받았다. 또 다른 학생은 미국 역사를 좋아하여 방학 때는 심층 토론 캠프에 참가했고, 학교에서는 모의 UN 클럽에서 활발한 활동을 하여 결국 정치외교학과에 입학했다.

Secret 10 **어린 학생들은 종종 여러 개의 관심 분야를 두고 잡다하게 활동하는 편을 더 즐거워한다.** 관심도가 변할 때 다른 것을 해볼 수 있고 어느 날 잘 안 될 때 감정적으로 끌어주는 다른 게 있기 때문이다.

자녀와 함께 장기 목표 찾기를 갓 시작한 학부모들은 일반적으로 미술이나 음악 한 개, 운동 쪽에서 한 개, 학습이나 연구 계통으로 한 개를 골라 과외활동을 시킨다. 그러나 각 활동을 그저 나열해 놓고 보기보다는 자녀로 하여금 분야별 목표를 확인하고 하나의 문장으로 통합해 표현하게 해보라. 예를 들어, "저는 인물화의 거장이 되고, 올림픽 다이빙 메달리스트가 되고, 줄기세포연구 전문가가 되고 싶어요." 또는 "저는 시집을 출판하고, 전문발레단과 공연할 정도의 무용 실력을 쌓고, 아프리카 역사를 연구하고 싶어요." 이렇게 목표들을 조합하는 것은 학부모와 자녀가 함께 자녀의 목표를 조정하기 위함이다

Secret 11 **장기 목표는 야심차고 눈부셔야 한다.** 야망이 클수록 자녀는 더욱 분발할 것이다. "대수를 배우고 싶어요." "스키를 배우고 싶어요." "병원에서 자원봉사자를 하고 싶어요." 이런 목표들은 단지 징검다리일 뿐이다. 드높은 목표들이 두렵게 들릴지 모르지만, 부모라는 자리는 자녀들에게 목표에 도달할 길을 보여주어야 하는 자리다. (이 이야기는 2부에서 다룬다.)

Secret 12 **자녀가 목표를 선택할 때는 명사를 사용하지 말고 동사를 사용하여 자신이 이루고자 하는 것들을 하나의 문장으로 만들게 하라.** 예컨대 "난 의사가 될래요." "대통령이 될래요." "영화배우가 되고 싶어요."라고 해서는 안 된다. 이런 목표는 아무리 훌륭하더라도 큰 포부를 가져야 하는 청소년에게는 너무 폭이 좁다.

대신에, "채널 제도의 아이스플랜트로 암 치료법을 발견할래요." 또는 "올림픽 메달리스트가 되기 위해 루지 훈련을 할 거예요." 또는 "소말리아의 기아 문제를 해결하고 싶어요."라고 말하게 하라. 이유는 무엇이 되겠다는 것보다는 무엇을 하겠다는 것을 표현하도록 장려하는 것이다. 이것은 직업보다는 행동이 훨씬 더 동기부여가 되기 때문이다.

자녀에게 어려운 이야기를 꺼낼 때 직설적으로 물어보라. "생일에 뭐 먹을래?"와 똑같은 느낌으로 질문하라. "네게 무엇이든 할 수 있는 기회가 주어진다면 무엇을 하고 싶니?"라고 물어라. 자녀들은 상상의 나래를 펼칠 수 있는 이런 주제에 대해 별로 어려워하지 않는다.

Secret 13 **자녀의 목표를 항상 인지함으로써 부모와 자녀는 같은 목표를 이루기 위한 한 팀이 되어 함께 뛸 수 있다.** 만약 여러분이 자녀의 숨겨진 야망을 모른다면, 여러분은 팀 동료가 아닌 장애물로 인식될 수밖에 없고, 결국 관계가 무너지고 만다.

내가 상담한 한 학생을 처음 만나보기 전에, 상담을 의뢰한 어머니는 딸이 없는 틈을 타 자기 딸이 의대를 갔으면 좋겠다고 했다. 그러나 그때까지의 활동 내역을 보았더니 그 학생은 교내 및 지역 토론 대회와 학생회에서 너무나도 활동적이었다.

"의학에 대한 경력은 어디에 있니? 경력 어디에도 아주 작은 단서도 없네?"

"그러기에는 전혀 틈이 없었어요. 토론 대회와 학생회 활동으로 시간이 꽉 찼거든요." 소녀는 미안하다는 듯 대답했다.

단도직입적으로 말해서 그 학생은 의학에 관심이 없었다. 그리고 엄마와 딸이 이것을 깨달았을 때 그들의 관계는 회복되었고, 마침내 그 학생은 최고 대학의 공공정책 전공에 합격했다

Secret 14 **자녀의 목표를 돕기 위해 여러분은 먼저 다음을 확실히해야 한다. 첫째, 자녀의 목표를 진지하게 받아들이고, 둘째, 자녀가 선택한 목표에 도달할 수 있도록 최선을 다하겠다는 것.** 가족의 모토는 "우리는 하나다."가 되어야 한다.

부모가 도와줄 것을 알아도 모든 자녀들이 목표를 쉽게 표현할 수 있는 것은 아니

다. 나는 처음 학생들을 만날 때 희망이나 꿈을 선택하는 데 도움이 되도록 50개의 장래 희망 목록을 제공한다. 학생들에게 목록을 보고 뭐든 끌리는 것이 있으면 표시해 보라고 한다. 만약 그중에 끌리는 것이 없다면 자신만의 목표 세 가지를 적어보라고 한다.

자녀가 드높은 목표를 표현하지 못한다면, 다음에 제시하는 목록에서 셋을 골라 순위를 매기게 하라. 자녀가 고른 것들로부터 유형을 찾고, 원한다면 더 고르게 하라. 두 개 이하를 골라서는 안 된다. 목록에 없는 것 중에 원하는 목표가 있으면 쓰게 하라. 단, 모든 목표는 동등하게 중요해야 한다. 도달하기 힘들어 보이는 목표를 위해 노력하고 애쓰는 것이 열정과 성공의 길이다. (야심적인 목표들이 자녀들을 패배감에 빠뜨릴 것을 두려워하는 일부 부모들의 생각과는 반대로, 부모들의 지원을 받는 높은 목표들은 마술과도 같이 부모와 자녀를 묶어주고 목표를 달성할 수 있는 더 강한 기회를 제공해 준다. 사람은 모두 자신의 꿈을 실현하는 데 도움을 주는 사람을 좋아한다.)

목표 목록

작성 요령: 고등학교 졸업 전에 마칠 수 있는 목표를 우선 순위에 따라 세 개 고를 것.

1	브로드웨이나 할리우드의 스타가 되고 싶다	
2	소설을 쓰고 싶다	
3	인텔 같은 경시대회에 나가 입상하고 싶다	
4	발명을 하여 최초 특허를 내보고 싶다	
5	직접 의상 작품을 만들고 싶다	
6	중요한 정견 발표회에서 연설하고 싶다	
7	박물관이나 테마파크에서 전시회를 하고 싶다	
8	내가 그린 웹툰이나 만평을 어딘가에 게재하고 싶다	
9	주요 일간지에 기고하고 싶다	
10	카네기 홀에서 뮤지컬 데뷔를 하고 싶다	
11	발레 안무나 교향곡 작곡을 하고 싶다	
12	영화를 만들어 대중 앞에 상영하고 싶다	
13	환경보호 운동을 주도하고 싶다	
14	동물을 조련해 동물 쇼를 하고 싶다	

15	가장 좋아하는 운동 종목에서 올림픽 메달을 따고 싶다	
16	다른 대륙에 있는 여러 나라들에 다 가보고 싶다	
17	중요한 의학적 발견을 하고 싶다	
18	고등학교 교육과정을 새로 짜고 싶다	
19	요리 수업을 열고 요리책을 쓰고 싶다	
20	훌륭한 미술 작품을 그려 전시회를 열고 싶다	
21	선출직 공무원 선거에 출마하고 싶다	
22	조종사 면허를 따서 비행기를 조종하고 싶다	
23	인형극을 만들어 순회공연하고 싶다	
24	전국 수학 챔피언이 되고 싶다	
25	농사법을 배워 자급자족하고 싶다	
26	에베레스트산이나 매킨리산을 오르고 싶다	
27	배를 만들고 항해하는 방법을 배우고 싶다	
28	국립공원에서 등산로를 만드는 자원봉사를 하고 싶다	
29	미국 항공우주국에서 일하고 싶다	
30	20세까지 자수성가한 백만장자가 되었으면 좋겠다	
31	새로운 언어와 문화에 푹 빠져보고 싶다	
32	오페라나 발레 공연을 하고 싶다	
33	저택이나 공원의 조경을 하고 싶다	
34	새로운 천문학적 발견을 하고 싶다	
35	어린이가 글 읽는 법을 배우도록 새로운 학습법을 고안하고 싶다	
36	문화재 복원이나 복제 분야에 견습생이 되고 싶다	
37	시간여행을 연구하는 과학자와 일하고 싶다	
38	응급구조사 자격증을 따고 싶다	
39	돌고래와 수영하고 스노클링이나 다이빙을 하고 싶다	
40	스키나 파도타기를 배우고 싶다	
41	사람들 사진을 찍고 전시회를 하고 싶다	
42	오페라나 뮤지컬 작곡을 하여 상연했으면 좋겠다	
43	새로운 장난감을 디자인하여 전국적으로 팔고 싶다	
44	고고학 발굴 조사를 하고 싶다.	
45	내 밴드를 만들어 경연대회에 나가고 싶다	
46	시를 써서 커피하우스에서 낭송회를 하고 싶다	
47	암 연구 기금 모금 행사를 주최하고 싶다	

48	민속음악 예술 축제를 준비하고 싶다	
49	체스나 브리지 챔피언이 되고 싶다	
50	지역 방송국에서 고등학교 관련 뉴스 쇼 진행자가 되고 싶다	
기타		

믿거나 말거나, 이 목록에 있는 모든 항목은 다 청소년들이 해낸 것들이다. 물론, 엄청난 가족의 격려와 지원이 필요하다.

하고 싶은 것을 물어보면 많은 청소년들이 부모에게 뭘 해야 하냐고 묻는다. 무엇이 정답인지. 그러나 그런 정답은 없다.

Secret 15 **자녀가 무엇이 되고픈지에 대한 질문에는 오답이 없다.** 범죄 행위나 가족의 신뢰를 저버리는 행동, 자신이나 타인을 해치는 행동 정도가 예외일 것이다. 목표가 없거나 부모가 동의할 수 없는 목표를 추구하는 경우에 한해서 부모는 자녀의 관심을 돌릴 만한 목표를 제안할 수 있다. 예를 들어, 도박을 하고 싶어 하는 자녀에게는 투자를 소개해 줄 수 있고, 화장에 시간을 보내는 자녀에게는 연극 분장이나 미용사 일을 권한다든가 화장품 개발을 위한 화학 과정을 추천할 수 있다.

가끔 목표 목록을 작성 못 하는, 목표를 못 고르는 학생들을 만나곤 한다. 그럴 경우에는 유명인들의 명단을 제시하고 그들 중에 누가 되고 싶은지 물어본다. (원한다면 여러 가지를 합치게 한다. 예를 들어 "스티븐 스필버그 감독같이 영화도 만들고 싶은데, 대통령처럼 정치적 영향력도 갖고 싶어요."라고 얘기해도 된다.) 목표는 마찬가지로 자녀의 꿈을 찾아주는 것이다. 때로는 잘 감이 잡히지 않는 관심 분야보다 눈에 보이는 사람들이 결정하기 쉽다.

내가 되고 싶은 사람		
1	가수 마돈나	
2	미국 대통령	
3	『앵무새 죽이기』의 변호사	

4	코미디언 존 스튜어트	
5	영화배우 로버트 레드포드	
6	사회자 오프라 윈프리	
7	요원 잭 바우어 (미국 폭스사 드라마 「24」의 주인공)	
8	《뉴욕타임스》 편집장	
9	빌 게이츠	
10	도널드 트럼프	
11	마틴 루터 킹 또는 테레사 수녀	
12	건축가 이오 밍 페이 또는 피카소	
13	올림픽 대표선수	
14	토머스 에디슨 또는 앨버트 아인슈타인	
15	힐러리 클린턴	
16	작곡가 존 윌리엄스	
17	제인 구달	
18	스티븐 스필버그	
19	월트 디즈니	
20	조너스 소크(소아마비 백신을 발명한 미국 의사)	

여기에 자녀들이 관심을 가질 만한 사람들을 30명 더 추가하라. 두 명 이상을 고른다면, 그 사람들의 어떤 점을 가장 존경하는지 토론하라. 존경하는 사람들의 복합체가 되기 위해 어떻게 노력할지에 대해 같이 얘기하라.

동기부여

자녀가 처음으로 글을 썼다면, 그림을 그렸다면, 첫 물리 실험을 하고 첫 수학 증명을 해냈다면 열광적인 반응을 보여주라. 거기서 재능이 보이든 보이지 않든, 또 자녀가 관심 분야를 찾은 것이든 그건 아니든 간에 자기가 하고 싶은 것을 열심히 하는 데 대해 지지를 보여줘야 한다. 타고난 재능이 부족해 보이더라도 아이가 관심 분야를 정해 노력하기로 마음먹었다면 현장 전문가(선생님이기가 쉽다.)에게 부족한 재능을 보완할 방법이 무엇일지 물어보라. 재능이 바로 드러나

지 않는 아이들은 부단한 노력 끝에 자기 재능을 찾기도 한다. 토머스 에디슨은 말했다. "천재는 1퍼센트의 영감과 99퍼센트의 땀으로 이루어졌다." 만약 자녀가 열심히 노력하지 않는다면, 이런 무관심을 지지하는 관점에서 접근해 보라. 어쩌면 이것이라고 생각했던 꿈이 자녀가 전혀 바라지 않는 것이었을 수도 있다.

자녀가 어떤 작품이나 공연, 실험을 해놓고 어떠냐고 묻거든 곧바로 특징을 짚어 말해 줘야 한다. (비웃거나 지적질 할 게 아니라) 장점을 찾으려고 노력하라. ("명암 표현이 마음에 드는구나." "안무를 다 외워서 추다니 대단한데!") 부족한 점이 있다면 그 점은 자녀가 스스로 지적하게 놔둬라.

자녀가 목표를 골랐다면, 아니면 저절로 생겨났다면, 글로 써서 문서화하라.

```
_____에게,
나는 이 편지를 _____학년인 나 자신에게 쓴다. 고등학교를 졸업할 때
나는 _____한 사람으로 알려져 있었으면 좋겠다.
   그러기 위해서 나는 _____을 공부할 것이고,
_____에 나가서 상을 탈 것이다.
나는 _____대학에 갈 것이다.
```

타임캡슐

Secret 16   **자녀가 고등학교 입학 전에 자녀와 함께 새로운 꿈을 담고 고등학교 생활을 위한 전략을 세우는 데 도움을 줄 타임캡슐을 만들어보라.** (이미 고등학생이 되었더라도 늦지 않았다. 다만, 어리면 어릴수록 고등학교 타임캡슐이 더 효과적일 수 있다.) 캡슐에는 자녀가 자신에게 보내는 편지를 담는다. 목적은 자신의 꿈을 깨닫게 하는(그리고 이룰 수 있도록 동기를 부여하는) 목표를 서면으로 정의하고, 자녀가 무슨 생각을 하는지 부모가 알 수 있는 단서를 찾기 위함이다. 편지를 썼으면 봉투에 넣어 봉인하고 안전하게 보관하라. 졸업반이 될 때까지 부모나 자

녀 모두 봉투를 열고 편지를 읽어서는 안 된다.

편지를 쓰는 요령은 다음과 같다.

인기에 영합하지 않게 해야 한다. ("나는 학교에서 가장 인기 있는 사람이 될 거야.") 또한, 시간이 흐르면 꿈이 바뀔 수도 있음을 명심하고 이해하는 것이 중요하다. 캡슐의 목적은 자녀를 한 가지 길로 모는 것이 아니라 자녀의 열망을 알아내고 개인적 희망을 발전시키기 위해 장기간의 시간 활용 및 계획을 미리 생각해 보는 것이다. 여러분의 자녀가 성취하고자 하는 목표를 달성했는지 여부와 상관없이, 졸업반이 되어 캡슐의 편지를 꺼내 읽는 것은 깨달음과 자극이 되는 일이다. 더 새롭고 더 매력적인 목표를 찾았는가? 타임캡슐의 편지를 썼을 때의 염원을 잘 알고 있었는가? 스스로 설정한 목표에 성공적으로 도달했는가? 목표 설정을 통해 이런 경험으로 무장을 했다면, 대학 목표를 세울 준비가 된 것이다.

목표가 확인된 후 할 일

자녀가 한 개든 여러 개든 자신의 관심 분야를 얘기해 목표가 정해지면, 다양한 방법으로 지원할 수 있다.

Secret 17 **관심 분야마다 각각 고유한 '문화'가 있다. 자녀들이 관심을 가지는 분야의 문화를 익혀야 한다.** 문화적 관행과 기회를 이해하면 자녀의 관심이 엄청나게 강화될 수 있다. 예를 들어 수학에 관심이 있다면 고등학교에 수학 팀이 있는지 여부, 학부모 모임 유무, 잘하는 아이들이 사교육을 하는지, 지역 대표팀이 있는지, 수학왕의 훈련 비결이 뭔지 등등을 알아본다. 마찬가지로, 자녀의 관심이 가구 디자인에 있다면 지역의 가구 디자인 회사에서 인턴십을 준비할 수 있는지, 학생을 위한 디자인 콘테스트가 있는지, 유명한 가구 디자이너들이 어떻게 시작했는지 찾아보라.

Secret 18 **자녀가 어떤 관심 분야를 택했으면 자료와 자원을 퍼붓기만 할 게 아니라 부모도 함께 나눠라.** 자녀가 천문학에 관심이 있다면 블랙홀이나 암흑

물질 등 거기 해당하는 화제에 주파수를 맞추라. 공유는 긍정적인 것이다. 새로운 관심을 환영해 주라. 주제에 관한 책들을 찾아서 집으로 가져오라. 주제를 다루는 잡지와 학술지를 검색해서 구독하라. 지적인 토론을 할 수 있도록 부모도 읽어라. 그 간행물의 광고를 살펴서 자녀에게 흥미로운 행사가 있는지 보라. 자녀와 함께 행사들을 찾아가고 관련 사이트(관습, 강의 등)를 방문하라. 자녀에게 더 많은 경험과 자격을 부여할 수 있는 인턴십, 일자리 및 자원봉사 활동을 찾아보라. 또한 자녀의 능력을 보여줄 수 있는 관련 시험과 경시대회들을 온라인에서 찾아보라.

목표를 포기하려 할 때

관심 분야를 선택해 시간이 흐르면 이젠 재미가 없다고 하는 경우들이 있다. 예컨대 이제 미술은 그냥 그렇고 음악이 더 하고 싶다는 식이다. 자녀들이 고등학교를 다니는 동안 몇 번이든 목표를 바꾸더라도 받아들일 수 있도록 유연해야 한다. 어쩌면 자녀가 미술 수업을 딱 한 번 듣고서 학교 미술반이 별로라고 하는 것일 수 있다. 그리고 자녀의 판단이 옳을 수도 있다. 아니면 미술 과제가 어려워서 고생하면서 난 안 되나 보다 낙심했을 수도 있다. 왜 포기하고 싶은 건지 알아보고, 동시에 자유롭게 결정하도록 해주라.

부모가 어려운 시기나 힘든 과제를 무리 없이 넘길 수 있게끔 도움을 주면 가던 길을 계속 갈 수도 있다. 이런 일들은 자녀와 '한 팀'으로 소중한 짝인 선생님과 관심 변화를 상담하는 과정에서도 일어날 수 있다. 자녀의 갑작스러운 관심 변화에 대해 선생님이 남들은 보지 못한 무언가를 포착했을 수 있다. 화학에 흥미가 떨어졌다면 그냥 그럴 만해서 그러는 것인지? 아니면 무슨 개념을 이해 못 해 공부가 힘들어서 그러는지? 정말로 스페인어가 싫어진 것인지? 그게 아니라 같은 반 아이가 발음 가지고 놀려서 그러는지?

그러나 때때로 자녀들이 충분히 타당한 이유에서 가던 길을 버리고 싶어 할 때, 함께 새로운 계획을 수립하는 데 부모들은 크게 도움이 될 수 있다. 자녀가 정말로 관심을 잃은 경우라면 힘들게 왜 이러느냐고 잔소리하지 마라. 그동안 얼마나 시간을 들이고 돈을 들였는지 아느냐고 열변을 토하지 마라. 자녀가 특정 분야에 더 이상 관심을 보이지 않더라도, 의미 있는 활동들을 추구한다면 이전의 돈이나 시간도 잘 투자한 것임을 확실히 믿어라. 이번에 얻은 지식을 다음 노력으로 가져갈 것이다.

계획 설계

자녀의 큰 목표들이 수립되면, 부모는 그 목표에 성공적으로 도달하기 위해 자녀가 수행할 전략적 계획을 고안해야 한다. 이 계획은 자녀와의 상의 하에 설계되어야 하며 학교 교과 과정과 조화를 이루어야 한다. 계획에는 방학 활동, 학습 과정들, 방과 후 활동, 인턴십을 비롯한 할 거리들이 포함되어야 하며, 무엇보다 중요한 것은 그를 통해 자녀의 창의력, 지성, 독창성과 리더십을 드러낼 눈에 보이는 뭔가가 이루어져야 한다는 것, 대학 지원 및 여러 가지 기회를 얻게 해줄 실적을 얻어야 한다는 것이다.

조금 이상할 수도 있겠지만, 나는 학부모들이 첫 방학 계획에 우선적으로 집중하기를 권한다. 이유는 방학 때야말로 자녀들의 경력 목표를 풍성하게 해주고 대입 지원서를 빛나게 해줄 전국적인 최고의 배움의 기회들이 있어 그것을 추구할 수 있는 시기이기 때문이다. 학기 중에는 집 근처에서밖에 배울 수 없지만, 방학 때는 그렇지 않다. 자녀를 전국적으로 주목받게 하여 어떤 대학에서도 받아들일 수밖에 없게 만들어줄 더욱 큰 규모의 기회들을 찾아보라. (어떤 기회들이 있는지는 다음 장에서 다룬다.)

앞서 언급했듯이, 방학 활동을 자극할 수 있는 네 번의 방학 계획은 자녀의 입시 계획의 근간이 되어야 하며, 나중에는 학기 수업, 방과 후 수업, 주말의 과외활동들, 인턴십을 비롯한 할 거리들로 채워져야 한다. 학기를 위한 방학이라기보다는 방학을 보완하는 학기라는 생각을 하라

제 2장

전략적 방학 만들기
진학에 유리한 경력을 만드는 시간

여름학교

방학 동안 공부를 한다고 하면 대부분의 사람들은 지겹기 그지없던 기억, 재시험 치던 기억을 떠올린다. 다른 아이들이 휴가지며 여름 캠프에서 자유롭게 뛰어놀고 수영하며 시간을 보내는 동안, 에어컨도 없는 더운 교실에서 어렵고 따분한 교재와 씨름할 자녀의 모습을 상상한다.

자, 이제 그런 상상은 떨쳐 버리고 벨리즈 해안의 물속에서 산호초를 촬영하고, 산간 지대에서 열리는 예술제에 참가해 춤을 추고, 메인주 외딴 섬에서 불가사리 분포를 연구하고, 코스타리카에서 어린이집 건축을 돕고, 전국 컴퓨터 게임 디자인 경진대회에 참가하고, 나바호 인디언 보호구역에 머물며 인류학 공부를 하고, 자신만의 패션 레이블을 디자인하고, 할리우드의 영화사에 응모할 시나리오를 쓰는 모습을 상상해 보라. 여름이란 성취도가 높고 학문적 욕심이 있는 학생들에게 아주 흥분되는 단어다.

Secret 19 **여름은 슈퍼스타 학생의 비밀 무기다. 여러분의 자녀가 수험생 중에서 발군의 실력을 발휘하고 대학 입시와 미래 경력 모두에서 우위를 점할 수 있는 시간이다.** 많은 부모들이 4년 동안 8개월이라는 경이적인 기회의 시간을 간과하곤 한다. 또한, 많은 사람들이 이 기회의 존재조차 모른다. 이 장에서 여러분은 자녀의 관심사에 따라 각 지역에서 최상의 기회를 찾아 참여하는 방법을 배우게 될 것이다. 많은 아이들이 구체적인 계획 없이 놀면서 시간을 보내는 반면, 최고와 최고가 되고자 하는 아이들은 자신의 관심사를 키우고 대학 진학 시에 발군의 모습을 보일 수 있게 해줄 새로운 장소, 새로운 아이디어를 경험하느라 바쁜 시간을 보낸다.

아이들이 여름방학 목표를 달성 또는 그 이상을 이룩하고, 자신의 꿈을 실현하는 길을 걷고 있다는 것을 깨달을 때, 새 학년 새 학기는 흥분되고 열의에 차며 몹시 기다려진다. 이때처럼 자신에게 영향을 미친 관심 분야에 대해서 알아보고 추구할 시간을 큼직큼직하게 가져볼 수 있는 때가 은퇴 전에 언제 또 있겠는가?

여러 해에 걸친 대입 전략에서 방학의 역할을 정립하는 첫 단계는, 자녀가 가장 원하는 목표를 세우는 것이다. 지리적, 경제적 한계를 비롯한 여러 한계를 넘어 자녀의 관심 분야를 향상시키기 위해 네 번의 완벽한 방학 계획을 설계한다면 어떤 프로그램, 어떤 가족 여행 및 기회들을 넣어야 할까? 넓고 크게 생각해야 한다. 이 장에서 논의되고 부록에 열거된 여러 가지 기회들을 활용하기 바란다. 이 장을 다 읽으면 전체 입시 전쟁의 골격이 되는 이상적인 4회 방학 계획을 설계할 수 있을 것이다.

경력 만들기

네 번 있는 방학의 계획을 미리 세운다는 데 대해 꼭 그래야 하나 하는 기분이 든다면, 우선 대학 지원서를 읽어보기 바란다. 대학 입시 전 3년 또는 4년치 방학에 했던 활동들을 열거하라고 해놓은 것을 주목해 보라. 처음부터 특정 학문, 예능 또는 운동 분야를 정해 두었다면 지원서 기입하기가 훨씬 쉽다.

11학년인 아들이 경영에 관심이 많아 와튼 경영대를 지망한다면서 이력서를 보여준 상담자가 있었다.

"와튼 경영대요? 이력서에는 틈날 때마다 연극에 참여한 걸로 되어 있어요. 매년 방학 때마다 연극 캠프에 갔는데요?"

"하지만 얘는 정말로 경영에 관심이 많아요. 그리고 언젠가는 큰 회사를 가질 거라고 했어요."

"하지만 자녀분은 경력이 없어요. 경영대들은 학생이 경영에 대한 열정이 있다는 증거가 없으면 아무리 성적이 좋아도 관심을 보이지 않아요. 심지어 학생은 DECA(Delta Epsilon Chi Association: 경영, 재무, 호텔, 마케팅 판매 및 서비스 분야의 마케팅, 경영 및 창업을 연구하는 고등학생 및 대학생들의 국제 협회) 회원도 아니네요. 경영에 대해 관심이 있다는 기록이 전혀 없어요."

"그렇지만 우리가 듣기로는 방학 동안 열정을 가지고 뛰라고 그랬지, 공식적인 크리덴셜을 수집하려고 안달복달하지는 말라던데요."

"맞아요. 바로 그렇습니다. 자녀분은 열정을 가지고 뛰었어요. 그런데 그게 경영이 아니고 연극인 거죠."

이런 점은 많은 부모들을 어렵게 한다. 대학들은 학생들이 지원한 전공 분야의 경력 기록을 매우 중요하게 생각한다. 만약 여러분의 자녀가 바이올린을 연주한 일이 없는데 연주자가 되겠다고 한다면 줄리아드 음대 입학사정관이 어떻게 생각하겠는가? 경영 관련 활동이 없는 여러분의 자녀에 대해 경영대학 입학사정관도 같은 생각을 할 수밖에 없다. 많은 부모들이 음악이나 무용에서는 경력의 필요성을 이해하지만 다른 분야에서는 그렇지 못한 것을 나는 종종 경험한다. 약대는 약국에서 일해 본 적이 있는 학생을 선호하고, 치의대는 치과 병의원에서 인턴 프로그램이나 유급 아르바이트 경험이 있는 학생을 선호한다. 리버럴 아츠 칼리지조차도 전공 분야에 대한 탄탄한 경력을 가진 학생들을 선호한다.

자녀가 참가하는 모든 방학 활동들이 목표에만 집중한 것이어야 할까? 내 경험에 최고의 대학에 입학한 학생들은 방학의 대부분을 주요 관심사를 강화시키는 활동에 집중했다. 그러나 복합적인 경우를 생각해 볼 수도 있다. 자녀의 장래 꿈이 정치 지도자가 되는 것이고, 그 목표에 도달하기 위해 예일대에 가길 원하는 경우를 예로 들어보자. 여러분의 아들이 운동에도 소질이 있어 조정부 활동을 열심히 했는데 너무 잘해서 예일에서 자기 대학 조정 팀에 넣고 싶어서 운동 실력만으로도 뽑으려고 할 수도 있다. 이런 경우 정치학이나 정부 연구 프로그램만 내처 하기보다 방학 동안 조정 연습에 집중하는 게 현명할 수 있다.

어떤 부모들은 이렇게 묻는다.

"하지만 예전처럼 애들을 자유롭게 풀어주는 방학을 보낸다고 큰일이 나나요?"

"방학인데 학기 동안 힘들었던 것을 풀어주고 쉬게 하면 안 돼요?" "궁극적으로는 휴식이 새학기 공부에 제일 좋은 것 아니에요?"

이 책을 쓰고자 내가 만나본 우수 학생의 부모들은 자녀들의 방학을 자녀의 관심 분야를 보강해 줄 단기 과정, 당일치기나 며칠짜리 짧은 여행, 인턴 프로그램, 아르바이트로 의도적으로 채웠다고 일관되게 얘기해 주었다. 왜냐하면 이런 활동들이 자녀들의 진정한 열정에 영감을 불러일으키고 이런 활농들을 일로 보기보다는 재미로 느끼게 해주기 때문이다. 방학이 자녀들의 관심사를 찾으면서 동시에 입시 경쟁에서 우위를 점할 유일한 시기라는 것은 두말할 필요가 없다.

Secret 20 대중심리학에서 알고 있는 것과는 다르게, 학생들의 스트레스와 긴장을 풀기 위한 휴식 시간이 꼭 정해진 틀에서 벗어나는 것만을 의미하지는 않는다. 많은 부모들은 긴장을 푸는 것과 무계획 상태에서 우두커니 앉아 있는 것이 같다고 혼동한다. 그러나 때때로 유기적인 프로그램과 잘 구성된 활동 계획이 단순히 시간을 허비하거나 놀기보다 훨씬 더 긴장을 풀어주고 성취도를 높인다. 예를 들어, 조각에 관심이 있는 자녀의 경우 방학 계획으로 여러 곳의 미술 실기 프로그램에 참가하게 하면서 몇 개는 소규모 그룹 레슨으로 하고 일부 대형 강의도 넣고 지역의 은행이나 도서관에서 열리는 전시회나 미술관에도 방문하도록 계획할 수 있다. 여러분의 미술가 자녀가 방학 내내 수영장에서나 빈둥거리다 가끔 조각에 집중하는 것이 가장 생산적이면서 긴장을 풀어주는 방법이라고 생각할 필요는 없다.

Secret 21 틀을 짜지 않고 보내는 방학이라는 게 얼마나 매력적으로 들리는가와는 별개로, 전체적인 계획이나 목표가 없이 방학을 보내면 부모와 자녀 모두가 당황하게 된다. 다른 아이들이 학습, 예능, 직업 경험, 스포츠를 훈련하며 우위를 점하려고 노력하는 사이에 계획 없이 지내는 많은 아이들은 자신들이 산만하고 비생산적인, 틀에 박힌 방학을 보내고 있다는 것을 느끼기 시작한다. 그리고 새 학기가 시작하면 토론 팀이나 수학 팀에 들어가기에도, 연극 오디션을 통과하기에도, 오케스트라의 악장을 하기에도 경쟁력이 약하다는 것을 느끼게 된다. 놀았던 아이들은 경쟁 우위를 놓칠 뿐만 아니라 실제로 뒤처진다. 그리고 그 아이가 평소에 학교를 좋아하지 않았다면, 뭘 했다고 보여줄 것도 없고 가본 곳도 없는 비생산적인 방학이 끝나고 개학을 했을 때는 학교가 더 싫어질 것이다. 모든 부모가 이 사실을 알고 있는 건 아니다.

"후식을 먹으려면 초콜릿 케이크나 사과 파이 중 한 개만 먹는 거야. 둘 다 먹을 수는 없어."

내가 상담한 학생들 중 한 명의 아버지는 프로그램 여러 개를 줄줄이 등록하려 하는 야심에 찬 아들을 꾸짖으며 이렇게 얘기했다. 그 아버지는 음식과 방학 활동을 비교하며 아들을 훈계하려 했다. 아이가 하다가 망칠 것이 두려워 단 하나만 선택하게 하고 싶어 했다. 그러나 극도로 경쟁적인 지역에 사는 이 학생은 방학 학습을 극대화할 수 있는 프로그램을 세 개나 할 수 있게 되자 좋아서 어쩔 줄 몰라 했다. 대학에서 운영하는 미국 원주민에 대한 고고학 과정을 4주 수강하고, 인근 유적지에서 1주간 발굴 자원봉사를 하고, 인근 자연사 박물관에서 유급 인턴으로 일하기를 원했다. 부모가 자녀의 방학 활동을 몇 개나 허용할 수 있을까? 아이가 기꺼이 원한다면 원하는 대로 해주라.

Secret 22 **자녀가 하고 싶어 하고 프로그램에 배울 게 있고 여러 개를 할 수 있는 여유가 있다면 자녀의 방학을 다양한 활동과 기회로 가득 채워주라.** 자녀에게 예산을 얘기해 주고 방학을 최대한 활용할 수 있도록 충분한 기회를 주라. 모든 활동이 돈이 드는 것은 아니다. 고등학교 때에는 비싼 투어나 숙박 캠프, 다른 학교의 유료 프로그램보다 더 권위 있고 대학 입학에 더 도움이 되는 인턴 프로그램이 있고 심지어 돈을 받으며 다니는 경우도 있다. 또 매우 경쟁력 있는 몇몇 프로그램은 무료다.

휴식

"휴식 시간을 다 없애라는 건가요?"
휴식 시간은 필요하지만 너무 많으면 안 된다. 프로그램이나 활동 사이, 개학 직전, 가족이 함께 휴가를 가는 경우에는 필요하다. 평소에 너무 바빠서 가지 못한 병원을 가거나, 개학 준비를 하거나, 모처럼 늦게까지 뭔가 한다고 혼나지 않고 늦잠을 자거나, 친구들과 만날 수 있는 시간도 괜찮다. 그러나 휴식이 자녀의 방학을 독차지하게 하지는 마라.

일과 인턴 프로그램

과학자가 되고자 하는 자녀가 실험실에서 일하거나, 예술가가 되고자 하는 자녀가 미술 작업실에서 일하거나, 교사가 되고자 하는 자녀가 개인지도를 하거나, 자원관리자가 되고자 하는 자녀가 환경 관련 일을 하는 것과 같이 자녀의 목표와 관련된 일 및 인턴 프로그램은 가장 가치 있고 자녀들을 신나게 하는 일이며, 대학과 미래의 직장으로부터 점수를 따는 데 도움이 된다. 대부분은 개인적으로 이루어지는데, 이에 대한 세부 사항은 2부의 각 장을 참고하라.

Secret 23 **자녀가 방학 동안 취업할 계획이 있다면, 궁극적인 목표와 관련이 있는 직업을 확보하도록 도와주라.** 예를 들어, 자녀가 경영이나 패션 분야의 미래를 계획하고 있다면 지역의 점포에서 일하는 것도 소중한 경험이 될 것이다. 그러나 자녀가 물리학자가 될 계획이라면 물리 실험실에서 연구하는 게 더 중요하다. 자녀가 교사 또는 레크리에이션 지도자가 되기를 원한다면 캠프 상담사와 같은 일을 해보는 것이 의미가 있을 것이다. 그러나 경영이나 물리학에 관심이 있는 자녀를, 아무리 명성이 높고 보내면 그 대학에 입학할 수 있을 것만 같더라도, 캘리포니아 공대 캠프에 보내지는 마라. 일을 하고 돈을 번다는 게 자녀의 장기 목표에 아무런 영향을 미치지 않거나 기여하지 않는 일에 소중한 방학 시간을 낭비하는 데 대한 변명이 되지는 않는다. 자녀가 돈뿐 아니라 자신의 꿈을 이루는 데 한 걸음 더 나아갈 수 있는 일을 찾도록 도와주라.

"방학 동안의 일자리를 다른 데로 바꾸면 안 되나요?"

동일 분야 내에서만 가능하다. 예를 들어, 과학 분야에서 경력을 쌓고자 하는 학생이라면 정부 연구소에서 일하고, 다음에는 대학 연구실에서, 다음에는 관련 기업 연구소에서 일하는 식이다. 법과 행정에 관심이 있는 학생이라면 어느 해 방학은 선거 본부에서 보내고, 다음 해 방학은 정부 기관에서, 또 다음 해에는 법률 사무소에서 보내는 식이다.

방학 활동 찾기

Secret 24 　**방학 계획을 정하기 전에 자녀와 함께 무엇을 배우고 싶은지 의논하라.** 자녀의 시간을 극대화할 수 있도록 구체적이어야 한다. 전통적인 여름 캠프에 갈 계획이라 할지라도 자신이 노력해서 얻기 원하는 게 무엇인지 구체화할 수 있어야 한다(수상스키, 카누, 밧줄 등반, 암벽 등반, 적십자 수영 자격증 등). 자녀가 시간의 가치와, 새로운 기술과 능력을 배양함으로써 자신의 힘을 키우는 데 시간을 써야 한다는 메시지를 얻어야 한다. 모든 방학 계획은 새로운 기술과 경험을 염두에 두고 계획해야 한다. 먼저 자녀와 함께 배우고 싶은 기술을 결정한 다음 그 기술과 수업을 중심으로 방학 계획을 세운다.

여름 캠프

한 학생의 할머니가 뽐내듯이 어느 캠프 이름을 큰 소리로 말하면서 자랑했다.
"내 손녀는 가장 권위 있는 캠프에 참석한답니다."
"어떤 권위가 있지요?"
"생긴 지 아주 오래된 캠프예요. 최고라고들 하죠."
"손녀분이 거기 가서 무엇을 하나요?"
"오, 그 아이가 할 건 없어요. 중요한 건 인적 네트워크예요. 그 캠프 출신 아이들은 사회 전 분야의 리더가 되거든요."
한때는 이 말이 사실이었지만 요즘은 거의 그렇지 않다. 보트를 타고, 수영을 하고, 산을 오르고, 그림을 그리고, 무언가를 만든다고 리더가 되진 않는다. 자녀가 리더십을 배우고 자산이 되어줄 인적 네트워크나 대인관계 기술을 얻기를 원한다면 돈을 지불하기 전에 그 캠프에 제대로 훈련된 지도자들이 있는지 알아보라. 또 그 사람들이 어떤 리더십 기술을 가르치는지도 물어보는 것이 좋다.

Secret 25 **대학들이 학생들 경력에서 중요하게 생각하는 특정 캠프는 없다.** 여러분의 자녀가 RSI, TASP, 오하이(Ojai), 로스(Ross), 소코로(Socorro), 클레이(Clay)와 같은 극도로 경쟁력 있는 프로그램을 제공하는 몇 곳 안 되는 캠프에 참가한 것이 아니라면 대학은 그리 관심을 갖지 않는다. (이 내용은 5장에서 9장에 걸쳐 다시 다룰 것이다.) 캠프에서 얻을 수 있는 "인맥" 개념이 1930년대부터 1960년대까지 인기 있었는데 당시 인맥이란 대개 적절한 배우자를 찾는 것을 의미했다. 그리고 아직까지도 종교적으로나 인종적인 목적으로 보내는 부모들에게는 그런 역할을 한다. 문화유산 계승을 원하는 부모라면 전통적인 캠프가 인맥 이상의 도움을 줄 수 있다. 전통적인 의식, 예절, 음악, 미술을 배우고 전통 음식을 맛보는지 책임자에게 물어보라. 그렇지만 이런 종류의 자녀 능력 계발은 종교나 소수민족이나 인종 관련 대학에 입학시키려는 경우가 아닌 한 대학들의 관심을 끌 수 없다.

프로그램과 여행은 조직적으로

상담 학생 중 한 명인 12학년 학생이, 막 끝내고 돌아온 4주짜리 전국 청소년 여행이 대학 지원용 에세이 감으로 적당할지 나에게 물었다.
"이번 여행을 통해 새로 얻은 것이 뭐지?"
"미국 전국을 다 돌아봤어요. 그거면 대학들이 감명받지 않을까요?"
"네가 본 가장 흥미로운 것은 무엇이고, 그것은 네게 어떤 영향을 주었니?" 에세이로서 잠재력이 있을지 평가하려고 내가 물었다.
"사실은 대부분의 시간을 친구들과 호텔에서 보냈어요. 여행 내용은 관심이 없었어요. 아이들과 호텔에서 정말 재미있게 지냈지요. 친구들이 정말 좋았어요."
이것은 어느 부모에게나 악몽과도 같은 이야기다. 혹시 끔찍하지 않다면, 끔찍하게 느껴야만 한다. 아무것도 보지 못한 여행을 기반으로 쓴 에세이에 깊은 인상을 받을 대학은 없으리라는 점, 두말할 필요도 없다.

Secret 26 청소년들이 방학 동안 얻고자 하는, 보여줄 만한 성과가 있는 경험들을 제공하는 여행이나 프로그램은 사실 별로 없다. 많은 프로그램은 지루한 십대들을 돌보아 주거나 오락거리를 제공하는 것을 그들의 일로 생각하고 일거리를 구하기에는 너무 어리거나 부모님이 돈이 넘쳐나는 방향성 없는 아이들을 보내는 곳일 뿐이다. 이런 프로그램들을 조심 또 조심해야 한다. 투어 버스가 얼마나 많은 곳을 보여주는지에 따라 투어를 판단하지 마라. 위에서 설명한 여행과 같은 일부 투어에서는 일정이 잘 짜여 있어도 청소년들이 아무것도 못 보고 말기도 한다. 대신, 여러분의 자녀가 그저 버스에 앉아서 문화적 중요성에 대해 강의를 듣는 수동적인 구경꾼 식으로 진행되는지 아니면 발굴, 등반, 원정 또는 지역사회 봉사 활동에 참여하여 직접 체험하는 방식으로 진행되는지를 보고 결정하라. 수동적 여행은 대학 에세이에 아무것도 쓸 거리가 없고, 그보다 더 중요하게는 자녀들의 성장에 도움이 되지 않는다. 활동적 체험 학습을 표방하는 프로그램조차도 전체 기간 중에서 겨우 하루 이틀 하이킹, 지역 봉사, 급류 체험 같은 것들을 넣곤 한다. 프로그램이나 여행에서 얻게 될 구체적인 체험들이 무엇인지 사전에 미리 파악하라.

Secret 27 방학 프로그램을 찾을 때 꼭 비싼 것이 최고라거나 권위가 있다고 생각하지 마라. 사실, 반대인 경우가 종종 있다. 특히 자녀가 11, 12학년인 경우에 그렇다. 무보수 인턴 과정, 무료 강좌나 연구소, 회사 또는 스튜디오의 자원봉사 일자리가 가장 알짜배기 기회일 때가 많다. 학생들이 돈을 내기는커녕 활동한 대가를 받는 경우도 많다.

멋지고 이국적인 고가의 여행이나 과정에 자녀들을 보내는 부모를 질투하지 마라. 이미 언급했듯이 그런 것들은 대학에서 관심을 가지지 않는다. 대학은 고3에 이르는 4회의 방학 동안 지원자가 실제로 무엇을 했는지 알고 싶어 한다. 능력 위주의 시대에는 허리케인으로 피해를 입은 사람을 3주 동안 도운 것이 프랑스 여행을 다녀온 것보다 훨씬 더 인상적이다. 집에 머물면서 소설을 완성한 청소년이 가족과 함께 유명한 휴양지에서 여름을 보낸 청소년보다 훨씬 더 좋은 인상을 준다. 근처의 연구소에서 일하며 독창적인 발견을 한 청소년이 친구와 함께 명성이 자자한, 명사들도 참가한다는 숙박 캠프에 다녀온 청소년보다 훨씬 더 바람직하게 보인다.

재능 발굴 프로그램

Secret 28 미국의 주요 대학 네 곳에서 재능 발굴 사업을 하며 이를 위한 방학 프로그램도 운영한다는 사실은 공공연한 비밀이라, 부모들이 너무 늦게 알게 되는 경우가 많다. 이 프로그램들은 영재 학생을 찾아내고 참가자에게 대학이 인정하는 확인증을 제공한다. 그뿐 아니라, 여름방학에 장래가 촉망되는 8, 9, 10학년 학생들을 대상으로 한 3주짜리 여름 재능 발굴 캠프를 주최한다. 존스홉킨스 CTY(Center for Talented Youth), 듀크 TIP(Talent Identification Program), 노스웨스턴 CTD(Center for Talent Development), 덴버 로키 마운틴 재능 발굴(Rocky Mountain Talent Search)이 그렇다. 이 네 곳 외에 스탠퍼드 EPGY(Education Program for Gifted Youth)는 지역의 13~17세를 대상으로 한 여름 학교와 11~14세 대상의 중학교 프로그램, 5~18세 대상의 이러닝(e-learning) 과정을 제공한다. 이 다섯 가지 프로그램 중 한 곳에 참가하는 것은 명문 대학 지원의 인상적인 시작이다. (매우 작고 제한적이기는 해도 알아둘 만한 또 다른 재능 발굴 프로그램은 데이비슨 싱크 여름학교(Davidson THINK Summer Institute)이다. 네바다 대학에서 진행되는 이 3주 프로그램은 12~15세 학생 60명 정원이기 때문에 정보를 얻기 어렵다. 자세한 정보는 www.davidsonacademy.unr.edu를 참고하라.)

주요 재능 발굴 프로그램에 참가하기 위해서는 7학년까지 SAT 또는 ACT 시험을 치러야 한다. (저학년 CTY와 2~6학년을 위한 프로그램들은 주로 동부 및 서부의 사립학교와 대학에서 제공되며 SCATs와 같은 다른 종류의 입학 시험을 치러야 하는데, 5, 6학년의 경우 STB(Spatial Test Battery)가 필요하다. 그러나 이런 프로그램에 참여했다고 해서 CTY나 다른 재능 발굴 프로그램에 자동적으로 우선권을 주지는 않는다. 정규 CTY에 입학 자격을 얻으려면 7학년에 다시 시험을 쳐야 한다.) 대학 입학사정관들 말로는 7학년 때 재능 발굴 프로그램에 선발된 적이 있는 지원자를 찾는다고 하는데, 그 이유는 이런 기록들이 지원 학생의 학업 성취도가 우수하고 어린 시절부터 성장해 온 학생으로 판단할 근거가 되기 때문이다.

매년 미 전역에서 약 12만 명의 7, 8학년 학생들이 SAT 시험을 치른다. 그러나 아직까지도 "내부자"가 아니고서는 좀처럼 이런 프로그램들을 모른다. 존스홉킨스 CTY와 CAA(Center for Academic Advancement: CTY에 비해 약간 경쟁력이 낮고, SAT 점수도 낮다. —옮긴이)만 해도 약 44,000명이 자격시험(SAT 또는 ACT 선택)을 치른다. 그중 약 26퍼센트가 CTY, 71퍼센트가 CAA에 합격한다. 이 프로그램들은 엄격한 것과 여기 참가한 진지한 학생들 간의 우정으로 유명하다. 또한 일자리나 인턴 프로그램이 필요한 나이가 아직 아니지만 일반적인 방학 캠프에 참가하기에는 지적 수준이 높은 똑똑한 학생들에게 매우 중요한 역할을 한다. 이 프로그램들은 오전에는 도전적인 학습 과정, 오후와 저녁에는 사회 활동과 여가 활동을 포함하고 있다.

Secret 29 **재능 발굴 프로그램은 여러분 자녀의 중학교와 고등학교 저학년 시기의 성취도를 증명하는 가장 빠른 방법으로, 이를 통해 많은 기회를 얻을 수 있다.** 여러분의 자녀가 11, 12학년 학생들을 위한 연구 프로그램, 경연, 경시대회 등에 지원할 때, 많은 지원서류와 면접에서 재능 발굴 프로그램에 참여한 적이 있는지를 묻는다. 시험을 보고 자격을 얻는 것은 그 대상이 되는 것을 의미한다. 수많은 전국구의 우등생들이 8, 9학년 이전에 재능 발굴 프로그램에 참여한다. 이게 여러분이 자녀가 고등학교 고학년이 되기 전에 이 정보를 알아야 하는 이유다.

학교는 몇 가지 이유로 이러한 재능 발굴 프로그램을 학부모들에게 알려주지 않는다. 많은 공립학교에서는 정책적으로 안 가르쳐주는데 이는 몰라서가 아니라 이런 프로그램들이 고가이고, 엘리트주의적이며, 소수의 재능 있는 학생만을 대상으로 한다고 생각하기 때문이다. 많은 프로그램들이 심사를 통해 학생들에게 상당한 장학금을 제공함에도 불구하고, 공립학교들은 학부모들에게 비싼 사교육 프로그램에 대한 부담을 느끼게 하는 책임을 지고 싶어 하지 않는다. 또한 공립학교들은 학교가 권한 재능 발굴 프로그램이 별로여서 비판을 받는다든가, 학생이 프로그램에 합격 못 해 학교가 책임감을 느끼게 되는 상황을 원치 않는다. 또 다른 이유는 많은 공립학교들이 한 특정 프로그램을 다른 프로그램들보다 더 권장해서는 안 된다고 생각하는 것이다. 대신 공립이든 사립이든 많은 학교들은 학생들에게 필요한 학습 프로그램은 학교가 다 제공할 수 있다는 이미지를 보여주길 원한다. 방과 후 개인지도는 굳이 받을 필요 없다, 사교육 필요 없다, 방학 중 프로그램도 필요 없다는 식이다. 그들의 생각은 학생들이 매일 학교에 나와서 숙제를 하고 수업에 참여하면 학생에게 필요한 교육은 다 받은 거라는 것이다.

결과적으로, 많은 공립과 사립 학교들은 학부모들이 특정 프로그램에 대해 직접 요청하지 않는 한 학교 밖의 기회에 대해 학부모들에게 알려주지 않고 의도적으로 깜깜이로 있게 놔둔다. 정책적으로 번거로움이 덜하기야 하겠지만, 더 하고 싶은 동기가 부여된 학생들에게는 최선이 아니다.

그렇다면 이런 기회들에 대해 어디서 알아볼 것인가? 여러분의 자녀들과 경쟁하고 있는 다른 학생들의 부모들에게는 기대하지 마라. 학부모들, 특히 자신들의 자녀를 위해 열심인 분들은 정보를 얻을 수 있는 최후의 사람이다. 자녀를 위해서 내 아이에게 꼭 맞는 기회를 찾고자 하는 학부모들은 반드시 이 책을 읽어야 한다!

Secret 30 **여러분이나 자녀들이 재능 발굴 프로그램에 관심이 있든 없든 7학년 때 SAT에 응시하라.** SAT를 일찍 쳐보는 것은 좋은 경험이다. 그리고 만약 좋은 결과가 나온다면 여러분의 자녀는 미래 기회를 위한 또 하나의 크리덴셜을 쌓는 것이 된다. 7학년이 SAT 중 어느 한 과목이라도 만점을 받으면 좋겠지만(실제 그런 학생들이 드물지만 있기도 하다.), 재능 발굴에서 7학년에게 요구하는 점수는 800점 만점 기준으로 CTY는 언어영역 520점, 수학영역 530점, CAA는 언어영역 410점, 수학영역 430점이다.

Secret 31 **네 곳의 재능 발굴 프로그램 중 한 곳에 합격한 학생은 다른 세 프로그램에도 자격이 될 수 있지만, 이 사실을 통보해 주지는 않는다.** 존스홉킨스, 듀크, 노스웨스턴, 덴버의 합격 점수는 매우 비슷하지만 똑같지는 않다. 미국의 다른 지역으로 자녀를 보낼 경우는 꼭 다른 프로그램에서 제시하는 내용을 확인해야 한다. 7학년을 마친 후의 방학에 여러분의 자녀는 3주 과정을 두 번 할 수 있다. 동일한 것을 두 번 참가해도 되고 다른 과정을 택할 수도 있다.

Secret 32 자녀가 7학년 때 SAT 시험을 준비하고 치르게 하라. 미국의 우수 학생 대열에 들어 가는 방법은 7학년 때의 높은 SAT 성적이다. 그렇지 않은 경우에도 들어갈 수 있는 다른 방법은 있지만 그때까지 여러분과 자녀들은 뒤처지고 있는 것이다.

많은 7학년 학생들이 SAT 과외를 받고 있다는 말을 다른 사람은 아무도 해주지 않을 것이다. 프로그램들이 고득점자를 초청하거나 특별 대우를 해주지도 않는다. 학교에서도 칭찬 안 할 것이다. 다른 학부모들도 좋게 말하지 않는다. 여러분의 7학년 자녀가 준비 과정에 등록하는 것을 주변 사람들이 뭐라고 하건 신경 쓸 필요는 없다. 여러분과 자녀는 그러기를 잘했다고 생각할 테니까.

Secret 33 7학년 학생들을 대상으로 한 SAT 준비 과정을 찾아야 한다. 7학년 학생들에게 적합한 과외 수업을 찾아서 자녀를 등록시키고 이때부터 SAT 시험 연습을 하며 격려하는 데 있어서 학부모들은 큰 역할을 할 수 있다. 특히 중학교 과정을 목표로 하는 준비 과정을 찾는 데는 상당한 연구가 필요할 수도 있다. 여러분의 자녀가 시험에 떨어진다고 삶이 실패하고 불행해질까? 당연히 아니다. 아이의 꿈과 열정에 따라 설령 시험을 치지 않아도, 좋은 성적을 받지 못하더라도 큰 성공을 할 수 있다. 성공한 의사, 변호사, 기업 임원 또는 대표가 될 수 있다. 그러나 대부분의 유명한 인턴십 및 대학 지원서 중 상당수는 여러분의 자녀가 재능 발굴 프로그램을 통과했는지 묻는다. 과외를 하든 혼자 집에서 공부하든 7학년 때의 시험 준비는 여러분과 자녀들을 더 편하게 해준다.

7학년 때 시험을 치지 않았거나 쳤는데 성적이 좋지 못했던 경우에는 8, 9학년에 다시 도전할 수 있다. 물론 더 높은 점수를 얻어야 한다. 가능하다면, 그리고 7학년 때 통과하지 못했다면 다시 응시하게 하라. 칼리지보드(*College Board*: 미국 대학 입시 관리기구—옮긴이)는 고등학교 이전의 SAT 점수를 대입 SAT 성적에 포함시키지 않는다.

자녀가 시험을 다시 치도록 장려하는 것이 어떤 이들에게는 지진아들에 대한 압박처럼 느껴질 수 있다는 것을 잊지 마라. 자녀가 처음에 잘 못했을 때, 대부분의 사람들은 "아이들의 미래에는 큰 영향이 없을 거예요. 다시 시험 치면 돼요."라고 말한다. 처음보다 못하면 어쩌나 걱정하면서 많은 부모들이 그 말을 따르고, 두 번째 시험 결과가 처음보다 더 나쁠 때도 있다. 그럼에도 더 좋은 성적을 얻을 가능성이 있다면 자녀들이 다시 시험을 치르도록 해야 한다.

다음 이야기에서 알 수 있듯이 재능 발굴과 관련 프로그램들이 7학년 때 SAT를 치르는 유일한 이유는 아니다.

한 학생이 12월 SAT 수학영역에서 690점을 받았는데, 7학년 학생이 존스홉킨스 CTY 프로그램에 들어가기에는 충분한 점수였다. 그런데 그해 마지막 시험이 치러지는 다음 해 1월, 그 학생은 다시 시험장에 모습을 나타냈다.

"왜 다시 시험을 치나요?"

다른 학부모가 그 학생 어머니에게 물었다.

"그냥 연습이죠."

그 학생 어머니는 대수롭지 않게 대답했다.

나중에 안 일이지만, 690점을 받은 학생의 어머니는 자녀가 10점 높은 700점을 받으면 SET(Study of Exceptional Talent)에 들어갈 자격이 된다는 것을 알고 있었고, 그것은 또 다른 날개를 다는 것을 의미했다. 그러나 690점 학생의 어머니는 다른 학부모들이 그것을 알고 그들의 자녀들이 경쟁력과 권위가 있는 프로그램에 자기 자녀의 경쟁자가 되는 것은 원치 않았던 것이다.

Secret 34 **SAT I 수학 또는 언어 영역에서 700점 이상을 받는 상위권 학생들에게 SET는 중학교 및 고등학교 전반에 걸쳐 무료로 학습 지도를 해주며, 이것은 또 하나의 크리덴셜이 된다.** 상위권 학생들에게 있어서 "SET 학생"으로 선정되는 것은 매우 영광스러운 일이며, 학문적 능력을 일찌감치 입증하는 것이다. 여러분의 자녀가 7학년 12월 SAT I에서 650, 670, 690점을 받은 경우 700점을 받기 위해 다음 해 1월에 시험을 다시 쳐야 한다고 말해 주는 사람은 없다. 600점대의 점수는 대부분의 고등학교 교사들에게 인상적으로 보일 것이고, 여러분의 자녀는 축하를 받을 것이다. 하지만 SET에 대한 얘기는 듣지 못할 것이다. 많은 고등학교 선생님들이 SET에 대해 알지 못하며, 알더라도 680점을 맞은 학생 부모에게 더 노력하라고 알려주는 것이 자신의 역할이라고는 생각하지 않는다.

Secret 35 재능 발굴 프로그램들은 SAT I 볼 시기를 12월이나 1월 중에 선택하라고 하지만, 12월에 보게 해야 한다. 그래야 떨어지더라도 기회를 한 번 더 얻는다. 수많은 학부모들이 좋은 의도로 자녀들의 첫 응시를 1월까지 기다린다. 이것의 장점은 시험 준비를 몇 달 더 할 수 있고, 방학 중에 할 수 있다는 점이다. 그러나 둘 중 한 번을 못 본 경우 잘 본 점수 한 개만 사용할 수 있다. 시험을 두 번 보아서 손해 날 것은 없다.

장기 목표에 적합한 재능 발굴

재능 발굴 프로그램이 반드시 모든 학생들에게 필요한 것은 아니다. 학생들의 장기 목표에 따라, 다른 우수한 더 매력적인 프로그램들이 많이 있다.

Secret 36 재능 발굴은 중학교 또는 고등학교 초기에 시작되어야 한다. 고등학교 고학년 때 최상위 학교 성적과 최상위 SAT 성적을 모두 갖추었어도 최상위권 대학 입학이 보장되지는 않는다. 학교 성적과 SAT도 단지 크리덴셜 중 일부일 뿐이다. 많은 학부모들은 자녀들이 재능 발굴 프로그램에 한 번 참가했으니 남은 방학 동안 더 이상 할 필요가 없다고 생각한다. 학부모들이 중학교에서 자기 자녀만 유일하게 합격한 줄 아는 것은 흔한 오해다. 실제로는 매년 20~30명씩 붙는 중학교들이 존재한다.

Secret 37 대학들은 연속성을 보고 싶어 한다. 학생들은 10학년까지 재능 발굴 프로그램들을 마쳐야 하며, 그것들을 이용해 계속해서 성과를 입증하고 무언가 인상 깊은 결과물을 만들어내야 한다. 예를 들어, 독창적인 연구를 하거나, 출판할 만한 수준의 문학 작품을 쓰거나, 해외 고아원에서 일을 하거나, 미술 작품 전시회를 하거나, 혁신적인 기금 모금 행사를 지원해야 한다.

재능 발굴 후 할 일들

Secret 38 11, 12학년 이전의 방학은 수업 중심 과정보다는 작곡, 실험, 작문, 모금 운동과 같은 프로젝트 중심적인 시도를 하는 편이 낫다. 이상적인 4개년 방학 계획은 다음과 같다. (9학년에 올라가기 직전의 방학부터 해서 4년간, 매년 10주간의 방학을 기준으로 한다.)

방학 1 (9학년 올라가기 전)	3주	재능 발굴 과정 (학점 없음)
	3주	재능 발굴 과정 (학점 없음)
	2주	가족 여행
	2주	휴식
방학 2 (10학년 올라가기 전)	6주	대학 과정 (학점 있음)
	2주	과학, 미술, 지역 봉사, 운동, 경영, 인문학 프로젝트 시작
	2주	휴식 또는 가족 여행
방학 3 (11학년 올라가기 전)	8주	프로젝트
	2주	휴식 또는 가족 여행
방학 4 (12학년 올라가기 전)	8주	프로젝트
	2주	휴식 또는 가족 여행

이상적인 4회의 방학 계획은 첫 해는 학점 없는 재능 발굴 과정에, 둘째 해는 학점 있는 대학 과정에, 셋째 해는 현장 프로젝트에, 넷째 해는 프로젝트 완료에 초점을 맞춘 것이라야 한다. 이런 프로그램의 효과를 극대화하기 위해서는, 9학년에 올라가는 학생들은 이루고자 하는 장기 목표에 필요한 것들을 배우는 캠프(예: 컴퓨터 캠프, 수학 캠프)가 아닌 한 놀러 가서 자고 오는 식의 캠프에 참가해서는 안 된다. 자고 오는 캠프에 가도 무방한 또 다른 경우는 자녀가 레크리에이션 전공을 원하는 경우인데, 이 분야의 명문 대학들은 뉴욕 주립대(SUNY) 코틀랜드, 인디애나, 메인 주립대(마키어즈), 버몬트, 노스애리조나, 노스다코타 주립대, 피츠버그(브래드퍼드), 사우스이스턴, 캐롤 칼리지, 이타카 칼리지 등이 있다.

11, 12학년에 수행한 프로젝트에는 수동적이 아닌 적극적 노력이 있어야 한다. 수동적 프로젝트에는 빈민 지역 방문, 설문 조사지 배부, 합창단, 우편 발송, 아이

보기, 전화 조사 등이 있다. 수동적인 프로젝트는 아무리 창의적이고 오랜 시간 노력을 했더라도 상위권 대학에서는 인상적으로 평가하지 않기 때문에 지원자 중에서 쉽게 교체 가능한 대상이 된다는 것을 의미한다. 더욱 인상적인 것들은 독창적이고 창의적이며 독립적인 생각 또는 리더십을 보여주는 적극적인 프로젝트들인데, 예를 들자면 새로운 패션을 디자인하고, 프로토타입을 창안하고, 매장 판매 증진 계획을 만들고, 혁신적인 컴퓨터 게임을 만들고, 단편 애니메이션을 만드는 것 등이 해당된다.

방학 과정들

재능 발굴 외에도 대학 및 기타 심화 과정들을 통해 많은 우수한 방학 과정들이 제공된다. 학부모들은 이런 기회를 검색할 때 신중하게 옵션을 비교해야 한다.

Secret 39 **자녀가 방학 과정을 할 때, 가장 처진 아이가 되는 걸 두려워하지 마라.** 일반적으로, 과시하기 위해서 또는 자신감을 쌓기 위해서 참가하는 모든 걸 다 아는 고학년보다는 경험이 별로 없는 가장 나이가 어린 학생이 더 낫다. 항상 자신이 가장 똑똑하게 보여야 마음이 편한 자녀들은 방학이 도전의 기회가 될 수 없다. 아무리 흥미로운 방학 과정도 편한 수준이어서는 안 된다. 이미 알고 있는 것들을 단지 확인하거나 보완하는 정도의 시간이 되어서는 안 된다. 방학은 도전과 발전의 장이 되어야 한다.

자녀가 특정 프로그램에서 제공한 모든 지식, 장기 목표에 필요한 모든 지식을 완벽하게 소화했다면 다음 해에는 그 프로그램에 다시 보내지 마라. 길을 잘 안다고 해도, 심지어 CIT에 자리가 났다고 해도 다른 곳으로 옮겨라. 다음 방학은 새로운 도전이 되어야 한다. 다음 프로그램에서는 여러분의 자녀가 가장 처진 위치에 있어야 한다.

 **학기 중에 배울 수 있는 것들을 가르치는 프로그램들을 피하라.** 방학은 천편일률에서 벗어나 노선의 기회가 되어야 한다. 잘 짜인 방학 계획은

다음 학기를 여유롭게 하기보다는 교과 과정을 뛰어넘은 것이어야 한다.

Secret 41 대학에서 하는 과정이라고 꼭 그 대학과 연관된 것이 아닐 수도 있고, 철저하게 진행되지 않을 수도 있다. 프로그램 주관 측에서는 먼저 나서서 이를 밝히지 않을뿐더러 오히려 여러분들이 그렇게 믿기를 바란다. 국공립 또는 사립 학교 캠퍼스에서 하는 과정, 대학 이름이 들어간 과정이라고 해서 그 학교 과정인 건 아니다. 과정들이 그 학교의 일부인지를 판단하는 주요 지표는 (1)그 학교의 학점이 나오는 경우와 (2)그 학교의 유명 교수진이 실제 가르치는 경우(또는 유명 외부 교수진 참여)이다. 그러나 이러한 지표는 보편적인 것이 아니다. 때때로 전문성이 필요한 특별한 과정의 경우, 더 나은 전문가를 초빙하기도 한다. 입학사정관들이 주목할 만한 프로그램과 코스가 뭔지 알고 싶으면 분야별로 구성된 이 책의 5장부터 12장까지를 참고하라.

캠퍼스에서 열리는 과정들이 그 학교와 연관이 없는 경우, 참가 학생들 수준이 덜 경쟁적이고 덜 자극적일 수 있다. 여러분의 자녀가 진짜 경험을 하고 싶어 한다면, 그 과정이 맞는지 확인해 보라. 스스로 물어보라. 그 과정에 입학하기 위한 자격이 어떤지. 참가하는 학생들이 얼마나 열심히 하는지.

Secret 42 과정들이 얼마나 전문적인지를 파악하는 비결 중 하나는 과정 이름일 수 있다. 전문성이 약할수록 깜찍한 이름(예컨대 '오페라'라고 안 하고 '피가로'라고 한다든가, '해부학' 대신에 '피부와 뼈'라고 이름 짓는 식)으로 십 대들에게 상술을 발휘하려고 한다.

Secret 43 고등학교 졸업반이 되었을 때 학생들은 자기가 전공하고자 하는 분야에서는 대학과 '비슷한' 과정 수준이 아닌 '실제' 대학 과정 수준이 되어야 한다. 상위권 대학들은 고가의 수준 낮은 그저 그런 교육과정이나 학점 없는 교육 과정을 캠프나 오락과 비슷하게 받아들인다. 그런 과정들이 재능 있는 학생들을 유치하더라도, 대학들이 인상 깊게 보는 것은 학점이 부여되는 대학 과정, 학술 경시대회 과정, 수준급의 포트폴리오를 제작하는 실기 과정 및 독창적 연구 프로젝트로 이어지는 연구 과정들이다.

Secret 44　요즘과 같은 경쟁 시대에는 더 이상 타고난 재능만으로는 충분치 않다. 대학들은 학생들이 선천적 재능을 가지고 무엇을 했는지를 알고 싶어 한다. 학생들이 무엇을 했고 무엇을 이루었는지. 결과물이 무엇인지. 연구 논문 발표, 영화 제작, 조각, 시집, 성공적인 기금 모금 등. 이런 생각의 바탕은 고등학교 때 무언가를 했던 학생이 대학에서도 계속 무언가를 또는 그 이상을 해낼 것이라는 이론이다. 대학들은 실력자가 되기를 꿈꾸는 청소년들이 아니라 상상력과 정열을 가진 미래지향적 리더인 실력자들을 원한다.

가슴이 답답한가? 그럴 것 없다. 8, 9학년, 심지어 10학년 학생의 부모라 해도 2년에서 4년의 시간이 있다. 이것은 위기가 아닌 흥분되는 도전이다. (자녀들이 이 프로젝트에 착수하는 데 도움이 될 프로그램들에 대해 부록에서 구체적으로 안내해 두었다.)

대학에서 주관하는 과정들과 입학 사이의 관계

아이비리그 대학에서 연구를 하며 두 번의 방학을 보냈던 학생이 멘토에게 그 학교 입학을 위한 추천서를 부탁했다. 멘토는 동의했을 뿐 아니라 극찬의 글로 채워진 추천서를 주었다. 그러나 최상위 SAT/ACT 점수와 A+ 성적을 받은 이 학생은 그 대학에 입학하지 못했다.

Secret 45　일반적인 예상과는 달리, 대학의 방학 과정들은 최상위 대학들의 입학에 도움이 되지 않는다. 대학들은 대개 미리 이 사실을 알려준다. 조지타운, 브라운, 펜실베이니아 대학교의 방학 과정 홈페이지를 예로 들겠다.

"국제 관계 과정 입학이 조지타운 대학교 학부 입학을 보장하지 않습니다."
"대학 전 방학 과정 참가는 브라운 대학교 학부 입학에 영향을 주지 않습니다."
"지원자들은 와튼의 LEAD 프로그램 참가가 펜실베이니아 대학교 입학을 보장하지 않는다는 점에 유의해야 합니다."
확실히 알겠는가?
왜 대학들은 그들의 캠퍼스에서 연구한 학생들을 입학시키지 않을까? 그 이유는 미국인들의 사고방식을 이해해야 하는데, 그들이 보기에는 학생들이 다른 대학 캠퍼스에서 다양한 경험을 쌓는 것이 더 나을 것이라고 생각하기 때문이다. 많은 대학들이 이렇게 생각한다. (같은 이유로 여러 대학교에서 우수한 성적의 학부생을 대학원생으로 받지 않는다. 대표적인 사례가 노벨 물리학상 수상자인 리처드 파인만으로, MIT에서 학사를 마친 후 그곳 대학원에 입학할 수 없었다. 대신 프린스턴으로 가야 했다.)

요약하면 다음과 같다.

대학 전 네 번의 방학 동안 여러 과정에 참여하고 여러 경험을 할 수 있도록 자녀들을 격려하라. 하버드나 예일에서 세 차례 방학 과정을 다녔다고 하버드나 예일 입학에 유리할 것이라고 생각하지 마라. 어느 한 캠퍼스나 과정에 충성을 바치기보다는 자녀가 전공하고자 하는 분야의 모든 과정과 경험을 싹쓸이하는 것이 낫다.

일부 학생들은 지원서를 바보같이 쓴다. 그 학교에 가려는 이유가 "여러 번의 방학을 그곳에서 보냈기 때문에 캠퍼스가 익숙합니다." 또는 "내 집 같습니다."라고 쓰는데, 이런 친근함의 표현은 아무 도움이 되지 않는다.

아직도 많은 학부모들은 자녀들이 상위권 대학에서 방학 과정을 보낸다면 대학이 그들의 자녀들을 적합한 학생이라고 생각할 것이고 늦지 않게 학비를 지불하면 대학이 자녀들을 입학시켜 줄 것이라고 생각한다.

반복한다. 대학의 방학 프로그램에 투자하는 것은, 비록 그곳에서 일을 한다 할지라도 합격을 보장하지 않는다. 반면에, 주요 도시로부터 멀리 떨어진 소규모의 대학 중 일부는 자기 대학 캠퍼스에서 프로그램을 경험한 학생들에게 호의적인 태도를 보일 수 있다. 특히 곤충학과같이 인기가 적은 전공 분야에 지원하는 학생의 경우라면 그럴 수 있다. 상위권 대학들은 자기 대학 캠퍼스에 온 적이 있든 없든 자격 있는 우수한 지원 학생들에게만 관심을 가지는 경우가 많다.

방학은 보충수업만으로 보내는 시간이 아니다!

Secret 46   자녀들의 학교 과정들을 살펴보게 되면 사교육의 필요성을 예상보다 빨리 느낄 수 있는데, 이 경우 사교육은 학기 중에 해야 한다. 방학 중에 교과 과정이 반복되게 할 필요는 없다. 같은 것을 반복하는 것을 즐기는 학생은 거의 없다. 특히, 이런 이유로 자신들이 관심을 가진 계획을 할 수 없게 되면 분노는 하늘을 찌르게 된다. 보충만 하는 학습 과정들은 거의 성취감을 주지 않는다.

어쩔 수 없이 방학 때 보충을 해야 할 경우에는 가능한 좋은 경험이 될 수 있도록 해주라. 다른 가족들이 그토록 바라던 휴가를 가지 못하게 된 책임이 본인에게 있다는 생각이 들게 하지 마라. 여러분의 자녀도 방학 동안 부족함이 보강되기를 원하고, 가족들의 실망도 알고 있다. 이런 심각한 퇴보에도 불구하고 보충해야 할 과목에 관심을 가질 수 있도록 도와주라. 과목에 확신을 할 수 없다면 과목과 관련하여 무엇이 관심거리인지 다시 찾아보라. 자녀와 함께 공부하고, 과외가 필요하다면 과외 선생님을 고용하라. 이번에는 자녀가 과정에서 선두를 달리고 있는지 꼭 확인하라. 과정을 다시 듣는 경우, 가장 매력적이고 가장 이국적인 과정을 골라서 정규 과정의 휴식이 되도록 해주라. 자녀의 보충 수업 때는 지난번 수업에서 실패의 경험이 있는 선생님에게 맡기지 마라. (성과는 차치하고, 같은 선생님과 같은 수업을 반복하는 것은 창피하고 당혹스러운 일이다.) 그리고 자녀가 정말로 최선을 다해 노력하고 있다면, 실패의 원인이 선생님이지 자녀가 아니라는 것을 상기시켜 주라.

방학 계획은 자녀들이 즐길 거리도 있고, 성적도 오르고, 예능과 운동에서의 성과도 있도록 구성되어야 한다. 방학 동안 오로지 "전진"만이 있도록 만들지 마라. 다가오는 해에 대한 자신감을 고양하기 위해서는 (실패의 해가 되는 듯한 기분이나 자숙의 기간이 되는 것과는 대조적으로) 동기를 부여하는 다양한 활동들의 균형이 무엇보다 중요하다.

친구와 보내는 방학

저스틴의 어머니는 항공학 분야에서 동기부여가 될 만한 방학 프로그램을 찾고 있었다. 비행 레슨이 포함된 흥미진진한 항공 학교 과정을 발견했지만 아들의 답은 이랬다. "난 혼자 가고 싶지 않아요. 친구랑 같이 있고 싶어요."
저스틴의 친구인 브렛은 8주짜리 컴퓨터 집중 과정에 관심이 있었지만 저스틴은 관심이 없었고, 다른 친구인 브랜든은 야구 캠프에 갈 계획이었지만 저스틴은 브랜든만큼 야구를 잘하지 못해 자격이 모자랐다. 또 다른 친구인 마이크는 케이프코드에서 캠핑과 자전거 여행을 할 계획이었지만 저스틴은 그렇게 오래 야외에서 지내고 싶지 않았다. 저스틴은 친구들과 항공 학교를 같이 갔으면 하여 친구들을 설득하려 했지만 결과는 마이크와 자전거 여행을 가서 기간 내내 불평만 늘어놓다 돌아온 것이 되었다.
모든 프로그램이 끝났을 때, 마이크는 불평쟁이인 저스틴과 다시는 아무것도 하지 않겠다고 했고, 저스틴 또한 케이프코드 여행에서 아무것도 얻은 게 없었다. 이 이야기의 교훈은 모든 아이들은 존중받아야 할 각기 다른 관심사를 갖는다는 것과 친구와 함께하는 것이 관심사를 만족시킬 수는 없다는 것이다.

Secret 47 **예전부터 알던 친구들과 같이 방학을 보내기를 원하는 아이들은 종종 자신의 목표에 도달하는 데 도움이 될 훌륭한 기회를 놓친다.** 저스틴과 같은 아이는 방학을 그렇게 보낸 후, 자기가 원했던 항공 학교 과정을 마치고 온 다른 아이들의 얘기를 듣게 된다. 그리고 아마도 다음 해에는 연령 제한을 비롯한 다른 이유로 다시 그 과정에 참여할 수 없게 된다. 저스틴의 사례는 큰 교훈을 준다. 여러분의 자녀들이 다른 아이들의 관심사를 따르기보다는 자녀 자신이 가장 관심이 있어 하는 기회를 추구하고, 그 기회들이 있을 때 최대한 기회를 잡을 수 있도록 도와주라.
이런 프로그램은 기존의 친구들과 시간을 보내는 것 이상으로 좋을 것이며, 비슷한 관심사를 가진 새 친구를 프로그램에서 만날 기회가 있다는 것을 자녀들에게 확신시켜라. 방학은 십 대 청소년들이 성장의 가지를 치고 다른 학교와 다른 지역의 사람들을 만날 훌륭한 기회.

방학 계획 예시

만약 여러분이 아직도 방학 동안 계획 없이 자녀들을 쉬게 하는 게 낫다고 믿는다면, 다음과 같은 네 번의 방학을 보내는 친구들과 비교해 보기 바란다.

> **{ 분야별 방학 프로그램 찾기 }**
>
> 이 책의 부록에는 다음과 같은 주제별 프로그램이 소개되어 있다.
>
> 항공 우주과학, 인류학, 고고학, 건축학, 미술, 미술사, 기업 경영, 금융, 투자, 안무, 무용, 기호 및 암호학, 토론, 연극 영화, 에너지, 공학, 의상 디자인, 법과학, 게임 프로그래밍, 유전학, 행정학, 산업디자인, 국제관계, 언론, 조경, 법률, 문학, 해양생물학, 해양과학, 수학, 의학, 기상학, 신화와 민속, 신경과학, 고생물학, 철학, 시, 심리학, (비교)종교학, 로봇공학, 대중음악, 과학소설, 극작.
>
> 부록에 있는 계획들이 반드시 관심 있는 유일한 주제는 아니겠지만, 이런 것들이 자녀들의 여름을 계획하는 부모들에게 도움이 되는 것은 사실이다. 부록에는 다양하고 풍부한 교육 과정들, 연구 프로그램들, 경시대회 준비 과정들, 고전적인 인턴 과정들, 고고학 발굴, 예술 스튜디오 경험, 토론 훈련 캠프, 과학 탐구 및 비즈니스 시뮬레이션 프로그램 등이 나열되어 있다.

아래는 컴퓨터게임을 좋아하는 자녀의 방학 계획 예시이다. 만약 여러분이 입학위원회에 있다면, 방학 동안 컴퓨터게임을 하며 보낸 학생과 컴퓨터게임을 디자인하면서 보낸 학생 중에 어떤 학생을 선발할지 스스로 물어보라.

이 예시의 목적은 여러분들이 자녀를 위해 가능성들에 대한 브레인스토밍(및 연구)을 시작하고 방학을 건설적으로 보낼 수 있는 아이디어를 제공하기 위함이다. 이 계획에는 예산이 많이 필요하므로 이상적인 예로 사용하는 것이 좋고, 한 가지씩만 언급되어 있다. 분야마다 수백 가지 이상의 프로그램이 더 있고 그중 일부는 예로 든 프로그램과 비슷하거나 심지어 더 좋을 수도 있다. 요점은 여러분들에게 영감을 주는 것이기 때문이다. 예시된 과정 및 프로그램 중 일부는 전제 조건이나 중요한 신청 요건이 있을 수 있다. 부모들은 자녀들이 그 전제 조건을 준비하는 것을 살펴주고 도와주며 모든 신청을 해줄 책임이 있다는 것에 동의해야만 한다.

아래 과정들과 프로그램들은 이 책 출판 시의 것으로, 모두 매년 바뀔 수 있고 새로운 과정들이 소개될 수 있으며 중단될 수도 있다. 또한 일정에 따라 매년 일부 프로그램들은 다른 프로그램과 겹칠 수 있고 복수 참가가 금지될 수도 있다. 프로그램들 품질 역시 바뀔 수 있기 때문에 언급이 우수성을 보장하는 것은 아니다. 독자들의 편의를 위해 모든 방학 계획은 더 많은 옵션과 함께 영어 알파벳순으로 부록에 열거하였다.

컴퓨터게임 제작	
방학 1 (9학년 올라가기 전 방학)	Penn State Introduction to 2-D Game Design, Animation, and Web Development
방학 2 (10학년 올라가기 전)	Case Western CTD Equinox, Introduction to Computer Game Design
방학 3 (11학년 올라가기 전)	UCLA Design/Media Arts Summer Institute, Game Design
방학 4 (12학년 올라가기 전)	Carnegie Mellon, National High School Game Academy

이 네 번의 방학 프로그램을 통해, "난 게임에서 이겼어."라고 자랑하는 다른 아이들과 달리 "그래, 그런데 내가 그 게임을 만들었어."라고 얘기할 수 있다. 4년 동안 철저히 게임 만들기에 몰두해 고등학교를 졸업하며 여러 개의 저작권을 가진 학생은 대학들에게 매우 인상적일 것이다.

전혀 다른 방학 계획을 설명하기 위해, 해양생물학 및 해양과학에 관심이 있는 학생을 위한 이상적인 방학 계획을 아래에 예로 든다. 이 프로그램을 해변에서 일광욕을 하거나 동네 수영장에서 감시요원으로 보내는 방학들과 비교해 보라.

	해양생물학 및 해양과학
방학 1	Johns Hopkins CTY and CAA, 하와이권 태평양 해양 연구 Johns Hopkins CTY and CAA, 하와이섬의 탄생과 변화
방학 2	Earthwatch, Belize Reef Survey Students on Ice, 세인트로렌스만에서 어린 고래 지켜보기 Duke University TIP, 노스캐롤라이나곶에서 진행되는 해양동물학 과정
방학 3	Stanford University, 대양: 해양환경학 입문 Earthwatch, 회색고래의 이동, 브리티시 컬럼비아로 가족 여행
방학 4	Cornell University, Oceanography of the Gulf of Maine (선상 생활을 하며 섬에서 조사 연구 진행) Student Conservation Society, 알래스카 국립공원 케나이 피오르에서 1개월간 지원봉사 활동

가족 휴가

Secret 48 **이상적으로, 휴가는 반복적이지 않게 자녀의 방학 학습을 강화시키도록 진행되어야 한다.** 꼭 고비용일 필요는 없다. 예를 들어 학생이 지질학에 관심이 있다면 휴가 때 이와 관련된 장소, 관련 박물관 및 채석장을 방문할 수 있다. 학생이 조각에 관심이 있다면 가족과 함께 미술관, 화랑 또는 조각 정원을 방문하면 된다. 여러분의 자녀가 가족 강사가 되어 새로이 얻은 전문 지식을 여행 동안 공유할 수 있게 하라.

독자적인 방학 계획

모든 계획들이 과정과 작업, 인턴십 또는 고용을 포함할 필요는 없다. 때로는 학생이 소설을 쓰거나, 발레 안무를 짜거나, 다큐멘터리를 만들거나, 스테인드글라스 창을 디자인하는 여름을 좋아할 수도 있다. 학생이 자신의 관심 분야와 관련된 새로운 기술을 배우고 프로젝트를 완성하여 자신의 커리어 목표를 향상시키는 여름은 무엇이든 가치가 있다. (그리고 대학이 보기에도 인상적이다.) 그런 방학을 계획하고 자녀가 실망하지 않기를 바란다면, 매일, 주간, 그리고 방학 일정을 작성하는 것이 자녀들의 발전에 얼마나 중요한지 알 수 있을 것이다.

Secret 49 **독자적인 방학 계획(작문, 회화, 연주 등)을 시작하기 전에 부모와 자녀는 엄격한 일정 준수에 동의해야 한다.** 방학 전이나 초기에 가족은 자녀의 기대에 대해 명확하게 이해해야 하며, 자녀 역시 가족의 기대에 대해 마찬가지여야 한다. 자녀가 작업을 하는 동안에는 긴 여행이나 파티를 계획하지 말아야 한다. 예를 들자면 평일 주간에는 자녀가 하고자 하는 연구, 작업, 연주에 전념할 수 있게 해주고, 저녁이나 주말에 여행, 외출 또는 사교 모임을 하는 것이다. 자녀가 동의를 할 경우, 가족들이 진도를 체크하는 것이 유용할 수도 있다.

Secret 50 **자녀가 독자적인 방학을 추구할 경우, 모든 휴식 시간들에 대해서 부모와 사전 동의하여 여가 시간이 충분히 존중될 수 있도록 해야 한다.** 사람들은 시간이 정해져 있을 때 훨씬 더 생산적이다. 예를 들어 오전 9시부터 오후 4시까지 작문, 미술 또는 작곡을 하기로 했다면, 무슨 일이 있든 4시에 끝내고 저녁에 자신의 계획대로 식사하고 놀거나 친구를 만나는 일정이 엄격하게 지켜진다는 것을 아는 것이 주간 활동을 더 잘 할 수 있는 비결이다.

Secret 51 **공부나 작업을 하는 동안에는 한 시간마다 10분 휴식을 엄격히 지켜야 한다.** 자녀가 작업 공간에서 벗어나 간식을 먹거나 10분 동안 운동하거나 잡담을 할 수 있게 해주라. 물론 휴식 시간 10분도 엄격히 지켜져야 한다.

Secret 52 **학생이 계획된 일정을 수행 중일 때에는 잡일을 시키면 안 된다.** 일정에 따라 계획된 일을 완료하는 것은 충분히 힘든 일이다.

조언에 따른 성과

방학 동안 엄청난 기회들이 밀려들까? 방학이 끝날 때까지 책 한 권을 쓸까? 많은 사람들이 내게 전략을 비밀로 해달라는 부탁을 해왔다. 자신의 자녀들이 졸업할 때까지 단 1년만이라도. 내가 만났던 어느 학부모는 저자 사인회에서 맨해튼에 있는 내 책을 몽땅 매점해 자기 자녀가 참가하려는 프로그램에 경쟁자들이 몰려들지 못하게 하겠다고 했다. 많은 헌신적인 학부모는 너무나 많은 경쟁자들이 이 책의 조언을 따라서 대학 입시가 훨씬 더 어려워질 것을 우려한다. "당신은 대입 광풍을 조장하고 있어요."라고 그들은 말한다.

아니다. 나의 목표는 학부모들이 광풍을 초월하도록 돕는 것이다. 졸업반 때 자녀가 압도적인 자격을 갖추도록 도와주면 대학들이 그를 선발하기 위해 경쟁하기 때문에 혼란 속의 공포를 느끼지 않아도 된다. 내가 설정한 계획들은 학생 수만큼 다양한 관심 분야를 기반으로 하기 때문에 같은 곳에 학생이 너무 많이 몰리는 것을 걱정할 필요는 없다. 그러나 여러분의 자녀가 자신의 관심 분야 대신 다른 아이들이 좋아하는 프로그램에 지원한다면, 자리는 별로 없을 것이다. 오늘날의 과잉경쟁 속에서도 수많은 프로그램들, 기회들과 장학금들은 주인을 찾지 못하고 있고, 내 사명의 일부는 학생들이 그러한 기회를 찾도록 돕는 것이다.

제 3장

4개년 학습 계획

대학들이 선호하는
최선을 다하여 도전하는 학생

자녀의 4개년 방학에 대해 이상적이고 명확한 계획이 세워졌다면, 우선적으로 할 일은 고등학교에서 최적의(과다하지 않은) 학점을 얻는 데 집중하는 4개년 학교 계획을 수립하는 것이다. 그런 다음 자녀의 두세 개의 관심 분야를 키워줄 수 있는 맞춤형 과외, 경시대회, 인턴십, 자원봉사, 유급 취업, 독립적인 프로젝트들, 방과 후 특별활동을 추가하라. 교내의 적절한 과정 선택이 시작이다. 학부모들이 고등학교 교과 과정의 학점 요구사항에 익숙해야 자녀들이 이러한 요구사항을 충족시킬 수 있는지 파악 가능하다. 자녀가 고등학교 입학할 때 학교 측에 교과 과정 목록과 학점 취득 지침 사본을 요청하라. 4개년 계획의 뼈대를 마련할 때, 각 과정의 요구사항을 기록하라. (예: 미국사를 수강하지 않고 미국 헌법을 수강할 수 있는지? 미술 실기를 수강하지 않고 AP 미술사를 수강할 수 있는지?) 그런 다음 가장 이상적인 4개년 계획을 작성하라. 가능하다면 1학년 때 너무 빡빡한 일정을 짜지는 마라. 그리고 자녀가 가장 낮은 성적을 받을 가능성이 있다고 생각되는 과정은 졸업반까지 남겨두라.

Secret 53 **성적은 오늘날의 능력주의 시대에서 기회를 살 수 있는 화폐임을 명심하라.**
대부분의 명문 대학이나 방학 과정들은 학생의 경력에 아무리 많은 방과 후 활동이나 고급 과정 실적이 있더라도 학교 성적이 최상위 등급인 것보다 인상적으로 생각하지는 않는다.

Secret 54 **성적은 고등학교 시작부터 바로 계산된다. 다른 소리는 아무것도 믿지 마라.**

일부 선생님들은 학교 참관의 밤 행사에서 학생들이 더 열심히 공부하고 잠재력을 끄집어내어 궁극적으로는 더 높은 성적을 올릴 수 있도록 초기에 "학점을 낮게" 줄 것이라고 선언한다. 이것을 허용하지 마라. 만약 여러분 자녀의 성적이 한 과목에서 이해할 수 없을 정도로 떨어지는 것을 보게 된다면, 고의적인 성적 하향이 있는지 알아보기 위해 자녀가 질문하게 하라. 아무리 여러분의 자녀들이 고등학교 기간 동안 얼마나 발전하고 얼마나 성적이 향상되었는지 에세이에 쓰고 면접 때 얘기해도, 대학들은 "이럭저럭하는 사이의 낮은 성적"을 무시하지도 않고, 고등학교 후반의 성적만을 봐주지도 않는다. (프린스턴과 스탠퍼드를 포함한 소수의 대학교가 9학년은 빼고 그 후 성적만 고려하기는 한다지만 그건 예외적인 경우이다.)

여러분이 대학 입학사정관이라면, C로 시작해서 졸업반에 A까지 오른 학생과 처음부터 끝까지 A인 학생 중 누구를 뽑겠는가?(학습장애, 가족의 큰일이나 극복해야 할 언어 문제가 없었던 경우에 말이다.) 물론 대학들이 실패를 경험하고 점진적으로 자신을 발전시킨, 결과적으로 훌륭한 인생의 교훈을 얻은 학생들을 뽑은 얘기도 간혹 들을 수도 있다. 그러나 이것은 매우 드문 경우이고, 저학년에서의 낮은 성적에 대한 강력한 항변거리가 없다면 낮은 성적은 항상 입학을 방해한다.

이것이 의미하는 바는 4개년 계획 수립에 있어서 명문 대학에 입학하려는 학생들은 고등학교 전체 성적이 최고점이어야 한다는 것을 학부모들이 명심해야 한다는 것이다. 불행히도, 이것은 최소 필요 조건을 채운 다음에는 성적이 선생님 주관에 많이 좌우되는 것으로 알려진 부수적인 과목들(미술, 음악, 창작, 사회 선택과 같은)을 반드시 피해야 한다는 것을 의미한다.

학부모들은 또한 자녀가 중학교 때 고등학교 학점이 인정되는 상급 수학이나 과학 과목을 들었으면 그 성적을 가지고 올라오게 될 수 있다는 것을 알고 있어야 한다. 즉 그 성적들이 고등학교 성적에 합산돼 평균이 나온다는 뜻이다. 만약 여기에 B 또는 C가 있으면, 더 못하는 학생들이 백지 상태로 시작하는 데 비해 고등학교 시작부터 장애가 될 수 있다. 만약 이런 성적들이 고등학교 성적표에 오르는 경우, 학교와 협상해서 성적을 무효화하거나 당락(pass-fail) 방식으로 전환하도록 해야 한다.

Secret 55 공립 고등학교는 더 이상 명문 대학에 입학하고자 하는 학생들을 위한 학문적, 예술적 실험의 장이 아니다. 이제는 학점이 대학 입시에서 가장 중요한 요소가 되었기 때문에, 좋고 나쁘고를 떠나 공립학교는 더 이상 학생들이 미술, 음악 및 과학을 적당히 해보는 장소가 아니게 되었다. 만약 자녀가 적당히 맛을 보고 싶어 한다면, 학교 밖의 비공식 과정들(무용학원, 온라인 작문 아카데미, 음악학원)에서 경험하게 하라. 학교 성적표는 잘 보존해야 한다.

Secret 56 궤도에서 벗어나지 마라. 자녀와 함께 과정을 선택할 때, 열정이나 꿈에 더 집중하게 한다는 이유로 느슨한 학업 과정을 골라서는 안 된다. 예를 들어, 자녀가 클라리넷 특기생이라는 이유로 ("더 많은 연습 시간을 위해") AP 수학을 할 수 있는데도 빼서는 안 된다. 그들은 이런 게 일시적인 일이고 1년 정도 풀어주는 것은 대학에서 모를 거라고 말할 것이다. 그러나 대학은 이런 것에 주목한다. 그리고 자녀 역시 도전적인 궤도에서 벗어나면 다시 그 궤도로 돌아오기 어렵다.

그보다는 자녀가 힘들어할 때 궤도를 유지하도록 격려해 주라. 필요하다면 개인 과외를 찾아보라. 숙제하는 것을 도와주라. 궤도를 유지하도록 해줄 수 있는 일은 모두 다 하라. (다음 장에서 학교와의 계획 조정에 대해 논의하겠다.)

Secret 57 탈선 사고는 정말 많이 일어난다. 한 궤도에서 벗어난 학생들은 종종 다른 궤도에서도 힘들어한다. 사례를 들어보겠다. 생물을 주력으로 하는 자녀를 둔 학부모가 있었다. 그분은 자녀로 하여금 AP 미국사를 수강하지 않고 일반 미국사를 수강토록 했는데, 이유는 숙제가 많다는 것이었고, 자녀가 AP 생물에 더 많은 시간을 할애할 수 있도록 하기 위한 조치였다. 의도는 좋았지만 이것은 결과적으로 잘못이었던 것으로 판명되었다. 몇 달 후 새 학년이 시작되었을 때, AP 생물 시간은 일반 미국사 시간과 겹치고 말았다. 학교에서 판단하기에는 AP 과목을 택하는 학생들은 다른 과목도 AP를 택할 가능성이 높으므로 AP 생물을 택하는 대부분의 학생들 스케줄에 일반 과목을 겹치게 배정해도 영향을 미치지 않는다고 생각했던 것이다. 그래서 AP 미국사를 빼고 일반 미국사를 택한 그 자녀는 시간이 겹쳐서 AP 생물을 수강하지 못하는 상황이 되었다. AP 생물을 수강하기 위해서는 AP 미국사를 등록해야 했는데, 운 좋게도 한 자리가 남아 있었고 등록을 할 수 있었다. 어떤 과목에서 자녀를 빼내기 전에, 그 행위가 자녀의 전체 과정과 대학 진학에 어떤 영향을 줄 수 있는지 살펴보라. 명문 대학들은 여러 개의 AP 과정을 수강한 지원자를 선호한다.

Secret 58 **자녀가 한 과목에서 궤도를 이탈했을 때, 그 과목의 AP 과정을 수강하는 것은 거의 불가능하다.** 많은 학교에서 가장 상급 과정들은 매우 경쟁적이며 인원은 제한되어 있다. 자녀가 일단 떨어져 나오면 다른 학생이 그 자리를 메워 과정은 만석이 되고 다시 돌아가기는 거의 불가능하다. 다른 학생을 빼내거나, 추가 인원을 받아 달라고 교사를 설득해야 하기 때문이다.

자녀가 AP 영어를 1년 동안 쉬기로 하고, 다음 해에 다시 들어가려고 할 때 학교는 더 이상 AP 과정으로 받아주지 않는다. 학교에서는 그가 다른 학생들같이 많은 글을 쓰지도 않았고 어려운 책도 많이 읽지 않았기 때문에 다른 학생들보다 떨어지고 과정에 들어갈 수준이 안 된다고 할 것이다.

자녀가 한 단계 아래로 내려가는 것을 고려할 경우, 많은 학교에서는 다시 돌아오는 것이 거의 불가능하다는 것을 얘기해 주지 않는다. 특히 다른 학부모가 자신의 자녀를 들여보내기 위해 시끄러운 경우에는 말이다. 교사들은 여러분이 자녀의 단계를 내리려 할 때 모든 것을 안배해 주고 심지어 동정적인 자세를 보여줄 것이다. 왜냐하면 그곳에는 충분한 인원적 여유가 있기 때문이다. 명심할 점은 여유가 없는 곳으로의 이동에서는 그런 모습을 기대할 수 없다는 것이다.

이런 일방통행 시나리오를 감안할 때, 학부모들에게 권하고 싶은 말은 자녀가 어려움을 겪는 과목들에 대해서 과정 수준을 낮추지 말고 미리미리 별도의 지원(과외 또는 기타 도움)을 해주라는 것이다. 고등학교와 대학은 학생들에게 점점 더해가는 부담을 없애기 위해 노력한다고 말하곤 한다. 그러나 그들은 여전히 여러분의 자녀가 이수한 AP와 IB 과목 수를 세고 있고, AP와 IB 시험의 고득점에 주목하고 있다. 궁극적인 요지는 여러분의 자녀가 명문 대학에 가고 싶어 한다면 자녀가 할 수 있는 모든 것을 할 수 있도록 여러분이 도울 수 있는 모든 것을 도우라는 것이다.

명문 대학 입학을 위한 AP 개수

대학들은 그들의 홍보물에서, 그들이 원하는 학생은 고등학교 때 다니는 학교에서 가장 상급의 과정을 이수한 학생들이라고 밝히고 있다. 이것은 많은 AP 과정을 제공하는 공립학교 학생들에게 더 적은 수의 AP 과정을 제공하는 일부 사립학교에서보다 훨씬 더 큰 압박감을 준다. 극도로 경쟁적인 일부 공립학교에서는 학생들이 13개 이상의 AP 과목을 이수하고 대학에 지원한다. 대조적으로, 단지 AP 과정 서너 개를 이수하는 것만으로도 명문 대학에 입학하는 사립학교 학생들도 볼 수 있는데 이것은 그 학교가 그것만을 제공하기 때문이다. 명문 대학 입학을 위한 AP 개수는 자녀들이 다니는 학교에서 제공하는 AP 개수에 따라 다르다. 그러나 명문 대학들이 AP 과정이 제공되지 않거나 매우 적게 제공되는 공립학교 학생들을 건너뛰고, 더 많은 AP 과정을 운영하는 비슷한 환경의 근처 학교 학생들을 선호할 수 있다는 점을 명심해야 한다.

IB는 어떨까?

일부 미국 고등학교에서는 AP 대신에 IB(International Baccalaureate) 과정을 제공하고 있다. IB는 123개 국가의 1,465개 학교에서 과정을 제공하는데, AP는 매년 14,000개 이상의 학교에서 380,000명 이상의 학생들이 시험을 친다. 스위스 기반의 IB 과정은 학업 외에 지역사회 봉사와 체육 활동을 충족해야 한다. AP보다 높은 평가를 받을까? 그렇지는 않다. 일반적으로 대학에서는 같은 수준으로 보고 있다.

IB 과정은 2년에 걸쳐 6개의 IB 과목을 이수하도록 구성되어 있다. 학생들은 6개의 과목군에서 6개의 과목을 선택해야 하는데 다음과 같다.

언어(영어), 제2언어(외국어), 개인과 사회(social studies), 실험 과학, 수학과 컴퓨터 과학, 예술 전반. 이 과정의 일환으로 학생들은 4,000단어의 에세이를 작성하고, 지식 이론 과정을 수강하고 "창의력, 행동, 봉사"(예술, 체육, 지역사회 봉사 중 선택)에 참여해야 한다.

지역 대학을 활용한 고등학교 성적 적립

Secret 59 AP나 IB 과정 외에 지역 또는 커뮤니티 칼리지에 등록하여 대학 과정을 수강하는 방법이 있다. 많은 대학들이 선택된 고등학생들이 대학생들과 함께 수업 듣는 것을 허용한다. ("선택된"이라고 하지만, 성적이 웬만큼 되는 학생이 등록해 수업료를 내면 된다.) 시간이 문제라면, 많은 대학에서 직장인들을 비롯해 다른 데 속한 학생들(고등학생 포함)을 대상으로 매주 한 번 정도의 저녁반을 운영한다.

대학 과정 수강은 몇 가지 이점이 있다.
- 대학 과정의 성적이 때때로 동등한 AP 과정의 성적보다 더 좋을 수 있다. (예를 들어, 고등학교 AP 생물에서 고전하고 성적이 나빴던 학생이 커뮤니티 칼리지 생물에서 A를 받은 경험이 있다.)
- 일부 고등학교들에서는 학생들의 성적(GPA)을 올리기 위해 커뮤니티 칼리지에서 수강한 과목을 고등학교 성적에 합산하여 평균을 낸다. 커뮤니티 칼리지 성적을 고등학교 성적에 합산 평균하지 않는 고등학교들에서는, 학교 성적표에 미치는 영향 없이 고급 주제를 경험해 볼 수 있는 기회가 된다.
- 고등학생이 대학 과정을 수강한 것은 고등학교 AP 과정보다 대학 입시에 유리하다. 대부분의 대학들은 지원자들의 고등학교 기간 중 성적 우수(honors), AP/IB, 대학 과정 수강(뒤로 갈수록 우대) 사항을 미리 확인한다.
- 지역 대학들은 더 많은 과목을 제공하는 경향이 있어, 고등학교에서 제공하지 않는 과목을 수강할 수도 있고 다른 과목과 시간이 겹치는 경우에도 유용하며 AP 과정에 들어갈 수 없는 학생들에게 도움이 된다.
- 만약 고등학생이 대학 과정에서 수강한 과목의 성적이 저조한 경우에는 고등학교나 지원하는 대학에 보고할 필요가 없다. 즉, 학생이 한 과목 이상을 수강하고 있고 적어도 한 과목 이상의 성적을 제출해야 할 경우 어느 과목의 성적을 제출할지 선택할 수는 없다. 그러나 학생이 오직 한 과목만을 수강했고 성적이 저조한 경우라면 그것으로 고등학교 이수 조건을 채운 게 아닌 한은 보고할 필요가 없다.

Secret 60 명문 대학들이 설명회와 홍보물에서 "학생들에게 제공된 가장 높은 과정을 이수한" 학생들을 선호한다고 말할 때, 그들은 약간의 AP 과정을 제공하는 고등학교를 다니면서 고등학교 과정을 보완하기 위해 인근의 대학으로부터 제공되는 기회를 활용한 학생들을 기대한다. 자녀를 위한 대학 과정에 관심이 있는 학부모는 지역의 대학 과정 안내지에서 고등학생을 위한 과정들을 찾아낼 수 있다. 고등학생들을 위한 과정들의 등록 절차는 대학마다 다르다. 일부 대학들은 공식 면담과 간략하나마 지원서를 요구하고, 다른 대학들은 정식 절차 없이 학생들이 등록할 수 있도록 한다.

지역 대학의 명성이 대학 지원에 중요할까? 과정에 따라 다를 수 있지만, 일반적으로는 그렇지 않다. 예를 들어 다변수 미적분학과 같은 표준 수학 과정은 일반적으로 학생의 이수 증명만으로도 리버럴 아츠나 공대, 또는 최상위 대학 등 어디에서나 인정받을 수 있다. (일부 대학에서는 시험 성적표를 증빙으로 요구한다.)

재학 중인 고등학교가 지역 대학 과정의 학점을 인정하지 않고 성적표 또는 GPA에 대학 학점을 포함하지 않아도, 졸업 후 입학하는 대학에서는 증빙 자료가 있다면 대부분 학점을 인정할 가능성이 높다. 지역 대학에서 받았던 성적이 대학 성적표에 그대로 나오지는 않더라도 그냥 '수료' 또는 인정 점수로 표시될 수 있다. (모든 대학이 실제 성적을 직접 인정하지는 않는다.)

일반적으로 대학 과목에서 좋은 성적을 받는 것은 지원하는 대학에 인상적으로 보이고 입학에 참작이 되며, 대학 입학 후 일반 과정을 건너뛰고 고급 과정을 수강할 수 있다는 의미로 받아들여지기도 한다.

영재반 학생을 위한 학기 중 대학 과정

일부 대학교들은 영재 프로그램에 들어오는 고등학생들을 우대하거나 심지어 모아서 대학 수준의 과목을 수강할 수 있도록 한다. 이 대학들에게 있어서 "영재"의 의미는 다양하며, 자녀가 영재임을 증명할 방법이 없다고 학부모들이 걱정하고 두려워할 필요는 없다. 많은 곳에서 영재반에 등록하는 단순한 행위만으로도 그들의 확인을 받을 수 있다. 이런 프로그램들 중 상당수는 대학 진로 추천과 생활 경험을 도와줄 자문위원과의 미팅과 같은 무료 상담 기회를 제공한다. 이런 자문위원들은 자녀의 4개년 계획을 세울 때 귀중한 자원이 될 수 있다. (예를 들어 위스콘신 대학교 근방의 학부모들은 그 대학교의 영재프로그램을 극찬하면서 교수들로부터 장기간에 걸쳐 실질적인 조언을 제공받을 수 있었다고 말한다. 오스틴 텍사스 대학교에서도 유사한 사례를 들은 바 있다.)

여러분이 고등학교의 기본 요구사항과 전제조건, 성적 우수 요건, AP 또는 IB 과정과 지역 대학 과정에 대해서 파악했다면, 4개년 계획을 짤 준비가 된 것이다.

일찍 시작하라!

Secret 61 **이상적으로 4개년 계획은 중학교 때(8학년) 시작해야 한다.** (이미 고등학생이라면 당장 시작하라!) 자녀와 함께 고등학교 졸업 전에 이루고 싶은 것을 그려보라. 자녀의 큰 목표를 이루기 위해 어떤 과정이 도움이 될까?

어린 나이에 큰 목표를 볼 수 있다면 또래들보다 확실히 유리하다. 많은 학생들이 졸업반이 되어서야 명문 대학 지원에 필요했던 모든 과학 과목 AP를 이수하지 못했다는 것을 갑자기 깨닫는다. 또는 최종학년 전 학년에 이르러서야 전년도에 언론학 과목을 들었어야 최종학년에 가서 학교신문 편집장 자격이 있다는 것과 저학년(미국 고등학교 기준으로 첫해와 둘째 해) 때 드라마 수업을 들었어야 이번 년도 말에 학교 뮤지컬 오디션을 볼 수 있다는 것을 알게 된다.

이 계획은 관심 분야가 진화함에 따라 해마다 여러 번 업데이트를 해야 한다. (새 학년 시작 전 과목을 선택할 때와 11월에 다음 해 방학 계획을 세울 때에 한다.) 매년 그해 학교에서 제공되는 수업 과정 목록을 모두 알 수 있다면 항상 유리한 위치에 머무를 수 있다.

Secret 62 **학교 교과목 및 자녀가 관심을 가지는 특별 활동의 필요 조건에 대해 미리 자녀를 교육시키고 그에 맞추어 계획을 짜라.** 이런 정보를 알기 위해서는 비슷한 활동이나 과정을 달리는 중인 상급생 학부모에게 물어보라. 자녀가 고등학교에 입학한 후에는 상담지도 선생님과 상의하여 자녀의 목표를 논의할 미팅 일정을 잡고, 무엇을 미리 해야 하는지 물어보라. 자녀가 가고자 하는 길에 대해 자문 선생님들에게 질문하도록 격려해 주라. 때로는 편집장이 될 방법이나 연극 창작을 할 방법을 묻는 것만으로도 선생님들에게 특별히 눈에 띌 수 있다.

반복해서 얘기하지만 모든 계획은 반드시 가변적이어야 한다. 학교의 수강 가능 과목들은 자주 바뀌고, 어떤 과목들은 해가 바뀌며 일정이 달라져 다른 과목 일정과 맞지 않을 수 있다. 따라서 처음에 세운 4개년 계획이 완벽하게 보여도 가변적일 수밖에 없다는 것을 여러분도 깨닫고 자녀에게도 알려주라.

속성과정과 심화학습

많은 학부모들이 자녀가 두각을 나타낼 경우 속성과정을 시켜야 할지 물어 온다. 경험에 비추어 볼 때, 속성과정은 학생의 완성도에 따라 유익할 수도 있고 해로울 수도 있다. 머리가 좋은지보다 철저하게 하는지가 핵심이다. 성공적인 속성과정은 월반하는 과정의 모든 자료를 학습하고 철저히 이해할 것을 전제로 한다. 부모나 과외 교육이 필요한 일이다. 학습 내용을 건너뛰어서는 안 된다.

Secret 63 **일반적으로 자녀가 속성과정에서 최고 등급을 받지 못하면 대학들은 속성과정에 관심을 두지 않는다.** 1년 일찍 집을 떠나야 할 정도의 상황이 아닌 한은, 전 과목 속성과정은 일반적으로 눈살을 찌푸리게 한다. 속성과정은 또래들에게 뽐낼 수 있는 일이긴 해도, 고등학교는 먼저 술래를 건드리면 이기는 술래잡기 놀이가 아니다. 더 중요한 것은 취득한 성적과 이수한 과목의 도전적 성격이다. 여러분의 자녀가 도전적인 과정의 속성과정을 이수하고도 높은 A를 유지할 수 있다면 그것은 인상적인 일이다. 그러나 자녀의 성적이 그로 인해 떨어졌다면 (속성과정을 하지 않았으면 더 높은 성적을 받았을 수 있었다면) 그것은 손해이다. 건너뛴 기간에 무엇을 했는지가 또한 인상적일 수 있다. (예: "AP 화학을 수강하기 위해 Honors 화학을 독학했나요?" "쉬운 AP 미적분학을 건너뛰고 더 어려운 AP 미적분학 BC를 수강하고 방학 내내 교과서를 읽었나요?")

속성과정의 가치를 극대화하려면 지원자가 대학 지원서의 "자신에 대해 알려주고 싶은 것이 있으면 기술할 것" 난에 속성과정의 내용을 설명해야 한다. 특히 속성과정을 학교 밖에서 어떻게 이수했는지, 결과적으로 성적 측면에서 어떻게 되었는지를 설명해야 한다.

자녀가 속성과정을 생각하고 있는데 여러분이 보기에 자녀가 더 높은 수준의 과정에서 최고 성적을 받을 능력이 있는지 확신할 수 없다면 그 도박은 너무 크다. 고등학교들은 종종 속성과정 과목을 재수강하거나 과정 중에 월반해 들어오는 것을 허용하지 않는다. 또한 속성과정은 학생이 같이 공부할 학생들만큼 숙성하지 못한 경우 어려울 수 있는데, 아무도 같이 실험을 하려 하지 않거나 모임에 끼워주지 않으려 할 수 있기 때문이다. 만약 여러분의 자녀가 궁극적으로는 상위 과정에서 최고 성적을 받을 수 있다고 판단되면, 학부모가 선생님을 미리 만나서 자녀가 속성과정으로 왔고 다른 학생들보다 어리다는 사실을 알려줌으로써 자녀의 적응을 도와줄 수 있다.

Secret 64 **자녀가 한 과목의 속성과정을 하기로 결정한 경우, 교육에 구멍이 생기지 않도록 하라.** 자녀의 4개년 계획을 설계할 때 모든 목표들과 환상들을 포함시키고 교과서를 확인하여 빠진 수업을 보충받을 방법을 확인하라. 이 일을 원하지 않거나 할 수 없다면 속성과정을 해서는 안 된다.

Secret 65 **속성과정의 가장 큰 장점은 졸업반이 되기 전에 고등학교 교과 과정을 마쳐서 보다 경쟁이 치열한 경시대회에 참가할 자격을 얻는 것이다.** (일부 대회는 입상이 대학 입학에 직결된다.) 대부분의 고등학교 교과 과정은 졸업 시기에 맞추어 끝이 나도록 짜여 있다. 그러나 이렇게 하면 가장 권위 있는 경시대회에 참가하기에 너무 늦는다. 대부분의 고등학교에서 일반 교과 과정은 AP 과학이나 AP 사회의 전 과정이나 범위를 이수하는 것이 아니라 한두 개를 이수하는 것이다.

최종학년이나 그 전 학년에 주요 경시대회(예: 전미 생물학 경시대회, 국제 과학기술전(International Science and Engineering Fair), 인텔 과학영재 발굴 대회(Intel Science Talent Search))가 열릴 때에 맞추어 모든 AP 과학이나 사회를 이수하고자 하거나 또는 고등학교의 사회과학 전 과정을 경험하고자 하는 학생들은 상당히 박차를 가해야 한다. 자녀가 이러한 대회(또는 비슷한 다른 대회)에서 경쟁하기를 원한다고 생각이 된다면 아직 7, 8학년일 때 그처럼 박차를 올려 속성과정을 달릴 수 있도록 과정을 짜줘야 한다.

> **{ 중학교 시기를 활용한 속성과정 준비 }**
>
> 중학교에서 수강하는 과정들이 고등학교 과정들의 선택에 영향을 줄 수 있다. 중학교 과정들은 종종 덜 까다롭기 때문에 자녀가 속성과정을 시작하기 좋은 시기이다. 속성과정은 국가 공인 제도가 없기 때문에 선생님들과 상의를 해야 한다. 학생 담당 선생님에게 학생 배정 권한이 있는 경우 학교와의 상담이 첫 순서이다. 속성과정을 보완할 수 있는 방법들을 준비하라. 또래들보다 낫다거나 똑똑해서와 같은 이유보다는 11학년 때 전국 경시대회에 출전하기 위해서라든가 고등학교에 있는 모든 AP 사회 과정을 이수하기 위해서와 같은 합리적인 이유들을 제시하라.

속성과 비속성 과정 사례 비교

전형적 비속성 과학 과정	9학년 지구과학, 10학년 생물, 11학년 화학, 12학년 물리
일반적 과학 속성과정	8학년 지구과학, 9학년 생물 10학년 화학, 11학년 물리, 12학년 AP 생물
경시대회용 과학 속성과정	7학년 지구과학, 8학년 생물, 9학년 화학 10학년 물리, AP 생물, 11학년 AP 화학, AP 물리 12학년 과학 경시대회, AP 환경과학
전형적 비속성 사회 과정	9학년 지구 사회, 10학년 유럽사, 11학년 미국사, 12학년 미국 행정
일반적 사회 속성과정	9학년 AP 유럽사, AP 국제사 10학년 AP 미국사, AP 비교행정학, 11학년 AP 경제(거시와 미시), AP 미국 행정과 정치, 12학년 AP 심리학, AP 통계학

이상의 예들은 몇 개의 속성 4개년 계획이다. 여러분의 계획은 여러분의 자녀가 최종 학년 전 학년이 될 때까지 얼마나 열심히 과학 또는 사회 과목 전부를 이수하고자 하는지에 달려 있다. 분명히 이런 과정들은 엄청나게 공부를 해야 하고, 대부분의 경우 두 배의 공부를 해야 한다. 일부 학생들은 모든 과학 또는 역사 과정들을 11학년이 되기 전에 완료하고 2년을 온전히 과학 또는 사회과학 경시대회에 바칠 수 있도록 하는 더 속성의 계획을 원할 수도 있다. 과학 과목의 속성과정은 수학 속성과 함께 진행되어야 어려운 물리에 들어가기 전에 미적분을 기반으로 할 수 있다. 자녀가 고등학교에 가기 전에(9학년 이전에) 이수할 과정들에 대해서 알아야 제대로 작동하는 계획을 세울 수 있고, 이래야 자녀의 장기적인 꿈을 실현시킬 과정들을 마칠 수 있다.

Secret 66 **자녀가 중학교에 다니는 동안 고등학교 과정을 수강할 경우, 전체 고등학교 평점 평균에 계산된다는 것을 기억하라.** 7학년 때 고등학교 수준의 과학 과정을 이수하는 것은 일부 학생에게는 효과적일 수 있지만 대부분의 학생에게는 그렇지 않다. 자녀의 4개년 계획을 세울 때, 중학생 자녀를 고등학교 과정에 수강시키는 것이 최선의 선택인지 꼭 세심하게 검토하라. 중학생 자녀가 아직 어리거나 또는 학습 기법이 미숙해 성적을 손해 보는 것을 바라지는 않을 것이기 때문이다. 또한 중학교 학생들의 학부모는 원하는 대학에 자녀를 입학시키기 위해 어떤 종류의 성적이 필요한지에 대한 정보가 부족한 경향이 있다. 7학년 자녀가 고등학교 과정에서 90/100점을 받아 흥분하는 부모를 본 적이 있다. 그러나 몇 년 후, 그 자녀가 졸업반이 되었을 때 성적 평균이 95, 96인 상황이 되었고 중학교 때의 90점은 평균 성적을 낮추는 결과를 초래하였다. 자녀가 속성과정을 원하는데 명문 대학을 목표로 하고 있다면, 속성을 시작하기 전에 그 학교의 성적 조건을 확인하라. (지금은 10년 전보다 훨씬 높은 성적이 필요하다. 자녀가 다니는 고등학교에서 학생들을 어느 대학에 보냈는지, 그리고 그들의 성적은 어땠는지를 확인해 보라.) 가끔 학급에서 나이가 어린 학생들의 성적을 인위적으로 낮추는 선생님들을 본 적이 있다. ("다른 학생들보다 훨씬 어린 학생들에게 최고 점수를 줄 수는 없어요.")

Secret 67 속성과정이 제대로 진행되기 위해서는 일반적으로 상당한 학부모의 헌신이 필요하다. 여러분의 자녀가 또래보다 어린 나이에 속성과정을 선택한다면, 학습과 숙제를 도와주고 가능한 성적을 유지할 수 있도록 대비해야 한다. 상급 학년 아이들 앞에서 질문하는 것은 더 어려운 일일 수도 있다. 어리다는 이유로 학습 파트너를 만나기가 더 어려울 수도 있다. 위에서 언급했듯이 만약 여러분이 학부모로서 공부를 도와주고, 숙제를 봐주고, 사회적 충격을 완화하기 위해 선생님과 면담하는 것과 같은 추가적인 지원에 시간을 낼 수 없다면, 또한 이러한 일들을 수행하기 위한 사교육 비용을 지불하고 싶지 않다면, 자녀가 속성과정을 하지 않게 하는 게 나을 것이다.

일단 자녀가 고등학교에서 가장 수강하고 싶은 과목들을 결정했다면, 4개년 계획을 목록 형식으로 문서로 작성하라. (즉, 9학년이라면 3개년 계획, 10학년은 2개년 계획을 작성하라.) 졸업 때까지 또는 경시대회 지원 마감 시점에 맞게 원하는 과정들을 수강하도록 12학년부터 시작하여 역순으로 작성하는 게 나을 수도 있다. 이제는 과외활동에 대해서 알아볼 시간이다.

과외활동

처음에는 정규 과정을 향상시키는 것처럼 보이는 학교 활동을 우선 찾아본다. 예를 들어, 자녀가 라틴어를 수강하는 경우, 활동 가능한 고전클럽을 학교가 후원하는지? 자녀가 정규 영어를 능가하는 창작문학 과목을 추가로 수강할 계획이라면 문학잡지 또는 북클럽이 있는지?

많은 학교들이 학기 초(가을)에 클럽이나 활동 설명회를 개최하며, 이때 질문을 통해 학교에서 제공되는 기회들에 대하여 파악할 수 있다. 학기 초 몇 주간 궁극적으로 가입할 곳보다 더 많은 클럽과 활동에 참석하도록 자녀를 독려해 주라. 그러나 일반적으로 학교는 학교 밖의 다양한 옵션들에 대해 학생들에게 알려주지 않는다. 그렇다면 이러한 기회들에 대해 어디에서 알 수 있을까? 바로 이 책의 2부에서 알려준다! 1부를 읽은 후, 여러분에게 특별한 자녀의 열정에 초점을 맞춘 장을 이 책 2부에서 찾아보라.

그러나 먼저 학교에서 제공되는 방과 후 활동을 최대한 활용하는 것을 권장한다.

클럽 만들기

Secret 68 **공립이든 사립이든 학교에서 제공되는 클럽이 전부라고 속단하지 마라.** 가장 좋은 기회는 여러분의 자녀가 창립자가 되는 것이다. 활동적인 학부모는 종종 학교에 새로운 활동들이 도입되도록 자녀를 도울 수 있다. 자녀가 자신의 열정을 발휘할 수 있는 클럽을 만드는 데 관심이 있다면, 새로운 기구를 만드는 데 필요한 학교의 절차를 찾아보고(상담 선생님께 묻거나 학교생활안내서의 내용을 확인하라.) 그것을 시작하는 것을 도울 수 있는 길을 알아보라. 때로는 예산이나 인력 문제로 학교가 제공할 수 있는 클럽 수가 제한될 수 있다. 학부모로서 돈을 마련하거나 기금 모금 행사를 주최하거나 직원 고용 전까지 일시적으로 직접 도울 수도 있다.

뉴욕의 한 공립 고등학교에서는 스윙댄스에 관심이 컸던 학생들의 부모들이 스윙댄스를 배울 수 있는 클럽을 만들도록 열성적으로 도와주고 무도회를 후원한 사례가 있고, 러시아 음악에 대한 학생들의 강한 관심에 힘입어 러시아 문화 클럽이 만들어졌다. 내가 경험한 바 학교에 발레단, 의학 전문가 클럽, 독서회, 재활용 프로그램, 펜싱 팀, 영화잡지, 영화평론 클럽 및 과학 경시대회 팀을 만드는 것을 지원한 학부모들의 사례가 있다.

Secret 69 **자녀가 새로운 클럽을 만드는 것의 장점은 대개의 경우 클럽 대표가 된다는 것이다.** 모든 학생 클럽이 민주주의적 선거로 대표를 뽑는 것은 아니다. 예를 들어, 많은 학교에서 운동부 주장은 코치나 감독이 임명한다. 마찬가지로, 학생들이 운영하는 많은 학습 또는 지역사회 봉사 클럽들에서 창립자는 자동적으로 졸업 때까지 대표를 한다. 클럽을 만들고, 규정을 만들라. 여러분의 자녀가 만든 지질학 클럽은 비전을 가지고 있고 최고의 산길이 어디에 있는지를 아는 여러분의 자녀가 이끌어야 한다. 마찬가지로, 기금 마련을 위한 파이 먹기 시합을 여러분의 자녀가 만들었다면 여러분의 자녀가 운영해야 한다. 물론 클럽을 만드는 것은 궁극적으로 학교 절차를 따라야 하지만, 대부분의 학교는 이 부분에서 느슨하다.

Secret 70 자녀와 친구들이 클럽을 만들어야 하는 이유 중 하나는 그룹 없이 특활을 할 수 없다는 것이다. 많은 팀 대회는 그룹으로 참여해야 한다. 예를 들면, 모의국회(Model Congress), 청소년 기술공학회(Junior Engineering and Technical Society(JETS)) 단체전, FIRST 로봇 경진대회, 해양과학전(Ocean Sciences Bowl) 등이 그렇다. 그러나 부모들이 학교 클럽 결성을 도울 때 차별이 있어서는 안 되며 심지어 자녀의 경쟁 학생이라도 배제되는 학생이 있어서는 안 된다는 점을 유의해야 한다.

Secret 71 만약 학교에서 여러분의 자녀가 새로운 클럽을 만드는 것을 허락하지 않거나 탐탁하게 여기지 않는다면 굳이 학교 소속의 클럽을 만들 필요는 없다. 학교 소속 조직이 대학 지원에 더 큰 영향력을 행사하지는 않는다. 학교에서 기금이나 인력을 제공 못 하겠다면 학교 밖에서 클럽을 만들도록 도와주라. 예를 들어, 조류 관찰이나 천문학 클럽들은 관찰에 좋은 다양한 장소에서 모임을 가진다. 4-H 클럽이나 독서 클럽도 마찬가지이다. 꼭 학교나 학교 시설이 필요한 것은 아니다.

모든 대학에게 깊은 인상을 주는 대회와 장학금을 찾는 방법

이 책의 2부와 부록에 있는 많은 귀중한 정보들을 확인하여 자녀들을 위한 기회들을 검색하라. 이 책을 집필한 중요한 목표 중 하나는 아이들의 다양한 관심사에 근거한 고무적인 기회들의 조합을 보여주는 것이었다.

Secret 72 자녀를 위한 또 다른 기회를 발견하려면 지역 소식지를 정기적으로 확인하라. 지역 고교생들의 업적을 발표하는 뉴스 기사를 찾아보라. 특히 고학년 학생의 업적 중에서 자녀들이 관심을 가지는 것들의 세부 정보를 조사하라.

기사를 모아라. 자녀가 어떻게 같은 길을 갈 수 있는지 알아보라. 그 학생이 여러분의 자녀보다 나이가 많고 동생이 없는 경우 그 학생의 부모에게 직접 물어봐도 된다. 동급생일 경우라면 그 부모들로부터 정보를 얻어 보려 전전긍긍하지 마라. 요즘은 대입 경쟁이 치열하기 때문에 학부모들은 자신의 자녀들의 경쟁이 더 치열해지는 정보 공유를 달갑게 생각하지 않는다.

주의사항: 상급생의 부모에게 전화할 수 있는 상황이라고 판단이 되어 전화를 할 경우 그 학생과 자녀를 비교하지 마라. 자녀를 자랑하지 마라. 자녀가 그 학생을 흉내 낼 것이라는 암시를 하지 마라. 단지 그 학생의 성과를 축하하고 그 길을 가려면 어떻게 해야 하는지 물어보라. 이렇게 하면 훨씬 더 유익한 응답을 얻을 것이다.

Secret 73 **자녀를 위한 기회에 관한 또 다른 훌륭한 정보원은 지역의 도서관과 주요 서점으로, 학생들의 경시대회와 장학금에 대한 책들이 전시되곤 한다.** 여러분의 자녀가 (이상적으로는) 7~8학년일 때, 작정하고 하루 종일 이 책들을 체계적으로 분석하고 메모하도록 하라. 여러분 자녀의 재능, 기술, 배경에 맞을 만한 모든 장학금과 경시대회는 신청할 가치가 있다고 가정하라. 일부 경시대회는 평가 외에 상금도 제공한다. 다른 대회들은 대학에 입학했을 때 쓸 수 있는 장학금을 제공한다. 자녀가 목표로 삼으려고 하는 더 큰 대회와 장학금을 미리 그려보라. 민족이나 종교에 관계된 대회들도 간과하지 마라. 자녀가 운동을 잘하면 스포츠 대회를, 연주를 잘하면 음악 경연을 찾아보라. 여러분이 퇴역 군인이거나 여러분의 부모나 조부모가 퇴역 군인이라면 재향군인 자녀를 위한 대회를 찾아보라. 여러분과 배우자가 근무하는 회사나 기관 또는 공제조합이나 노동조합이 제공하는 장학금을 확인하라. 대회마다 권위와 명성이 차이가 있지만, 우승과 수료증이 많이 쌓이는 것이 나중에 큰 도움이 될 것이다. 티끌 모아 태산이라는 자세로 나아가라.

> **{ 다양한 기회를 찾기 위한 최고의 웹사이트 }**
>
> 쓸 만한 기회가 전부 망라돼 있는 웹사이트는 없다. 그러나 8학년이 되었다면 자녀가 관심을 가질 만한 예술, 인문학, 과학 분야의 기회들을 소개하는 몇 군데 웹사이트는 정기적으로 살펴보아야 한다.
>
> www.FastWeb.com 경연대회, 시상, 장학금 정보
> www.VolunteerMatch.org 자원봉사 정보
> www.jhu.edu/gifted/imagine/index.html 중고생을 위한 기사와 기회
> www.cogito.org 세계 최고 수준의 수학과 과학 기회들

이상적인 4개년 계획 설계

여러분이 선택과 집중이 잘 된 방학 활동들과, 연관되고 필요한 교과 과정들과, 자녀가 경쟁하고 싶어 하는 대회들과, 부족한 부분을 채워주는 방과후 활동들을 선택했다면, 자녀와 함께 종합적이고 고무적인 4개년 계획을 짤 준비가 된 것이다.

아래와 같은 이상적인 4개년 계획은 방학 활동과 교과 과정의 연계가 어떻게 완성될 수 있는지에 대한 이해를 돕기 위한 것이다. 학생이 영화 애니메이션에 관심이 있고, 졸업반이 되기 전에 학생 부문에서 국제적으로 가장 권위 있는 행사 중 하나인 오타와 학생 애니메이션 영화제(Ottawa Student Animation Festival)에서 입상하고 NYU, UCLA 또는 USC의 영화 애니메이션 과정에 들어가기를 원하는 경우이다.

9학년
- 고등학교 미술(Studio Art) I 수강
- ASIFA(International Animated Film Association) http://asifa.net 가입
- 오타와 국제 애니메이션 영화제의 Teen Workshop 참가(9월)

- 지역의 대학, 미술학교, 성인 교육 과정의 컴퓨터 애니메이션과 미술 해부학 수강
- 익숙해지기 위한 과정으로 고전적인 애니메이션 영화 감상
- 어도비 포토숍이나 일러스트레이터와 같은 컴퓨터 소프트웨어로 연습
- 뉴욕 영화학교(New York Film Academy)나 하버드에서 하는 3-D 애니메이션 워크숍 4주 과정 같은 지역 컴퓨터 애니메이션 프로그램 참여
- 학교 절차나 규칙에 대한 30초 애니메이션 정보 영상(주장이나 연설 영상이 아닌) 제작
- 지역 TV나 케이블에 단편 애니메이션 방송 의뢰

10학년

- 고등학교 미술 II 수강
- ASIFA 멤버십 갱신
- 자녀의 고등학교에 AP 미술 과정이 있는지 확인, 없을 경우 과정이 만들어지도록 지원
- 오타와 국제 애니메이션 영화제의 Teen Workshop 참가(9월)
- 지역 대학에서 컴퓨터 애니메이션 상급 과정 수강
- 지방자치단체의 절차나 규칙에 대한, 약간 더 길고 발전된 애니메이션 영화 제작
- 지역 케이블TV나 극장 상영을 추진해 애니메이션 제작자로서 지역적 명성 확보
- 다음과 같은 방학 프로그램 참가
  - 필라델피아 예술종합대학교의 애니메이션 프로그램 4주 과정
  - RISD의 대학 전 학생을 위한 컴퓨터 애니메이션 프로그램 6주 과정
  - 펜실베이니아 대학교의 여름 애니메이션 실기 교실(Summer Studio in Animation) 4주 과정
  - USC 여름학교 기초 애니메이션 기법(Summer Basic Animation Technique) 4학점 3주 과정
  - 펜실베이니아 주립대 컴퓨터 애니메이션 3.5주 과정
  - 시카고 미술대학 3학점 3주 과정

11학년

- 고등학교 미술 III 또는 AP 미술 수강
- ASIFA 멤버십 갱신
- 자녀의 고등학교에 AP 미술사 과정이 없을 경우 만들어지도록 지원(졸업 전에 수강할 수 있도록)
- 단편 애니메이션 창작영화(공익광고가 아닌) 제작
- 오타와 국제 애니메이션 영화제에 새 영화 출품(졸업반까지 기다리지 말 것)

- 다음과 같은 방학 프로그램 참가
  - 캘리포니아 주립대의 여름 미술학교 애니메이션 프로그램(InnerSpark). 타지역 학생 제한, 4주 과정
  - 노스웨스턴 대학교의 대학 준비생 대상 컴퓨터 그래픽 애니메이션 입문. 3학점 6주 과정
  - NYU 티시에서 애니메이션 기술 입문. 6학점 4주 과정으로 두 편 편집 과정 포함

12학년
- 고등학교 AP 미술사 수강
- ASIFA 멤버십 갱신
- 오타와 국제 애니메이션 영화제에 애니메이션 영화 출품
- 다른 국제 영화제 참가 및 출품(http://asifa.net에서 영화제 목록 확인)
- 최고 대학 영화 애니메이션 학과 지원

위의 4개년 계획은 특정 분야에 관심이 있는 고등학생을 위한 이상적인 프로그램이다. 학생이 고등학교를 졸업할 때까지 모든 과정을 마칠 뿐만 아니라, 여러 개의 애니메이션 영화를 제작하고 발표할 것이며, 그의 영화는 국제 영화제 및 지역 TV에서 상영될 가능성 있다. 이런 식의 계획은 여러분의 고등학생 자녀가 관심을 가지는 다른 분야에서도 적용될 수 있다. 그러나 이를 위해서 여러분의 자녀는 세심하게 걸음마를 준비해야 한다.

{ 장학금 일반 }

대학에서 꼭 뽑고 싶어 하는 최고의 학생이 되기 위해서는 가장 권위 있는 성적장학금 프로그램 중 하나인 《USA Today》의 All-USA First Academic Team에 학교로부터 지명될 수 있는 길을 찾아야 한다. 이 신문은 매년 미국의 상위 20명의 고등학생을 지명한다(그리고 그다음 20명을 Second Team, 또 그다음 20명을 Third Team으로 지명). 학교가 후보를 올리기 때문에 자녀가 지명될 자격이 있다고 생각하는 요령 있는 부모는 지도교사에게 알려줘야 한다. 지도교사가 자녀를 지명해 주려니 기다려서는 안 된다. 전국 상위 20, 40, 60명의 학생 중 하나가 된다는 것은 매우 인정받는 일이다. (이 프로그램은 중단되었다.—옮긴이)

다른 세 개의 전미 우등생은 표준화 시험 성적을 기반으로 한다. 대통령 장학상은 SAT와 ACT 성적을 기초로 121명의 학생을 지명한다. 내셔널 메리트 장학생(National Merit Scholarship Winners)은 11학년 PSAT 성적을 기반으로 선정한다. AP Scholars, Scholars with Honor, Scholars with Distinction은 누적 AP 점수에 따라 결정된다. 또한 Educational Testing Service는 지역사회 봉사를 근거로 도요타 지역사회 장학 프로그램(Toyota Community Scholars Program: 1만 달러 또는 2만 달러의 장학금을 100명에게 지급)을 관리한다.

단기 목표 만들기

자녀와 함께 장기 프로그램을 계획하고 나면 다시 자녀와 함께 단기 목표를 수립하라. 추천하는 방법은 1년에 두세 번(매 학기 초와 학년 말) 10개의 목표 목록을 작성하여 냉장고에 붙여놓고 체크하는 방법이다. 이 목록은 자녀의 학문적 관심 분야에 가장 중점을 두어야 할 뿐만 아니라 프로그램을 풍성하게 하는 예술과 스포츠와 같은 다른 목표도 포함해야 한다. 보기로 제시한 단기 목표는 도전적인 과정에서 A+를 받고, 새로운 스포츠를 시도하고, 새로운 뮤지컬을 작곡하고, 새로운 그림의 구도를 잡고, 새로운 기금을 모금하고, 표준화 시험에서 특정 점수를 목표로 하는 것이다. (대학들은 오늘날 전통적인 팔방미인 학생들보다 한두 분야에 전문화된 "덕후"들을 찾고 있지만, 그들은 또한 이 덕후들이 여러 분야에서 지적인 대화를 할 수 있기를 바란다.)

Secret 74 **자녀는 이 단기 목표의 창조자가 되어야 한다.** 그래서 학부모, 교사 또는 다른 사람들의 목표가 아닌 자신의 목표를 향해 능동적으로 임해야 한다. 장기 목표들로 구성된 4개년 계획은 학부모와 자녀의 공동 노력의 성격이 강하지만, 거기에 도달하기 위한 단기 목표들의 시작은 오로지 자녀 혼자의 몫이다. 부모는 자녀가 만든 단기 목표들의 궁극적인 목록들을 달성하도록 돕는 데 전념해야 하며, 자녀들이 원한다면 몇 개의 목표들은 제안할 수는 있다. (학생들은 그들 자신의 목표를 수행할 때 훨씬 더 동기부여가 된다.)
단기 목표에는 집 안의 잡일이 포함해서는 안 된다. 예를 들어 침실 정리정돈 같은 것이 목표가 되어서는 안 된다. 매일 개 산책을 시키는 일도 안 된다. 목표들이 행동에 관한 것이나 사회적인 것이 되어서는 안 된다. 예를 들어 한 달 동안 형제자매와 싸우지 않기 같은 것이 목표가 되어서는 안 된다. 다른 학생에게 무도회에 데려가 달라는 부탁을 할 수 있는 용기를 끌어올리기 같은 것이 목표가 되어서는 안 된다. 단기 목표는 전적으로 자녀의 학업, 운동, 예술, 과학, 경력 및 지역사회 봉사의 포부에 기반을 두고 있어야 한다.

목표를 달성하지 못했을 때 꾸중해서는 안 된다. 또한 목표들과 그 징검다리들(테니스를 치거나 바이올린 연주를 허용하는)을 다른 활동에서 성과가 좋지 않을 시 못 하게 하는 특권같이 취급해서는 안 된다. 목표들은 별 연관 관계가 없는 기대치를 위한 협상 카드로 사용해서는 안 된다. 예를 들어, "화학에서 A를 받지 못하면 발레 수업에 데려다주지 않을 거야." 또는 "방 청소를 하지 않으면 보호 기금 행사를 도와주지 않을 거야."라고 말해서는 안 된다. 단기 목표를 감독할 때, 부모는 자녀의 목표가 달성 가능하고 감당할 수 있는지를 확인하기 위해 실행 계획 및 예산에 대해 편하게 얘기해야 한다.

Secret 75 **단기 목표가 가장 효과적이 되기 위해서는 온 가족이 목표 실현을 축하해야 한다.** 이것의 목적은 두려움이나 꾸중이 아니라 긍정적인 인센티브와 보상으로 동기부여가 되게 하려는 것이다. 어떤 가족들은 자녀 스스로 세운 목표를 이루었을 때 온 가족이 함께 나가서 저녁이나 디저트 시간을 가지며 축하한다. 다른 가족들은 상품권(도서, 음악 등)을 선호한다. 목표가 충분히 높다면, 목표를 달성하는 것이 축하의 진정한 이유가 되어야 한다.

Secret 76 **자녀가 자신의 목표들을 모두 달성할 수 있을 것이라고 기대하지 마라.** 그리고 이것에 대해 자녀와 솔직하게 상의하라. 만약 목표들을 모두 쉽게 달성했다면, 단기 목표 목록으로서는 수준이 낮은 것이다. 목표들은 원대한 꿈을 대변해야 한다.

브로드웨이 연기자로 크게 성공한 자녀를 둔 어머니가 이런 말을 했다. "인생의 다른 목표들처럼 오디션도 칠전팔기예요. 사람들은 단지 한 번의 성공만 보지요. 일곱 번 넘어진 것은 못 봐요. 그들이 무대에서 보는 이 아이가 항상 출연하는 것처럼 보이지만 실제로는 그 전에 일곱 번 탈락했다는 것을 그들은 몰라요."

Secret 77 **성취욕이 큰 학생들일수록 실패를 다음의 성공으로 만들 수 있도록 매우 세심하게 돌보고 지지해 주는 부모가 필요하다.** 학업과 지적 위기들을 기꺼이 받아들이는 자녀로 키우기 위해서는, 그들이 상을 타지 못하거나 우등을 하지 못해도 여전히 지지받을 것이며 재능과 능력이 부족해 떨어진 것이 아니라는 것을 알려줘야 한다.

단기 목표 사례

다음은 미국 정치에 관심 있는 9학년생의 목표 목록이다.

1	미국 의회상(U.S. Congressional Award) 프로그램 온라인 등록
2	정치 주제 블로그 만들기
3	학교 임원 되기
4	모의국회 및 토론회 참가
5	조지타운 대학교 청소년 정치가(Junior Statesmen) 프로그램의 AP 미국 행정과 정치 지원: 3주 과정 Civic Leadership Institute(존스홉킨스대 볼티모어와 샌프란시스코에서 운영) 지원: 12월, 3주 과정
6	실제 정치 집회 또는 후보자 지지 발언 해보기
7	Junior Statesmen State of America의 2일간의 모의 의회 참가
8	후보자 사무실 또는 정치적인 행사를 위한 자원봉사 하기
9	학교가 지원할 수 있는 비정치적 클럽 조직 및 캠페인(친환경, 음주운전 금지, 영어 소양 함양, 태풍 피해 지원 등) 하기
10	www.VolunteerMatch.org에서 관심 있는 자원봉사를 선택하여 의미 있는 시간 할애하기

Secret 78 가장 유명한 공공연한 워싱턴의 비밀 중 하나인 미국 의회상(*American Congressional Award*) 프로그램은 13.5세 이상의 학생들에게 엄청난 동기부여가 된다. 자녀가 정치에 관심이 있든 없든 이 프로그램에 등록하라. 이 프로그램은 지역사회 봉사 활동, 운동, 다양한 과외 활동에 참여한 전인적인 학생을 인정한다. 이 경력은 전 미국을 대상으로 한 수상이며, 비교적 지원자가 적어서 대학 입시에서 강력한 인상을 줄 수 있다. 또한 이 프로그램은 주관적 평가가 아닌 객관적 평가를 한다. 자녀가 지역사회 봉사, 스포츠 및 과외 활동에 보낸 시간의 총합이 자동으로 계산되어 수상을 하게 된다. 여전히 대학에 인상적인 프로그램이다.

학생이 운동을 포함한 모든 과외 활동을 마치고 사회 봉사 활동에 총 400시간을 헌신하면, 워싱턴에 초대되어 의회에서 금메달을 받는다. 그 과정에서 30시간 봉사부터 해당되는 동상 인증(*bronze certificate*)의 벤치마크 어워드를 받을 수 있는데, 이것 역시 대입 지원서에 쓸 수 있다.

예술에 대한 열정을 가진 학생에게는 전혀 다른 단기 목표의 조합이 필요하다. 다음은 패션에 관심이 있는 학생이 만든 단기 목표 사례이다.

1	새로운 패션 디자인 및 스스로 모델이 되어 프로토타입 제작
2	경험을 위해 전문 모델 오디션 참가
3	전문 패션쇼 참석
4	패션 사진 과정 등록
5	Fashion Institute of Technology 온라인 과정: 패션 디자인/도안/광고
6	학교 패션 클럽 활동
7	패션 주제 블로그 만들기
8	뉴욕시에서 열리는 Laboratory Institute of Merchandising의 패션 디자인 여름 프로그램에 지원하고, 노스캐롤라이나 주립대학교의 Summer Textile Exploration Program에 지원한다.
9	미술 성적 평균 A 유지
10	패션 기금 모금행사 조직

가족 일정표 만들기

"딸아이가 그러는데 지난 금요일 학교 밴드 오디션은 정말로 힘들었다지 뭐야." 같은 학년 학부모가 자랑스럽게 말했다. "밴드 솔로 오디션? 언제라고? 2주 후에 하는 줄 알았는데!" 다른 학부모가 놀란 소리로 대답했다. "어머! 난 아는 줄 알았지. 어쩐지 댁의 따님이 왜 안 나타나는지 다들 의아해했어요. 우리 학교 최고의 클라리넷 연주자인데. 따님이 왔더라면 우리 애는 솔로가 되지 못했을걸. 확실해요."

교훈은 다음과 같다. 중요한 날짜들과 마감기한에 대한 정보를 경쟁 관계인 학부모의 선의에 의존하거나 교사들이 자발적으로 알려주기를 바라지 마라. 스스로 알아내라.

Secret 79

매년 9월 초(대부분의 전국적인 학교 행사 날짜는 9월이 되어야 결정 난다.) 표준화 시험 일정, 자녀와 관련된 지역 및 전국 대회, 오디션 날짜, 방학 프로그램 신청 마감일, 학교 내 공연 및 운동부 일정이 포함된 일정표를 만들어라. 여러분의 자녀가 토론이나 수학 같은 학습 클럽의 회장인 경우, 다른 부모들은 여러분이 모든 대회의 날짜들을 알고 있기를 기대할 것이다. 자녀에게 이 정보를 제공하는 것 외에도 팀 자문교사와의 대화나 인터넷 검색을 통하여 더 많은 것을 알 수 있다. 종종 학부모들은 인터넷 검색을 통하여 자녀의 학습 클럽을 위한 추가적인 기회를 찾아낸다. 고문 선생님들은 추가적인 기회를 찾을 시간이 없고 강제적인 지시도 없기 때문에 클럽이나 팀이 이전에 참가했던 대회 및 이벤트에 대해서만 알고 있다. 단기 목표를 작성하는 동안 자녀가 임박한 만기일과 마감기한을 파악하는 데 도움이 되도록 매년 9월에 만드는 일정표를 참고하게 하라. 마지막으로 눈에 잘 띄고 접근하기 쉽게끔 자녀의 단기 목표 근처에(아마도 냉장고에) 일정표를 게시하라! 가족 모두 즉시 볼 수 있도록.

자녀 이력서 조기 작성

Secret 80   **연간 일정표를 만드는 것 외에 중학교(8학년) 때 이력서를 만들기 시작하라.** 이것은 십 대의 (그리고 아마도 많은 성인들의) 동기부여에 있어서 큰 비밀 중 하나이다. "8학년짜리한테 레주메가 왜 필요하지요?" 학부모들은 궁금해할 수 있다. "그런 어린 나이에 어떻게 이력서를 써요?"
나이가 몇 살이든 자신의 성과(또는 부족함)를 써보는 것같이 큰 영감을 주는 일은 없다. 또한 이력서를 작성하는 건 자녀가 성과를 거두기 시작했을 때 그것들을 추적하는 가장 쉬운 방법이다. 이력서 작성은 또한 자신이 한 중요한 일과 성과들이 쌓인다는 메시지를 준다.

Secret 81   **영감을 얻기 위해서는 두 개의 이력서를 만들어라.** 실제적인 현재의 이력서와 함께 학생이 희망하는 꿈의 이력서를 작성하면 졸업 때까지 자신이 이루고자 하는 것들이 보일 것이다. 다음 보기는 꿈의 이력서이다. 이력서와 이름은 지어낸 것이지만(방학과 학업 계획의 항목들도 그렇다.) 전국적인 주요 활동과 수상은 실제로 여러분의 자녀가 따라 해볼 만한 것들이다. 일부 활동들은 특정 지역이나 특정 학교에 제한되어 있지만 대부분 전국에 걸쳐 비슷한 것들이 있다. 십 대들과 함께 뛰는 학부모들은 자녀의 관심사와 열정에 따라 자신의 자녀의 이력서에서만 볼 수 있을 차별화된 요소들을 고르고 선택해야 한다.
첫 번째 이력서는 특히 건축에 관심이 있는 소녀의 것이고, 두 번째 이력서는 문학과 작문에 열정적인 졸업반 학생의 것이다. 굵은 글자는 이 책 출판 시점에 실제 얻을 수 있는 기회를 표시한다.

JESSICA JAY

10 Address Street
E-mail address
Citytown, Illinois
Phone number

Architecture and Design Achievements

National Foundation for Advancement in the Arts, silver award, 2009

Presidential Scholar in the Visual Arts, 2009
One of twenty students selected nationally; Washington, D.C.

Newhouse Architecture Award (for Chicago students)
One of 155 High School Student Winners, 2007
Awarded summer internship in Chicago architecture firm
Citytown High School Architecture Award, 2009
Exhibition: Citytown Public Library Architectural Drawing Exhibit, June, 2007; five of my original drawings were displayed

Education

Cornell University, Summer College, Explorations
Studied architecture, summer 2009; 6 college credits

University of Pennsylvania, College of General Studies
Studied architecture/Designed off-campus, structure, summer 2008

Duke University, TIP
Architecture and Art History of Rome and Florence, Italy, two weeks, summer, 2008

Roger Williams University College Summer Architecture, 2007

Discover Architecture Pre-College Program
Certificate awarded, University of Illinois, summer 2006

School of the Art Institute of Chicago
Studied architecture design/drawing, weekends 2006–07
Studied graphic design, weekends, 2005–06
Citytown High School, full-time student, GPA 3.85; graduating May, 2010
Founder/President of Citytown High School Architecture Club

Led architecture tour for local visitors center
Wrote guidebook to Citytown architectural history
SAT I scores: math 680, verbal 710, writing 710
SAT II scores: Latin 680, European History 750, English Literature 680
AP: Art History 5, European History 5, English Literature 5, Biology 3

Community Service and Employment

Volunteer landscaper and architecture tour guide, Citytown Public Gardens, weekends 2007–08

Citytown Architects, Inc., handled phones and clerical work, school year 2007–08 and 2008–09

Volunteer art director, economically underprivileged children's weekend class, fall 2004

Kareen Kapel
E-mail address
Urbanville, North Dakota
Phone number

Mystery Writing and Literature Achievements

Davidson Fellow in Literature, winner

Helen McCloy/MWA Scholarship for Mystery Writing
National award from the Mystery Writers of America, 2008
Wrote and produced whodunit play *Who Did It?* at school

Published in *TeenInk* (magazine for teenagers by teenagers)
Published short story in *Short Stories by Young Authors*, 2007

Blogger: Began a blog on whodunit literature two years ago; entries updated daily; more than 2,000 subscribers

Harvard Book Award, 2009

Education

TASP (Telluride Association Summer Program), summer 2009
University of St. Andrews, Scotland, Creative Writing Program
  Master classes taught by famous Scottish writers, summer 2008
Iowa Young Writers' Studio, Iowa City, Iowa, July, 2007
  Specialized in fiction in two-week intensive program
The Jonathan R. Reynolds Young Writers Workshop
  Denison University, Granville, Ohio, June 2007
National Latin Exam: bronze medal, 2009; silver medal, 2008
  Full-time student at Urbanville Regional High School;
    graduation 6/2010 GPA 4.0 unweighted
  SAT I: verbal 740, writing 800, math 650
  SAT II: English 800, Latin 760, Math 1C 670
  AP Exams: English Composition 5, English Literature 5,
    American History 5, Calculus AB 3, European History 5

Employment and Community Service

Created Mystery Dinner fund-raiser, Urbanville Hospital (2008 and 2009)
Work at Urbanville Public Library shelving books (since 2007)

Memberships

Fiction Editor, *Urbanville Literary Journal* (high school literary magazine)
Drama Critic, *Urbanville News* (high school newspaper; monthly column)
Director, Urbanville Mystery Theatre (high school theater company)
Mystery Writers of America (student member)
The Jane Austen Society of Urbanville, member
Founder and President, Urbanville High School Book Club

4개년 학업 계획 수립

위의 두 이력서에서 학력은 학생의 주요 학업 활동 후에 나열된 두 번째 항목임에 유의하라. 이 이력서는 전통적인 이력서 작성법을 따르지 않지만 학생들이 무엇을 배웠는가보다는 학생이 무엇을 했는가를 강조한다. 이렇게 하면 이력서가 학생을 실천가로 보여주기 때문에 더욱 강력해진다.

이력서를 작성할 때, 꽃이 만발한 그래픽, 화려한 선, 넓은 공간 및 읽기 어려운 글꼴은 사용하지 마라. 이러한 이력서는 인상적인 실적이 부족한 것을 가리기 위해 덧대는 것처럼 보인다. 이력서를 읽는 사람들은 30세 이상일 가능성이 높고, 12포인트 이상의 표준 서체를 환영할 수 있음을 기억하라. Arial 또는 Times New Roman을 사용하는 것이 좋다. 문구는 쉽게 읽을 수 있고, 이해할 수 있어야 하며, 해석하는 데 수 시간이 걸려서는 안 된다.

4개년 방학 계획, 교과 과정 계획, 과외활동, 과외 보충프로그램, 단기 목표 들을 통합함으로써 자녀의 희망, 동기부여 및 전반적인 학업 계획을 분명하게 이해해야 한다. 다음 단계는 자녀의 프로그램을 학교와 조정하는 것이다. 이를 달성하기 위해서는 학년이 시작되기 전이나 막 시작되었을 때 상담 지도 선생님과 각 과목 선생님들을 만나야 한다.

제4장

개인 계획과 학교 생활의 조화
선생님들을 우리 편으로 만들기

여러분이 자녀와 장단기 목표들과 전략들을 포함한 전체 학습 계획 설계를 마치면, 학교는 마치 보조적인 역할을 수행하는 것처럼 보일 수 있다. 그러나 자녀가 학교 밖에서 아무리 잘해도, 심지어 오타와 영화제나 국제 화학 경시대회에서 수상을 해도, 고등학생은 책임 있는 학교 생활을 해야 하고 가능한 높은 성적을 받을 필요가 있다. (학교 성적은 여전히 대부분의 대학 지원에서 가장 중요한 요소이다.) 이러한 이유 때문에 학부모들은 선생님들과 상담 지도 선생님과 적절히 만나고 협력 계획을 세워야 한다. 학교 선생님들과 정기적으로 만나서 좋은 대화를 나누고 자녀의 학교 밖 활동들과 노력들을 학교에 알리는 것이 좋다. 이 장에서는 이것을 가능한 한 효율적으로 수행하는 방법들을 알려주려 한다.

여러분이 선생님들과 상담 지도 선생님과 팀을 이루어 일한다면, 학교는 여러분 자녀의 지적 기반과 포부를 멋지게 강화할 수 있는 곳이다. 그러나 소통이 단절되고 장애물이 자녀의 길에 놓이면 역으로 심각한 장애가 될 수 있다(예를 들어, 중요한 행사 때문에 수업을 빠지게 되는 것에 대해 선생님이 고의적으로 귀찮게 하거나 빠진 수업의 보충을 못 하게 하는 경우 등). 여러분은 자녀의 대변인으로서 소통이 원활하게 이루어지도록 해야 할 책임이 있다. 자녀가 학업에서 성공하기를 원한다면 자녀의 고등학교 교육 프로그램들을 조정하는 데 있어서 중추적인 역할을 담당해야 한다.

학교에 4개년 계획을 보여줄 필요는 없지만, 선생님들, 상담 지도 선생님, 교장선생님에게 여러분이 방향성을 포함한 계획을 가지고 있다는 것을 알려주라. "제

딸은 전문 발레리나 과정을 가고 있어요." "제 딸은 컴퓨터 경진대회 대표 팀에 들어가고 싶어 해요." "제 아들은 졸업할 때까지 과학소설을 쓰려고 합니다." "제 아들은 올림픽 다이빙 대표 팀에 들어가려고 노력 중입니다." 대부분의 학교는 자녀를 격려하고 지원해 주며 자녀의 계획들과 꿈들을 수용하는 데 있어 유연함을 보여줄 것이다. 그러나 학교 관계자가 자녀의 포부를 바로 보지 못한다고 해서 낙심하지는 마라. 4개년 계획 개념은 대부분의 사람들에게 익숙하지 않다. 여러분이 세운 계획대로 실행하고 믿어라. 모든 선생님들이 학부모들의 개입에 익숙한 것은 아니라는 것을 이해하라.

Secret 82 **고등학교 시작부터 좋은 상호 관계와 개방적이고 편안한 학부모-교사 관계를 만들라.** 설령 여러분의 딸이 아직 스타가 아니고 그저 학문적 열정이 막 빛을 발하기 시작했을 뿐이라 해도, 설령 여러분의 아들이 수줍음을 타더라도, 다른 어느 학부모도 학교에 나타나지 않았더라도, 교장선생님과 약속을 잡아라. 자녀가 고등학교에 등록할 때 특정 분야에 관심과 재능이 있다는 것을 학교 행정실에 알려두고 자녀의 관심사에 대하여 알고 있는 대로 전부 설명해 둔다. 이렇게 하는 것은 여러분 자녀를 중요하게 만드는 데 도움이 될 뿐만 아니라 선생님들이 여러분 자녀에게 필요한 것들과 관심 분야들을 미리 알 수 있게 해준다.

"제 딸은 열성적인 체조 선수입니다. 연습 때문에 매일 학교에서 한 시간씩 일찍 나와야 해요." "제 아들은 피아노 연주자이고 이번 겨울 전국 투어가 있어서 2주 동안 학교를 빠질 수밖에 없습니다. 물론 보충 과제를 해야겠지요." 자녀에 대한 정보를 아는 선생님이라면 자녀가 한 시간 일찍 하교하거나 2주간 결석하는 데 대해 공개적으로 꾸짖을 가능성이 적다.

합리적으로 굴어라. 여러분이 아는 한 자녀에게 특별히 필요한 사항이 없을 때 일부러 만들지는 마라. 만약 여러분이 아이에게 학교 수업을 너무 많이 빠지게 하거나 너무 많은 학교 활동을 면제받으려 한다면 그 학교를 떠나서 사립학교나 전문학교에 보내는 것이 나을 수 있다.

학교 선생님들과 좋은 상호관계를 만들기 위해서는 그쪽에서 필요로 하는 것들에 대해서도 민감하게 응답해 줄 필요가 있다. 교사들이 직면하고 있는 문제에 대해 알기 위해 학교 위원회에 학부모 자원봉사자로 활동을 해야 할 수도 있다.

정기적으로 자녀에게 재미있는 수업에 대해 물어보고 그 수업을 해주신 선생님을 칭찬해야 할 수도 있다. 한번쯤은 탁월한 선생님 추천을 위해 칭찬 노트를 쓰게 될 수도 있다. 그리고 여러분은 자녀의 삶에서 일어나는 (긍정적인 의미에서) 중요한 업적이나 사건에 대해서 항상 선생님들께 알려야 한다.

선생님을 우리 편으로 유지하기

Secret 83 **자녀의 활동 일정을 잘 정리하여 관리하고 일정이 수업과 겹쳤을 때 가능한 한 빨리 선생님들에게 알려라.** 대부분의 학교는 일정 문제가 학생에게 또 다른 중요한 학업의 기회가 되는 경우 기꺼이 협조할 것이다. 일반적으로 학교는 학문, 운동, 예술 분야의 스타 학생이 있는 것을 좋아하며 어떠한 방식으로든 학생들의 꿈을 방해하는 활동을 기록으로 남기기를 원치 않는다. 그런 학생은 일반적으로 관심의 대상이 되고, 같은 학교 학생들에게 좋은 영향을 주며, 유명해질 경우 선생님들은 그때 그를 알았다고 말하는 것을 좋아한다! 그러나 여러분이 선생님들 및 행정실과 열린 소통을 하지 못하면 상황은 쉽게 와해되고 자녀의 손해로 이어질 수 있다. 예를 들어, 갑작스러운 체조 일정 때문에 자녀가 일주일 동안 학교를 빠져야 하는 경우, 선생님들은 여러분과 자녀 모두에게 분노할 수 있다. 이런 일들은 징계로 표현되거나 성적을 매길 때 미묘하게 엄격해질 수 있다. "그때가 중요한 시험을 치를 때인데, 그 학생만 일주일 후에 시험을 치르는 것은 다른 학생들에게 공정하지 못한 일입니다." 또는 "우리는 그 주에 매우 중요한 단원을 공부할 예정입니다. 그런데 학생과 함께할 수가 없군요."라고 선생님은 말할지도 모른다.

자녀가 숙제와 수업 과제 모두에 대해 책임 있는 계획이 있다는 것을 선생님들에게 분명히 하라. 자녀가 학교를 빠질 예정인 걸 사전에 알고 있다면 놓친 수업을 보충할 방법을 가능한 한 빨리 강구하라. 자녀와 함께 하는 것들에 대한 여러분의 의도를 미리 반영하고 그렇게 하기 위해 과외 선생님을 구하라.

Secret 84 일정 변경이나 새 업적과 관련해 선생님들에게 자주 정보를 주라. 자녀가 예상치 못하게 과학 학술대회에 발표자로 초청을 받았을 때 즉시 선생님들에게 알려 기쁨을 나눌 뿐 아니라 그 때문에 수업이나 과제를 빼먹을 수도 있다는 것을 알게 하라. 인텔 과학영재 발굴 대회에서 상을 받는 학생이 수업에 안 나왔다고 꾸짖는 선생님이 되고 싶어 하는 사람은 아무도 없다. 알리는 방법은 학교 알림장이나, 이메일 시스템이 있는 경우에는 이메일을 통해서 할 수 있다. 개별적으로 각 선생님에게 각각의 알림장을 맞추고 봉투에 명확하게 레이블을 붙여라. 자녀에게 이 알림장을 여러 선생님들에게 직접 전달해야 한다는 것을 반드시 강조하라.

선생님들을 감동시키고 싶다면 특정 정보로 개별화할 수 있다. "제시카 선생님, 오늘 선생님의 사회 수업을 못 듣게 되어 죄송합니다. 저희 아이는 독서 과제를 좋아했고, 특히 소크라테스식 질문법에 대한 오늘의 토론을 기대하고 있었습니다." "매트 선생님, 오늘 『우리 읍내』에 대한 영문학 수업을 못 듣게 되어 죄송합니다. 그 작품은 저희 가족이 가장 좋아하는 것이고, 지난밤 집에서 읽으며 내내 눈물을 흘렸습니다." 이런 알림장들은 선생님들에게 여러 가지 긍정적인 메시지를 준다. 즉, 그 가족이 선생님들을 중요시하고 수업을 지지하며 학부모가 학교에서 벌어지는 일에 대해 자세히 알고 있다는 것이다.

Secret 85 아무리 학교 평판이 좋고 선생님들이 협조적이라고 해도 교직원들이 서로 정보를 공유할 거라고 예상하지 마라. 여러분 자녀의 일정 때문에 학교 수업과 과제를 빼먹을 때 선생님들 각자에게 개별적으로 알리는 것이 중요하다. 만약 상담 지도 선생님이 자녀의 선생님들에게 예정된 결석이나 과제 미제출에 대해 기꺼이 알려준다면 선생님들은 보다 부드러운 반응을 보일 수 있다. 그러나 각각의 선생님들에게 개별적으로 알리는 것이 좋다. 절대로 한 선생님에게 다른 선생님에게 알려드리라고 하지 마라.

팀 분위기 조성

Secret 86 **여러분은 처음부터 부모로서 팀 플레이어라는 것을 알리고 선생님들도 팀 플레이어가 되도록 초대하라.** 이것은 자녀의 꿈이 이루어지도록 모두 함께 힘을 합치자는 의미이다. 여러분이 선생님들께 원하는 역할을 알려주라. "선생님께서 제 아들의 순회 연주 전에 과제를 주시면 도움이 될 것 같아요." "제 딸이 순회 공연을 하는 동안, 영어반 급우들과 위원회 독후감을 작성하는 것보다는 학점용 일기를 쓰도록 하는 것이 훨씬 더 실용적이지 않을까요?" 여러분의 자녀가 다른 학생들과 똑같은 양의 과제를 하겠다는 것일 뿐 줄여달라는 의도가 아님을 분명히 하라. 교육자는 아이들 꿈의 일부가 되기를 바란다. 따라서 여러분의 기대가 명확하게 정의되고 분명하게 표현된다면 많은 사람들이 기꺼이 참여할 것이다.

Secret 87 **논의 과정에서 여러분의 자녀가 다른 아이들보다 낫다는 식으로 말하지 말고, 단지 여러분의 자녀에게 학교에 알리고 싶은 다른 교육적 필요성이 있다는 것을 말하라.** 여러분은 특별한 편의나 너무 쉬운 숙제를 바라는 것이 아니라 자녀의 보다 큰 교육 계획이 방해받지 않도록 합리적인 편의를 원하는 것이다.

Secret 88 **특히 선생님이 사무에 들인 시간과 노력을 존중하라.** 여러분이 요청하는 어떤 일도 최소한의 추가적인 선생님의 노력이 필요하다. 불현듯 떠오른 독서 과제나 어떤 다른 아이디어도 마찬가지다. 선생님이 여러분의 자녀를 위해 완전히 새로운 과제, 경력, 수업 계획을 만들 것이라고 기대하지는 마라. 빠진 수업이 무엇이든 언제든 여러분이 자녀를 가르쳐서 보완을 하겠다고 제안하라. 필요하다면 가정교사를 써서라도. 그래서 선생님이 빠진 내용을 개인적으로 다시 가르칠 필요가 없다는 것을 알리고 행정적으로 어떤 비난도 받지 않게 해야 한다.

Secret 89 **일반적으로 학교에 요구를 할 때는 최소한의 방해만 하라.** 합리적이어야 한다. 자녀가 인근 대학에서 자신의 전문 분야에 대한 보충 수업을 받기를 원한다면 수업이 있는 주중에 일정을 잡지는 마라. 다른 학생들에게도 흔히 제공되는 것이 아니라면, 교외 프로그램에 참가하기 위해 버스를 요구하지 마라. 여러분이 데려다주거나, 다른 대중교통 수단이나 택시를 이용하라. 학교에 과외비를 요구하지 마라. 학교 일정과 시스템에 맞추고, 학교 행정이 여러분의 자녀가 다른 프로그램에 안전하게 도착했는지 챙겨줄 것이라는 기대는 하지 마라. 학교 프로그램에서 벗어난 실행 계획은 여러분이 처리해야 한다.

Secret 90 **업무를 보다 합리적으로 몰아서 연관성 있게 만들 수 방법을 제안할 수 있도록 선생님들과 행정 담당자를 초대하라.** 여러분의 자녀를 위해 교과 과정을 단순화시키거나 엉망으로 만들자고 요청해서는 안 되지만, 올림픽 훈련을 위해 학교 체육관 사용 요청을 하는 것은 합리적인 일이다. 또한 전문 연주자로서 피아노 순회 공연을 하는 것은 학교의 음악 과목만큼의 가치가 있다. 상담 지도 선생님과 함께 학교에서 이수해야 할 것들(개별 과제가 아닌)을 압축하라. 또한 학생이 학교를 떠나 있는 동안 갈 곳과 관련된 책을 선생님이 몇 권 추천해 주실 수도 있다.(대부분의 영어 선생님들은 이런 것을 좋아한다.) 항상 선생님들의 헌신과 유연성에 감사의 표현을 하라. 자녀가 자신의 큰 목표를 추구하는 과정에 있는 만큼 학업 성취에 도움이 되는 제안을 해주시면 얼마든지 협력할 것이라고 하라. 여러분은 선생님들이 개인교사가 아니라는 사실과 많은 선생님들이 하루에 100명이 넘는 학생들과 일하고 있다는 것을 이해하고 있음을 분명히해야 한다. 협력해야 한다.

Secret 91 **선생님이 특별 요청을 거부하면 그것을 감수하라.** 그리고 자녀가 시스템 내에서 노력하도록 격려하라. 못마땅하게 여기지 말고 선생님들의 숙제를 지지해 주라. 선생님들이 불합리하거나 실현 불가능한 것을 요구하지 않는 한 교과 과정을 집약하는 것에 대해 선생님들과 논쟁하지 마라. 여러분이 교육학 박사나 다른 학교의 교장이라 하더라도 그들이 우리 팀의 교육 전문가이다. 그들은 현 위치의 최선이 무엇인지를 안다. 그것을 존중하라.

Secret 92 **자녀가 수상을 하면 선생님들과 공유하라.** 자기가 가르치는 학생들에 대한 좋은 소식을 들으면 선생님들도 좋아한다. 여러분의 자녀가 워싱턴에서 의회상을 수상했다는 것을 다른 사람들은 모두 아는데 선생님한테는 아무도 얘기해 주지 않았다면, 수업을 3일이나 빠지게 해주고 보충까지 해줬는데 그랬다면, 욱하지 않겠는가?

Secret 93 **여러분 자녀의 성공에는 모든 선생님들이 어떤 방식으로든 기여했다고 가정하라. 그리고 각 선생님들이 어떻게 기여했는지 알게 하라.** 라미레즈 선생님은 수업을 빠질 수 있게 해주었다. 핸슨 선생님이 구두발표를 먼저 하게 해주어 다음 날 학교를 빠질 수 있었다. 오툴 선생님은 추천서를 써주었다. 리앙 선생님은 미리 숙제를 내주었다. 선생님들은 스스로 저평가당한다고 생각하는 경향이 있다. 선생님들께 감사하는 것을 어려워하지 마라. 그리고 여러분이 그렇게 했음을 알게 하라. 선생님들을 정기적으로 볼 수는 없기가 쉬우니 각 선생님들에게 직접 감사의 글을 쓸 수도 있고, 선생님들의 역할이 업적으로 교무실에 있는 그들의 파일에 언급되도록 하라. 직접적인 연관성이 없더라도 감사장에 이름을 올려라. 여러분의 자녀가 자력으로 수필대회에서 입상했더라도 영어 선생님은 수상할 수 있는 작문 능력에 긍정적인 영향을 미친 것이다. 여러분의 자녀가 화학상을 수상한 경우, 대부분의 과정을 과외에서 배웠더라도 화학 선생님이 자녀가 화학을 좋아하도록 가르쳤다고 가정하라. 우리 모두는 기쁜 소식을 나누는 것을 좋아하고, 우리가 그 일원이 될 때 자부심을 느낀다. 우리는 또한 우리의 노력에 감사하는 사람들을 위해 더 많은 것을 발휘하는 경향이 있다. 너무나 자주 선생님들은 오로지 부정적인 소식을 듣거나 학생 문제들로 비난을 받는다. 학생들은 좋은 소식을 즉시 공유하고, 직접 감사하다고 말함으로써 선생님들에게 감사를 표할 수 있다.

Secret 94 **수상 소식을 나누는 것 외에도 자녀가 공개적으로 선생님들께 감사하고 학교 행정에 협조하도록 격려하라.** 수상 인터뷰를 할 때는 학교에 대해 긍정적인 말만 하도록 해야 한다. 그날 영어 선생님이 전화를 받지 않아 화가 났어도, 수학 선생님이 전날 숙제를 너무 많이 냈어도, 언론 인터뷰에서 즉흥적으로 학교에서 벌어진 일이나 상관 없는 일에 대해 분통을 터뜨려서는 안 된다. 여러분 자녀는 학교의 홍보대사가 되어야 하고, 그렇게 함으로써 다른 선생님들도 여러분 자녀의 팀원이 되고 싶다는 생각이 들게 만들어야 한다. 학생들은 공개적인 상황에서 자신의 학교를 비판하지 않을 뿐만 아니라 적절하게 찬양해야 한다.

* * *

여러분 자녀의 꿈을 실현하는 계획을 세우는 (그리고 최고의 대학에 합격하는 것을 돕는) 다음 단계는 여러분 스스로가 자녀가 관심을 가지는 특정 영역의 가능한 많은 기회에 대한 구체적인 정보와 친숙해지는 것이다. 다음 장들에서 성공을 가져오는 많은 들어보지 못한 방학 과정들, 인터넷 강좌들, 인턴십들, 일자리들, 대회들에 대해서 배운다.

2부

전공 분야별 대정리

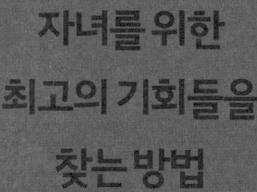

자녀를 위한
최고의 기회들을
찾는 방법

{이 책을 읽는 요령}

이 책의 나머지 부분은 학부모가 자녀의 구체적인 관심사를 찾아보고, 해당 분야에서 최고의 기회를 제공할 수 있도록 교육하며, 흥미로운 경력을 쌓아서 최고 대학에 입학할 수 있는 성공적인 고등학교 전략을 짤 수 있도록 구성되어 있다. 주제 분야들은 아래와 같다.

수학(5장)
과학과 공학(6장과 7장)
예술(8장)
인문학(9장)
언론, 매체, 사회운동 계통(10장)
정치, 행정(11장)
경영(12장)

그 뒤에 나오는 부록은 빠르고 쉽게 참조할 수 있는 40개의 4개년 방학 계획을 관심 분야에 따라 알파벳순으로 나열해 놓았다.
당장의 관심 영역 밖의 장도 꺼리지 말고 훑어보라. 때로 관련 분야의 기회들을 알게 됨으로 해서 자녀가 지망 분야를 변경하거나 결합하는 결정을 할 수도 있다. 예를 들어, 정치학의 꿈을 가진 자녀가 경영학에서 흥미진진한 기회들을 발견하면 그 관심들을 결합해볼 수 있고 그렇게 되면 경영대들이 뽑을 수밖에 없는 지원자가 될 수 있다. 마찬가지로, 엔지니어가 되려는 자녀가 최고의 수학 프로그램에 흥미를 느끼는 경우, 두 분야 모두 엔지니어링을 강화하기 때문에 두 주제를 모두 하는 것이 도움이 될 수 있다.

어떤 학부모들은 자녀들이 단 한 개의 기회도 놓치지 않도록 2부의 모든 장을 읽으려 할 수도 있다. 나 역시 그렇게 했기 때문에 그 방식을 존중한다. 나는 내 아들들이 중고등학교를 다닐 때, 그들이 하나도 놓치지 않게 하기 위해 모든 최고의 기회를 알아야만 했다.

내가 강조하고 싶은 것은 이 책은, 특히 다음 장들은 탐색의 끝이 아니라 시작이라는 것이다. 여기에 학생들이 추구할 많은 기회, 대회, 연락처, 수상 들을 제안했지만 한편으로는 학부모들이 각자 자녀들을 위하여 관련된 전화와 이메일을 골라 길을 닦아주어야 한다. 여기 논의된 다양한 프로그램, 지원서 및 대회 들의 마감기한을 계속 추적해야 한다. 그리고 자녀들을 격려하고 어디서 어떻게 시간을 쓰는지를 현명하게 결정할 수 있도록 도와주어야 한다. 대학들은 거부할 수 없을 만큼의 성취 기록을 가진 학생에게 뛰어난 기회들을 제공하는 데 자부심을 갖는다.

* * *

앞으로 몇 년에 걸쳐서 여러분은 이 책에 언급되지 않은 더 많은 기회들, 내가 이 글을 쓰는 시점에 알지 못했던 (또는 존재하지 않았던) 새로운 기회들에 대해서 알게 될 것이라고 확신한다. 내가 그런 것들에 대해 알게 되면 웹사이트 WhatHighSchoolsDontTellYou.com에 올리겠다. 가입하고 확인하라. 그리고 여러분의 정보도 공유하기를 바란다.

제5장

수학
수학 성공의 세 가지 길

"어디서 읽었는데, 러시아 학교들이 수학을 더 잘 가르친다고 하네요. 왜 우리는 그러지 못하죠?" 고등학교 학부모 교사 모임에서 어느 학부모가 불평했다.

"러시아요? 중국의 수학 경시대회 대표팀은 6명 모두 2006년 국제 수학 경시대회에서 금메달을 땄다고 들었어요. 우리는 왜 중국같이 수학을 가르칠 수 없을까요?" 다른 학부모가 얘기했다.

사실 전 세계 상위 10위권 언저리의 수학 학생들을 근거로 미국의 학교들을 판단하는 것은 공정하지도 않고 정확하지도 않다. 일부 국가들은 전혀 교육을 받지 못하는 학생들이 있을 정도의 희생을 감수하며 우수한 학생들에게만 국가의 재원을 쓰기도 한다. 2006년 고등학교 수학 세계 선수권 대회에서 미국은 2개의 금메달을 획득했고, 이 사실은 미국 교육으로 세계 최고의 수학 경쟁자 중 하나가 될 수 있다는 가능성을 분명히 보여주는 것이다.

그러나 미국의 학부모들이 알아야 할 것은 전미 또는 국제 수학 도전자가 되기 위해서는 어린 나이에 미적분을 마쳤더라도 학교에서 가르치는 것보다 훨씬 더 많이 수학 공부를 해야 한다는 것이다. 대다수 공립 및 사립 학교의 수학 수업은 국제대회는 물론 심지어 전국대회의 수학 도전자를 만들기에도 충분치 못하다. 여러분의 자녀가 언젠가는 하버드 또는 MIT에서 수학 공부하기를 원하는가? 만약 자녀가 고등학교에서 경시대회 수학을 공부하지 않았다면, 하버드나 MIT, 또는 비슷한 수준의 대학에 입학하거나 대학 생활을 하는 데 크게 어려움이 있을 것이다. 심지어 고등학교에서 고급 AP 미적분을 이수했다 할지라도 그렇다. 경시대회 수학은 미적분 과정을 뛰어넘는다. 그렇다면 아이들은 그것을 어디에서 배워야 할까?

Secret 95 | **미국 최고의 수학 학생들은 모두 개인 과외를 받거나 학교 수학 팀과 같은 교실 밖에서 활동하는데, 이는 전문 연주자나 올림픽 대표 선수가 되려는 학생들이 추가적인 훈련을 받는 것과 마찬가지이다.** 여러분의 자녀가 수학에서 최고가 되고자 한다면, 여러분은 부모로서 자녀가 세계 최고 수준의 수학 능력을 기르는 데 무엇이 있어야 하는지를 알아야 한다. 이번 장에서 그런 정보를 많이 논의한다.

수학 성공의 길

Secret 96 | **미국에는 아무도 말해주지 않는 수학 성공의 길이 있다.** 대부분의 선생님들과 학부모들이 말해주지 않는데, 주된 이유는 대부분의 사람들이 모르기 때문이다. 그러나 여러분의 자녀가 언젠가 필즈상(수학의 노벨상에 해당한다. 노벨상에는 수학 부문이 없기 때문이다.)을 받기 원한다면, 또는 수학 잘 하는 학생 소리를 듣기라도 하려면 대학의 관점에서 볼 때 진정한 수학도가 갖추어야 할 것이 무엇인지를 아는 것이 중요하다.

수학 우등생이 밟는 경로가 세 가지 있다. 경시대회를 보는 것, 이론 과정, 그리고 연구 과정이다. 이 셋 중 어느 하나에서라도 발군인 고등학생은 대학들이 인정한다. 많은 학생들이 이 세 가지를 모두 하려 하지만, 한 가지에서만 발군이더라도 높은 평가를 받는다.

가장 대중적인 길은 수학 경시대회를 보는 것이다. 순서대로 AMC, AIME, USAMO, MOSP, IMO 같은 시험들인데 이 시험들을 보다 보면 전미 수학 영재 발굴(*USA Mathematics Talent Search*), 매스카운츠(MATHCOUNTS), ARML(*American Regions Math League*), 맨델브로트(*Mandelbrot*) 등의 경쟁 기회들이 있다.

두 번째는 대개 숫자이론(숫자, 특히 정수의 성질들에 대한 연구)과 조합론(일반적인 수학에서 다루는 연속성 있는 수가 아닌 집합이나 그래프 같은 대상들과 그 정량화에 대한 연구)으로 출발하는 본격적인 수학적 사고 과정들이다. 고등학생들을 위한 과정으로는 대학교에 기숙하며 하는 여름 수학 프로그램 몇 군데가 이런 주제들을 열의를 가지고 가르치는데, 독창적인 사고를 북돋기 위해서다. 유명한 곳들로 오하이오 주립대의 로스 프로그램(Ross Program, 이 과정을 성공적으로 마칠 경우 대부분 하버드나 MIT 입학), 보스턴 대학교의 PROMYS 프로그램(제2의 로스 프로그램으로서 MIT와 하버드를 포함한 여러 대학들 입학에 유리하다. —옮긴이), 매사추세스의 햄프셔 칼리지 프로그램(지방에 있고 좀 낮지만 그럼에도 불구하고 여전히 고급 수학 과정—옮긴이), 매스캠프(Mathcamp, 매년 미국과 캐나다 곳곳의 캠퍼스에서 열리는 숙박형 고급 수학 과정—옮긴이), 스탠퍼드 대학교의 SUMaC 프로그램이 있다. 앞서가고 싶어 하는 중학생들을 위해서는 매스캠프 또는 존스홉킨스 CTY(Center for Talented Youth) 숫자이론 과정을 추천한다.

세 번째는 수학 연구로, 대부분 이미 경시대회와 이론 과정에서 전문 지식을 습득하고 미해결 수학 문제에 열정적으로 도전하는 극상위 학생들이 추구하는 길이다. 이 학생들은 수학 연구 과제들에서 그들을 멘토링할 수 있는 최고 명문 대학(하버드, MIT, 칼테크, 스탠퍼드, NYU) 수학과 교수를 찾는다. 그들은 수학 연구를 하고, 연구 결과를 학술지에 게재하고, 일부는 수학과 과학 분야의 주요 학술지와 인텔 과학영재 발굴 대회(Intel Science Talent Search) 및 국제 과학 기술전(International Science and Engineering Fair)을 포함한 공모전에 투고한다.

세 가지 진로 모두 서로를 강화하고, 이들 진로 중 어느 하나라도 발군인 학생들은 최고의 대학과 공과대학에서 앞다투어 모셔간다. 이들에 대한 상세한 정보는 아래와 같다.

경시대회

경시대회 경로로 가는 경우는 대부분 방과 후 수학 팀의 형태로, 학교를 기반으로 하고 학교에서 관리한다. (다른 두 경로는 학교 밖에서 진행되며 학교와 관련이 없을 수도 있다.) 고등학교 수학 팀은 지역 및 전국 수학 경시대회에 나가게 되는데

빈도는 학교가 참가하는 대회의 수에 달렸고 때로는 매주 나가기도 한다.

Secret 97 대중 매체가 희화화한 멍청한 수학 천재의 이미지와는 달리 일반적으로 수학 팀들은 아드레날린 가득 찬 속도전을 벌인다. 또한, 몇몇 학교 대항 경시 대회에서 좋은 성적을 거둔 학생은 전국적으로 인정받는다.

어떤 학부모들은 수학에서의 경쟁 개념에 불편해할 수 있다. 그런 시험들은 단지 학생들을 압박하는 환경에서 빨리 푸는 능력만을 측정할 뿐 수학적 이론화, 추론, 사고 능력은 알아내지 못한다는 주장이다. 그들의 우려는 이해할 수 있다. 그러나 수학 경시대회 우승자들의 학부모는 빨리 푸는 능력은 수학 전반에 숙달해야 신속하게 적용할 수 있는 것이라고 설명한다. 수학 비전공자들의 상상과는 대조적으로, 출제되는 문제들은 단순한 산술보다는 상당한 사고와 추론을 필요로 한다. 사실, 시험의 목적은 아이들을 인간 계산기로 만드는 것이 아니라 학생들이 수학 전반과 추론 기술을 익혀서 적용하도록 장려하는 것이다. (많은 대회에서 학생들은 시험 중에 계산기를 사용할 수 있다.)

▶ 미국 수학 경시대회(American Mathematics Competitions: AMC)

가장 중요하고 권위 있는 대회는 American Mathematics Competitions에서 시행하는 AMC 시험 및 후속 시험들이다. 이들은 모두 엄격한 시험이다. AMC-12의 최고 점수를 받는 것은 쉬운 일이 아니지만, 가장 경쟁이 치열한 대학들에서도 환영받는 지원자가 된다. AMC-12(11학년과 12학년 대상), AMC-10(9학년과 10학년), AMC-8(6학년부터 8학년)의 3단계가 있다. 이 대회가 가장 권위 있는 것은 수십만 명의 지원자로 시작하여 결국 전국 최고의 6명이 가려지고 이들은 세계 최고의 수학 학생들이 참가하는 국제 수학 경시대회(International Math Olympiads, IMO)에 초청을 받음으로써 이름을 알리기 때문이다.

이 대회가 수학 천재인 아이들에게만 해당이 될까? 아니다. 이 시험의 창시자들은 다음과 같이 말한다. "이 대회는 일반 학교의 보통 학생부터 특수목적고의 최고 학생까지 수학을 즐기는 모두를 위한 것입니다." 이 프로그램은 모두에게 유익할 수 있다. 앞서 논의한 것처럼 경시대회 수학은 교과 과정에 포함되지 않은 추가적인 수학 교육을 제공한다. 그러므로 자녀가 수학에서 뛰어나다고 인정받지 못하는 경우에도 학교 수학 팀과 AMC 예선에 참여함으로써 혜택을 볼 수 있다. AMC 창시자는 "해법을 통해 중요한 수학 원리들을 설명할 수 있도록 선택된 문제들입니다."라고 말한다. 시험 참여는 문제 해결 목록을 향상시킨다. "일부 문제에는 속임수처럼 보이는 빠른 해법들이 있습니다. 처음에는 속임수로 보이는 것이 종종 다른 문제들을 해결하는 기술이 되지요. 문제 해결을 위한 수학적 도구 세트는 이러한 기술들을 습득함으로써 크게 확장될 수 있습니다."

이런 시험들이 얼마나 중요할까? MIT와 예일은 대학 입학 지원서에 지원자들이 이 대회에 참가했는지를 구체적으로 묻는다.

대부분의 학생들은 다니는 학교를 통해 AMC에 참여한다. 만약 여러분 자녀의 학교에 수학 팀이 없고 AMC 시험 감독 준비가 되어 있지 않은 경우 학교 또는 교육구청에 프로그램 개설을 요청해 여러분의 자녀(와 다른 학생들)에게 기회를 만들어주라.

▶ AIME, USAMO, MOSP

2006년 5,100개 이상의 학교에서 41만 3,000명의 학생들이 AMC-10 및 AMC-12 시험에 응시했다. 이 중 15,000명의 학생들이 다음 단계인 AIME(American Invitational Mathematics Exam)에 참가할 자격을 얻었다. AIME 참가 자격을 얻는다면 모든 대학에서 여러분의 자녀를 데려가려 할까? 아직 아니다. 여전히 15,000명 중 한 명일 뿐이다.

AIME 자격 학생들 중 상위 400명이 전미 수학 경시대회(USA Mathematical Olympiad: USAMO) 시험에 응시하도록 매년 초청을 받는다. (여러분의 자녀가 USAMO 자격을 얻는다면 여러분은 수학에서 미국 상위 400명에 드는 수학 우등생을 자녀로 두고 있다고 당당하게 얘기할 수 있고, 대학들은 이런 학생들을 원한다!)

USAMO를 치른 500명의 학생들 중 상위 25~30위에 드는 학생들이 네브래스카 대학교에서 진행되는 3주간의 집중적 수학 향상 캠프인 MOSP(Mathematical Olympiad Summer Program)에 참가할 수 있도록 선정된다. 여기에는 또 상위 25~30위에 드는 9학년 학생들도 초청된다. 고학년 그룹에서 대표 6명과 후보 2명이 IMO에서 경쟁할 미국 국가대표로 선발된다.

여러분의 자녀가 MOSP에 이를 때까지, 아마도 수학 영재들을 주위에서 친숙하게 보게 될 것이다. (그들의 이름은 의심할 나위 없이 다른 수학 대회들에서도 자주 등장할 것이다.) 대부분의 최고 득점자들은 결국 서너 개의 대학들(하버드, MIT, 칼테크 등)에서 만나게 된다. 그래서 여러분의 자녀를 이 학교들에 보내면, 여러분은 틀림없이 수학이나 물리 수업에서 그 아이들이 자녀 근처에 앉아 있는 모습을 보게 될 것이다.

{ AMC 예선 요약 }

1. 고등학교 수학 팀은 다음을 위해 학생들을 훈련시킨다.
2. AMC시험: 25문항, 75분, AMC-12에서 100점 이상, AMC-10에서 120점 이상
3. AIME시험: 상위 500등
4. USAMO: 6문항, 9시간, 2일 시험 / 에세이: 상위 25~50등(재원에 따라)
5. MOSP 훈련: 6명(후보 2명)
6. IMO: 80개국 이상이 메달을 놓고 경쟁

Secret 98 경시대회에 대한 자녀의 감정이나 빨리 풀기를 즐기는 것과 관계없이 AMC 프로그램은 수학 또는 수학 관련 전공에 관심 있는 청소년들에게 최고의 교육을 제공한다. 대부분 미국 고등학교의 전통적인 교과 과정에는 없고 내용을 오직 수학 팀 모임을 통해서만 받을 수 있는 교육이다. 이 시험에서 사용되고 시험 준비를 하려면 갖춰야 할 신중하게 고안된 문제 해결 방법 대부분은 미국 수학 교과 과정의 일부가 아니다. 여러분의 자녀가 수학을 몇 년 월반했든, 수학 평점이 얼마나 높든, AP 미적분에서 얼마나 좋은 점수를 받았든 간에 학교 수학 팀과 AMC 시험 및 시험 전후의 오류 검토 학습에 참여하지 않았다면 가장 소중한 수학 교육 과정을 놓치는 것이다.

나는 수학, 과학, 컴퓨터공학 또는 기계공학에 관심 있는 9학년과 10학년 학생들을 처음 만날 때 고등학교 수학 팀에 들어 있는지 묻는다. 들었다면, 그들은 진정 열심히 하는 것이고 최고 대학에 입학할 것이다. 그렇지 않은 경우, 이공계에서 최상위 그룹에 속하고 싶다면 당장 합류해야 한다.

최근 스케줄에 따르면 AMC-8은 11월 중순에 시험을 보고, AMC-10과 AMC-12는 동일한 난이도의 시험을 두 번 본다. AMC-10은 콘테스트 10A와 10B, AMC-12는 콘테스트 12A와 12B의 동일한 난이도의 시험을 2월에 두 번 나누어 보고 더 높은 점수만 계산한다. "정말 더 높은 점수만 계산합니까?"라고 묻는다면 대답은 항상 "예."이다.

Secret 99 **여러분의 자녀가 AMC-10이나 AMC-12 첫 번째 시험에서 AIME 선정에 충분한 점수를 받았더라도 두 번째 시험을 치르게 하라.** 다음 단계로 오를 때는 AMC 점수와 AIME 점수가 합해지기 때문에 AMC 점수가 더 높은 것이 유리하기 때문이다. 자녀가 AMC 시험을 두 번 보도록 수학 선생님과 미리 협의해야 충분한 준비라고 할 수 있다.

다음 단계인 AIME은 3월에, USAMO도 4월에 한판 승부로 치러진다.

▶ 전미 수학 영재 발굴(USA Mathematical Talent Search: USAMTS)

국제 수학 경시대회의 공식 미국 선발 기구라는 명성에도 불구하고 AMC가 고등학교 수학 경시대회의 절대 강자는 아니다. 좀 천천히 풀지만 동일한 수준의 대회를 선호하는 학생들에게는 USAMTS가 매우 좋은 선택이 된다. 학생들은 어쩌면 AMC와 USAMTS를 모두 해야 할 수도 있다.

USAMTS는 5문제씩 4회 시험으로 이루어져 있는데, 한 달 동안의 문제 해결 시간이 주어지고, 책과 참고서를 보면서 집에서 시험을 칠 수 있다.

예전에는 전국적으로 수학 전공자를 가장 많이 고용하는(미래의 수학자 양성에 관심을 가지는 것도 이해할 만하다!) NSA(National Security Agency)에서 주관했는데, 2004년부터 리처드 러직이 대표로 있는 문제 풀이의 기술 재단(Art of Problem Solving Foundation)에서 주관하고 있다. NSA는 여전히 대회에 자금을 지원하고 시험 평가를 한다. (리처드 러직은 그 자신이 국제 수학 경시대회 우승자이기도 하고 샌더 리호츠키와 함께 최고의 참고서인 『문제 풀이의 기술(The Art of Problem Solving)』을 공동 편찬했다. 또한 수많은 국제 수학 대회 수상자들을 배출한 온라인 경시대회 훈련 과정의 창립자이자 최고경영자이기도 한데, 이 과정에 대해서는 뒤에서 논의하기로 하겠다. 그는 미국의 영재 수학을 이끌어가는 주요 인물이다.)

Secret 100 학교에서 자녀들에게 USAMTS를 추천할 때까지 기다릴 필요는 없다. 온라인으로 직접 등록할 수 있다. USAMTS를 잘 치르면 AMC-12 대신 미국 경시대회로 가는 다른 길인 AIME 자격이 제공된다. 즉 USAMTS를 통해 AIME 자격을 얻을 수 있고, 또한 경시대회와는 별개로 USAMTS만의 고유한 가치인 수학 증명 기술들을 연마할 수 있다. 증명 기술은 기하학 중급 이상의 미국 교육에서는 거의 취급되지 않고, AMC 및 AIME의 초기 단계 구성 요소는 아니지만 USAMO 및 MOSP에는 필수적이다. 많은 수학과 과학 영재들에게 USAMTS는 대학 수학의 필수인 증명 기술을 배울 수 있는 유일한 기회이다. (고등학교 이후의 고급 수학 대부분은 가정과 증명으로 구성된다.)

▶ 매스카운츠

Secret 101 자녀가 수학 전공을 심각하게 고려한다면 중학교 때 대회 준비를 하라. (수학 경시대회 팀이 있는 초등학교들도 있다.) 고등학교 때 전국 강자로 만들고 싶다면 중학생 때(6, 7, 8학년) 매스카운츠 준비를 시작하라. (www.mathcounts.org)

Secret 102 자녀의 중학교에 수학 팀, 수학 클럽, 수학 영재인 학생이 없다면, 직접 팀을 만들어라. 그리고 그 팀이 매스카운츠에 참가하게 하라. 매스카운츠의 최고 득점자들에 대한 상금은 후한 편이며(여러 대회를 합쳐 총 2만 달러다.) 전국 대회에서 우승할 경우 중학생 나이에도 대학들이 주목하게 된다.

사실 과거 전미 매스카운츠 수상자들의 이름을 몇 년 후 IMO에서 보는 것은 이상한 일이 아니며, 국제 수학 경시대회 수상자 중 일부는 초등학교 3학년 때 매스카운츠에 참가했다고 한다. 이런 학생들 중 일부가 대학에서 과학과 수학 분야 리더가 되고 퍼트넘(Putnam) 대회 수상자가 된다.

또한 매스카운츠 설문조사에 따르면 참여 학생 중 80퍼센트가 SAT I 수학과 언어 시험에서 1400점 이상을 받았다고 한다. 그들이 최종적으로 선택한 가장 인기 있는 대학 전공은 공학, 컴퓨터 과학, 수학이다. 가장 인기 있는 지원 대학은 하버드, MIT, 프린스턴, 버지니아, 스탠퍼드, 예일, 듀크, 칼테크, 라이스, 조지아 공대, 코넬, 펜실베이니아대, 브라운이다.

"매스카운츠가 저희 아이들의 출발점이었죠." 이 책을 위한 전화 면담에서 국제 수학 경시대회 수상자의 학부모 한 분은 이렇게 말했다. "그때부터 경시대회에 열을 올리니 동기부여가 되어서 수학 공부를 더 열심히 하더라고요." 그 자녀들은 궁극적으로 칼테크를 포함해 원하는 어느 대학이든 갈 수 있게 되었고 성적 우수 장학금 제공도 제안받았다.

> **Secret 103** (가능하다면) 여러분의 자녀를 중학교 1학년 때 AMC에 등록해 전반적인 시험 분위기(시간, 장소, 속도)에 익숙해지도록 하라. 이 첫 시험은 설령 0점을 받더라도 부모나 학교가 신경 쓰지 않으니 걱정하지 않아도 된다는 것을 가르쳐 주어 자녀를 안심시켜라. 학교 기록으로 전혀 남지 않는다. 이것은 단순히 풍부한 과외 활동일 뿐이다.

▶ ARML(American Regions Math League)

여러분의 자녀가 중요 경시대회에서 수상하여 고등학교 수학 팀에서 매우 의미 있는 성적을 거둔 경우, 매년 미국 내 세 곳(펜실베이니아 주립대, 아이오와대, 산호세 주립대)에서 동시에 결승전이 열리는 ARML의 지역 팀 선발전에 나갈 수 있다. 선발전은 일반적으로 고등학교 수학 팀 모임에서 다루었던 문제들로 구성된다. 참가자들은 수차례 대회를 치러야 한다. 상위권 득점자들은 더 큰 규모의 교외 경시대회에 초청받는다. 운동경기에서 지역별 예선전을 치르는 것과 똑같이 수학도 그렇다.

▶ 맨델브로트

맨델브로트는 학교 기반 팀 및 개인 경시대회이다. 만약 여러분 자녀의 학교 수학 팀이 이 대회에 참가하고 있지 않다면, 지도교사에게 제안하라. 맨델브로트는 학교와 개인 학생이 전국적으로 주목받을 또 다른 기회를 제공한다. 웹사이트에 따르면 이 경시대회의 목표는 "모든 능력 수준의 고등학생들에게 다루어볼 만한 새로운 수학의 주제를 소개하는 동시에 국내 최고의 학생들이 능력을 발휘할 수 있도록 자극적이고 도전적인 문제를 제공하는 것"이다. 문제 해결 능력 수준에 따라 전국 대회와 지역 대회의 두 종류가 있고, 어느 수준에 참가할지 스스로 선택할 수 있다.

1년 내내 계속되는 이 대회는 1회에 80분, 연간 4회로 구성되어 있고, 각 회는 40분 개인 시험과 증명 중심의 40분 팀 시험으로 구성되어 있다. 각 팀은 팀 일정에 따라 이 두 부분을 다른 날로 예약할 수 있다. (즉, 하루는 40분 개인 시험을 치고 다른 날에 40분 팀 시험을 치를 수 있다.) 맨델브로트 경시대회는 샘 밴더벨드 박사(전 ARML 우승자이자 1989년 미국 대표팀 팀원)와 『문제 풀이의 기술』의 저자인 리처드 러직과 샌더 리호츠키가 공동으로 시작한 것으로 샘 밴더벨드 박사가 계속 운영 중이다.

위에 열거한 전국 규모의 고등학교 경시대회 가운데 어느 하나에서라도 두각을 나타낸 학생은 자기가 진학하고자 하는 대학들을 염두에 두고 있어야 한다. 이 나라 최고의 수학 잘 하는 학생들 대부분이 유명 경시대회에 참가하고, 그중 일부는 모든 대회에 참가한다. 추가적인 도전을 노리는 학생들을 위해 최근 몇 년 동안 대학 수학 클럽이 후원하는 대규모 지역 대회들이 생겨나고 있다.

▶ 하버드-MIT 수학 토너먼트

가장 잘 알려진 지역 경시대회 중 하나는 하버드-MIT 수학 토너먼트(HMMT)이다. 해마다 2월에 하버드와 MIT에서 번갈아 가며 진행된다. 대회는 전적으로 대학생들이 운영하며, 팀에는 최대 8명까지 참가할 수 있다. 고등학교 참가자는 더 어려운 2회 각 50분짜리 주제 시험 또는 100분짜리 일반 시험에 참여할 수 있고, 이들은 동시에 진행된다. 그 외에 단체 행사로는 팀들이 해결해야 할 문제 세 개가 부과되는 것츠 라운드(Guts Round) 릴레이가 포함된다. 학생들은 학교 추천 없이 등록할 수 있으며 아직 고등학생이 아니더라도 준비가 된 학생들은 참가할 수 있다. 더 자세한 내용은 https://www.hmmt.co/을 참조하기 바란다.

▶ 프린스턴 대학교 수학 경진대회(Princeton University Mathematics Competition)

2006년 12월, 프린스턴 대학교 수학 클럽의 회원들은 프린스턴 대학교 수학 경진대회 도입을 발표했다. 이 대회는 최대 10명의 학생들로 구성된 팀 경쟁 방식이다. 두 명의 팀원이 대수학, 기하학, 미적분학, 정수론, 고급 주제의 다섯 가지 영역에서 함께 문제를 해결한다. (대회에 팀을 등록할 때는 주제별 팀 대표를 명시해야 한다.) 행사는 수학 릴레이, 팀 대항전, 파워 라운드로 구성되는데, 수학 릴레이는 참가자들을 5명씩의 릴레이 팀들로 나눈 후 각 선수들이 서로 다른 단답 문제를 받게 되고 각자의 답은 같은 팀 전 선수의 결과에 달려 있다. 12분 후 릴레이 팀의 최후 주자가 답을 제출해야 한다. 팀 대항전은 팀원들이 함께 30분 동안 10개의 문제를 협력하여 푸는 방식이고, 파워 라운드는 한 시간 동안 증명을 푸는 방식이다. 팀 등록은 10월에 하며 대회는 12월 중순에 열린다. 더 자세한 정보는 https://pumac.princeton.edu/를 참조하기 바란다.

미래 경시대회 입상자의 탄생

"자녀가 어떻게 그렇게 높은 등수에 오를 수 있었나요?" 이 책을 준비하면서 최근 IMO에서 금메달을 목에 건 학생과 학부모에게 물어보았다. 다음은 그들이 공개한 비법 중 일부이다.

Secret 104 **학부모와 교사는 자녀가 국제 수학 입상자가 되게 하기 위해서 올림픽 대표선수의 부모들처럼 수학 훈련 프로그램과 일정에 깊이 참여하고 기꺼이 계획을 짤 필요가 있다.** 이것은 『문제 풀이의 기술』의 저자인 리처드 러식의 주장을 따르는 것으로, 그가 미국 수학 경시대회에서 거둔 성공은 북부 앨라배마 고등학교 교사들과 학부모들이 여러 기회 및 대회에서 베풀어준 도움에 힘입었다. "비록 학부모가 자녀를 가르칠 수는 없다 할지라도, 장애물을 제거하고 기회를 찾고, 지원을 제공하는 일에는 참여해야지요."라고 전화 인터뷰에서 그는 얘기했다. 미국 중서부, 딥사우스(루이지애나, 미시시피, 앨라배마, 조지아, 사우스캐롤라이나의 5개 주를 말한다—옮긴이) 및 북동부에 거주하는 IMO 입상자의 학부모들은 이 점을 강조했다. 그들은 자녀의 수학 교육을 감독하는 일에 많은 시간을 보냈다. 때로는 학교에서 벌어지는 문제들을 바로잡거나 더 도전적인 자료를 요청하고, 근처의 대학 과정을 수강하기 위해 자녀들의 운전기사 노릇을 하고, 밥상머리 교육을 하기도 했다. 물론 이 부모 중 일부는 수학 배경을 가지고 있었지만 모두가 그런 것은 아니었다. 공통적인 요소는 자녀의 수학 교육에 대한 참여와 헌신이었다. 역으로, 자녀의 수학 교사 이름을 모르는 학부모가 최고의 수학 학생들 중에는 없다는 것을 알 수 있었다.

Secret 105 **너무 당연하게 보일지 모르지만, 주요 수학 경시대회 입상자가 되는 가장 큰 비결은 진지한 연습이다.** 놀랍게도, 수학 경시대회를 위해 스스로 연습하는 데 많은 시간을 할애하는 자녀들은 거의 없고, 입상자들이 얼마나 시간을 투자하는지는 알려져 있지 않다. 입상자들의 학부모들로부터 들은 얘기는 하루에 3~4시간 정도의 시간을 썼다고 한다. 발레 콩쿠르와는 달리, 수학에 관해서는 그저 시험 당일 운이 좋기를 바라는 마음이 대부분의 학생들에게 있는 것 같다. 아마도 학생들은 학교에서 정규 수업을 잘 이해하고 숙제를 하는 것만으로도 입상하는 데 충분하다고 생각하는 것 같다. 그러나 그렇게 되지는 않는다. 학교 수학 팀에서는 일주일에 한 번 1~2시간 동안 맹연습을 한다. 그러나 전미 대회에서 입상하는 수준에 도달하려면 이보다 훨씬 더 많은 연습이 필요하다. 꼭 최고의 수학자가 된다는 보장은 없다 해도, 매일 한 시간씩 수학 연습을 한다면 자녀의 수학 실력이 얼마나 좋아질지 상상해 보라.

"우리 집에서는 매일 네 시간 동안 수학 연습을 합니다. 유명 바이올리니스트가 되기를 원하는 다른 형제는 악기 연습을 그만큼 하고요." 한 국제 대회 금메달리스트는 이렇게 얘기했다. "주 단위로 연습해서는 안 돼요. 매일 해야죠." 또 다른 입상자의 학부모는 AMC 문제집과 『문제 풀이의 기술』을 위해 쓸 수 있는 시간은 잘해야 하루에 두 시간이라고 답했다. 한 입상자의 어머니는 비록 자녀가 모든 자투리 시간을 수학의 아이디어와 문제 탐구로 채우려고 하긴 했지만 아주 엄격하게 연습하는 것은 전혀 보지 못했다고 말했다. "시험을 위한 것은 아니고, 단순히 호기심 수준이었죠."

전국 최고 수준의 학생들 중에서 한 입상자는 이렇게 말했다. "전미 50위권과 5위권의 차이는 재능이 아니라 공부에 대한 자발성과 결단성이에요."

Secret 106 입상자의 학부모들은 자녀들이 실제 공부를 하게 하려면 그냥 책을 보라고 말만 할 것이 아니라 함께 수학 공부에 참여하라고 권한다. 학부모들이 학습 과정에 함께하지 않으면 자녀들이 동기부여가 되어 있다 하더라도, 학습서가 재미가 있어도 먼지가 쌓이게 된다. 다시 말하지만, 발레나 올림픽 스포츠나 바이올린과 마찬가지로 연습이 핵심이다. 감독받는 연습이 가장 도움이 된다. 부모님이 고등학교 수학에서 높은 성적을 받은 적이 없더라도(심지어 매번 C를 받았다 해도), 친구들을 만나든, 공식 스톱워치처럼 있든, 다과를 주든, 자녀들의 곁에 앉아서 일하라. 그렇지 않고 수학 능력이 되는 분이라면 경시대회 샘플 시험을 치러보라. 부모로서 여러분의 임무는 연습 시험을 치게 해주는 것뿐만이 아니라 공부할 수 있는 환경과 지원을 제공하는 것이다.

수학 경시대회 연습 자료들

"제 아이가 정확히 무엇을 해야 하나요?" 궁금할 것이다. 자료에는 문제 풀이집과 올림픽 선수 훈련과 마찬가지로 수학 학생을 집중적으로 훈련시키는 구조화된 코스가 포함된다. 가장 중요한 문제 풀이집은 AMC에서 직접 제공하는 기출문제집이다.

Secret 107 기출문제집은 AMC에 전화나 우편 주문이 가능하며, 2001년부터 CD 버전이 제공되기 시작했다. 그러나 서점에는 없다. 자녀가 실전 테스트를 받고 점수를 높이기 위해 SAT 참고서를 구입하는 것처럼 경시대회 기출문제집은 학생들이 문제 유형 및 예상 문제에 대해 알게 하고 문제 해결에 경험을 쌓게 하는 데 가장 도움이 된다. 학습 자료를 얻으려면 팩스 (402) 472-6087, 전화 (800) 527-3690 또는 전자 메일 amcinfo@unl.edu로 연락하라. American Mathematics Competitions(ATTN: AMC 10/12 Publications, P.O. Box 81606, Lincoln, NE 68501-160)에서도 주문을 받는다.

Secret 108 리처드 러직과 샌더 리호츠키가 쓴 「문제 풀이의 기술」은 진지하게 수학 경시대회에서 경쟁해 볼 마음이 있는 모든 학생들에게 필수 교재이다. 나는 이 책과 아무런 이해관계가 없다! 여러 해 동안 교육 전략가로 지내면서 나는 국제 대회에 진출한 모든 수학 경시대회 입상자들의 책상에서 이 책을 발견할 수 있었다. 구태여 다른 학부모들이 얘기해 줄 때까지 기다리지 마라. 알아도 알려주려고 하지 않을 테니까. 더욱이 수학 팀 코치들 중에도 심지어 이런 책이 있는지조차 모르는 사람들이 잔뜩 있다. (내가 이 책을 처음 알게 된 것은 내가 맡은 학생이 자기 방학 수학 과정 룸메이트가 다음 해 전미 수학 경시대회에서 이길 작정으로 이 책을 몰래 숨겼더라는 불평을 하는 걸 듣고 나서였다.)

저자 중 한 명인 리처드 러직은 이 책에 뒤이어 몇 권의 책을 더 낼 참이다. 각각 다른 수학적 주제를 다루되 세계 수학 학생들의 상위 5퍼센트를 목표로 삼은 책이다. 학부모들은 www.artofproblemsolving.com에서 「문제 풀이의 기술」을 직접 주문할 수 있다.

수학 경시대회 훈련 과정들

2003년까지는 상위 60위에 들거나 MOSP 훈련 캠프에 초청될 때까지는 AMC, AIME, USAMO 준비를 하는 학생들을 위한 경시대회 훈련 프로그램이 없어, 해당하지 않는 경우 개인적으로 과외선생님을 고용할 수밖에 없었다. 다른 모든 학생들은 전적으로 학교 수학 팀 훈련에 의존했으며, 운이 좋은 학생만이 경쟁 관계에 있는 상위권 학생들이 공유하고 싶어 하지 않는 좋은 문제집을 발견할 수 있었다.

Secret 109 2004년 이전에는 상위권 학생들을 위한 수학 경시대회 훈련 과정을 찾는 게 매우 힘들었다. 이후로 경시대회가 목표인 훈련 과정들이 생기기 시작했지만 대중에게 잘 알려지지 않았다. 개척자들 중에는 '문제 풀이의 기술'(동명의 책 저자들이 만든 프로그램이다.), 어섬매스(AwesomeMath), 스탠퍼드 대학교 수학 경시대회 문제 풀이회(Math Olympiad Problem-Solving Institute : MOPS) 및 매스스코어(MathScore)가 있다.

▶ 문제 풀이의 기술(The Art of Problem Solving) 프로그램

2004년부터 온라인 수학 시리즈와 수학 경시대회에 특화된 토론을 통해 성공적으로 국제 입상자들을 훈련시키고 있다. 수업들은 학교 수업과 비슷한 형식으로 AMC-10, AMC-12, AIME, USAMO, WOOT(Worldwide Online Olympiad Training), 매스카운츠 출전에 관심 있는 학생들을 대상으로 한다. 강사들은 이전 IMO 입상자들을 포함하며, 프로그램 분위기는 지지해 주고 질문을 장려한다. 각 온라인 수업은 세계 각국 출신의 30~40명의 학생들로 구성되며, 여러 명의 강사들이 조정자 역할을 한다. 2006년 기준으로 온라인 프로그램은 21,000명의 회원을 보유하고 있다.

▶ 어섬매스닷컴(AwesomeMath.com)

Secret 110 어섬매스는 집중적인 경시대회 준비 과정을 두 가지로 제공하는데, 3주간의 방학 캠프와 연중 진행되는 온라인 과정이 있다. 2006년에 시작된 이 과정들을 일반인들은 잘 모른다.

어섬매스 방학 과정은 중고등학교 학생들의 문제 풀이 기술을 경시대회 수준으로 연마하는 것을 목표로 한다. 수년 동안 AMC, MOSP 및 미국 IMO 팀을 담당한 티투 안드레스쿠가 운영한다. 이왕 배우는 것 대가로부터 배우자는 가치관을 가지고 있다면, 이 과정이 정답이다. (과거에는 MOSP를 통과한 학생들만 받아서 그렇지 못한 학생들은 다른 훈련 방법을 찾아야 했다.) 이 집체교육 과정은 댈러스에서 이루어지고, 한 과정 정원은 80~90명이다.

캠프 참가가 어려운 학생들을 위해서 온라인 과정인 AMY(AwesomeMath Year-round)가 있다. AMY는 10월부터 4월까지 운영되며 Dr. Trig, Let p Be a Prime, Pigeonhole Principle, Concurrency and Collinearity, Always Cauchy-Schwartz, Circles, Mathematical Induction, Calculating in Two Ways라는 여덟 개 세부 과정으로 구성된다. 각 과정마다 강의와 문제(수학 숙제)로 이루어져 있다. 이 프로그램에 대한 자세한 내용은 www.awesomemath.org에서 확인하라.

어섬매스에서는 수학에 관심이 있는 고등학생 및 학부생을 대상으로 독자들이 모두 접근할 수 있는 다양하고 흥미로운 주제들의 논문과 문제로 구성된 《Mathematical Reflections》라는 온라인 저널을 제공한다. 수학에 관한 연구 결과들을 출간하고 싶은 학생들과 강사들에게 투고의 문이 열려 있다. (http://reflections.awesomemath.org)

▶ 스탠퍼드의 MOPS(Math Olympiad Problem-Solving Institute)

스탠퍼드 대학교의 소년 영재를 위한 교육 프로그램(Education Program for Gifted Youth: EPGY)는 8~10학년(13~16세) 학생들을 대상으로 수학 경시대회 훈련 과정을 제공한다. MOPS의 3주 집체교육 과정은 어려운 문제 풀이를 즐기는 학생들뿐만 아니라 단순히 AMC 또는 유사한 시험에서 자신의 수행능력을 향상시키고자 하는 학생들도 대상으로 한다.

▶ 매스스코어(MathScore)

캐나다 회사인 매스스코어는 신생 수학 경시대회 온라인 훈련 과정이다. (그리고 보통의 수학 실력을 가진 학생들도 이용 가능한, 한결 참신하고 접근성 높은 과정이기도 하다. 매스스코어는 2007년에 즉석 피드백이 가능한 SAT 예비과정을 도입했다. www.Insightfulmind.com)

{ 수학 서클들 }

Secret 111 이 책의 발간 시점에서 새롭지만 잘 알려지지 않은 트렌드 중 하나는 수학 탐구 학생들이 비공식적인 (성적 없음, 숙제 없음, 출석 요구 없음) 수학 서클들을 만들고 있다는 것이다. 이러한 과정들은 캘리포니아, 특히 샌디에이고, UC 데이비스, UC 어바인, UC 버클리, 산호세, 스탠퍼드, 유타, 콜로라도, 와이오밍, 세인트루이스 워싱턴, 하버드, 노스이스턴에서 나타나고 있다. 러시아 수학 클럽 모델(러시아어로 클럽과 서클은 동일)을 기반으로 하는 이 프로그램들은 고등학교 교과 과정을 뛰어넘는 도전을 찾는 학생들에게 높은 수준의 수학을 제공하는 것을 목표로 한다.
등록 절차는 다양하지만, 일부 과정은 학생들이 정식 등록 없이 출석할 수 있다. 학생들은 순전히 새로운 수학을 배우고 도전하는 기쁨을 위해 참여한다. 일부 수학 서클은 그룹 참여를 필요로 하는 ARML 같은 전미 수학 경시대회를 위한 팀을 구성한다. 수학서클이 중점을 두는 문제들의 유형을 이해하거나 컴퓨터로 참여하려면 www.mathcircle.org/cgibin/mathwiki.pl을 참고하라.(Mathcircle.org는 하버드, 브루클린 고등학교, 노스이스턴 수학 서클이 공동 운영하는 웹사이트이다.)

숫자이론/조합 트랙

수학 경시대회보다 숫자이론/조합론 쪽으로 나가 보고 싶은 고등학생의 경우, 수학도들은 일반적으로 로스, PROMYS, 햄프셔, 매스캠프, SUMaC를 5대 여름 프로그램으로 인정한다. 이들은 진지한 여름학교 과정이다. 로스는 가장 엄격하고 가장 잘 알려진 수학 교수진에게 깊은 인상을 줄 것이다. 그러나 잘만 했다면(프로그램의 모든 문제 세트와 증명을 완수한 걸 의미하는데) 대학들에게는 다 인상적이다. 그리고 그런 목표에서 하는 프로그램들이 아니기는 하지만 모두가 IMO 챔피언을 키우는 데 도움이 된다. 이 프로그램들이 고등학교 수학 과정을 선행 학습하거나 보충을 시켜 주진 않는다. 대신, 모두 학생들에게 생각하는 법을 가르치는 데 중점을 둔다.

▶ 로스 프로그램

Secret 112 자녀가 수학에 열정적이라면 최소한 오하이오 주립대의 로스 프로그램에 대해서는 알아야 마땅하다. 특히 하버드나 MIT 같은 곳에서 수학을 전공할 생각이라면 참가할 생각이 없다 해도 알아야 한다. 이것은 미국 최고의 교육 기밀 중 하나다. 오하이오 주립대가 아이비리그 학교가 아니라는 사실에 신경 쓰지 마라. 그래도 여기에 간다면 여러분 자녀는 최고의 유리함을 얻게 된다. 몇 년 전, 프로그램의 직원 중 한 명이 어깨를 으쓱 하며 이렇게 말했다. "우리는 미국 최고의 고등학생들을 오하이오주에 8주 동안 데려다 놔요. 그 애들은 몇 년 있으면 결국 케임브리지의 두 학교 중 한 곳에 가죠." 로스는 일반적으로 미국에서 가장 엄격한 수학 이론 프로그램으로 간주되며, 진지한 수학 세계에서 널리 알려져 있다.

"궁금증을 가지고 가지요. 똑똑해져서 나오고요." 내 고객 중 한 명이 프로그램을 설명하는 방식이다. 몇 년 전 참가했던 한 하버드 학생은 지금까지 해본 모든 학업 코스 중 자신의 사고에 가장 많은 기여를 한 코스였다고 말했다.

8주 프로그램은 24시간 내내 수학을 제공한다. 주말 현장 견학 없음. 영화의 밤이나 연예 프로그램 같은 건 없다. TV가 없다. 대신, 매일 나오는 숫자이론 문제 세트가 학생들이 깨어 있는 시간을 가득 메우고 있다. 자녀가 수학에 열정적이며 이런 빡빡함을 소화 가능하면 끝내주는 여름을 보낼 만한 장소다. 다른 학생들은 대개 고등학교 수학도로서 이름을 들으면 알 만한 아이들, 또 수학, 컴퓨터 과학 또는 물리학 전공으로 하버드아니면 MIT에 가고 박사 과정까지 갈 아이들 천지다. 자녀의 학교 선생님이 로스 프로그램 얘기를 해준다든가 거기 갈 준비를 어떻게 하면 될지 가르쳐줄 거라는 기대는 하지 마라. 그분이 최상위 수학자 중 한 명이거나 그런 이들과 어울리는 분이 아닌 이상은 알 도리가 없다. 최소한의 홍보만을 하기 때문이다. 로스 프로그램의 브로셔는 그곳에서 가르치는 수학이 주로 계산에 중점을 둔 미국 고등학교에서는 설령 최고 수준 학교에서라 할지라도 배울 수 없는 것이라고 설명한다.

"계산만 강조하는 것는 스스로 생각하는 연습을 해보지 못한 학생, 사물의 이치를 탐구해 본 적 없고 그래서 미래의 과학 혁신으로 나아갈 준비가 되지 않은 학생들을 만들어내기가 일쑤입니다. 로스가 육성하기 위해 노력하는 것은 사고와 질문 태도의 독립성입니다."

▶ **PROMYS(Program in Mathematics for Young Scientists)**

Secret 113 경량급 로스인 PROMYS 프로그램 역시 사람들이 좀처럼 알지 못한다. 전반적으로 로스와 동일한 커리큘럼을 제공하지만 오락이 없이 빡빡한 분위기는 **로스만큼은 아니다.** PROMYS가 로스보다 덜 강렬한 이유는 로스에 비해 기간이 6주 이상으로 길다는 점이다. 또한 PROMYS는 주말과 야간의 사교 활동을 제공하며 캠퍼스 내를 한번 맛보기에 더 좋다(보스턴의 심장부 대 오하이오주 콜럼버스 외곽 지역). 그러나 그렇다는 건 한편으로 학생들이 로스만큼 많은 커리큘럼을 마치지는 못한다는 걸 의미한다.

그러나 균형 있게 놀기도 할 수 있는 곳임에도, PROMYS는 인텔 공모전 수학 부문 수상자 점유율을 자랑한다(인텔 공모전에 대한 자세한 내용은 7장 참조). 최고 수준의 프로그램이며, 교과 과정은 똑같이 문제 세트를 기반으로 한 것이다. 졸업생들은 하버드 대학과 MIT 외에 다른 대학에도 가는 편이다.

PROMYS의 창시자는 오하이오 프로그램의 창시자이자 90대의 나이에도 최대한 수학 수업을 했던 아놀드 로스의 학생들이었다. 일부 서클에서는 아놀드 로스에게 배운 학생(그리고 로스 프로그램 참가자)들을 "로스 1진"이라고 한다. 그리고 PROMYS의 참가자를 포함해 "로스 1진"에게 배운 이는 "로스 2진"으로 본다. 숫자가 낮을수록 명성이 높아진다.

▶ 햄프셔 칼리지 여름 수학 연구(HCSSiM)

Secret 114 수학에 열정적이지만 더 많은 휴식을 요구하는 학생의 경우, HCSSiM에서 제공되는 6주간의 숫자이론 프로그램이 도시에서 하는 경쟁 프로그램보다 한결 덜 빡빡하고 덜 경쟁적이다. 그리고 소문도 덜 나 있다. 많은 학생들이 펜실베이니아 주립대의 ARML(American Regions Math League)에서 봄에 늦게 소식을 들었다. 자녀가 경쟁을 싫어하지만 수학을 좋아한다면 이는 훌륭한 대안이 될 수 있다. 암허스트 대학에서 조금만 가면 있는 매사추세츠 농장 지대에 위치한다. 학생들은 매일 목가적인 캠퍼스를 걸어다니고 매일 햇빛과 신선한 공기 속에서 수학 수업을 듣는다. 접근 방식은 협업적이고 위협적이지 않다. 여유로운 즐거움을 위해 이 프로그램은 자체 전통을 창조해 냈다. 예를 들어, 매일 수업의 과정에서 17번 항목에 많은 주의를 기울이고 프로그램 마스코트는 노란색 돼지이다. 참가자는 매월 17일을 축하하고, 매월 열일곱 번째 날에 영원히 착용해야 하는 티셔츠(마스코트가 그려진)를 만든다. (동문들에게 가는 전자 메일 미리알림도 매월 16일에 보낸다.) 주말에는 레크리에이션 활동 및 탱글우드 음악 축제 견학, 하이킹 및 기타 수학과 관련이 없는 명소 탐방도 한다. 동문들 중 결국 MIT에 가는 학생도 꽤 되지만 한편으로는 암허스트, 다른 작은 뉴잉글랜드 칼리지, 예일 및 다른 아이비리그를 포함해 진학하는 대학 분포가 더 넓은 편이다.

▶ 매스캠프

"캠프"라는 이름 그대로인 프로그램이지만, 캐나다와 미국의 매스캠프는 13세에서 18세 사이의 아이들을 위한 더 전통적인 여름 캠프 야간 활동, 주말 현장 학습, 게임 토너먼트, 장기자랑에 더하여 매우 심각한 수학 수업을 포함하는 5주 프로그램을 제공한다. 캠프는 매년 그 위치가 바뀐다. 몇 년은 캐나다에서, 또 몇 년은 미국에서, 때로는 동부 해안, 또 때로는 서부에서 열린다. 2008년에는 오리건 주 리드 칼리지에서 개최되었으며, 2007년에는 메인주 콜비 칼리지에서 개최되었다. 학생들은 교수진 조언자의 도움으로 자신의 일정을 디자인하고 자신의 수준과 관심에 가장 적합한 수학 프로그램을 선택한다. 많은 학부모들은 완전히 수학에 초점을 맞춘 것이 아닌 원만한 활동 내용을 좋아한다. 또한 어느 해 여름 매스캠프에 참가한 아이를 다음에 로스나 PROMYS에서 보는 것은 드문 일이 아니다. 나는 열의 있는 확생에게 여러 가지 수학적 경험을 통해 다양한 접근 방식과 개념을 배우라고 권고한다.

▶ 스탠퍼드 대학교 수학 캠프(SUMaC)

캘리포니아 주 팔로알토에서 하는 스탠퍼드 대학교 수학 캠프는 고등학생 및 고학년 학생들을 위한 4주간의 기숙 프로그램이다. "수학 발전에 중요한 역사적인 의미의" 문제, 현재의 수학 및 과학 연구에 적용되는 문제를 탐구한다. 다른 프로그램과 마찬가지로 전체 형식은 문제 세트를 기반으로 한다. 하지만 SUMaC이 제공하는 특별한 기능은 주당 1일(금요일) 4명에서 5명의 학생이 조를 짜서 수학 연구를 경험할 기회가 주어진다는 것이다. (학부모는 학생의 연구를 대회에 내보내고자 한다면 이 부분이 문제가 될 수 있음을 유의해야 한다. 공모전은 대부분 개별 연구 프로젝트를 선호한다. 국제 과학 기술전, ISEF에 공급하는 지역 공모전 및 지멘스와 같은 그룹 프로젝트를 수락하는 공모전을 찾아야 하며 그렇지 않으면 연구전에서 곁다리가 되고 만다.) 수학 연구를 하고 싶은 학생들이 일반적으로 갖는 좌절감 중 하나는 앞에서 든 프로그램들에서 수학 연구를 장려하거나 연구할 시간을 내주거나 하지 않아 가을에 학교에 복귀했을 때 과학 연구 대회(많은 과학 연구 대회에 수학 부문이 있다.)에 참가하기가 거의 불가능해진다는 점이다. SUMaC은 연구를 장려하고 할 시간을 주는 몇 안 되는 프로그램 중 하나이다.

수학 연구

수학 성공의 길 세 번째는 연구다. 대부분의 주요 대학에서 수학은 한 개 과로 제한되기 때문에 수학 연구 기회는 과학 연구 기회보다 찾기 어렵다.(수학과와 대조적으로 과학 분야는 물리, 화학, 생물, 컴퓨터 과학, 지질학, 신경과학 등 적어도 4개 이상의 과에 교직원들이 있다.) 수학 연구에서 학생들의 궁극적인 목표는 현장에서 새로운 발견이나 새로운 관찰을 하여 수학에 기여하고, 이걸로 연구 공모전에 나가는 것이다. 수학에 대한 의미 있는 기여란 고등학교 방학 기간에 수학 교수와 함께 일하며 수학 분야에서 기여할 만한 특정 주제에 대해 주의 깊고 빈틈 없는 지식을 추구하는 것이다.

이 분야에 관심이 있는 학생들의 학부모들은 학생이 관심을 가진 수학 주제에 대한 연구를 하고 있는 대학 교수를 찾아서 직접 전화 연락을 할 수 있다. 학부모들의 첫 번째 전화는 여름방학 인턴십이 가능한지 여부를 확인하는 것이고, 가능하다고 하면 즉시 학생이 이력서와 자기소개서를 보내야 한다. 물론 학생은 이력서에 눈에 띌 만한 수학 경력을 넣고 싶을 것이다. 그 말은 곧 고등학교 첫 해와 둘째 해 여름방학이 되기 전에 미리 최고의 수학 과정들(로스나 PROMYS 등)을 거치며 이론수학이 돌아가는 게 어떤지 당면한 과제가 뭔지 낯을 익혀 놓아야 한다는 것이다. 또한 그러한 과정들은 학생이 수학 연구와 장기적인 문제 해결에 정말로 관심이 있는지를 알 수 있도록 도와준다.

또한 여러분은 자녀들에게 수학자들이 직면한 도전에 대한 감각을 알려주기 위해 미해결 난제들을 찾아야 한다. 수학자들을 당혹스럽게 만든 문제들의 대부분을 www.claymath.org/millennium에서 찾을 수 있다. 유명한 클레이 수학 연구소의 웹사이트다.

수학 연구 학생들의 학부모들은 이 책의 6장과 7장(과학과 공학) 또한 읽어야 하는데, 왜냐하면 노벨상은 그렇게 보지 않는다 해도 수학 연구는 과학 연구의 일부로 간주되기 때문이다. 과학 연구 과정에 있는 학생들에게 제공되는 많은 기회들은 수학 연구 과정의 학생들에게도 제공된다. 수학이나 과학에서 특기할 만한 (즉 논문을 낸다든가 특허를 딸 만한) 연구를 하는 것이야말로 여러분의 자녀가 선택한 대학 입학을 보장받을 가장 확실한 방법이다.

▶ 클레이 수학 연구소(The Clay Mathematics Institute)

매사추세츠주 케임브리지에 본부를 둔 비영리 자선 단체인 클레이 수학 연구소는 "수학 지식을 증대하고 보급하기 위해" 창설되었다. 이 조직은 또한 "수학자들과 다른 과학자들에게 수학의 새로운 발견에 대해 교육하고, 수학 연구에서의 탁월한 업적들과 발전들을 발굴하는 것을" 추구한다. 큰 꿈을 가진 수학 우등생들에게 무엇보다도 중요한 점은 "수학 경력을 쌓고자 하는 영재 학생들을 격려한다."는 조직의 목표이다.

2000년, 클레이 수학 연구소는 일곱 개의 수학 문제를 밀레니엄상 문제로 분류하고 각 문제를 해결하는 첫 번째 사람에게 100만 달러의 상금을 주겠다고 선언했다. 그 일곱 가지 문제는 P 대 NP 문제, 호지 추측, 푸앵카레 추측, 리만 가설, 양-밀스 이론과 질량 간극 가설, 나비에-스토크스 방정식, 버치-스위너턴다이어 추측이라고 알려져 있다. 이들 문제를 풀어보려는 학생은 인터넷에서 개별적으로 볼 수 있다. (예컨대 '양-밀스' 또는 '2002-03 solution to the Poincaré Conjecture'를 구글에서 검색해 보라.) 물론 아무도 고등학생이 이런 문제들을 풀기를 기대하지는 않는다. 그러나, 여러분의 자녀를 수학자로 유지시키고 이론수학의 도전들을 제대로 파헤치게 하려면 밤에라도 자지 말고 클레이 연구소나 위키피디아에 있는 설명을 출력하라. http://en.wikipedia.org/wiki/Millennium_Prize_Problems

Secret 115 클레이 수학 연구소는 미래의 수학자들을 양성하는 데 중요한 역할을 담당해 왔다. 하지만 자녀들을 참여시키는 학부모가 있는 반면 전혀 모르는 학부모도 있다. 그러나 명문 대학들은 클레이 수학 연구소에 대해 알고 있으며, 여기에 참여한 것은 대학지원서를 돋보이게 한다. (그렇더라도 입학 에세이를 쓸 때는 클레이 수학 연구소가 어떤 곳인지 설명해야 한다. 유럽 문학 전공자나 미술사 전공자가 읽을 수도 있기 때문이다.) 이 연구소는 로스와 PROMYS를 비롯한 유명 수학 과정에 자금을 지원한다. 또한, 이 연구소는 최근 몇 년 동안 고등학교 학생 16명을 주니어 펠로로 초대하여 클레이 장학생으로 삼았다. 연구소 측이 밝힌 바에 따르면, 주니어 펠로는 "연구지향적 과정에서 매우 뛰어난 수학자들"과 협업한다. 학생들은 8일 동안의 케임브리지 세미나에 참석하여 학술 장학생(각자의 분야에서 국제적으로 인정받는 리더급 책임연구 수학자)과 학술 펠로(대개 박사후과정 또는 대학원생 수준의 젊은 수학자) 감독 하에 연구를 하게 된다. (www.claymath.org/programs/outreach/academy/about.php)

Secret 116 **클레이 장학생 후보는 대개 수학 교사가 지명하지만, (여러분이 돕는다면) 여러분의 자녀가 스스로 후보로 지원할 수도 있다.** 자녀에게 특별한 수학 능력이 있다고 느낀다면, 자녀의 수학 교사가 "발견"해주기를 기다릴 필요가 없다. 참가자는 최소 16세 이상이어야 하며 관심 있는 수학 분야에서 이룬 게 있어야 한다. (이 말은 학생들이 수년 전부터 수학 경시대회에 참가해 입상하고 다른 수학 과정들에 참가하는 등 경력 관리를 시작했어야 한다는 의미다.) 학생 수준에 대해 대략 설명하자면, 2003년에 선발된 12명의 학생들 중 4명은 하버드, 4명은 MIT, 1명은 프린스턴, 1명은 버클리, 1명은 하비머드, 1명은 윌리엄메리에 갔다. 2004년 선발 학생들 중 다시 8명이 하버드와 MIT에 갔다. 과거에는 초가을에 이 과정에 지원했다.

Secret 117 **클레이 수학 연구소가 수학 연구에 유일한 곳은 아니다.** 여러분의 자녀가 클레이 장학생으로 선정되지 못한 경우, 매력적인 수학 연구를 하는 대학교를 온라인으로 찾아볼 수 있다. (자녀가 관심 있는 연구를 찾으면 위에서 설명한 것처럼 직접 이메일이나 전화를 통해서 교수에게 연락하는 것이 좋다.)

Secret 118 **자녀가 자극받을 만한 연구를 찾을 수 있도록 수학 및 과학 연구로 유명한 대학교들과 연구소들의 수학과들의 웹사이트들을 살펴보라.** 여러분의 자녀가 멀더라도 기회를 찾아 가볼 생각이 있다면, 많은 캠퍼스들이 방학 기간 연구원을 위한 숙소를 제공한다. 더 많은 정보들 목록은 www.artofproblemsolving.

com/wiki/index.php/Mathmatics_summer_Programs에 나와 있다. 또한 존스홉킨스 청년 영재 센터에서의 기회들은 간행물인 《Imagine》과 웹사이트 http://cty.jhu.edu/imagine/linkA.htm 및 www.cogito.org에서 찾아볼 수 있다.

제6장

과학과 공학, 1부
과학 경시대회 나가기

의대를 지망하는 한 고등학교 수석 졸업생이 미국 최고의 대학 중 한 곳에 입학했다. 대학교 의예 과정에는 전형적으로 생물, 화학, 물리 과목이 포함된다. 그 학생은 고등학교 때 과학 과목들에서 A를 받았기 때문에 대학에서도 해볼 만하다고 믿었다.

물리 수업 첫날, 동급생들 중 다수가 전미 또는 국제 과학 경시대회 입상자라는 사실을 알았을 때 그 학생의 표정을 상상해 보라. 학생의 왼쪽에는 국제 생물 경시대회 은메달 수상자가 앉아 있고, 오른쪽에는 국제 화학 경시대회 금메달 수상자가 앉아 있다. 두 자리 건너 인텔 과학영재 발굴 대회 입상자가 앉아 있고, 앞열에는 다른 두 명의 인텔 입상자가 같이 앉아 있고, 멀지 않은 곳에 ARML 1등이 앉아 있다.

동급생들을 더 잘 알게 될수록 그들이 국제 대학 수학-과학 분야에서 유명한 학생들이라는 것을 알게 된다. 이미 서로서로 아는 사이 같다. 이름이 아닌 메달로. 그들은 경쟁에서 살아남아 유명 대회 수상 기록과 잘 관리된 이력을 갖추고 대학에 온 학생들이다.

자신감 있고, 잘 적응하며, 똑똑한 고등학교 수석 졸업생들 수백 명이 매년 대학에 입학하는데, 이런 집단을 접한 학생은 자기가 A를 받기란 거의 불가능하다는 것을 갑자기 깨닫게 된다. 다른 의예 과정들을 알아본 후, 이 낭패가 대학 입학 수년 전에 이미 발생했다는 것을 깨달은 그 학생은 아예 의대 진학을 포기한다.

극단적인 예로 보일지 모르지만, 이와 비슷한 사례를 대학 신입생들의 학부모로부터 종종 듣는다. 자녀가 고등학교 때 최소한 전미 규모의 유명 경시대회에서 입상을 하지 못했다면 유명 대학에 입학해 의예과나 과학 쪽 전공에서 살아남는 것이 불가능할까?

그렇지는 않다. 그러나 그것은 매우 심한 경사의 오르막을 뛰어오르는 일과 같다. 여러분이 보기에, 그리고 고등학교에서 보기에 괜찮아 보이는 자녀의 성적이 다른 학생들과 비교할 때는 인상적이지 않을 수 있다. 유명 대학에 입학하는 것은 더 힘들고, 설령 입학하더라도 거기서 경쟁하기는 훨씬 더 어렵다.

Secret 119 **미국의 고등학교에서 대학교로 이어지는 수학과 과학 교육과정에는 거의 논의되지 않는 공백이 있다.** 최고의 고등학교에서조차도 전통적인 수학과 과학 교육과정으로는 명문 대학의 수학과 과학 전공을 준비하는 학생들을 완벽하게 또는 적절하게 준비시키지 못한다. 대부분의 경우, 고등학교 AP나 IB 과정에서 모두 A를 받고 대학에 와도 충분하지 않다. 아이비리그 학교들, 스탠퍼드, MIT, CIT, 그리고 기타 수학 및 과학 전공 학교에 오는 학생들은 이미 고등학교 기간에 대학의 수학-과학 과정을 수강하고, 방학 동안 수준급 연구를 수행하며, 전미 수학-과학 경시대회에 참가하여 입상을 함으로써 두각을 드러내왔다. 많은 부모들이 깨닫지 못하는 것은 과학 역시 수학과 마찬가지로 과학 고유의 우등생 계보가 있어서 고등학교에서부터 이 계보를 따라온 학생들이 희망하는 대학의 과학 전공으로 입학하고 또 그곳에서 성공할 확률이 훨씬 높다는 사실이다.

이제 여러분은 학생들이 이 계보를 따르기 위해 어떤 단계를 거쳐야 하는지 궁금할 것이다. 이 장과 다음 장은 그 질문에 최선의 대답을 제공할 것이다.

과학 지망생의 두 길

과학 전공 학생들에게는 과학 경시대회와 연구라는 두 갈래 길이 있다. 연구 쪽으로 나갈 경우 학생들은 방학 때 인텔 과학영재 발굴 대회, 지멘스 과학 공학 공모전, 인텔 국제 과학 기술전에 출품하기 위한 독창적인 연구나 발명을 해야 한다. 이 길에 뛰어들어 성공하는 방법에 대한 정보는 7장에서 다룬다.

과학 경시대회 경로를 밟을 학생들은 방학 때 과학 지식과 문제 해결 기술을 축적한 후 학기 동안 지역 및 전국 대회에서 경쟁하고, 방학 때 (이전 경시대회 성적을 근거로 미국 대표팀과 훈련할 수 있도록 초대된 소수가) 집중 훈련을 받고, (여름 집중 훈련을 통하여 미국을 대표하도록 선발된 소수가) 국제 과학 경시대회에 참가한다. 이 장에서는 과학 경시대회 참가를 위해 알아야 할 사항에 대해 간략히 설명한다. (이들 저명한 물리, 화학, 생물, 컴퓨터 과학 분야의 개인별 과학 경시대회는 국제 경기까지 치러지고 개인에게 메달이 주어진다는 점에서 학교 클럽과 팀에 기반을 두고 전국 경연에서 끝나는 팀 지향적인 과학 경시대회와 혼동해서는 안 된다.)

일부 학생들은 두 경로를 다 밟아 경력을 더 강화하고 명성을 얻음으로써 자신이 가장 원하는 대학에 더 호소력 있게 접근하고 스스로 더 많은 기회를 연다.

{ 권위 있는 고등학생 대상 과학 경시대회들 }

개인적으로 대학 입학사정관으로부터 입수한 정보에 따르면, 공식적인 순위는 없지만 아래와 같은 수학과 과학 프로그램 및 경시대회에서 거둔 성공은 지원자의 당락에 의미 있는 영향을 미친다. (아래에 있는 모든 프로그램과 경시대회에 대한 정보는 6장과 7장에서 제공된다.)

1. 전미 물리 경시대회, 전미 수학 경시대회, 전미 화학 경시대회, 전미 생물 경시대회, 전미 컴퓨터 경시대회
2. 인텔 STS 결선 진출자 40명과 10위 내 입상자
3. 지멘스 수학, 과학, 기술 부문 입상
4. RSI, 오하이 및 소코로 참가자
5. ARML 입상자
6. 인텔 ISEF 입상자
7. 청소년 인문학 과학 심포지엄 전국 입상자

하나라도 입상한다면 가장 원하는 대학에 합격할 가능성이 있다.(명심할 것은, 드물지만 인텔 결선 진출만으로는 대학에 떨어질 수도 있다는 점이다.)

두 경로의 필수 과정

두 길 중 어느 길을 달리려 하든지, 대부분의 경우 첫발을 떼는 데만도 과학 및 수학 과정을 속성으로 그러나 철저하게 수강했을 것이 요구된다. '대학교에서' 대학 수준의 과학 과정을 들어야 할 수도 있다. (단순히 과학에서 속성 과정을 수강하고 높은 성적을 받는 것만으로 유명 대학 입학이 보장되지는 않는다. 하버드나 다른 유명 대학에서 여름 학기를 마치더라도 마찬가지이다. 대학 과정 성적을 잘 받고도 불합격되는 학생들을 본 적도 있다. 그러나 고등학생으로서 대학 과정에서 A를 여러 개 받는 것은 여전히 매우 인상적일 수 있다.)

Secret 120 **자녀가 어떤 경로를 선택하든 수학 속성 과정과 견고한 수학 배경은 필수 조건이다.** 자녀가 고등학교나 대학교에서 과학으로 주목받으려 한다면, 중학교와 고등학교에서 수학을 빨리 완료하도록 권하라. 자녀가 7학년 또는 8학년일 때 중학교 수학 교과 과정을 미리 살펴보고 가장 쉽게 건너뛸 수 있는 과정을 결정한다. (대부분의 중학교 수학은 많은 반복이 있다.) 5장에서 논의한 것처럼, 자습, 개인 과외, 방학 특강을 통해 속성 과정을 마칠 수 있다.

그러나 자녀의 수학 교육에 공백이 있어서는 안 된다. 자녀가 어떻게 월반을 하더라도 교과 과정에 포함된 모든 것을 설명할 수 있어야 하고 어떤 시험에서도 최고여야 한다. 그렇지 않으면 중요한 수학 개념과 기술을 놓쳤기 때문에 고급 과정에서 어려움을 겪고, 수년 후에 다시 공부해야 할 수 있기 때문이다.

Secret 121 **중학교 과정에서 과학 월반은 선택적이어야 한다.** 일반적으로 중학교 과학 과정은 고등학교보다 느슨하고 지침 내용이 적기 때문에 교사들이 종종 자신의 방식으로 창의적으로 가르칠 수 있다는 장점이 있다. 고등학교 과학 과정은 전국 AP 과정과 보조를 맞추기 위한 자료로 가득 차 있어서 한눈을 팔 여유가 없는 반면에, 중학교 교사들은 종종 자신의 관심사에 따라 자유롭게 과정에서 벗어날 수 있다. 수업에서 블랙홀, 유전학, 나노로봇 등 다양하고 흥미로운 내용들을 다루기 때문에 이전에는 관심이 없었던 자녀들에게 과학에 대한 흥미를 불러일으킬 수도 있다. 같은 이유로, 과정의 빈곤은 여러분의 자녀를 애매

모호하고 뒤죽박죽인 상황으로 만들 수도 있고, 교사의 기분에 따라 또는 그 주에 사용하지 않는 장비 때문에 주제가 바뀔 수도 있다. 과학을 즐기고 자극을 받았다고 하는 상급생들의 학부모들에게 그 수업에 대해 물어보라. 만약 전반적인 의견이 별로 영향력이 없는 과정이라고 한다면, 가급적 그 수업을 건너뛰도록 하라. (때로는 제대로 되지 않은 수업이 관심을 유발하기는커녕 과학 과목에 싫증을 느끼게 할 수 있다.)

Secret 122 **월반은 자녀가 8학년일 때 고등학교 수준의 과목을 듣기 위해 캠퍼스 내 다른 건물로 이동하거나 차를 타고 이동해야 한다는 것을 의미한다.** 겁먹을 필요는 없다. 고등학생들보다 더 작고 분명히 어려 보이더라도. 대신에 고등학교 행정 담당자와 만나 자녀의 안전에 대한 보장을 받도록 하라. 월반을 찬성하는 입장이 아니더라도 이것은 약속할 수 있어야 한다. 진도가 빠른 학생들의 월반은 선생님 입장에서는 한 학급 내 다양한 수준의 학생들에게 동시에 지식을 공급하기 위해 고투하는 것보다는 수월한 일로 여겨질 때가 많다. 7학년이나 8학년 학생들에게는 고등학교에 가는 것이 흥미 있는 일이 될 수 있다. 고등학교가 중학교와 거리가 멀고 학교에서 교통 수단이 제공되지 않는 경우, 여러분이 마련해 주어야 한다.

Secret 123 **학교에서 절대 월반을 허용하지 않는 경우에는 고등학교 또는 대학 학점을 제공하는 상급 과정을 온라인을 통해서 또는 방학 과정을 이용하여 진행하라.** 학교가 자녀의 학습 속도를 늦추도록 내버려두지 마라. 여러 과학 경시대회에서 월반은 매우 중요하다. 그리고 학생들의 월반을 허용하지 않는 학교들은 학생들이 경쟁에서 뒤처지게 한다.

Secret 124 **중학교 생활에 적응할 수 있도록 월반을 보류해야 한다고 말하는 "전문가"의 말은 듣지 마라.** 수준이 낮은 수학과 과학 수업을 듣고 있는 것은 학교 생활 적응에 도움을 주지 않는다. 수준급 학생에게는 중학생이 되자마자 월반을 하는 것이 훨씬 더 쉬운 일이다. 필요하다면 학부모가 숙제를 도와주면 된다.

Secret 125   **자녀가 상급 과정을 수강할 때 절대 학습부진 학생들을 위한 과정에 등록시키지 마라.** 설령 학업 수준이 맞더라도 그런 수업에는 열정 대신 패배감이 팽배할 수 있다. 호기심 많은 자녀가 그런 분위기에서는 질문도 할 수 없을지 모른다. 그런 수업들에는 행동 문제가 있거나 다른 종류의 학업 문제(애초에 그 아이들이 통과 못 한 이유)가 있는 학생들이 포함될 수도 있다. 이런 것들은 자녀의 학습에 해가 될 수 있다.

Secret 126   **여러분의 자녀가 운 좋게도 과학 과정이 모두 훌륭한 중학교에 다니고 경시대회나 연구로 수준을 높이고 싶어 한다면, 월반할 필요 없이 9학년 때 고등학교 과학을 두 과목 수강하도록 하라.** 예를 들어 7학년 또는 8학년 때 지구과학을 수강했다면 9학년 때 생물과 화학을 수강하는 것이다. 그리고 10학년 때 물리와 AP 생물을 수강하게 하라. 11학년이 되면 이 학생은 전미 생물 경시대회에 참가하거나 방학 동안 생물 또는 의학 실험실에서 인턴십을 할 준비가 된 것이다. 11학년 과정에는 AP 화학과 AP 물리가 모두 포함되어 있어야 한다. 11학년 방학 때 화학 경시대회와 물리 경시대회에 참가할 자격이 생기고 화학 또는 물리 실험실에서 인턴십을 할 수 있는 상태가 되는 것이다.

여러분의 자녀가 AP 물리 C 같은 물리 과정을 수강하기 전에 미적분을 끝낼 것을 강력히 권한다. 일부 학교에서는 학생들이 동시에 수강하게 하지만, AP 물리 C는 미적분에 대한 철저한 이해가 있어야 하기 때문에 미적분을 충분히 공부하지 않은 학생들은 1년 내내 고생하고 성적도 나쁜 경우가 많다. 여러분의 자녀가 중학교 수학을 빠르게 끝내고 10학년 때 미적분을 완료할 수 있다면, 11학년 때 AP 물리를 더 잘 이해하고 다른 많은 학생들이 겪는 어려움을 피할 수 있다.

물론 이 구도에서도 많은 변형이 가능하다. 예를 들어, 여러분의 자녀가 물리에 특별히 관심이 있다는 것을 알고 있다면 AP 물리와 미적분 모두 더 일찍 끝내게 하고 11학년에 전미 물리 경시대회 1차 예선에 참가하도록 할 수도 있다. 또는 12학년까지 기다리지 않고 11학년 이전 방학부터 2년의 물리 연구 프로젝트를 시작할 수도 있다.

여기서 나의 목표는 부적절한 시간 계획으로 인해 여러분의 자녀들이 11학년이 되어서야 기회를 놓쳤다는 사실을 뒤늦게 알게 되는 것을 피하고, 경시대회들과 주요 과학 분야 연구 경연 자격을 갖출 수 있도록 돕기 위해서는 최소한의 월반이 필요하다는 것을 알려주는 것이다. 과학 교육 과정의 일반적인 순서는 보통 학생에게는 좋을지 모르지만, 전국 규모의 경시대회에서 경쟁하려는 학생의 학부모는 월반을 고려해 봐야 한다.

과학 경시대회 경로

전미 또는 국제 수학 경시대회나 (스포츠) 올림픽에서 경쟁에 참여한 학생들이 훈련과 준비에 많은 시간을 할애해야 하는 것처럼, 전미 또는 국제 과학 경시대회에 참가하려는 학생들도 진지하게 임해야 한다. 미국은 생물, 화학, 물리, 컴퓨터 분야의 주제별 팀을 운영하고 있다. 각 팀은 서로 다른 조직에서 개별적으로 운영된다. 그러나 공통적인 줄기는 학생들이 과학의 본질적인 가치를 보고, 과학과 공학 분야에서 경력을 쌓아갈 수 있도록 이들 경시대회에 대한 큰 그림을 그리는 것이다. 그 과정에서 경시대회의 경쟁은 많은 질문, 도전, 배움과 흥분감을 유발한다.

경시대회 1차 예선은 일반적으로 지식과 분석 기반의 질문으로 이루어진 학교 내 시험으로 구성된다. 일반적으로 모든 학생에게 열려 있는 1차 예선은 전국적으로 열리며 대개 학교에서 과학 교사가 실시한다. (컴퓨터 경시대회는 학생들이 집에서 가정용 컴퓨터를 이용하여 예선을 치를 수 있다.) 1차 예선은 전국적으로 다른 날짜에 실시되며 예선일은 매년 발표된다. 참가자 대다수는 이 1차 예선에서 탈락한다. 그러나 2차 예선에 진출하면 여러분들은 훌륭한 크리덴셜을 만들게 되는 것이다.

2차 예선은 다양하게 펼쳐진다. 물리 팀 경시대회 2차 예선은 교내 시험으로 진행된다. 생물도 마찬가지이다. 화학은 실험실에서 실기로 시험을 보기 때문에 참가자는 실험실이 있는 대학이나 기타 장소로 초대된다. 컴퓨터 경시대회는 학교에서 치른다.

최종적으로 전국에서 15~60명(경시대회에 따라 다르다.)의 학생들이 선발되는데 이들을 "우승자"라고 하며, 무료로 제공되는 1~2주 동안의 집중 훈련 캠프에 참가하도록 초대된다. 거기에서 미국을 대표하는 4~6명의 공식 미국 대표팀이 선발된다.

단지 훈련 캠프에 참여하는 15~60명에 선발되는 것만으로도 탁월한 성취이고 (매우 높은 성적과 매우 높은 SAT/ACT 점수와 함께라면) 명문 대학 입학을 사실상 보장한다. 여러분이 상상할 수 있는 것처럼, 과학의 어느 한 분야에서 국가 간 경쟁을 위해 선발된 최종 4~6명에 포함되는 것은 엄청나게 권위 있는 일이다. 이 우승자들은 매년 다른 회원국에서 개최되는 국제 경시대회에 경비를 전액 지원받고 참가하게 된다.

분명 과학 경시대회에 참가하는 대부분의 학생들은 우승자가 되지 못한다. 그러나 경시대회들은 1차 예선의 참가 경험만으로도 교육적 가치가 있고, 정규 교과과정에서 배제된 많은 교육적 공백을 메울 수 있도록 구성되어 있다.

Secret 127 **경시대회 참가자는 명문 고등학교 교과 과정에는 포함되어 있지 않지만 대학 과학 수업에서는 매우 유용한 과학 내용을 많이 배운다.** 경시대회에 참가하지 않은 상위권 고등학생들은 경시대회 훈련 과정에서 배우는 수많은 전문용어들과 빠른 문제 해결 기술에 익숙하지 않기 때문에 명문 대학에 입학했을 때 종종 압도되곤 한다.

{ 미국 과학 경시대회 홈페이지 }

- 메릴랜드 대학교에 기반을 둔 전미 물리학 팀(USA Physics Team): www.aapt.org/contests/olympiad.cfm/
- 콜로라도 스프링스에 있는 미 공군사관학교에 기반을 둔 전미 화학 경시대회(USA National Chemistry Olympiad): www.chemistry.org
- 조지 메이슨 대학교에 기반한 전미 생물학 경시대회(USA Biology Olympiad): www.cee.org/usabo/index.shtml
- 위스콘신 대학교에 기반한 전미 컴퓨터 경시대회 팀(USA Computing Olympiad Team): www.usaco.org

- 네브래스카 대학교에 기반을 둔 전미 수학 경시대회(USA Mathematical Olympiad): www.unl.edu/amc

(각각 다른 대회들과는 별도로 독립적으로 운영된다.)

과학 경시대회의 기초

경시대회에 참가하기 위해 학생들은 생물, 화학, 물리 또는 컴퓨터 중에서 관심 있는 개별 과학 경시대회를 선택하고 학교에 등록해야 한다. 관심 있는 주제의 담당 교사에게 알리면, 그 선생님이 학생을 전국 대회에 등록시킨다.

Secret 128 **학교에서 언제 등록하는지 발표할 때까지 기다리지 마라.** 일부 학교에서는 교사들이 공개적으로 경시대회 예선 시작을 발표한다. "관심 있는 모든 학생들은 ××월 ××일까지 알려주기 바란다." 또 다른 학교에서는 과학 선생이 수강 학생 전체를 시험에 응시시키기도 하고, 또는 모든 AP 학생들에게 발표하기도 한다. 그런가 하면 다른 학교에서는 교사가 입상 가능성이 높아 보이는 학생들을 선별하여 그들에게만 다가올 시험 일정에 대해서 알려준다. 그러나 대부분의 학교에서는 발표를 하지 않는다. 반복해서 말하지만 학부모들은 모든 대회 일정을 알고 있어야 한다. 교사들이나 학교가 여러분에게 알려줄 것을 기대하지 마라.

Secret 129 **3장에서 말한 대로, 학년 초에 경시대회 일정과 마감일이 포함된 연간 일정표를 만들고, 자녀의 과학 교사들과 함께 경시대회 준비를 하라.** 심지어 대회의 존재조차 모르는 교사들에게 알려줘야 한다. 직접 경시대회 사이트를 찾아서 시험 일정을 확인하라.

Secret 130 상급생들과 함께 경시대회 시험을 보는 것은 어린 학생들에게 좋은 경험이 된다. 만약 여러분의 중학생 자녀가 11학년이나 12학년 때 경시대회를 나갈지도 모른다는 생각이 들면, 비록 0점을 받더라도 9학년 때 시작을 하도록 하고 학습 속도, 준비물과 문제 유형 등에 대해서 알려주라. 자녀가 11학년이 되면 시험이 익숙하고 편하게 느껴질 것이고 입상 가능성은 시험을 처음 접하는 다른 11학년 학생들보다 훨씬 더 높을 것이다. 자녀가 8학년 또는 9학년일 때 지난 대회 문제집을 살펴보고, 각종 자료, 학습지침서, 학원 수강이나 과외가 경시대회에서 자녀의 입상 가능성을 높일 수 있는지 스스로에게 물어보라. 경시대회 준비에 대한 자세한 내용은 아래를 참조하라.

경시대회 공부

Secret 131 학부모들이 주의할 점은 경시대회는 준비하지 않은 원래의 능력을 보려는 것이 아니라는 점이다. 그들이 알고 싶은 것은 학생들이 1년 동안의 학습으로 교육 과정을 완벽하게 마칠 수 있는 능력을 가지고 있는지 여부이다. 자녀가 시간을 현명하게 활용하는지 확인하라. 이것이 모든 차이를 만든다. 그렇다. 입상하기 위해서는 극도로 긍정적인 사람이 될 필요가 있다. 그러나 입상한 학생들의 학부모들은 "엄청난 비밀"이 단순히 다른 학생들보다 더 많은 시간을 학습에 할애한 것에 있다고 말한다(수개월 동안 계속해서 하루에 4시간씩). 고등학교 교과서 공부만으로는 경시대회 입상에 충분하지 않다.

Secret 132 일부 국가 경시대회 운영위원회는 소정의 비용을 받고 전략집이나 과거 대회 문제풀이집을 판매한다. 이 책들은 소개되거나 광고되지 않으며, 입상자들은 어떤 책으로 공부했는지 말하지 않는다. 그러나 경시대회 입상자들의 부모들은 자녀들이 이런 책들에 큰 비중을 두었다고 얘기한다. 이 책들 중 일부는 대회 주최자가 판매하기도 한다. 관심 있는 경시대회 웹사이트를 방문하여 연락처 정보를 확인하면, 연습 문제집을 구할 수도 있다.

조언하고 싶은 것은 처음에 책 몇 권만 사보라는 것이다(자녀가 8학년 또는 9학년

일 때). 그리고 자녀에게 그것을 읽어보도록 권하라. 최악의 경우, 도전적인 수학 및 과학 문제집을 가지게 되는 데 그칠 것이다. 하지만 어쩌면 여러분의 자녀는 친구들이 과거 수년 동안 풀 수 있었던 문제들에 흥미를 느끼고 경시대회 출전을 위한 공부를 다짐하게 될 수도 있다. 발군의 젊은 과학자가 되는 길로 들어서는 것이다.

Secret 133 **자녀와 함께 공부하라.** 자신을 투자하라. 사람들이 뭐라고 하든 자녀를 위한 인생을 살아야 한다. 입상자들의 부모들은 경시대회 준비를 재미있는 가족 활동으로 만들었다고 말한다. 나는 아직까지 부모의 강력한 지원과 추가적인 훈련 없이 경시대회 입상에 성공한 학생을 본 적이 없다.

{ 개별 경시대회 정보 }

물리 경시대회

Secret 134 **미국 물리 대표팀은 주로 수학 경시대회 팀과 기타 수학 상위 학생들로 채워지므로 자녀가 물리에 꿈을 두고 있다면 조기에 수학을 집중적으로 공부해야 한다.** 물리 대표팀은 그 자체로도 이미 최고이지만, 대표팀 중에서도 최고의 팀으로 간주된다.

화학 경시대회

Secret 135 **주의: 화학 경시대회에 나가겠다고 대학 화학 과정을 두 개 넘게 시키지 말 것**. 두 개를 초과하여 대학 화학 과정을 수강한 고등학생은 경시대회 출전 자격이 없다.(AP 화학은 대학 과정으로 간주되지 않는다.) 자녀가 화학 팀 합류를 원한다면, 최대 두 개 과정까지 가능하다. 화학 입문, 유기화학, 화학 실험 중 두 개를 선택하라.

또한, 학생은 화학 경시대회 연습 시험을 많이 치러야 하며 중요한 화학 공식들을 암기해야 한다. 입상자들 어머니와 인터뷰를 해보면 전미 화학 경시대회에서 두각을 나타내는 두 가지 유형의 학생들을 발견할 수 있는데, 첫째는 화학 교수의 자녀들이고, 둘째는 수학 성적이 좋고 윤리성이 강한 학생들이다.

컴퓨터 경시대회

"컴퓨터 경시대회가 가장 쉽지 않을까요? 우리 아이는 밤낮으로 컴퓨터를 붙들고 살아요. 그게 실습 아닐까요?" 부모들이 종종 묻는 말이다.

부모들이 이해하지 못하는 것은 실제 컴퓨터 프로그래밍은 전자 메일, 웹 검색, 비디오 게임, 심지어 웹 디자인 같은 일반적인 것이 아니고 수학의 정교한 지식을 기반으로 한다는 것이다.

학부모들이 알아야 할 점은 오늘날의 대학 지원자들이 컴퓨터를 매우 잘 사용하고 있다는 사실이다. 타이핑, 도표 만들기, 인터넷 검색과 같은 일반적인 컴퓨터 역량이 있다고 가정해야 한다. 대량의 대학 지원서가 전자 접수되고 있다. 그리고 지원자 대부분의 컴퓨터 기술은 학부모들보다 뛰어나다. 그렇다고 이들이 컴퓨터 능력자는 아니다.

Secret 136 **전미 컴퓨터 경시대회 팀을 구성하는 것은 진짜 컴퓨터 귀재인 소수의 학생들이다.** 컴퓨터를 좋아하는 자녀라면 최소한 집에서 온라인 시험을 치르게 하라. 그 과정에서 자녀는 고등학교에서 가르치지 않는 많은 컴퓨터 지식을 습득하게 된다. 전미 컴퓨터 경시대회 팀을 만들기 위해 애쓰는 학생들은 학교 수학 팀과 컴퓨터 팀의 정회원일 가능성이 높다는 것에 주목하라.

자녀가 컴퓨터 과학 분야의 경쟁자가 되기 위해서는 어떻게 경력을 쌓고 정교한 지식 기반을 얻어야 할까?

Secret 137 　**조기에 시작하고, 컴퓨터뿐만 아니라 수학도 속성 과정을 밟을 수 있도록 하라.** 중학교 때 몇 개의 입문 프로그래밍 과정(학교마다 과목명이 다르겠지만 대개 컴퓨터 과학 1, 컴퓨터 과학 2, 프로그래밍 입문, 중급 프로그래밍 같은)을 수강하여 9학년 때 AP 컴퓨터 과학을 듣도록 하라. 자녀가 관심을 보이면 즉시 프로그래밍을 배우도록 해주라.

Secret 138 　**프로그래밍에 관심이 있는 어린이들을 위해 컴퓨터 과학에 관한 어스본(Usborne)의 책들을 알려주라.** 이 회사는 수년 동안 텍스트와 함께 컬러 만화 형식으로 초등학생들에게 복잡한 컴퓨터 과학을 설명해 주는 책을 출간해 온 몇 안 되는 회사 중 하나다. 질리언 도허티 원작의 『101 Things to Do on the Internet』과 『101 Things to Do with Your Computer』라는 제목의 책들이 있다. 어스본에서 나온 책들에는 『Build Your Own Web Site』와 『Computer Dictionary and Computer Graphics』 등도 있다. 여러분은 아주 어린 아이들도 프로그래밍을 할 수 있다는 것에 놀랄 것이다. 자녀가 이미 고등학교에 다니고 있고 컴퓨터 지식을 향상시키고자 한다면, 어스본 책으로 시작하라. 그러다 보면 나이에 맞는 책들로 빨리 넘어갈 것이다.

Secret 139 　**자녀의 컴퓨터 과학 경력을 위해 과외 과정을 찾아라.** 고등학교 과정은 제한적인 경향이 있으므로, 근처에 어떤 과정들이 있는지 지역 대학에 문의하는 것이 좋다. 또한 (2장에서 설명한) 영재 과정들과 십 대를 위한 지역 (주말) 컴퓨터 학교들을 알아보라. 예를 들어, 영재 과정들 중 존스홉킨스 CTY는 7학년 이상을 대상으로 3주 과정의 Fundamentals of Computer Science, Theory of Computation, Data Structures and Algorithms 과정을 제공한다. 듀크 TIP는 9학년 이상을 대상으로 컴퓨터 프로그래밍 1과 자바 프로그래밍 과정을 제공한다. 영재 과정과 지역 사설 컴퓨터 학교 외에 단기 집중적인 컴퓨터 캠프를 고려해 보라. 100개가 넘는 종합대학 캠퍼스가 연계된 대규모 컴퓨터 캠프로는 iD 테크 캠프(www.internaldrive.com)와 사이버캠프 (http://cybercamps.com/index.aspx)가 운영되고 있다. 자녀가 프로그래밍을 수준급으로 배우고 싶어 한다면 일반적인 캠프나 위의 두 캠프는 피하는 게 낫다. 이들은 그다지 높은 수준이 아니다.

Secret 140 **여러분의 자녀가 8학년인 경우, 고등학교에 AP 컴퓨터 과학 과정이 있는지 찾아보고, 없다면 과정을 시작하고 이끌어갈 수 있도록 도와주라.** 이를 위해 학교 예산권이 있는 교육위원회나 개인(재무담당)에게 새로운 과정에 대한 제안을 해야 한다. 새 교육과정 제안서에는 새로운 과정으로 인한 예상 수혜 학생 수, 필요 교사 수, 그 과정을 성공적으로 제공하는 근처 학교나 학군, 일반 사항(다른 학교 내용 참조), 필요 장비와 시설 등이 포함되어야 한다.

여러분의 자녀에게 그 과정이 필요할 때 이미 만들어져 있어야 한다. 중학교에 다니면서 고등학교 컴퓨터 과정을 수강할 수도 있다. 서두를 필요가 있을까? 어떤 학부모들은 이상하게 생각할 수도 있다. 이 아이디어는 가능한 한 일찍 가능한 한 많은 컴퓨터 프로그래밍 지식을 얻음으로 해서 고등학생이 되었을 때 전국 컴퓨터 경시대회에 나갈 수 있는 자격을 갖추는 데 있다. 고등학교 컴퓨터 과정에서 최상위 점수를 받았다고 해도 "고등학교 수준"에 머물러 있는 학생들은 최고 수준의 컴퓨터 경시대회 참가 자격이 되지 않는다. 조기 교육의 목적은 고등학교 기간 동안 경시대회에 참가할 수 있는 기간을 최대화하고 기술을 완벽하게 하여 고학년 때 진정한 실력자가 되게 하려는 것이다.

Secret 141 **만약 자녀의 고등학교에 컴퓨터 클럽이나 팀이 없다면 가능한 한 빨리, 자녀가 입학하기 전에 개설에 착수하라.** ACSL(*American Computer Science League*)을 포함한 전미 경시대회에 참가하기 위해서는 컴퓨터 팀이 있어야 한다. (*200개가 넘는 미국과 캐나다의 학교 팀들, 일본과 유럽의 몇 개 팀들이 ACSL에 참가한다. 교내 예선이 끝나면 이긴 팀이 학교 대표로 매년 다른 장소에서 개최되는 전미 대회에 초청된다. 학교 팀의 ACSL 참가에 대해 자세히 알아보려면 웹사이트를 참고하라. www.acsl.org .*)

과학을 좋아하는 학생들은 경시대회 경로를 더 선호하는데, 아마도 연구의 길과는 달리 초기 예선에 참가 후 방학 전체를 연구실에서 보내거나 장기간 어딘가에 처박혀 있어야 할 필요가 없기 때문일지 모른다. (당연히 입상하고자 하는 학생들에게는 공부가 필수다.) 그러나 발명이나 창의적인 연구, 질병 치료법 발견 등의 큰 목표가 있는 학생들에게는 연구 쪽으로 나가는 것이 훨씬 보람을 느끼게 해준다.

자녀가 과학 연구에 성공하기 위해서 학부모가 할 일은 시간 투자와 많은 수고이다. 7장에서는 여러분이 이 흥미진진한 경로를 자녀들이 밟아가기 시작하고 가속하는 데 필요한 정보를 제공할 것이다.

제7장

과학과 공학, 2부
연구 노선을 달리는 발명가와 연구자 지망생

"**11**학년 전 방학에도, 12학년 전 방학에도 연구를 해야 해요." 학부모 교사 간담회에 앞서, 외국 출신 학부모가 다른 학부모에게 속삭였다.
"연구라고요? 대학에서 주관하는 방학 과정을 계획하고 있는데요?" 미국 학부모가 물었다.
"아뇨, 우리나라에 있을 때 들었는데, 미국에서 자녀가 과학이나 의학 전공을 원한다면 11학년과 12학년에 올라가기 전 방학 때 전문적인 실험실에서 연구 인턴십을 하게 하라고 했어요."
"그래요? 여기 오기 전에 그걸 알았다고요?" 미국 학부모가 물었다.
"그게 미국 과학 족보예요." 외국 출신의 학부모가 미국 태생의 미국 교육을 받은 미국 학부모에게 자랑스럽게 조언을 하고, 다른 외국 출신 학부모 역시 확신에 찬 표정으로 고개를 끄덕였다.
"미국에는 족보가 없어요. 미국인들은 그런 거 믿지 않아요." 미국 학부모가 말했다.
"여기에서는 아무도 정보를 공유하지 않아요. 11학년 올라가기 전 방학 때 연구를 해야 해요." 외국 출신 학부모가 웃으며 말했다.
시간이 지나면서 미국 학부모는 외국 출신 학부모가 옳았다는 것을 깨닫게 되었다.

Secret 142 과학 연구에 관심이 있고, "과학 영재"로 명문 대학에 입학하려는 학생은 11학년과 12학년 전 방학 동안 연구를 하는 것이 중요하다. 여러분의 자녀가 정말로 명문대 입학을 원하는가? 그렇다면 특허를 출원하거나 전문 학술지에 논문을 게재하도록 용기를 주라. 경시대회에서 입상하지 못하더라도 특허나 논문이 있다면 자신이 원하는 대학의 문을 열 수 있다. 물론 최고의 경시대회에 입상하는 것도 마찬가지이다.

외부인들의 상상과 달리 과학 연구의 길은 흥미진진하다. 구닥다리 과학을 요약하는 것이 아니라 새로운 과학을 창조하는 것이다. 학생들은 과학과 공학이 아직 풀지 못한 문제에서 출발하여 그들만의 독창적인 해결책들을 찾는다. (지식의 탐구는 때로는 실험실에서, 때로는 현장에서, 또는 컴퓨터에서, 또는 바닷속에서, 또는 천문대에서 이루어진다.) 학생들은 연구를 하고 결과를 학술지 스타일의 논문으로 정리하여 과학 공모전에 제출한다. 결선 진출자들은 과학전에 초대되어 포스터 전시를 통해 발표할 수 있게 된다. 명심해야 할 점은 이것이, 발표 전날 저녁에 책을 열심히 조사하여 이미 알려진 교과서적 과학 현상을 예쁜 전시물로 발표하는 초등학교 과학 축제가 아니라는 점이다. 여러분의 연구에 대한 이미지가 조용한 도서관에 앉아서 책을 읽고 또 읽거나 인터넷에서 자료들을 수집하여 이것들을 자신의 스타일로 모아서 정리하는 것이라면, 그런 고리타분한 생각은 잊어야 한다. 과학 연구 공모전들이 정말로 원하는 것은 학생들이 자신들의 흥미를 끄는 현상에 대해 창의적인 연구를 하도록 격려하는 것이다. (시간여행은 가능한 일일까? 곤충들의 치유 현상들이 인간의 질병 치료에 유용할까? 우리 은하계의 다른 행성들에 생명체가 있을까? 컴퓨터 칩을 이용하여 인간의 기억력을 향상시킬 수 있을까?) 연구 트랙을 가는 학생들의 실험들은 일반적으로 과학자들의 감독 아래 실험실, 관측소 또는 현장에서 공식 연구 프로그램의 일환으로, 또는 연구소와 개별적인 연락을 통해 수행된다. 이 장에서는 여러분의 자녀가 공식 연구 프로그램과 개별 연구소 모두에서 최고의 연구 기회를 찾고 11학년 이전에 제대로 된 경력을 쌓을 수 있도록 도와줄 것이다. 그래서 마침내 여러분의 자녀는 11학년 올라가기 전 방학이 시작되기 전에 선망하는 연구소에서 일할 기회를 가지게 될 것이다.

Secret 143   **자녀가 8학년이나 9학년에 있을 때 "대어"급 연구 및 발명 공모전에 익숙해 지도록 하라.** 온라인에서 찾아보고, 자녀가 영감을 얻을 수 있는 것이 필요하다. 여러분은 자녀가 시작하기 몇 년 전부터 기준을 알고 있어야 한다. 가장 권위 있는 공모전으로는 인텔 과학영재 발굴 대회(Intel Science Talent Search), 지멘스 수학·과학·공학 공모전(Siemens Competition in Math, Science and Technology), 국제 과학 기술전(ISEF), 청소년 과학 인문학 심포지엄(the Junior Science and Humanities Symposium), 노벨 물리학상 첫걸음(First Step to the Nobel Prize in Physics), 노벨 화학상 첫걸음(First Step to the Nobel Prize in Chemistry), 미국의 젊은 발명가를 위한 내셔널 갤러리(National Gallery for America's Young Inventors), 미국 신경학회 경연대회(American Academy of Neurology Competition), 데이비슨 인스티튜트(Davidson Institute) 장학상이 있다. 이에 더하여, 대형 과학 공모전에서 입상하는 것 또는 그 이상으로 대학들에게 인상적인 권위 있는 소수 정예의 연구 프로그램들이 있다. 가장 권위 있기로는 MIT와 보스턴 지역 기관에서 열리는 RSI(Research Science Institute), 오하이(Ojai), 소코로(Socorro), MITES(Minority Introduction to Engineering and Science Program), MIT 여성 기술 프로그램(MIT Women's Technology Program), 여러 주에서 시행하고 있는 주지사 장학생(Governors' Schools) 프로그램, 천체 우주 물리공학 센터(Center for Astrophysics), CASPER(Space Physics and Engineering Research)가 있다. 이 공모전들과 프로그램들에 대한 정보가 이 장에 있다.

Secret 144   **자녀가 8학년이나 9학년에 있을 때 지역 과학전에 데려가기 시작하라.** 이것은 여러분과 자녀가 하루의 일과 수업을 빼먹고서라도 가야 하는, 눈을 뜨게 해줄 기본적인 일탈이다. (대부분의 고등학교 과학제는 평일에 열린다.) 자녀가 산에 오를 마음을 먹으려면 먼저 산 정상을 봐야 한다. 학교 과학 교사에게 특정 기간 동안의 공모전들을 물어보거나 온라인으로 특정 공모전을 찾아보라. 예를 들어 가장 가까운 국제 과학 기술전의 지역 과학전을 찾으려면 www.sciserv.org를 방문하여 "Find a Fair"로 검색하라. 여러분이 거주하는 주(또는 국가)를 지정하면, 가장 가까운 지역 과학전 장소와 날짜 목록이 보일 것이다.

지역 과학전에 방문할 때는 먼저 비슷한 관심사를 가진 11학년, 12학년 학생들이 성취할 수 있는 것에 집중하라. 발표 학생들을 만나볼 수 있다면 어느 연구소에서 연구했는지 물어보고 메모하라. 그들을 선택한 연구소 중 일부는 미래에 여러분의 자녀에게도 관심을 가질 수 있다. 포스터 세션(학생들이 자신들의 연구 결과를 포스터로 전시하고 옆에 서서 질문에 답변하는 세션—옮긴이)에서 여러분이 심사위원이 아닌 방문객이라고 밝히고 발표자와 면담을 하라. 예를 들어, 일했던 연구소를 얼마나 좋아하는지 물어보라. 여러분 자녀의 연구 조사에 조언을 해줄 수 있는지 물어보라. 최종학년 학생들이 가장 도움이 될 것이다. 고등학생 공모전들이 끝나는 시기이기 때문에 저학년 학생에게 비밀을 알려주어도 손해가 없기 때문이다.

또한 포스터 전시 자체를 확인하라. 좋은 시각적 표현을 구성하는 요소와 약한 요소에 대한 아이디어를 얻어라. 혼자 다니는 게 허용된다면, 여러분의 자녀가 여기저기 돌아보도록 독려하라. 자녀가 특별히 관심을 가질 만한 프로젝트의 포스터 보드들을 보여주라.

연구 기초

과학전에 처음 방문하는 사람들은 믿기지 않는 중얼거림을 들을 수 있다. "이건 고등학생들이 한 연구가 아니야. 누가 대신 해준 게 분명해." 공모전에 따라 차이가 있겠지만, 프로젝트는 매우 인상적이며 심지어 무시무시하기까지 하다. 멍하니 별 생각이 없던 성인들은 전심전력으로 심혈을 기울인 고등학생들의 작품에 충격을 받고 경탄하게 된다.

Secret 145 **심사위원들은 이전 입상자를 선호하는 경향이 있다. 이런 이유로 조기 참가는 전국 과학 공모전에서 중요한 이점이 되는 경향이 있다.** 과학 분야에 열성적인 학생들은 보통 8학년이 끝나는 방학에 연구를 시작하여 9학년 또는 10학년 때 공모전에 출품한다. 그리고 많은 공모전 신청서는 이전 다른 과학 공모전 입상 경력을 묻는다. 자녀가 연구에 더 많은 시간을 할애할수록 다른 대회에서 입상할 확률이 높아지고, 이로 인해 여러분의 자녀는 심사위원들이 선정하는 더 나은 입상 후보가 된다. 명심할 것은 11학년 올라가기 전 여름방학이 주요 공모전에서 입상할 수 있는 마지막 시작점이라는 점이다.

고등학교 최종학년과 그 전해 여름방학을 이용해 유사한, 또는 전혀 무관한 두 프로젝트를 수행하는 데 전념할 수 있다. 중요한 것은 학생이 11학년이 되기 전에 초기 연구 경험을 쌓아 두었어야 그 연도에 결과물들을 발표하는 경험을 얻을 수 있다는 것이다.

과학 연구에서 해야 할 일들

학생은 연구를 하는 동안 다음과 같은 일들을 모두 해야 한다.
1. 전문가 실험실에서 일정 기간 동안 과학 실험이나 조사 업무를 하거나 방학 동안 엔지니어링 프로젝트 발명하기
2. 실험 노트 보관
3. 연구 결과로 과학 학술지 스타일의 논문 쓰기
4. 연구 결과를 보여주는 매력적인 포스터 보드 만들기
5. 복수의 과학 연구 공모전에 참가하기

Secret 146 여러분의 자녀가 공모전에 관심이 있다면, 매년 한 개의 프로젝트만 완성하면 된다. 그런 다음 같은 프로젝트를 다른, 또는 경쟁 회사들에서 주최하는 여러 개의 공모전에 출품할 수 있다. 처음 참가하는 사람들은 일반적으로 자녀가 각각의 공모전에 새로운 프로젝트를 출품해야 한다고 생각하기 때문에 과제에 압박감을 느낄 수 있다. 그들은 같은 프로젝트를 여러 공모전에 제출하는 것이 부정 행위라고 우려하지만 그건 그렇지 않다. 여러분은 한 해에 열리는 모든 대회에 동일 프로젝트로 다시 참가할 수 있다. 그러나 참가 학생은 반드시 매년 새 프로젝트를 만들어야 한다. 여러분의 자녀는 작년에 출품한 프로젝트로 내년 공모전에 다시 참가할 수 없다. 또한 팀 프로젝트로 출품한 것을 다른 대회의 개인 프로젝트로 출품할 수 없다. 한 개의 프로젝트는 팀으로만 또는 개인으로만 출품해

야 한다.

Secret 147 **대부분의 과학 연구 공모전 입상자는 학교가 아닌 전문 연구소 또는 현장 연구 기관에서 여름방학 동안 연구를 수행한다.** 학생들은 연구소에서 기회를 얻기 위해 일반적으로 공식적인 여름 연구 프로그램에 신청하거나 연구소 과학자들에게 직접 문의한다. 이러한 기회를 확보하는 방법에 대한 자세한 내용은 아래와 같다.

연구소에서 프로젝트를 시작한 후 만약 프로젝트의 특정 분야에 도움을 줄 교사가 있다면, 그리고 매우 드물지만 학교에 필요한 시설과 기구들이 있다면 학기 중에 학교에서 계속해 나갈 수 있다. 그런 경우가 정말로 드물기는 하나 그렇다고 학교가 열악해서 그런 건 아니다. 예를 들어, 여러분 자녀가 몰두할 연구가 벨루가고래의 언어라고 상상해 보라. 자녀가 다니는 고등학교에는 아마도 벨루가고래가 있을 수 있는 수조가 없을 것이고, 학교가 아무리 좋다고 해도 수중녹음기나 고래 언어의 전문성을 지닌 생물 교사가 있지는 않을 것이다. 이런 이유로 많은 학생들은 학기 중에도 연구를 계속할 수 있도록 집에서 쉽게 다닐 수 있는 연구소에서 연구하는 편을 선호한다. 그러나 때로는 멀리 있는 곳에서 더 나은 기회가 발견되기도 한다. 여러분이 자녀의 출퇴근을 감당할 수 있다면, 편한 것보다는 더 관심 있는 것을 택하는 것이 가장 좋은 기회가 될 것이다.

Secret 148 **집에서 연구를 하는 학생은 극소수이다.** 위에서 언급한 것과 마찬가지로, 간단하게 말해서 대부분의 사람들은 학생들의 프로젝트에 필요한 첨단 기술 장비를 갖추고 있지 않다. (가끔씩은 집에서 한 연구로 입상을 한다. 예를 들면, 정원에서 개미 공동체를 관찰하거나, 병원성 모기가 지역적 위협에 미치는 요소를 연구하거나, 새로운 종류의 현미경을 개발하거나, 새로운 식물의 침입이 지역 식생에 미치는 영향을 측정하는 것 등이다. 그렇지만 이런 프로젝트들은 소수일 뿐이다. 그리고 집에서의 연구 프로젝트 중 괜찮은 것들은 적어도 부모 중 한 명이 과학자나 엔지니어로서 관리 감독을 한 경우들이다.)

Secret 149 고등학교에 올라가기 전과 그 다음 여름방학이 인턴십에 필요한 추가 지식(고등학교 커리큘럼 이상)을 습득할 가장 중요한 시기이다. 여러분의 자녀가 파킨슨병에 대한 연구를 수행하고자 하는 연구소에서 생물학 기초를 배우거나, 지역의 수질 오염 물질 실험을 하는 연구소에서 화학 기초를 배울 것이라고 기대하지 마라. 학생들은 여름방학 연구 인턴십을 신청하기 전에 이러한 주제들을 마스터해야 한다. 사실, 연구소 인턴십을 획득하기 위해서 여러분의 자녀는 특정 연구소에 의미 있는 방식으로 기여할 수 있는 과학 과정, 경험 및 지식에 대한 충분한 기록이 담긴 이력서를 제출해야 한다. 그런 이력서를 작성하려면 고등학교 입학과 동시에 철저한 사전 계획 아래 시간을 투자해야 한다.

Secret 150 여러분의 자녀가 과학 경력을 확보하기 위해서는 가급적 중학교와 고등학교 초기 방학과 학기 중에 수준 이상의 심화 과정을 이수하도록 자녀를 격려하라. 월반은 대형 과학 공모전에 참여하려는 학생들에게 가장 유익한 방법이다. 더 많은 과학 경력을 가진 아이들일수록 원하는 인턴십을 따낼 가능성이 더 크다. 자녀가 제대로 연구를 해보려면 이 여름방학 과정들은 고등학교 최종학년이나 그 전 학년 올라가기 전 여름방학까지 다 마쳐야 하는 것임을 이해하라. 여러분의 자녀는 빡빡한 여름방학 스케줄을 맞이할 것이다.

만약 여러분의 "대기만성형" 자녀가 11학년이 끝날 때까지 과학에 관심이 없다면 어떻까? 그래도 대학에서 과학을 전공할 수야 있겠지만, 주요 과학 연구 공모전에서 입상하기에는 너무 늦었다. 일부 지역 과학 공모전은 완벽한 초보자가 접근하기 쉽고 참가가 가능하다. 그러나 일반적으로 주요 공모전에서 입상하려면 수년간의 실적이 필요하니, 여러분의 자녀가 가급적 조기에 과학 공모전에 참가하게 하라. 처음에는 입상할 확률이 적지만 이런 경험들을 통해 자신의 과학적 아이디어를 형상화하고, 낯선 사람에게 발표하고, 전체 프로젝트를 운영하고, 포스터 전시를 디자인하고, 연구 논문을 작성하게 되는 것이다.

만약 지역 공모전에서 고등학교 저학년 학생을 제외하는 경우, 다른 공모전들을 찾아보라. 어딘가에는 있을 것이다. 만약 과학 교사가 아무것도 모른다면 공모전에 참가하는 근처 다른 학교 학생들에게 물어보라.

Secret 151 공모전들과 연구 기회를 찾을 때 자녀 학교의 과학 교사에게만 전적으로 의지하지 마라. 일부 학교에서는 과학 교사가 해당 학교에서 참여할 수 있는 학생 수를 제한하는 문지기 역할을 한다. (일부 공모전들의 경우, 학교에서 학생 수에 따라 참가비를 내야 해서 너무 많은 참가자를 허용하기를 꺼린다. 또 다른 공모전들은 학교마다 참가 학생 수를 제한하는데, 이렇게 되면 학교는 가급적 상급생들을 내보내려 한다.) 일부 학교들은 학생들이 참가 자격을 얻으려면 추가로 어떠어떠한 과학 연구 과정들에 등록해야 한다는 식의 임의 규정을 두기도 한다(고등학교 연구 과정에 대한 자세한 내용은 아래 내용 참조). 이것은 학교에서 충분히 듣지 못한 수업을 보충해 듣는 데 도움이 될 수는 있지만, 과학에 뜻을 둔 학생들에게는 도움이 되지 않는다. 인터넷을 검색하여 자녀의 관심 분야에 관련된 다른 공모전들을 찾아보라. 예컨대 'science contest' 또는 'astronomy competition'를 구글링하거나 www.cogito.org를 방문해 보라. 그리고 공모전에 출전하기 위해서 여러분의 자녀가 학교에 의존해야 한다고 가정하지 마라.

교내 연구 프로그램들

공립이든 사립이든 수천 개의 미국 고등학교들이 과학 연구 과정들을 제공하고, 그 수는 꾸준히 증가하고 있다. 수년 전, 매우 배타적인 사립학교들과 공립학교들은 마치 그들이 엘리트라서 수준 낮은 부류와 경쟁할 수 없다는 듯이 공모전들로부터 멀리 떨어져 있었다. 그러나 점차적으로 상위 과학 연구 공모전들에 참가하는 엘리트 학교들의 수가 증가했고, 최근 인텔 과학영재 발굴 대회의 준결승에는 필립스 엑스터, 채핀, 시드웰, 더럼, 필립스 앤도버와 같은 명문 사립학교의 학생들이 포함되어 있었다.

여러분 자녀의 학교에는 과학 연구 과정이 있는가? 그렇지 않다면, 여러분의 8학년 또는 9학년 자녀가 과학이나 사회과학 연구에 심취한 경우 과정들이 만들어지도록 하는 것이 좋다. 교내 과정들은 학생들에게 연구 프로젝트를 제공하지 않지만, 학생들의 연구를 용이하게 해준다. 즉, 연구 주제들을 소개하고 실험 기법, 학술지 논문 작성법과 발표 기술을 가르쳐준다. 더 나은 교내 과정들은 학생들의 관심사에 따른 교외 인턴십들을 찾는 것을 도와준다.

만약 여러분이 과학 연구 과정을 추진한다면 어떤 종류를 찾을지 알고 있어야 한다. 기본 유형에는 세 가지가 있다. (1) 연구 방법, (2) 발명과 발견, (3) 위 두 가지의 조합. 연구 방법 과정은 9학년 및 10학년에 입문하는 4년 과정으로 구성하여 학생들이 일반 실험 기법, 기본 통계 및 데이터 수집, 과학 논문 작성, 구두 발표 방법 및 포스터 전시 디자인을 배우도록 해야 한다. 이 과정의 목표는 학생들이 인턴십을 하게 되었을 때(11학년 또는 12학년 전 여름방학) 필요한 연구 방법들을 제공하고, 이를 통해 학생들이 전문 연구소 환경에서 능력을 발휘할 수 있도록 하는 것이다. 강조할 점은 저학년 학생들을 과학전에 데려가 고학년 학생들의 경쟁을 구경하도록 하라는 것이다.

이 과정의 가장 큰 단점은 학생들이 처음 2년 동안 독창적인 과학 연구를 거의 할 수 없다는 점이다. 이 과정의 연구들은 일반적으로 그룹의 일부 또는 수업으로 이루어진다. 따라서 학생은 자신만의 독창적인 연구를 하지도 않고 공모전에 참가하지도 않는 채 과정으로부터 떨어져 있게 된다. 이 방법은 일부 학생들에게는 효과적이지만 다른 많은 학생들에게는 효과적이지 않다. 과학 연구 목적의 전부인 독창적 발견의 기쁨을 놓치기 때문이다. 학생이 진정으로 연구에 관심이 있다면 2년, 심지어 1년이라도 독창적 연구를 하지 않고 보내기에는 너무 긴 시간이다. 또 다른 단점은 연구가 수업 프로젝트로만 수행될 때 각자가 관심 있는 연구 영역에 집중할 수 없다는 점이다. 컴퓨터 과학이 하고 싶은 학생이 화학 실험 기법을 배우면서 몇 달 동안 붙어 있거나 화학을 하고 싶어 하는 학생이 새로운 풍력 발전 장치를 만들게 된다.

두 번째 방법은 9학년과 10학년 학생들에게 발명과 발견에 초점을 맞춘 과정을 제공하는 것이다. (이 접근법을 지지하는 사람들은 개별적인 실험 기법들이 실험실마다 다른 경우가 많으니 컴퓨터 연구에 관심이 있는 학생이 피펫 사용법이나 특정 현미경이나 망원경 초점 맞추는 방법을 배울 이유는 없다고 주장한다.) 보다 공학 지향적인 이 두 번째 과정에서 학생들은 과학 잡지와 학술지를 검색하여 흥미를 유발할 만한 과학적 문제들을 찾는 것이 요구된다. 그다음 학생들은 그 문제들에 접근할 수 있는 장치들의 초안을 집이나 학교에서 제작하여 대부분 공학 분야에 속하는 결과를 과학 공모전에 발표한다. 이런 종류의 과정들이 일반적으로 학생들에게 더 환영받고 고무적이다. 학생들은 실제 참여를 함으로써 공모전 발표를 몸으로 배우게 된다. 어떤 경우에는 발명품에 대한 특허도 출원할 수 있다.

위 두 가지를 결합한 세 번째 접근 방식은 과학 연구 과정을 제공하지 않는 학교에서 추진하기에 가장 좋다. 여러분은 자녀가 자신의 과학적 관심사에 따라 발명하고 집중할 수 있기를 원하지만 동시에 학술 논문을 쓰고 결과물을 발표하는 데 대한 최고의 교육을 받게 하고 싶다. 이상적으로는 영어 교사와 학술지 전문가가 참여하여 좋은 논문 작성법에 대해 토의하고, 미술 교사는 포스터 전시에 대해 토의하고, 연설 교사는 학생들에게 청중들 앞에서 과학적 연구 결과를 발표하는 방법 등을 보여준다.

여러분 자녀의 학교에서 9학년과 10학년을 위해 어떤 유형의 과정을 제공하든, 대부분의 고등학교 과학 연구 과정들은 11학년과 12학년까지 여름방학 인턴십에서 돌아온 학생들을 지원(양식 작성, 과학 연구 논문 작성, 포스터 제작 및 발표 실습)하는 데 중점을 둔다. 일부 학교들에서는 이러한 상급 과정들을 위해 정기적으로 모임을 갖는 반면, 다른 학교들에서는 개별적으로 교내 연구 자문을 만난다. 단체 과정은 교사가 강한 경쟁심을 느낄 수 있는 학생들로부터 협력 정신을 구축하는 방법을 아는 경우에 좋은 결과가 나올 수 있다.

{ 여름방학 최대로 활용하기 }

새로운 해법을 발명하거나 치료법을 찾거나 과학에 새로운 기여를 염원하는 학생들을 위해서는 고등학교 기간 4번의 방학에다 8학년 이전의 방학까지 합하여 가능한 한 일찍 계획을 세워줘야 한다. 다음은 과학을 지향하는 학생들 중 다수가 성공하는 일반적인 성공 전략이다.(부록에서 의학, 공학, 법과학과 같은 분야별 방학 계획 목록을 확인하라.)

연구로 길을 잡은 학생을 위한 방학 계획
8학년 이전: 수학 또는 과학 과정 강화와 장려
방학 1: 수학 또는 과학 과정 강화와 장려

방학 2: 과학 강화 과정과 파트타임 연구과제
방학 3: 연구과제와 논문
방학 4: 연구과제와 논문

경시대회 경로를 탈 학생을 위한 방학 계획
8학년 이전: 수학과 과학 과정 강화
방학 1: 수학과 과학 과정 강화, 경시대회 온라인 과정
방학 2: 수학과 과학 과정 강화, 경시대회 온라인 과정과 훈련
방학 3: 대학 수학과 과학 학점과정, 경시대회 온라인 과정과 훈련
방학 4: 대학 수학과 과학 학점과정, 경시대회 온라인 과정과 훈련

연구 찾기

"아이가 고등학교 최종학년이 됐으면 일은 그만둬야 해요." 선배 과학 연구 학생의 어머니가 반쯤은 빈정대듯 말했다. "아이가 인텔과 지멘스에 나가기를 원한다면 그 서류 작업만으로도 부모에겐 정규직 일거리예요. 대학에 지원하기 전인데도 말이지요."

Secret 152 **신참 과학 지망생 학부모들이 일반적으로 생각하는 것과는 달리, 자녀가 입상할 수 있는 연구 프로젝트를 찾아주거나 실험실을 마련해 주는 것은 학교의 책임이 아니다. 그것은 부모의 몫이다.** 일부 과학 교사들은 학생들이 실험실 프로그램이나 개별 과학자들과 연락하는 데 도움을 준다. 그러나 설령 과학자는 아니더라도 궁극적으로는 학생들의 부모가 자녀들을 위한 연구 기회를 확보하는 데 가장 큰 역할을 하게 된다. 부모들이 연구소 연결을 도와주어야 비로소 연구소 과학자들이 학생이 독창적인 연구과제를 구현하는 데 도움을 준다.

학교들이 학부모들에게 이런 일을 해야 한다고 숙제를 내주는 것은 아니기 때문에 이런 것들에 대해 학교는 아예 말을 않는다. 여러분은 이것을 알아야 하지만,

대부분의 학부모가 알지 못한다.

자녀의 학교에 연구 담당 교사들이 있다면 부모들은 다음 사항들을 그들로부터 기대할 수 있다. (1) 자녀에 대한 격려, (2) 적절한 연구소를 어디에서 찾을 수 있을지에 대한 초기 제안, (3) 자녀가 작성한 학술지 형식의 논문 교정 및 연구 프로젝트와 논문을 보강할 방법 제안(자발적으로 해주실 경우), (4) 출전하기 적절한 공모전에 대한 조언, (5) 교사 추천서를 필요로 하는 공모전들과 대학들에 추천서 써주기, (6) 주목받는 포스터 전시 방법과 구두 발표 방법에 대한 조언. 이것은 어디까지나 학교에 연구 프로그램이 있는 경우에만 적용된다. 자녀의 학교에 연구 프로그램이 없다면, 여러분의 자녀는 아마도 위의 일들을 도와줄 수 있는 과학 교사에게 도움을 청해야겠지만, 연구의 세계는 나름대로의 전문 지식을 필요로 하기 때문에 교사의 지원이 원활하지 않을 가능성이 높다.

자녀의 학교에 연구 프로그램이 있는 경우, 연구 담당 교사로부터 기대해서 안 되는 것들은 다음과 같다. (1) 여러분 자녀를 위한 연구 아이디어 제시, (2) 여러분 자녀를 기꺼이 받아줄 완벽한 멘토나 연구소 소개, (3) 자녀의 연구 감독.

여러분의 자녀가 주요 공모전에서 주목받는 후보가 될 최상의 기회를 제공할 연구소를 확보하려는 학부모의 희망은 엄청난 압력이 되고 있다. 여러분은 여러분의 자녀가 주요 공모전에서 입상하면 대학 입학에 유리하다는 것을 알고 있다. 그러나 과학 연구에 관심이 있는 학생들의 학부모 대부분이 그렇듯, 여러분은 실제 과학 연구 현장에 가본 적이 없다. 여러분은 물론 의사나 치과 의사를, 그리고 어쩌면 기술자들을 알고 있을 수 있다. 그러나 여러분은 여러분 자녀를 과학 연구의 실제 세계로 이끌어줄 연구자는 만나본 일이 없을 가능성이 높다.

Secret 153 **어쨌든 가족의 친분 관계를 이용하여 연구소를 선택하는 것은 좋은 방법이 아니다.** 일견 부모가 연결해 주는 게 가장 쉬운 경로인 것처럼 보일지 모르나, 이런 건 항상 택할 수 있는 최선의 경로는 아니다. 예를 들어, 여러분의 자녀가 유전학에 빠져 있다면 아이를 물리연구소에 있는 사촌에게 보내기보다는 실제 유전학 연구 기회를 찾아야 한다. 여러분 자녀의 실험실 연구는 인맥보다는 자녀의 특별한 관심사로부터 비롯된 것이어야 한다.

과학자, 연구소 및 적합한 실험실을 어떻게 찾고 연락하는지에 대한 정보는 아래에서 확인할 수 있다.

자녀의 꿈과 함께하라

한 학부모가 조언을 구하기 위해 연락을 했다. 그분의 설명에 의하면 자녀는 기상학을 좋아했고 기회가 있을 때마다 기상 채널을 보았으며 토네이도, 허리케인, 엘니뇨와 같은 날씨 관련 현상에 대한 과학 연구를 열심히 했다. 그러나 학교 지구과학 교사는 기상학에 미래(돈)가 없고, 기껏해야 지구과학 교사나 날씨 예보 리포터밖에 할 게 없다며 자녀의 용기를 꺾었다. 낙담한 학부모는 "더 나은 과학 분야"를 추천받기를 원했다.

"자녀가 정말로 기상학을 좋아하고 관심이 크다면 기상학을 계속하게 하세요." 지구 온난화가 뉴스를 도배하고 있는 요즘 시대에, 기상학의 전망은 무궁무진하다. 자녀가 언젠가는 최고의 환경 변호사가 되어 연간 50만 달러를 벌 수도 있다. 미세먼지 호흡기병 전문의가 될 수도 있고, 다른 행성들의 날씨를 연구하는 우주 비행사가 될 수도 있다. 아니면 미국 연방 재난관리청이나 기상 재난 구호 기관의 대표가 될 수도 있다. 아니면 다른 나라에서는 유명해진 실내 스키장을 만드는 건축가 또는 개발자가 될 수도 있다. 기회들은 상상하는 만큼 커진다. "다른 이들의 근시안적 시각에 사로잡혀 과학을 하찮게 여기지 마세요."

입상 과제 찾기

여러분의 자녀가 관심 분야를 정하고 공모전에 참가하려면 그 전에 믿을 만한 특정 프로젝트가 필요하게 된다. 완벽한 프로젝트를 찾아야 한다는 압박감은 특히 고등학교 최종학년이 다가올수록 엄청나다. 때로는 적절한 연구소를 찾는 일이 학부모의 일이기에, 부모의 압박감이 자녀보다 더하다. 인텔 과학영재 발굴 대회와 같이 일부 권위 있는 공모전들은 고등학교 최종학년만 참가할 수 있기 때문에, 상위권의 과학 전공 학생들은 최종학년이 되기 전 여름방학을 위한 '확실한 한

방'(이 장의 뒷부분에서 다룰 예정이다.)이 있는 성공 프로젝트를 찾아 11학년 초에 혼신의 힘을 다한다.

Secret 154 **여러분의 자녀가 큰 꿈을 꾸게 하는 것이 가장 도움이 된다.** 첫 단계는 여러분의 자녀가 가장 흥미를 갖는 과학 분야를 찾고 세부 주제를 찾아 범위를 좁히는 것이다. 예를 들어, "나는 기상학에 관심이 많고 번개를 이용하는 연구를 하고 싶다." 또는 "나는 천문학을 선호하고 쌍둥이별 연구를 하고 싶다." 또는 "해양생물 연구소에서 일하면서 전기뱀장어의 교미 습성에 대해 연구하고 싶다."

자녀가 장기간 할 연구 프로젝트에 실제적으로 관심을 가지고 집중하는 것이 중요할까? 그렇다. 연구를 수행하거나 장기간의 프로젝트를 수행할 때 자녀가 프로젝트에 흥미를 보이지 않는다면, 장기적으로는 포기하거나, 에너지와 창의력이 심각하게 줄어들어 결과의 질과 시간을 활용하는 방식에 영향을 미칠 가능성이 크다. 이 프로젝트의 큰 목적이 자녀로 하여금 새로운 분야에 관심을 갖게 하는 것이라면, 나쁜 과제는 정반대의 효과를 가져올 수 있다.

Secret 155 **프로젝트 입상을 보장하는 "최고"의 분야는 없다.** "우리 애가 다른 분야를 하는 게 더 입상 가능성이 높지 않을까요?" 부모들은 종종 이렇게 묻는다.

작년 큰 공모전에서 입상한 학생이 한 게 물리 프로젝트였다 치자. 그 전해에도 최고상은 물리 프로젝트였다. 두 해 모두 2등은 의학이었다. 여러분의 자녀는 물리 관련 프로젝트를 해야 할까? 그게 의학과 관련된 것을 하는 것보다 더 낫게 보일까?

아니다. 자녀가 의학을 좋아한다면 의학을 추구하게 하라. 자녀가 자신의 연구에 대해 열광하고 열정을 보일수록 스스로 헌신해 입상 가능성이 높아진다. 적어도 과학을 좋아하는 법을 배운다. 기억하라. 여러분은 여러분의 자녀가 연구 경험에서 벗어나 과학을 좋아하고(이게 진정한 상이다!) 대학에서 과학을 잘하게 되기를 바란다. 그것이 심사위원들의 결정을 예상하는 것보다 더 중요하다.

또한, 학부모는 고등학교 과정에서 자녀가 관심 분야를 바꾸는 것이 비정상적인 것이 아님을 알아야 한다. 기상학에 열정을 가지고 9학년 때 날씨 연구를 수행했던 자녀가 10학년 때 재료과학, 11학년과 12학년 때 조직공학 프로젝트 같은 완전히 다른 분야로의 모험을 원할 수 있다. 이런 건 아무 문제가 없는 일이다.

> **Secret 156** 여러분 자녀의 관심 분야 선택을 도우려면 상상력을 넓히기 위해 SF 소설을 읽도록 격려하라. 흥미로운 가상 기술에 대해 이야기하고, 그 가상 기술을 현실 세계로 가져올 아이디어를 자녀와 함께 모색해 보라. 예를 들어, 자녀가 시간 여행을 연구하고 싶어 하는가? 다른 행성들의 생명을 탐구하고, 스타트렉에 나오는 순간이동 장치를 만들고, 고래의 언어를 해석하고, 야생 식물을 이용하여 신약을 만들고, 인간을 동결시킨 후 미래에 되살리고 싶어 하는가? 이 모두가 과학자들이 현재 연구하고 있는 과학 소설 주제다. 여러분의 자녀는 본인의 관심을 자극하고 열화와 같은 질문이 솟아나는 프로젝트를 선택해야 한다.

또한, 현재 진행되고 있는 연구에 대해 알고 관심이 가는 주제들을 발견하도록 《Science News》(www.sciencenews.org)와 《Scientific American》 같은 현실 과학계의 출판물들을 읽도록 격려하라.

여러분의 자녀가 아무 반응이 없다면, 다음과 같은 방법이 생각을 정리하고 관심사를 파악하는 데 도움이 될 수 있다.

자녀를 위한 지침: 무엇이든 연구할 수 있다면, 무엇을 연구하는 것이 가장 보람 있을까?

1. 암 완치법을 찾는 데 기여하겠다.
2. 새로운 세계무역센터나 뉴올리언스 도시 재생 또는 다른 주요 건설 프로젝트를 위한 혁신적인 디자인을 제공하겠다.
3. 수학자들을 당혹스럽게 만든 문제를 해결하겠다.
4. 로봇 디자인을 하겠다.
5. 굶주린 사람들을 위한 국제 식량 유통 체계를 설계하겠다.
6. 질병 완치 가능성을 열 복제 연구를 하겠다.
7. 생명을 구할 수 있는 저온학을 연구하겠다.
8. 브라질 정글로 약물 탐험을 떠나겠다.
9. 선천성 기형을 예방할 수 있는 유전자 치료법을 찾겠다.

10. 줄기세포 기술을 이용한 치료법을 찾겠다.
11. 인공 장기(심장, 폐 등)를 발명하여 특허를 받겠다.
12. 타임머신을 발명하겠다.
13. 교통 체계를 만들겠다.
14. 스타트렉에 나오는 것 같은 독창적인 순간이동 장치를 디자인하겠다.
15. 나노로봇을 발명하겠다.
16. 지진이나 쓰나미 경고 시스템을 개량하겠다.
17. 석유 대체 연료를 개발하겠다.
18. 인체 부위를 고치는 비침습적 수술 기계를 만들겠다.
19. 생물학적 무기 감시 및 탐지 시스템을 설계하겠다.
20. 로봇화된 의수, 의족을 설계하겠다.
21. 곤충 연구를 통하여 인체 재생 원리를 알아내겠다.
22. 보호복, 태양광 차단복, 방탄복을 만들겠다.
23. 기억력 향상용 이식 칩을 만들겠다.
24. 신체 이식형 통역 칩을 만들겠다.

Secret 157 **자녀가 얼마나 독립적인지와 관계없이, 선정된 주제들은 결국 가족의 헌신이 필요하다. 학부모들은 자녀가 선택한 주제를 지원해 주어야 하고, 이상적으로는 열정적으로 지원해야 한다.** 부모가 할 일은 운전기사, 심부름꾼(필요한 것이 얼마나 특이한가와 실험실에서 제공하는 것이 얼마나 적은가에 따라 장거리를 뛰어야 할 때도 많다.), 자녀의 결과물 전시 포스터 제작 돕기, 복잡한 기술 논문 편집 돕기(과학에 대해 몰라도 문법과 맞춤법은 도울 수 있다.), 대회 동행하기 등이다. 실험이 잘못되면 응원단도 되어야 한다. (누군가 우연히 암실 조명을 켜거나 실험용 접시에 있는 용액을 내다 버려서 처음부터 다시 해야 하는 일이 벌어졌을 때, 연구소의 과학자들이 자녀의 용기를 북돋워줄 것이라는 기대를 하지는 마라.)

Secret 158 **같은 학교 학생과 비슷한 프로젝트를 하는 것은 피하라.** 학교에 연구 자문이 있는 경우, 가능한 일찍 자녀가 무슨 연구를 하는지 얘기해서 그 주제에 대해 문제 제기를 하고 담당 교사가 해결사 역할을 하여 다른 학생이 동일하거나 유사한 연구를 하지 못하도록 하라. 과학 공모전에서 프로젝트들은 일반적으로 동일 분야의 다른 결과물들과 나란히 표시된다. 같은 학교 학생과 경쟁하지 않는 편이 낫다.

Secret 159 교사들이 해결사 역할을 하지 않는 매우 경쟁적이고 비밀스러운 학교에서는 여러분의 자녀에게 다른 학생들과 프로젝트에 대한 의논을 하지 않도록 주의를 주라. 남의 아이디어를 훔치는 일은 과학 공모전에서 비일비재하다. 그러나 좀 더 개방된 분위기의 학교에서는 연구 시작 전에 그룹이나 코스에서 프로젝트 아이디어를 상의할 필요가 있을 수도 있다. 이렇게 함으로써 베끼기를 피할 수 있다. 일단 아이디어가 공개되고 모든 사람이 누구의 아이디어라는 것을 알고 있으면 다른 학생이 들키지 않고 베끼기가 어렵다. 발언 시스템이 있으면 아이디어를 공개적으로 교환하라.

Secret 160 여러분의 자녀가 연구에 도움을 받기 위해 "친구들"을 끌어들이지 않도록 하라. 도와준 친구들은 성과도 나눠야 한다고 생각할 것이며, 그래서 독립적으로 수행되어야 할 프로젝트의 자격을 잃게 된다. 이런 문제로 우정이 깨지고 경시대회 입상과 과학 분야의 경력이 날아가는 것을 실제 본 바 있다.

여러분의 자녀가 성취하고자 하는 것이 무엇인지 감을 잡았다면, 이제 온라인에서 그런 종류의 연구를 하는 과학자들 및 기관들을 찾아야 할 순간이 왔다.

연구소 접촉하기

잘 짜인 연구 과정들이 때때로 도움이 될 수 있지만(특정 연구 과정들에 대해서는 뒷부분에서 다루겠다.), 입상 프로젝트를 위해 반드시 조직적이고 공식적인 여름방학 과정이 필요한 것은 아니다. 많은 정상급 입상자들이 정형화된 연구 과정 출신은 아니다.

Secret 161 여러분의 자녀가 특정 인턴십을 원할 경우, 일반적으로 사무실보다는 그 인턴십을 감독하거나 직접 연구를 수행하는 사람에게 직접 접촉하는 것이 낫다. 예컨대, 여러분의 자녀가 불가사리의 재생 연구를 희망하고 연구자가 메인주 해안에서 연구를 하고 있다면, 대학교 사무실에 연락할 것이 아니라 그 연구자에게 직접 연락하라. 마찬가지로 여러분의 자녀가 충수돌기의 해부학적 역할을 연구하고 싶다면 병원 사무실이 아니라 그 연구를 수행하고 있는 과학자에게 직접 연락해야 한다. 연구자의 행정관리자가 아닌 바로 그 연구자에게 직접 연락하는 것이 일반적 원칙이다.

많은 고등학생들이 정형화된 대학 연구 과정에 참가하는 동안, 다른 많은 학생들은 정형화된 과정과 관계 없이 특정 교수의 지도 아래 직접 연구를 하며 여름방학을 보내고 있다.

Secret 162 **대학교에서 주임교수에게 그들의 부서에서 이용할 수 있는 게 무엇인지 묻지 마라.** 그런 게 있거나 생기면, 그런 마음이 있는 주임교수라면 알려줄 것이다. 사실 주임교수로부터 그런 정보를 들을 순 없다. 왜냐하면 연구 과정 운영을 주임교수에게 공지하는 연구자들은 거의 없기 때문이다.

대신, 자녀가 자신의 관심사를 한층 구체적으로 집중시키도록 돕고 해당 주제를 연구하는 교수에게 직접 연락하라. 예를 들어, 여러분의 자녀가 동물학에 관심이 있다고 특정 분야를 정하지 않은 상태에서 대학교 동물학과 주임교수를 찾아가 어느 교수가 인턴을 구하는지 물어보지 마라. 그런 식으로 인턴을 찾는 사람은 없다. 대신에 돌고래, 타란튤라 거미 또는 얼룩말과 같이 관심 분야를 더 구체적으로 정의하도록 도와주라. 그다음 해당 주제를 연구 중인 교수를 찾아서 직접 문의하라. 어떤 교수도 자신의 관심 분야에 대해 아는 게 적은, 관심 동물도 정하지 못한 아이들에게 관심을 가지지 않는다. 예를 들어, 열대 지방의 뱀을 연구하는 전문가에게는 금붕어 연구에 만족하는 아이보다는 독사에 관심 있는 아이가 더 매력적으로 보인다. 모든 분야가 마찬가지이다.

Secret 163 **싱크탱크, 정부 연구소, 사립 연구소, 병원, 동물원, 수족관, 식물원 및 산업 연구소 같은 곳들에서 연구할 기회를 두려워하지 마라.** 이런 곳들에서 일하는 것은 자녀의 관심도에 따라 최첨단 정보와 가치 이상의 것을 배울 수 있는 기회일 수 있지만 학부모로서는 별도의 노력이 필요할 수 있다. 예를 들어, 싱크탱크나 병원에서 일할 경우 숙소 제공이 없기 때문에 별도로 도보 거리의 근처 대학에 전화를 걸어야 할 수도 있다.

Secret 164 **인턴 구인 광고를 보지 마라.** 온라인에서 자녀를 위한 기회를 검색할 때 웹페이지의 '고용'이니 '구인' 버튼을 클릭하지 마라. 다시 말하지만 검색에서 존스 박사가 흥미로운 전갈 연구를 하고 있다는 것을 발견하면 존스 박사에게 연락을 해야 한다. 해당 연구에 관심 있는 고등학생이 박사의 연구실에서 인턴으로 일할 수 있는지 물어보라. 그분은 아마도 어떤 경우에도 고등학생과 연구를 하지는 않는다고 얘기하거나 예산이 없다고 말할 것이다. 하지만 소개서를 보내 보라고 할 가능성도 있다.

> **{ 온라인을 이용한 대학의 연구 기회 검색법 }**
>
> 1. 대학교 홈페이지 찾기
> 2. 자녀의 관심 전공 찾기(예: 지질학, 로봇공학, 생체공학 등)
> 3. 교직원(Faculty) 클릭
> 4. 교수들의 경력(bio)을 클릭해 진행 중인 연구 내용 정독
> 5. 자녀의 관심사와 가장 맞는 교수에게 연락(그러기 위해서는 여러분의 자녀가 이미 그 연구 주제에 관계된 모든 기본 과정을 이수했어야 한다.)
> 6. 레주메 준비

Secret 165 **자녀의 레주메를 항상 컴퓨터에 업데이트하고 전자우편으로 보낼 준비를 하라.** 레주메에는 여러분의 자녀가 구하고자 하는 인턴십과 관련된 활동이 강조되어 있어야 한다. 전갈 연구에 지원하는 경우 소개서에 전갈과 관련된 활동이 있어야 한다. 지난번에 무지개 연구 인턴 과정을 지원할 때 사용했던 레주메를 그대로 보내서는 안 된다. 항상 새로 고쳐 보내라. 표준 작성 지침에 맞지 않더라도 관련 활동들을 굵게 강조하라.

Secret 166 일반적인 예상과는 달리, 학부모가 연락하여 지원 절차에 대해 문의하는 것이 가능하다. 학부모들은 얘기한다. "학생들이 직접 해야 하는 거 아닌가요?" "나 때는 이런 게 없었는데." 맞다. 그리고 일부 학생들은 주도적으로 한다. 그러나 현실적으로 고등학생들 대부분은 아무리 긍정적이더라도 편하게 첫 접촉을 하지 못한다. (그리고 공평하게 말하면 대부분의 학부모는 고등학생 때 첨단 연구소에서 인턴십을 받을 필요가 없었다.) 따라서 부모가 하지 않으면 종종 아무것도 되지 않는다. 젊은 세대를 돕겠다는 아이디어를 지지하는 연구자들은 일반적으로 첫 연락 시도에 부정적으로 반응하지 않는다. (연구실에 연락할 때 여러분의 자녀가 변변치 않다거나 숫기가 없다거나 하는 식의 말을 하며 죄송함을 표현해서는 안 된다는 점을 명심하라. 자녀의 체면을 떨어뜨리지 마라.)

Secret 167 여름방학 인턴십을 구할 때 인텔, 지멘스 또는 다른 공모전에 대해 언급하지 마라. 연구 과학자들은 모든 부모가 그렇듯이 아이들이 경쟁에서 이기기 위해서만 연구를 배워야 한다고 생각하지 않는다. 그들은 아이들이 진정으로 과정에 관심을 가지기를 원하고 최종 승리에만 지나치게 동기부여되지 않기를 바란다. 그들은 학생들이 연구의 본질적인 가치를 사랑하기를 원한다. 상을 언급하는 것만으로도, 자신의 연구소에서 인턴을 한 아이가 공모전에서 입상하지 못했다고 탓을 듣고 싶지는 않은 과학자는 불편한 압력을 느낄 수 있다. 또한 공모전 결과에 대해 종종 과학자 멘토들은 임의적으로 보기도 한다. (심사위원들은 간질 치료에 대한 연구를 한 아이보다 당뇨 치료에 기여하는 연구를 한 아이를 선발할 수 있다.)

대신, 여러분의 자녀가 독창적인 연구를 하여 여름방학이 끝날 때까지 연구소에서 수행한 연구를 기반으로 연구 논문을 작성할 수 있는 인턴십을 원한다는 것을 표현하라. "독창적인(original)"과 "단독(one's own)" 같은 말이 이때 사용해야 할 용어다. 일부 과학자들은 그들의 분야에서 여름방학 한 번으로는 의미 있는 연구를 끝내는 것이 불가능하므로 두 번 또는 세 번의 방학에 걸쳐 와야 한다고 말할 것이다. 여러분의 자녀가 이제 고등학교 둘째 해나 셋째 해에 접어들려는 참이고 그 주제에 대해 열의를 가지고 있다면 괜찮은 일이다. 기회에 감사하고, 자녀가 여러 해 동안 관심을 잘 유지할 수 있기를 기원하라.

연구소 인터뷰

과학자들은 직접 여러분의 자녀를 만나 그 아이가 연구소에 건설적인 기여를 할 수 있을 것이라는 확신이 들어야 비로소 여름방학 연구 인턴십 제안에 성의 있는 대응을 하게 된다. 과학자가 학생의 레주메를 검토한 다음 단계는 일반적으로 면접을 보러 오라는 초대이다.

Secret 168 **면접 전에 읽을 것을 읽고 가게 하라.** 관련 기사를 찾기 위해 인터넷이나 과학 관련 도서들을 검색하라. (반드시 어려운 학술지일 필요는 없다.《Scientific American》과 같이 평범한 사람들을 위해 작성된 자료들이 도움이 된다.) 면접에서 지적인 대화를 하기에 충분할 만큼 주제에 숙달되어 있어야 한다. 또한 대상 과학자가 쓴 논문과 기사에 대해 기본적인 내용은 알아야 한다.

Secret 169 **일반적으로 실험실은 협력적이고 유연하며 성숙하면서 자립적인 사람들에게 관심이 있다.** 부모가 단기 집중 과정으로 가르쳐서라도 면접 볼 때와 인턴십 기간 동안 이런 식으로 행동하도록 타일러라. 여러분의 자녀가 실제 현장에서 연구하기를 원한다면 반드시 성인처럼 행동해야 한다.

실험실들은 긴밀하게 일하는 환경인 경우가 많으며 연구원들은 자신들을 팀의 일원으로 보는 경향이 있다. 여러분의 자녀는(여분의 소개서와 실험실과 관계될 수 있는 발명품과 논문과 같은 증거물들을 가지고) 혼자 면접을 보아야 한다. 긴장되더라도 미소를 지을 것을 상기시켜 주어야 한다. 자녀를 차로 데려다줄 때는 현관에 내려주고 나오라. 캠퍼스 서점이나 인근 커피숍에서 다시 만나기로 약속하라. 근처에서 서성이지 마라. 면접에 시간 제한을 두지 마라. 시간을 넉넉하게 할애하고 면접자에게 서두른다는 인상을 주지 말아야 한다.

연구 과제 만들기

Secret 170 전문 연구소에서 연구 활동을 계획한다면 다른 어느 누구와도 공동 업적이 되지 않는 독립적인 프로젝트를 개발하도록 확인하라. 실험실의 다른 연구원이 연구에 도움을 줄 수 있지만, 여러분의 자녀는 고등학교 공모전에 제출할 논문의 유일한 저자여야 한다. (출판되는 논문의 공동 저자인 것은 괜찮다.) 모든 과학자들이 주요 과학 공모전 규칙을 알고 있는 것도 아니고, 여러분의 자녀가 공모전에 참여할 계획이라는 것을 굳이 알리지도 않았으니 자칫 학생들을 묶어서 함께 일하도록 배정하는 수가 있다. (참가 학생이 "단체 과제" 부문에 지원하지 않는 한 대부분의 대회에서 공동 과제는 허용되지 않는다.) 연구가 실제로 시작되기 전에, 연구 과제 또는 과제의 일부가 여러분 자녀의 영역임을 분명히 해두는 것이 좋다. 그 부분이 무엇인지 분명히 정해야 한다. (예를 들어 실험실에서 수면 증진과 고온 음료의 효과를 연구하는 경우, 다른 학생이 우유 관련 제품을 연구한다면 여러분의 자녀는 모든 종류의 꽃차를 다루어야 한다.) 연구실의 모든 사람들을(멘토와 동료 포함)이 그것에 대해 아주 명확하게 알 수 있도록 선을 그어라. 여름방학 내내 그룹 내에서 열심히 많은 일을 해서 누가 봐도 그 학생의 과제라고 할 만한 프로젝트였으나 단체 과제를 받지 않는 공모전이라서 논란이 되었던 것을 본 적이 있다. 일반적으로 과제가 단체 과제로 어느 공모전에서라도 인정이 되면 다시는 아무도 그 과제를 개인 과제라고 할 수가 없다. 시작할 때 정해야 한다.

Secret 171 실험실은 여름방학 과정들과 동일한 방식으로 관리되지 않으므로 연구 책임자가 관리자로서의 지속적인 관심을 가지고 있지 않을 것이라는 점을 이해하고 있어야 한다. 어느 학부모가 불평을 한다. "여름 내내 교수는 코빼기도 안 보였대요. 우리 아이를 지도해 준 건 대학원생과 박사후 연구원뿐이었다네요. 정말 너무해요. 교수는 처음에만 얼굴을 비치고 준비 단계에서만 도와주고 일을 이해하는지 확인 한 번 하더니만 이 이상 질문이 있으면 대학원생과 박사후 연구원에게 물어보라고 했대요."

이런 일은 실험실에 자녀를 처음 보내고 공황 상태에 빠지는 학부모들 사이에 매우 흔한 불평이며, 이분들은 자기가 나서지 않으면 자녀의 일이 대충 돌아갈 것이라고 걱정을 한다. 많은 연구 책임자들은 여름방학 동안 휴가를 가거나, 논문을 쓰거나, 먼 곳의 강의를 가거나, 현장 조사를 하기 때문에 실험실에 자주 나타나지 않는다. 연구 책임자들은 실험실에 연락 정보를 남겨두지만, 큰일이 생기기 전에는 전화 연락을 하지 않는다.

이런 일이 생겼다고 하더라도 이것이 여러분의 자녀에게 꼭 나쁜 것은 아니다.

Secret 172 **대학원생이나 박사후 연구원과 같이 일하는 것이 교수와 함께 일하는 것과 마찬가지로 생산적일 수 있으며, 때로는 더 도움이 되기도 한다.** 대학원생은 여러분의 자녀와 나이 차이가 적기 때문에 무엇을 설명해야 하고 어떻게 이해해야 하는지 더 감이 좋을 수 있다. 일부 실험실에서는 연구 책임자들이 행정 업무와 연구계획서 작성을 맡고, 대학원생들과 박사후 연구원들이 실제 연구를 하고 장비를 다룬다. (한국의 경우 거의 모든 실험실에서 연구 책임자들은 외부 발표 및 연구비 조달을 위해 외부에서 시간을 보내고 연구계획서와 실험실 살림, 실험은 박사후 연구원들이 하며 대학원생들이 실험과 잡무를 담당한다. ―옮긴이)

Secret 173 **그럼에도 공모전과 대학 추천장은 연구 책임자가 작성하는 것이 일반적으로 더 가치가 있다.** 연구 책임자가 너무 바쁜 경우, 여러분의 자녀가 작성한 추천장에 연구 책임자가 서명을 할 수도 있다.

공식 연구 프로그램들

공식적인 기숙 연구 과정들은 일반적으로 방, 게시판, 관리되는 활동들, 현실적인 일정 및 실습 경험이 제공되는 잘 짜인 과학 "캠프"이다. 공식적인 연구 과정들의 가장 큰 장점은 연구가 포함되어 있다는 점이다. 연구 과정들은 학생들이 엄격한 일정을 유지하고 여름방학이 끝나기 전에 공모전 수준의 논문을 완성할 수 있게 해준다. 학생들은 논문 한 편과 어쩌면 완성된 포스터를 가지고 집에 올 수 있다. 이 과정들의 관리자들은 공모전 참가에 놀라지 않는다. 그 이유는 많은 과정들이 특히 학생들이 공모전을 준비할 수 있도록 만들어졌기 때문이다. 일부 과정에서는 학생들이 발표 연습을 할 수 있다. 학생들이 연구의 여름방학을 마치고 집에 돌아왔을 때, 학부모나 학교의 연구 교사가 할 일은 거의 없다.

이것은 학부모의 부담을 크게 덜어주는 일이다. 잘 짜이지 않은 연구 과정들은 여름방학이 끝날 무렵 집에서, 심지어는 가을에 학교에서 허둥거리며 논문을 쓰게 하는 경우가 종종 있다.

가장 큰 단점은 많은 공식적인 연구 과정들이 수천 달러의 비용이 든다는 점이다. (최근에는 수만 달러가 든다고 한다. ―옮긴이) 반대로, 개별적으로 구한 인턴십들은 비싼 캠프 등록비를 내는 대신 급여를 받는다. 그리고 연구 옵션들은 과정 소속 교수와 연구 책임자가 하고 있는 분야로 제한이 된다. 일부 과정들에서는 연구 분야가 학생들의 관심사와 관계없이 무작위로 배정되며 모든 참가 학생들에게 과제가 배정되고 모든 교수들에게 학생이 배정된다. 예를 들어, 화학에 관심이 있는 학생에게 곤충학 현장 실습이 배정되는가 하면 천문학에 관심이 있는 학생에게 생물학 실험실이 배정되기도 한다.

여름방학 과학 과정 신청은 대부분 학생들이 지원서 작성, 성적증명서와 SAT/ACT 성적 제출을 한다는 점에서 대학 입시 지원과 유사하다. 그리고 대학 교수들이 공식적으로 과정들의 연구 부분을 운영하기 때문에 학생이 실험실에서 자신만의 연구를 하는 경우와 같이 높은 수준이다.

Secret 174 첫 시도라면 자녀가 좋아하는 과제가 제공되고 그것을 선택할 수 있다는 점에서, 또 학부모의 관점에서는 가족들이나 교사들이 익숙하지 않은 연구 영역에 대해 지도를 많이 해야 할 필요가 없다는 점에서도 이상적일 수 있다. 과학을 모르는 학부모 입장에서는 위기를 모면하는 길이다. 그러나 첫 경험이 끝난 후에는 여러분의 자녀는 과정에 자신을 맞추는 대신 자신의 관심사에 가장 정확하게 들어맞는 연구소를 찾는 데 심혈을 기울여야 한다.

Secret 175 졸업반에 올라가는 학생들은 임의로 연구 과제를 배정하는 프로그램들을 조심하라. 최종학년이 되어서는 사교 활동 일정이 꽉 짜여 있다든가 기숙사 감독이 엄격하다든가 해서는 안 된다. 일반적으로, 자녀가 원하는 연구를 수행하는 실험실을 찾는 편이 미리 짜여 있는 프로그램에서 흥미로운 과제가 배당되기를 기대하기보다 낫다. 최종학년이나 그 전 학년인 여러분의 자녀가 틀이 짜인 프로그램에 참가하기를 원한다면, 미리 대학 내 어떤 연구소가 참여하는지 조사해 보고 사전에 프로그램 관리자에게 어떤 주제, 어느 실험실에서 연구하고 싶은지 말해 두어야 자기가 흥미를 가진 주제를 확보하기 쉽다. 학부모들은 온라인상에서 프로그램 내에 있는 다양한 기회들을 연구하는 데 발품을 팔아야 한다. 자녀의 프로그램 지원서에 선호하는 것을 언급하게 하라. 이렇게 하는 것은 여러분의 자녀가 관심 있는 과제에 들어가는 데 도움이 될 뿐만 아니라 연구 책임자가 여러분의 자녀를 더 쉽게 선택하는 데도 도움이 된다.

Secret 176 **과학 심사위원들은 학생들에게 배정된 물음에 대한 대답보다는 학생들이 스스로 만든 독창적인 물음에 대한 답을 더 선호한다.** 연구 과정에서 학생들은 때때로 과학자들이 대답할 필요가 있는 질문들을 받는다. 일부 공모전에서는 학생들이 자신의 호기심을 기반으로 한 자신만의 프로젝트 아이디어를 내놓아야 한다. 공모전 심사위원들이 학생들에게 묻는 가장 일반적인 질문 중 하나는 "이 프로젝트의 아이디어를 어떻게 냈습니까?"이다. "그냥 배정받은 거예요."라는 대답은 전혀 인상적이지 않다. "멘토 선생님이 이 프로젝트를 주셨어요."도 마찬가지이다. 더 나은 대답은 다음과 같다. "실험실에서 많은 학술지를 읽으며 연구원들의 연구를 돕고 있었는데, 어느 날 갑자기 제가 하려고 하는 이 접근법을 아무도 해보지 않았다는 것을 깨닫고 이 연구를 하게 되었습니다."

Secret 177 **연구 "프로그램"에 지원했으나 떨어진 경우, 잘 알려지지 않은 방법 중 하나는 희망하는 연구를 수행하는 동일 대학의 교수에게 직접 지원하는 방법이다.** 학생들 일부에게는 살아날 수 있는 프로그램의 뒷문이란 게 있다. 학생들을 거부한 주체가 교수가 아닌 과정인 경우가 있다. 제한된 수의 학생만 받을 수 있어서이다. 학년이 낮은 경우에는 평균 점수가 낮아 보이기 때문에 다른 지원자가 더 나아 보인다. 반면에 연구 책임자는, 특히 학생이 지원하는 실험실에 필요한 특별한 기술이나 열정이 있을 경우, 관련이 없는 과목이면 기존 성적을 개의치 않을 수 있다.

여러분의 자녀가 컴퓨터 과학 공부를 원하고, 대학의 학과에 40여 명의 교수가 있다고 가정해 보라. 그런데 여러분의 자녀는 여름방학 연구 과정 중에서 X 박사 연구실에서 연구하기를 희망하여 지원했지만 떨어졌다. 이런 경우 자녀가 직접 X 박사에게 연락하거나 온라인으로 그 학과의 누가 여러분 자녀가 흥미를 가지는 연구를 수행하고 있는지 알아보고 그 과학자에게 직접 연락하도록 하라. 또는 여러분이 학부모 자격으로 직접 연락하여 자녀가 독자적으로 지원할 방법을 물어보라. 여러분의 자녀가 관련 주제에 대한 배경 지식이 있다는 가정 아래, 과학자가 여름방학에 별도의 인턴십을 제공해줄 수도 있다. 그런 다음 학교와 별도로 자녀가 묵을 곳을 마련하게 되는데 아마도 여름방학 과정에 참가하는 학생들과 같은 기숙사에 묵게 될 수 있다.

특별 선발을 하는 연구 과정들

Secret 178 **여러분의 자녀가 연구를 수행하고 주요 공모전에서 입상하고자 특정 프로그램 참여에 지나치게 의지해서는 안 되지만, 학부모들은 평균 이상의 성공률을 보이는 경쟁률 높은 선발 과정들이 있음을 알아야 한다.** 그러나 높은 성공률의 이유는 이 과정들이 최고의 학생들을 끌어들이고, 학생들을 먼저 선택하고, 성공하기 쉽다고 판단되는 학생들을 선택한다는 것이다. 선발 경쟁이 치열하기 때문에, 이들은 지원자들에게 높은 GPA와 PSAT/SAT 점수를 요구할 수 있으며, 이미 전국적으로 인정받거나 뛰어난 재능을 입증한 후보자들을 선호한다.

▶ RSI(The Research Science Institute)

잘 구성된 과학 연구 과정으로 가장 유명한 곳 중 하나가 RSI이다. 12학년 직전 여름방학 동안 6주 과정으로 MIT 및 보스턴 지역의 다른 연구 기관에서 독창적인 연구를 수행할 기회를 제공한다. RSI에 참가한 학생은 가장 경쟁력 있는 대학에서 원하는 학생이 되어, 종종 하버드 또는 MIT에 입학한다. 과학에 열의를 가진 학생들에게 이 프로그램은 최고의 자원을 사용하고 국제 정상급 과학자들의 지도를 받으며 자신이 선택한 프로젝트를 연구하기 때문에 여러 가지 면에서 고등학교 경험의 끝판왕이다. 수업료는 무료지만 입학은 엄청나게 경쟁이 심하다.

1,000명 이상이 신청하여 단지 75명이 선출된다. (이 프로그램은 MIT와 미국 생물 올림피아드 팀을 후원하는 Center for Excellence in Education이 공동으로 후원한다.)

RSI를 수료한 학생들이 STS 입상자와 반드시 일치하지는 않지만, RSI와 STS 모두 비슷한 선발 자격이 요구된다. 수학과 과학 분야에서의 높은 성취도와 열정, 악기나 스포츠 또는 사회 봉사활동에서의 전문성과 열정, 리더십, 높은 SAT/ACT 점수, AP 과정 이수, 수학 및 과학 공모전 참가, 전체 A 성적 등이 요구된다. RSI와 STS는 동일한 자격으로 최고의 대학으로 인도하는 길이다.

▶ PRAP(The PreCollege Research Abroad Program)

1993년 뉴욕시 스튜이버선트 고등학교의 교사들에 의해 시작된 PRAP은 RSI만큼 잘 알려져 있지 않지만 주목할 만한 결과들을 생산해 왔다. PRAP은 고등학생들이 과학, 수학, 공학 분야의 최첨단 연구를 수행할 수 있도록 푸시치노에 있는 러시아 최초의 연구 시설인 러시아 과학 아카데미의 5,000명이 넘는 과학자들과 연계하고 있다. 대부분의 연구들은 농업, 생물, 의학, 유전학 같은 생명과학에 관한 것이지만, 이 시설은 또한 모스크바 물리 연구소 전파망원경의 중심이기도 하다. 학생들이 여름방학 1개월간 하고 싶은 과학 분야의 우선 순위를 매기면 PRAP이 과학자들과 연결시켜 준다. 이 과정은 영어로 진행되고 매 여름방학에 학생당 두 번의 발표, 과학자들과 과정 코디네이터의 피드백, 인텔 과학영재 발굴 대회를 비롯한 공모전 준비, 학술논문 작성 요령 수업, 모스크바와 상트페테르부르크 문화 탐방으로 구성되어 있다. 10학년에서 12학년까지 최대 25명의 학생들이 참여할 수 있다.

과정 관리자인 에두아르드 만델은 이 과정에 참가한 학생들이 미국 공모전에서 우수한 성적을 거두었다고 자랑한다. 평균적으로 30퍼센트의 학생이 인텔 준결승에 오르고, 5퍼센트가 결선에 오르며, 32명의 학생들이 유명 학술지들에 논문을 게재했고, 수료생들은 아이비리그를 비롯한 유명 대학에 입학했다. 참가자들은 이 과정을 통해 9학점의 대학 학점을 취득한다. 지원 마감일은 공식적으로 3월이지만, 선착순으로 진행되므로 12월 말이면 다 찬다.

▶ 시몬스 프로그램(The Simons Program)

역시 수많은 성공적인 과학 공모전 입상자를 배출한 또 다른 과정인 시몬스 프로그램은 1984년 SUNY 스토니 브룩의 수학 교수인 짐 시몬스에 의해 창설되었다. 이 프로그램은 작고 매우 선택적이다. 매년 약 140명의 학생이 지원하여 25~30명이 선발되는데 학교당 3명까지만 가능하다. 처음에는 롱아일랜드 지역 학생에 한정했으나, 명성이 높아짐에 따라 텍사스와 뉴잉글랜드(초트나 필립스 앤도버와 같은 사립학교도 포함)에까지 지원 범위가 넓어졌다. 최근 지원자 중에는 학술지에 논문을 출간하거나 특허를 보유한 고등학생들도 있다. 시몬스 학생들은 개별 프로젝트를 가지고 과학자들과 일 대 일로 일한다. 7주 프로그램으로 비용이 대학에서 지원되기 때문에 무료이다.

▶ 가르시아 프로그램(The Garcia Program)

SUNY 스토니 브룩에서 제공하는 또 다른 매우 경쟁력 있는 과정은 가르시아 프로그램이다. 이 과정은 매년 미국 전역에서 약 120명의 지원자가 참가한다. 최근 참가자들은 캘리포니아, 텍사스, 미네소타, 플로리다, 뉴저지, 코네티컷 출신들이었다(비용은 7주에 1,000달러이다). 이 과정은 학생들에게 실험실 기법들을 가르치고 프로젝트를 감독하여 아이디어를 구체화하여 바로 논문이 되도록 한다.

시몬스와 가르시아 프로그램에서 추구하는 학생들의 덕목은 연구 주제에 대한 진정성, 과학에 대한 열의와 열정이다. 이 과정들은 11학년과 12학년에 올라가는 학생들이 대상이다.

시몬스 프로그램 운영자인 카렌 커넌에 의하면, 스토니 브룩 출신들은 2006년 인텔 STS 준결승 진출자의 10퍼센트를 차지하고, 최종 결선 진출자 40명 중 4명이 스토니 브룩 출신이었다고 한다.

스토니 브룩의 큰 매력 중 하나는 가르시아 프로그램을 운영하는 전설적인 미리엄 라파일로비치 박사의 소재과학 실험실에서 일할 수 있는 기회이다. 시몬스 학생들도 일부 일할 수 있다. 그녀의 고분자 실험실에서는 매년 여름방학 7주 동안 2명의 학생이 짝으로 실험하며 개별 프로젝트를 수행한다. 그녀의 실험실은 수년 동안 많은 입상자들을 배출했다.

여러분의 자녀가 스토니 브룩에서 연구를 하고 싶지만 시몬스나 가르시아에 들어가지 못한 경우에는 관심 분야의 교수나 연구실에 직접 지원하도록 권하라. 많은 고등학생들이 스토니 브룩의 "이름 있는" 프로그램이 아닌 곳에서 연구한다. 대학은 이름 있는 프로그램과 관련된 학생이 아니더라도 연구하는 학생들을 위해 기숙사를 마련해 준다. 그리고 이런 프로그램의 학생들 중 일부가 주요 공모전의 입상자가 된다.

▶ **미시간 주립대 고등학생 장학 과학-수학 엔지니어링 프로그램**(High School Honors Science-Math Engineering Program)

이 과정은 "미국에서 가장 오래된 고등학교 연구 과정"이며 인텔, 지멘스, ISEF에서 많은 수상자를 배출했다. 이 7주 과정의 특징 중 하나는 선착순으로 30가지 주제 중에서 본인이 원하는 주제를 선택할 수 있다는 점이다. 매년 여러 곳에서 자격을 갖춘 100명에서 200명의 11, 12학년 학생들이 지원하지만, 이 과정은 단지 20~24명만 수용한다. 선발은 이전에 이수한 과정, 추천서, 에세이, 과학 관련 독서 활동의 증명, 열정을 근거로 이루어진다. 미국 전역에서 지원을 받으며 2006년의 참가비는 숙박 포함 2,600달러였다. 일부 장학금이 있을 수 있으며, 참가 학생들은 연구 과정에서의 경험과 완성된 논문을 가지고 과정을 마친다.

{ 천문학에 관심 있는 학생들을 위하여 }

천문학 분야의 몇몇 여름방학 과정은 매우 선택적이어서 참가 학생들이 높은 성적과 점수를 딴다면 원하는 대학을 사실상 골라서 갈 수 있다. 과학의 다른 분야에서는 이렇게 높은 권위의 과정들이 없다.
캘리포니아 오하이, 뉴멕시코 소코로에서 열리는 **SSP**(*Summer Science Programs*)는 미국에서 가장 권위 있는 천문학 과정이지만 대중적으로 거의 알려져 있지 않다. "재능 있는 고등학생을 대상으로 도전적이고 실습 중심의 천체역학 연구 프로젝트를 완성하는" 6주짜리 합숙 프로그램인 SSP는 "대학 망원경으로 소행성들을 관찰하고 측정하여 "소행성 궤도 측정 값을 수학적으로

변환하는 소프트웨어를 작성한다." 이 과정은 스탠퍼드, 하비머드, 칼테크와 같은 수준의 천문학, 미적분 및 물리학" 과정이다. 3명으로 구성된 팀으로 야간 동안 몇몇 권위 있는 기관에서 공동 후원한다.

캠퍼스마다 36명의 학생들이 공부하며, 대부분은 최종학년에 올라가는 학생들이지만 일부 뛰어난 11학년들도 같은 교과 과정을 배운다. 후보 학생들은 자신의 고등학교에서 수학과 과학에서 최고인 학생들이다. 이 과정들은 또한 학생들이 좋은 성품을 가지고 있기를 요구하기 때문에 수학과 과학 선생님 각각으로부터 2부의 강력한 추천서를 필요로 한다. 운영자들은 이 과정으로 혜택을 받을 수 있고 참여 연구를 통하여 크게 동기부여가 되며 교과 과정 이외의 수학과 과학에도 흥미를 보이는 다양한 학생들을 찾는다.

제공되는 과정 이상의 독립적인 천문학 연구를 수행하려는 학생들이 선호되므로 독자적으로 대회에 참가하기를 원하는 학생들은 두 프로그램으로부터 혜택을 누릴 수 있다. 그러나 이 과정들이 학생들로 하여금 경쟁적인 프로젝트에 참여하도록 강요하지는 않는다. SSP는 사실 경쟁적인 대회를 중요하게 여기지 않는다. 대부분의 시간에 학생들은 팀으로 협력하고 함께 숙제를 한다. 이곳을 마치는 많은 학생들이 MIT 또는 칼테크에 진학한다.

천문학에 큰 관심이 있는 최고의 학생들이 알아야 할 정말 작은 과정(*매년 2명*)에는 베일러대와 텍사스 주립 공대가 공동으로 운영하는 CASPER(*www.baylor.edu/casper*)가 있다.

주요 연구 공모전

미국에는 지역마다 많은 수학, 과학, 공학 연구 공모전들이 있는데, 앞에서 언급한 바와 같이 연구 경쟁에서 이기기 위해서는 주요 대회 출전 수년 전부터 지역 대회에서 경력을 쌓을 필요가 있다. (지역 대회에서 입상한 학생들은 전미 또는 국제 대회의 주목받는 후보가 되며, 이미 다른 대회에서 입상한 경력이 있는 학생들은 다른 대회들로부터 참가해 달라는 부탁을 받게 된다.) 지역 대회에 대한 자세한 정보는 자녀가 다니는 고등학교의 수학 및 과학 담당에게 문의해야 한다. 이에 더해서 www.FastWeb.com(*모든 주제의 대회 목록이 제공된다.*), 인텔 ISEF 웹사이트 www.sciserv.org/isef(공모전 검색), 존스홉킨스의 www.cogito.org, 구글에서 'high school, science competition'('science' 대신 자녀가 흥미를 느끼는 수학과 과학의 특정 분야를 넣어 찾아보라.)를 참고하라.

▶ 인텔 과학영재 발굴 대회

"우리 아이가 인텔 과학영재 발굴 대회에 들었어요!" 3월의 어느 날 한 학부모가 흥분에 들떠 얘기했다.
"인텔요? 인텔은 몇 달 전에 발표했잖아요?" 다른 학부모가 물었다.
"우리 아이는 인텔 ISEF랍니다!"
기억해야 할 점은 인텔 ISEF는 인텔 STS가 아니라는 점이다. "인텔 입상자"란 ISEF가 아니라 STS를 말하는 것이다. 보다 권위 있는 연구 공모전은 인텔 과학영재 발굴 대회(Intel Science Talent Search)이다. 두 대회 모두 인텔이 후원하지만, 사람들이 "인텔 공모전"이라고 할 때는 1942년 웨스팅하우스사에서 시작하여 지금은 사이언스 서비스(Science Service)가 운영하는 인텔 STS를 말하는 것이고, 이 대회는 때때로 "청소년 노벨상"이라고 불린다.
물론 인텔 ISEF도 권위 있는 대회이다. 일부는 다른 나라에서 온, 약 1,500명의 우수한 학생들이 매년 참가한다. 국제 수준의 학생 1,500명 중 한 명이 되는 것도 괜찮은 일이다. 그러나 STS 미국 결선에는 단지 40명만이 참가한다.
매년 약 1,700명의 고등학생들이 자신의 독창적인 연구를 기반으로 한 과학 저널 유형의 논문과 여러 에세이가 필요한 긴 신청서를 제출하여 STS에 참여한다. (에세이 주제 견본은 이렇다: 어떤 아이디어, 기구 또는 창작물들이 특히 당신의 관심을 끌었는가? 그리고 그것들을 위해 무엇을 했는가? 학교 과정을 뛰어넘어 대외적으로 주도적인 활동으로 무엇을 했는가? 모두에게 새로운 아이디어나 실험을 해본 적이 있는가? 연구 중 발생하는 예상치 못한 상황에 어떻게 대응하는가?) 마감은 11월 중순이다. 1,700명의 학생 중 300명이 준결선에 진출하고, 이 중 40명이 결선 진출자로 선정된다. 이 40명이 워싱턴 D. C.에 초청되어 대회 심사위원과 일반에 연구 결과(포스터 보드 사용)를 발표한다. 학생들은 한 명씩 2~3명의 심사위원이 있는 방에 불려 들어가 자신의 연구와 관련되거나 또는 그렇지 않은 질문들로 질의당하며 열 개의 "입상자" 자리를 놓고 경쟁을 한다.

300명의 준결선 진출자에게는 개인 상금 1,000달러와 학교 상금 1,000달러를 주고, 최종 결선 진출자 40명에게는 대학 장학금 5,000달러와 최신 노트북, 워싱턴 D. C. 1주일 여행권을 준다. 장학금 액수는 1위 10만 달러, 2위 7만 5,000달러, 3위 5만 달러, 4~6위 2만 5,000달러, 7위에서 10위까지는 2만 달러가 지급된다. 대회 정보는 www.sciserv.org/index.htm에서 찾아보라.

Secret 179 이런 전국 규모 과학 공모전에 참가하는 것(그리고 상을 타는 것)이 학생들의 이력에 얼마나 보탬이 되는가를 더 잘 이해하려면 자녀의 대회 출전 여부에 관계없이 STS 지원 요강(www.sciserv.org/sts/intfrm.pdf)을 확인하라. STS가 부여하는 가치를 가진 활동과 경험은 대학들, 연구 프로그램들, 기타 공모전들 및 대부분의 학부모들로부터도 인정을 받기 때문에 이 특별한 지원을 중심으로 여러분 자녀의 4년 계획을 설계할 수도 있다. 인텔 STS에서 학생들을 선발하는 활동의 다양성을 이해하려면 도입부 페이지 2를 참고하라. (다른 대회와 달리, STS는 "과제"에 중점을 두는 것 외에도 "전인성"에 기반을 둔다. 그래서 연구 과제의 성공과 논문이 입상에 필수적이기는 하지만, 기반과 경험이 탄탄하다는 것을 보여주는 실적 기록 역시 필요하다. 지원서에서는 지원자의 음악, 스포츠, 엔지니어링 클럽, 4-H 또는 스카우트 활동, 학교 간행물, 회장 경력을 묻는다. 이런 학생들이 유리한 경향이 있다.)

{ 고참의 힌트 }

수년 전 어느 교육청에서 관내 학생 연구 과정을 만들려는 소규모의 학교 행정가와 과학교사의 모임이 있었다. 그 자리에서 전직 STS의 심사위원이 해준 얘기에 의하면, 인텔 STS 심사 절차는 점수제로서 학생 경력 50퍼센트에 연구 및 과학 논문 50퍼센트로 구성돼 있다고 했다. 바꿔 말하면, 연구 과제 자체는 입상 조건의 반밖에 안 된다는 얘기다. 나머지 반은 매우 장문의, 여러 페이지로 구성된 문서 증빙들로 각 질문과 섹션마다 특정 점수가 배점되어 있다는 것이었다.
예를 들자면 그중 한 가지 질문은 지원자에게 과학자, 수학자 또는 공학자인

친인척을 열거하라는 것이었고, 또 다른 질문은 지원자에게 가장 영향을 준 사람을 기술하도록 되어 있었다.

활동 목록에서, 학생들은 현재 보이스카우트, 걸스카우트, 4-H 클럽 회원일 경우 1점을 득점한다. 과거 보이스카우트, 걸스카우트, 4-H 클럽 회원이었을 경우 또 1점을 득점한다. 마찬가지 방법으로 현재와 과거 학교 간행물 참여로 2점, 마찬가지로 스포츠 2점, 음악 2점, 이런 식이다. 심지어 장남이나 장녀에게도 1점을 주는데, 이것은 장남이나 장녀가 노력을 많이 해서 성공 가능성이 높다는 대중적 통념을 반영한 것이다.

그러나 오늘날은 달라졌다. (STS의 여성 대변인은 전화 인터뷰에서 장남이나 장녀를 더 이상 성공 예측의 척도로 다루지 않는다는 것을 확인했다. 여전히 "지원자에 대해 더 자세히 알기 위해" 지원서에 가족 관계 문항을 두고 있긴 하지만 말이다.) 그럼에도 여전히 자녀들이 어렸을 때부터 판단의 대상이 되는 기준들을 확인하기 위해서 Secret 179에서 언급한 바와 같이 지원 요강에 친숙해져야 한다. 결국 STS가 아니더라도 다른 공모전이나 대학 입학 자료에 필요하기 때문이다.

▶ 지멘스(Siemens)

또 다른 최고의 연구 공모전은 칼리지보드와의 제휴를 통해 국제적인 전자회사 재단인 지멘스 재단(Siemens Foundation)이 운영하는 지멘스 수학 과학 공학 공모전(Siemens Competition of Math, Science and Technology)이다. 1999년에 시작된 이 공모전은 STS에 상응하는 상금을 제공한다. 심지어 두 대회 모두에서 1위를 수상하는 학생도 있다(각각 10만 달러로 총 20만 달러 상금). 두 대회 모두 연구에 대한 것이지만 선발 방식은 매우 다르다. 인텔은 지원자에게 자신의 배경과 활동에 대해 묻고 미래의 과학 지도자를 "발굴"하려는 시도에서 "전인성"을 보는 반면, 지멘스는 한 번만 잘하면 된다. 과학 연구에 장기적으로 헌신하는 모습을 보여줄 필요는 없다. 제출 작품으로만 참가가 가능하고, 지원 과정은 훨씬 더 빠르다. 지멘스 공모전은 학기 초에 시작되는데, 연구 논문은 10월 초에 제출 마감되고, 준결선 진출자 및 지역 결선자들이 10월 말에 발표되기 때문에 12학년 학생들이 대학 입학 조기 결정(early decision) 지원서에 입상 결과를 기술할 수 있게 해준다. 그러나 이것은 또한 11학년 학생들에게는 12학년 초까지 모든 것이 준비되어야 하는 마감 기한이라는 것을 의미한다. 지멘스에서는 해마다 약 1,000여 건의 과제들(개인 및 팀 과제로 참여하는 1,200~1,300명의 학생들)이 참가한다. 참가자는 개별적으로 또는 한두 명의 다른 학생들과 함께 팀으로 일할 수 있다.

개인전 참가 자격은 반드시 12학년 학생이어야 하고, 혼자서 과제를 수행해 왔어야 한다. 1차 예선은 연구 과학자들이 학생들의 논문을 "암맹평가" 한다. 그 결과로 300명의 학생들이 6개의 지역 대회 중 한 곳에 초대되어 자신들의 논문을 발표한다. 각 지역 대회에서 참가자들은 자신들의 연구 결과를 포스터 전시를 하고 12분 참가자 구두 발표, 12분 심사위원 질의 응답을 한다. 각 지역 결선 진출자 300명의 소속 학교들에 "학교의 과학, 수학 및 기술 프로그램을 지원하는 데 사용"하라고 2,000달러가 지급된다. 각 지역 결선에서는 1명의 개인과 1명의 팀이 입상자로 선정되며 1인당 3,000달러의 장학금이 지급된다. 나머지 지역 결선 참가자들은 각각 1,000달러를 받는다. 6명의 지역 입상자들과 6개의 지역 입상 팀들은 워싱턴 D. C.에서 전미 결선을 치르고, 개인 1위와 팀 1위에게 각각 10만 달러의 장학금이 지급된다. 2위에게는 5만 달러, 3위에게는 4만 달러, 4위에게는 3만 달러, 5위에게는 2만 달러, 6위에게는 1만 달러가 수여되며, 팀일 경우 상금을 참가자 수로 나누어 받게 된다.

Secret 180 **지멘스 공모전 팀 부문에서는 더 이상 12학년 1명 이상을 포함하지 않아도 되어, 고등학교 저학년 학생들에게 기회가 열리게 되었다.** (초창기에는 12학년 학생들이 팀에 포함되어야만 출전이 가능했다.) 아직도 많은 교사들이 이 사실을 모르는 경우가 있어서 저학년 학생들이 예전 정보 때문에 대회 출전을 못 할 수도 있다. 자녀를 실망시키지 마라.
www.siemens-foundation.org/students.htm에서 공모전에 대한 자세한 내용을 확인하고 응모 서류를 다운로드 할 수 있다.

▶ **인텔 ISEF(International Science and Engineering Fair)**
위에서 언급한 것처럼 사람들이 "인텔 공모전"을 언급할 때는 인텔 ISEF가 아니라 인텔 STS를 지칭한다. 그럼에도 불구하고 인텔 ISEF는 1위 상금 5만 달러를 포함하여 총 상금과 장학금 300만 달러 이상을 제공하는 세계 최대 규모의 과학연구 공모전 중 하나이다. "세계 최대 규모의 고등학생 대상 과학 공모전"으로 광고되는 이 대회에는 ISEF와 연계된 지역 과학 공모전 입상자 수백 명이 매년 참석한다. 매년 개최지가 바뀌는 대도시 컨벤션센터에서, 최소 40개 이상의 국가에서 참가한 학생들로 대규모의 컨벤션 분위기를 느끼게 해준다. 인텔 STS와 지멘스 공모전과 달리 누구도 10만 달러를 가져가지는 못하지만 정부 기관, 미군 및 민간 기업들이 하루 반에 걸쳐 수많은 상을 수여한다. 참가자들이 가장 탐내는 상은 12월 노벨상 시상식 기간 동안 열리는 스톡홀름 국제 청소년 과학 세미나 SIYSS(Stockholm International Youth Science Seminar)에 참석할 3명의 12학년 학생을 뽑는 시보그 시스(Seaborg SIYSS) 상으로, 수상자들에게는 여행 경비 전액이 지급된다.

ISEF 지원서는 정성스럽게 작성해야 하는데, 채워 넣어야 할 서식이 많고, 일부는 학생들이 연구를 시작하기 전에 작성해야 하며(그 시점에서는 무엇을 발견할지 모른다는 점에서 특이한 요구이다.), 학생들이 연구에 집중할 수 있도록 도와주고, 실험하는 동안에 피해를 입지 않도록 해야 한다. 지원서는 www.sciserv.org/isef에서 얻을 수 있다.

주의: ISEF가 9학년부터 12학년까지의 학생들을 환영하는 유일한 주요 공모전 중 하나라고 주장하는 것에 반하여, ISEF 본선에 학생들을 진출시키는 지역 공모전 중 많은 곳에서 저학년 학생들을 제외하거나 고학년 학생들만 참가시키는 방법으로 9학년 학생들이 국제 대회 참가 기회를 얻는 것을 방해해 왔다. 1차 지역 예선에는 전 세계 500개 이상의 인텔 ISEF 제휴 공모전에서 65,000명 이상의 학생들이 참가한다. 지역 공모전은 워싱턴 D. C.를 비롯한 46개 주와 40개 이상의 국가 및 지역에서 개최된다. 그 공모전의 입상자들이 ISEF 진출자로 선정된다. 이 프로그램은 사이언스 서비스(인텔도 운영)에서 관리한다.

▶ JSHS(Junior Science and Humanities Symposium)

인문학이라는 단어는 과학, 공학 또는 수학 분야에서 학생들이 독창적인 연구를 수행하여 전국적인 경쟁을 벌이는 경연의 제목으로는 적당하지 않은 것처럼 보인다. 그러나 청소년 과학 인문학 심포지엄(Junior Science and Humanities Symposium)은 "훌륭한 과학 교육은 인문학적 가치를 포함한다."는 철학을 강화하는 것을 목표로 하고 있다. 대회는 육군, 해군, 공군에서 후원하며 비영리 기관인 Academy of Applied Science에서 운영한다.

참가하려면 지원자는 과학 연구 논문과 초록을 작성해야 한다. 참가비는 무료이다.

Secret 181 JSHS 후보 대부분은 참가 고등학교를 통해 선발되지만, 학교에서 자녀를 지명해 줄 때까지 기다릴 필요는 없다. 학교가 참가하지 않더라도 학부모가 직접 자녀를 내보낼 수 있다.

일단 자녀가 출전하게 되면, JSHS에 연락해서 지역 대회가 열리기 수개월 전 가을에 논문을 보낼 수 있도록 하라. 지역 대회들은 일반적으로 2~4월에 열린다. (지역 공모전의 일정 목록은 www.jshs.org/regions.html에서 확인하라.)

JSHS에 논문을 제출한다고 해서 여러분의 자녀가 공모전에 출전한다는 보장은 없다. 먼저 교수 패널들이 논문을 읽은 후 일부 학생들만 초대한다. 그러나 논문을 제출한 모든 사람들이 참가는 할 수 있다.

JSHS는 미국, 푸에르토리코, 유럽과 일본의 사관학교들에서 매년 12,000명이 넘는 고등학생들이 48개 대학이 참여하는 지역 공모전을 통해 진행된다. 대부분의 공모전에서 포스터 보드 옆에 서서 발표하는 것과 달리, 학생들과 교사들로 구성된 청중 앞에서 공식적인 구두 발표를 한다.

각 지역 대회에서 선발된 5명의 본선 진출자들은 매년 5월, 육군, 해군, 공군 기지가 있는 지역에서 번갈아 개최되는 JSHS 본선에 경비를 지급받고 참가한다. 지역 대회 1위와 2위 본선 진출자들은 JSHS 본선에서 연구 결과를 발표하고, 나머지 3명은 포스터 보드로 발표한다. 지역 대회 입상자들에게는 총 4,500달러의 대학 장학금이 지급되는데, 1위에게 2,000달러, 2위에게 1,500달러, 3위에게 1,000달러를 준다. 본선 진출자들은 환경과학, 의생물과학(미생물, 분자세포, 유전, 면역, 약학, 바이러스 등), 생명과학(발생생물학, 식물생리, 인구유전, 일반생화학, 미생물), 의료 보건 행동 과학(행동과학, 생화학, 생명공학, 질병진단 및 치료, 예방의학, 면역학, 신경과학, 생리학, 병리학), 기계공학, 수학 및 컴퓨터 과학/공학, 물리, 우주과학 및 사물 인터넷, 화학, 물리화학, 재료과학, 대체연료 및 지구화학의 8개 분야에서 경연을 벌여서 1, 2, 3위가 선정되고 총 상금 19만 2,000달러를 받게 되는데, 총 8명인 최종 1위에게 1만 2,000달러, 2위에게 8,000달러, 3위에게 4,000달러가 지급된다. 또한 최종 1위 입상자들에게는 런던 국제 청년 과학 포럼(London International Youth Science Forum)으로의 여행권이 수여된다.

▶ **FIRST 로봇 경진대회(Robotics Competition)**

TV에서 본 것 같은 로봇 전쟁에 참가하는 것에 흥미를 느끼는 자녀라면 로봇 설계 공모전 참가를 위해 대학이나 공대에 들어갈 때까지 기다릴 필요가 없다. FIRST 로봇 경진대회는 3만 명이 넘는 학생들이 1,300여 팀으로 37개의 지역 대회를 통해 참여하는, 고등학생 대상 최대의 엔지니어링 전문 공모전이다. 대회에는 미국 대부분의 주와 브라질, 캐나다, 에콰도르, 이스라엘, 멕시코, 영국의 팀들이 참가한다. 대회 설명은 다음과 같다. "최첨단 기술로 겨루는 박진감 넘치는 대결. 심혈을 기울인 집중 브레인스토밍, 현실의 팀워크, 열을 다한 멘토링, 수많은 과제 일정과 마감들의 집약체". 지역 대회는 3월에 열리며, 국제 대회는 애틀란타시 조지아 돔에서 4월에 개최되고, 그때 주로 주립대인 주요 대학교들에서 총 800만 달러의 장학금을 수여한다. 또한 25개의 비금전적 상이 25개 팀에 수여된다. 가장 권위 있는 의장상(Chairman's Award)은 다른 팀들이 귀감으로 삼을 만한 최고의 결과물을 낸 팀에 수여된다.

학부모들이 유의할 사항은 다음과 같다.

참가비가 매우 높다. "팀당 참가비는 등록비 6,000달러, 지역 대회 참가비 4,000달러, 결선 참가비 5,000달러." 그리고 교통비를 포함한 팀 예산은 연간 총 1만 5,000달러다. 이러한 이유로 대부분의 팀은 지역 기업들에게서 후원금을 모집하고 많은 팀원들을 참여시킨다.

Secret 182 자녀의 고등학교가 자녀의 팀에 기금을 제공할 수 없거나 제공을 원하지 않는 경우 홈스쿨 학생이나 지역사회 팀으로 참가할 수 있다. 이것은 협동 "스포츠"이기 때문에 평균적으로 25명 정도로 구성되나 일부는 10명이기도 하고 일부는 100명이 넘기도 한다. 지역사회 센터나 방과 후 프로그램에 참여할 학생들을

100명 모집한다면, 총 예산 1만 5,000달러는 인당 150달러를 부담하면 된다. 그래도 비싸기는 하지만, 주최측은 수개월에 걸쳐 공학적 도전을 제공하고, 열심히 참가한 학생들은 대학 수준의 공학 과정을 경험하게 된다. 홈페이지 https://www.firstinspires.org/robotics/frc를 방문하여 자세한 정보를 살펴보라.

▶ **미국의 젊은 발명가를 위한 내셔널 갤러리(National Gallery for America's Young Inventors)**

독자적으로 일하기를 원하는 학생 발명가와 공학자를 위한 크리스토퍼 콜럼버스 펠로십 재단(Christopher Columbus Fellowship Foundation)의 '미국의 젊은 발명가를 위한 내셔널 갤러리'는 유치원부터 12학년까지 전학년에 걸쳐 최대 6명의 젊은 발명가에게 매년 시상한다. 시상 대상은 기존의 전국 대회에서 입상한 자에 한한다. 따라서 자녀가 다른 대회에서 입상한 후 가능한 공모전이며, 특허를 받았거나 이미 시장에 출시한 제품이 있는 학생을 대상으로 한다. 입상자(주로 고등학생)는 내셔널 갤러리에 가입할 수 있게 해주고, 육분의(측량기구)와 나침반과 5,000달러 상당의 저축채권을 받는다. 학부모가 자신의 자녀를 지명할 수도 있고, 학생이 스스로를 지명할 수도 있다. www.pafinc.com에서 지명 양식을 받아라. 마감은 1월이다. 최고 수준의 공과대학과 리버럴 아츠 칼리지는 특허를 보유한 고등학생들에게 크게 주목한다. 따라서 발명에 열정적인 학생이라면 자녀의 대학 입학 지원서에 추가할 수 있는 뛰어난 경력이 된다.

특허 및 출판에 관한 최종 정리

여러분의 자녀가 특허나 연구 논문을 어떻게 만들 수 있을까? 학부모들은 마법 같은 방법을 기대하며 나에게 묻는다. 쉬운 대답이 있다면, 나는 이 두 가지 일의 명성이 떨어질 것이라고 확신한다. 많은 교수들과 대학원생들이 특허를 출원하고 학술지에 논문을 게재할 만한 창의적인 아이디어를 고안하기에 고심한다. 따라서 고등학생들이 쉽게 접근할 수 없다. 간단히 말하면 자녀가 최첨단 연구를 수행하는 연구 실험실을 찾는 것을 도와주고, 자녀가 스스로 자신의 연구를 하게 해주어야 한다. 실험 중에 나타나는 예상치 못한 결과들에 집중하도록 조언해 주라. 때때로 이런 당혹스러운 차이들이 새로운 아이디어와 발명의 불씨가 되고, 실험에서 관찰된 예상 외의 반응들이 학술지 논문의 불씨가 된다. 자녀가 창의적으로 생각하도록 가르쳐라. 자녀가 정기적으로 논문을 발표하고, 자주 특허가 출원되는 실험실에 연결되도록 노력해 보라. 특허에는 비용이 많이 드는 경향이 있기 때문에, 여러분은 그 비용을 기꺼이 도와줄 수 있는 실험실을 찾아야 한다.

제8장

예술
창의적인 지원자에게 스포트라이트를

어느 고등학교 졸업식에서, 4년 동안 학교 연감 사진을 찍어온 한 얌전한 여학생이 전국 예술 진흥 재단(National Foundation for Advancement in the Arts, NFAA)의 예술 재능 발탁 사업(Arts Recognition and Talent Search) 최고상에 선정되어 축하를 받았다. 그뿐만이 아니라 그 학생은 예술 분야의 대통령 장학상(Presidential Scholar)을 타게 된 20명 중 한 명이라고 했다. 그 여학생은 사진으로 코넬 대학에서 입학 제안을 받았다.

만장한 참석자들은 감탄으로 숨을 삼켰고, 이어서 점잖은 박수갈채가 일어났다. 소녀는 찬란하게 빛났다. 곧이어 참석자들이 웅성거리기 시작했다.

"저 애가 선정되게 된 거 알고 있었어요?"

"저 학생은 어떻게 저런 상을 탔대요?"

"학교에 쟤 못지않게 재능 있는 아이들도 많잖아요. 학생 악단 지휘하는 애, 그림 그리는 애, 발레 하는 애, 단편소설을 출판한 남자 애도 있고, 여배우로 데뷔한 애도 있고. 어떻게 저 애가 됐을까요?" 부모들은 시샘을 감추지 못하고 그렇게 물었다.

교훈은 이것이다. 졸업 때가 되어 다른 집 아이가 귀중한 예술 분야의 상을 타고 동기부여를 받게끔 손 놓고 기다리지 마라. 이 장에서 이야기할 성취 과제 중에 어느 것 하나라도 당신 자녀의 관심 분야에 맞고 현재 실력으로 얻을 만한 것이 있거든 지금 바로 얻을 수 있도록 애써 보라. 인터넷에서 검색해 보고 아이에게 지원하게 하라.

Secret 183 **예술 분야에서 가장 유명한 상 몇 가지는 다년간 훈련을 받고 계획을 세워야만 탈 수 있다.** 미국 최고의 고교생 예술가 반열에 들려면 어떻게 해야 할까? 수업을 받고, 실습하고, 열심히 연습하고, 맞춤식 준비를 해야 한다. 일찌감치 시작해서 고등학교에서도 몇 년 공을 들여야 한다. 이 책에서 다룬 다른 분야와 마찬가지로 미국 정부가 주는 상을 탄다는 건 벼락치기로 되는 일이 아니다. 수상자들은 대체로 빈틈없이 훌륭한 크리덴셜이 있다.(졸업 앨범 사진을 찍은 학생의 경우 학교 밖 수상/이수 이력에 스칼라스틱의 전국 사진전 금상, Photo Imaging Education Association의 국제 학생 및 교사 사진전, Visual Arts Scholastic Event, 드렉셀 대학교의 고교 사진전, 국제 오픈 아마추어 사진대회(International Open Amateur Photography Contest), 전미 흑인 지위 향상 협회(NAACP) ACT-SO 대회의 최우수상 수상이 포함되어 있을 것이다.) 아이가 혼자서 해낼 수는 없다. 아이가 대통령 장학상 등 경쟁이 치열한 상에 지원할 때 우선 부모가 지원서 작성의 판을 깔아 줘야 한다. 그러면 아이들이 지원서에 요구되는 항목들을 채워 나가는 것이다. 여러분의 자녀를 위해 교사가 이 일을 해주는 경우는 별로 없다. 그리고 이런 기회가 있다는 걸 알려주는 사람은 더욱 드물다. 학부모는 지원서를 작성해 주는 데 그칠 것이 아니라 자녀의 성취 경력이 될 수 있게끔 각 예술 지원 양식에 대한 서로 다른 심사 기준을 직접 확인해야 한다.

이러한 크리덴셜을 취득하는 것은 올바른 훈련(학교 밖에서 적합한 강사를 찾는 것 또한 부모의 책임이다.)과 인상적인 포트폴리오를 만드는 데 조언해 줄 지식이 있는 사람으로부터 시작된다. 학교 미술 선생님이 이 역할을 해주거나 도움 줄 사람을 추천해 주는 경우도 많다.

이 장에서 말한 크리덴셜을 획득한다면 예술학교(Art School)나 컨서버토리(conservatory)뿐만이 아니라 해당 분야의 예술학도를 받아들일 수 있는 프로그램 및 시설을 갖춘 그 어떤 대학에서도 환영받는다. 오랜 기간 예술에 몰두해 왔다는 점만으로도 인상적일 수 있고, 학생의 재능이 어떻게 발달했는지 또 고등학교에 어떻게 기여했는지도 대학에 인상적일 수 있다. 미술학도가 학교 신문이나 연감을 꾸미는 데 재능을 보탰는가? 학교 전시회에 미술 실력으로 기여한 바 있는가? 음악학도라면 학교 오케스트라에서 연주하는가? 학생이 얼마나 학교 활동을 하고 조직에 어느 정도로 참여했는지는 대학 생활을 하면서 가진 재능으로 어떤 기여를 할지에 대한 예측 지표로 간주되기 일쑤다.

Secret 184 심지어 교사들도, 예술 분야에서 성공하려면 학교 밖에서 진지하게 훈련받을 필요가 있다고 생각한다. 그리고 일부 예술 분야, 특히 음악과 무용에서 학교 밖 교육은 중학교에 들어가기 몇 해 전에 미리 시작해야 한다. 아이가 미시간의 인터로컨, 뉴욕의 라구아디아, 메릴랜드의 카버 센터(Carver Center), 스팀보트 스프링스의 페리맨스필드(Perry-Mansfield), 뉴올리언스 창조예술 센터(New Orleans Center for Creative Arts), 또는 캘리포니아 아이딜와일드(Idyllwild)와 같은 컨서버토리 고등학교에 다니지 않는 한, 고등학교 오케스트라에 들거나 여타 교내 플루트 수업에만 의존해서는 콘서트 플루트 주자가 될 수 없다. 그런데 그런 전문학교에 들어가는 데에도 오디션을 받아야 하며 지원하기 전에 수년간 견고한 훈련을 받았음을 입증해야 한다.

Secret 185 자녀를 훈련시키고자 할 때, 정말로 유명하거나 교수법이 자녀와 100퍼센트 잘 맞는 분에게 배우지 않는 이상, 서로 다른 경험 및 기술을 보유한 여러 선생님들과 만나게 함으로써 은연중에 우위를 점할 수도 있다. 대부분의 예술에서 자녀가 한 가지에만 익숙하게 커나가는 것보다는 다양한 테크닉과 접근법을 경험하는 것이 좋다. 끝에 가서는 다른 것은 다 버리고 한 가지 테크닉만 갖게 되더라도, 강사가 자신만이 당신 자녀의 유일한 선생님이라고 주장하더라도 말이다. (악기 연주나 무용 같은 좀 더 신체적인 예술에서는 예외도 있다. 어떤 위치나 자세를 마스터하려면 한 선생님과 함께해야 하기 때문이다.) 한 가지 테크닉이 어떤 특정 도전에 맞지 않는다면 다른 접근법도 바로 준비되어 있어야 한다. 이는 기술을 습득하는 데에도 똑같이 적용된다. 재즈에 특화되고 싶은 무용가라도 다양성과 기회를 늘리기 위해 발레와 현대 무용 경력이 필요하다.

Secret 186 자녀가 들을 예술 수업을 물색할 때, 장차 예술을 진지하게 고려하는 학생이라면 예술적 표현을 진지하게 다룰 기회를 찾도록 하라. 고등학교에 가기 전에 당신의 예술가 자녀는 동네 십 대 프로그램에 참가하기보다는 지식이 풍부한 예술가가 있는 최고 수준의 예술학교나 대학에서 수업을 받아야 한다. 당신의 진지한 어린 음악가는 부업으로 여러 악기를 가르치는 이웃에게 배울 것이 아니라(그 이웃이 전문 음악가라면 몰라도) 전문 음악가가 있는 컨서버토리나 대학에서 공부해야 한다. 당신의 어린 무용가는 창문에 트로피나 줄줄이 늘어놓은 사설 학원에 다닐 것이 아니라 최고의 컨서버토리나 전문 무용단 부설 학교 내지는 전문 무용단에 연계된 무용 교실에서 공부해야 한다. 극장을 사랑하는 아이는 학교 프로덕션에서 공연하는 것 말고도 최소한 지역사회 쇼와 하계 간이 공연에도 참가해야 하며 제대로 된 발성과 무용 레슨을 받아야 한다.

이 모든 것이 비싸다고 생각되면, 장학금과 기금을 받을 기회를 알아보는 것이 부모의 의무다. 재능과 열성을 보이는 학생들에게 수업료를 할인해 주거나 면제해 주는 프로그램도 있다.(예를 들어, 채플 힐의 발레 스쿨이나 기타 전국적으로 알려진 무용단들이 청소년에게 무료 레슨을 해준다. 뉴욕 시의 공립학교인 뉴욕 테크(New York Tech)에서는 시에 사는 소년 소녀를 위해 무료로 댄스 레슨을 해준다.) 최고 교육을 제공하는 것 외에도, 부모는 자녀가 아직 고등학생일 동안 쇼케이스 기회를 주는 워크숍, 하계 간이 공연, 지역 전시 공간, 경연 대회, 축제 등을 찾아야 한다.

Secret 187 **공개적인 작품 전시와 청중 대상 공연으로 대학 지원에 하늘과 땅만큼이나 차이가 생길 수 있다.** 전시와 공연은 입학사정위원회에 당신 자녀가 해당 예술 분야에서 작품을 공개적으로 알리기에 충분함을 입증하는 중요한 문서이자 크리덴셜이 된다.

Secret 188 **당신의 예술가 자녀가 리버럴 아츠 칼리지에 지원할 때, 대학 입학사정관에게 작품 그 자체를 보여주기보다 자신의 재능으로 치른 성공적인 오디션이나 공연, 예술 경연 대회 경험을 열거하는 것이 더 나을 때가 있다.** 훈련받지 못한 눈과 귀에 실제 작품은 인상적이지 않을 수도 있다. 화학이나 언어학 전공의 입학사정관은 경연 대회 우승 경력의 학생을 평가할 때 작품을 "이해" 못 할 수 있고 마음에 들어 하지 않을 수도 있다. 콘테스트와 퍼포먼스 결과가 훨씬 더 인상적인 경우가 많고, 또 간편하다.

추구해야 할 전국 규모의 예술상

특정 예술 분야에서 자녀를 궤도에 올리는 데 도움이 되는 몇 가지 전국적인 상이 있다. 여기, 최고로 인상적인 몇 가지 예가 있다.

Secret 189 예술 분야의 대통령 장학상(Presidential Scholar in the Arts)은 미국에서 최고로 값진 고등학교 예술상 중 하나다. NFAA가 후원하는 상으로, 수상자와 영예 참가자는 춤, 영화 및 영상, 재즈, 음악, 연극, 사진, 시각예술, 성악 및 작문 분야에서 52만 5,000달러의 장학금을 받는다. 학생은 고등학교 최종학년이어야 하며, 각각 250달러에서 1만 달러에 이르는 20건의 상금이 있다. 10월에 마감해 12월 1일에 발표한다. www.artsawards.org에서 신청하면 된다. 또한 NFAA는 "NFAA의 예술 재능 발탁 사업에 공식 등록된 고등학생의 명단을 단과대학, 종합대학 및 전문 대학원에 제공하는" Scholarship List Service(SLS)를 해주어 참가자들이 최고의 예술 대학에 입학하도록 돕는다. 참여 대학은 서른 곳이 넘으며 그 목록에는 USC, 노스웨스턴, 뉴욕대 티시 스쿨, 노스캐롤라이나 예술학교, 오벌린 콘서버토리(Oberlin Conservatory), 로드아일랜드 디자인학교(RISD)가 포함된다.

Secret 190 대통령 장학상 수상자가 가장 자주 언급한 기회 중 하나는 스칼라스틱 미술 및 글쓰기 상(Scholastic Art & Writing Award)으로, 비영리 단체인 Alliance for Young Artists & Writers가 "차세대 예술가와 문학가를 지도하고 지원하기 위한" 자선 기부금으로 지원한다. 1923년에 시작되어 2018년에 95주년이 되었다. 이 상이 얼마나 큰 영예인지 아는가? 이런 사람들이 이 상을 탔다. 트루먼 카포티, 레드 그룸스, 버나드 맬러머드, 조이스 캐롤 오츠, 로버트 레드포드, 그리고 앤디 워홀.

이 대회는 지역 대회로 시작하여 매년 미술과 글쓰기 분야를 통틀어 약 25만 명이 참여한다. 이 중 7~12학년 학생들이 제출한 예술 프로젝트가 약 19만 건이다. 참여하는 최종학년 학생은 모든 포트폴리오를 제출해야 하며 그중 7명의 12학년 미술학도가 골드 포트폴리오(Gold Portfolio) 수상자로 1만 달러를 받게 된다. 그

밖에 최대 7명의 학생들에게 우수(Notable Achievement)상으로 1,000달러가 수여된다. 카네기 홀에서 열린 수상자 축하 행사에서 수상자를 포함해 1,000명의 미술학도들이 영예를 안았으며 추가로 400명의 글쓰기 수상자가 초청되어 모두 1,400명의 학생들이 총 150만 달러에 달하는 재정 지원 및 장학금을 80군데 이상의 인스티튜트, 대학, 단과대학으로부터 제공받는다.(수상자가 장학금을 받기 위해 꼭 카네기 홀에 참석할 필요는 없다.) 대부분의 장학금은 특정 후원 연구기관에 연결되어 있으므로, 어떤 대학을 자녀가 선택하느냐에 따라서 장학금에 여유가 있을 수 있다. RISD, 사바나, 프랫, 카네기 멜론 및 파슨스를 비롯한 모든 주요 예술학교와 많은 대학 예술 프로그램이 참여한다.

순수미술 분야에는 예술 포트폴리오, 애니메이션, 도자기 및 유리, 컴퓨터 아트, 디자인, 디지털 이미지, 드로잉, 혼합 미디어, 그림, 사진, 사진 포트폴리오, 판화, 조각, 비디오 및 영화가 포함된다. 7학년부터 12학년까지 자격이 있다. www.scholastic.com/artandwritingawards/enter.htm에서 등록 정보를 찾도록 한다.

Secret 191 **미국의 최고 예술, 음악 그리고 무용 학생들이 얻은 상과 크리덴셜에 관한 더 많은 정보는** NFAA의 예술 재능 발탁 사업(역시 매우 권위 있는 대회이다.) 웹사이트를 방문해 보라. www.artsawards.org에서 무용, 영화 및 비디오, 재즈, 음악, 사진, 연극, 시각 예술, 성악, 글쓰기에 대한 크리덴셜을 나열한 전국 우승자를 찾아볼 수 있다. 이것은 기회에 대해서 배울 훌륭한 방법이 될 수 있다.

순수미술

Secret 192 **자녀 학교에서 AP 미술과 AP 미술사가 제공된다면 자녀는 흥미와 지식의 깊이를 보여주기 위해서 두 코스를 모두 마쳐야 한다.** 가장 경쟁력 있는 대학은 고등학교에서 제공하는 가장 도전적인 자원을 활용한 학생들을 선호한다. 미술 전공을 고려한다면 AP 미술과 AP 미술사는 매우 인정받는 과정이다. 자녀가 미술을 전공하겠다고 한다면, 대학이 무조건 AP 물리 같은 과목을 선호하려니 하는 지레짐작으로 하고 싶은데도 못 하고 놔버리게 하지 마라.

Secret 193 **방과 후나 주말에 또는 여름방학 때 사립 미술학교나 대학에서 하는 미술 '인스티튜트'에 다니는 학생들은 훨씬 강력한 포트폴리오 및 지원력을 갖게 마련이다.** 신청자의 10퍼센트만 입학을 허용하는 미국에서 가장 경쟁력 있는 미술 프로그램을 가진 UCLA 입학처에서 나온 말이다.

UCLA 미술 및 건축 학교의 입학 관리 담당 이사 카빈 벅은 학생들이 방과 후, 주말 또는 여름방학 때 민간 프로그램(RISD의 여름 프로그램, 코넬대 여름학교(Summer College) 또는 인터로컨) 또는 인스티튜트나 부설 기관(UCLA 여름 예술학교, BU 시각예술 여름학교 등)에서 자기 작품에 관해 이야기하는 방법을 배우는데 이것이 대학 지원 에세이 및 인터뷰 작성에 매우 도움이 된다고 말한다. (고등학교의 일반 미술 과정에서는 학생들에게 자신의 작품에 대해 토론하는 방법을 가르치지 않는다.) 또한 사립 프로그램 및 인스티튜트에 다니는 고등학생들은 때로 성공한 예술가와 함께 일할 기회를 얻으며 이러한 경험을 입학 지원서에 인용할 수 있다. 그리고 대학 교수진과 함께 과정을 한 학생들은 많은 경우 교수진이 그것을 기억하기에 입학 과정에 도움이 된다.

가장 엄격한 여름 미술 프로그램 중에는 시카고 미술관, 파슨스(뉴욕), 오티스 칼리지(로스앤젤레스), 캔자스 시티 예술학교, RISD 등이 자주 언급된다. 더하여, 대학 부설 인스티튜트 중에서는 미시간 예술학교, 뉴욕대 티시 스쿨, 그리고 UCLA가 엄격하다고 한다. 프로그램은 일반적으로 미대 소속인 경우가 많고 인스티튜트는 일반적으로 대형 대학교 소속이다.

Secret 194 **대학 예술 인스티튜트의 한 가지 이점은 고등학생이 종종 자신의 작품으로 대학 학점을 인정받을 수 있다는 것이다.** 학생들이 여름방학에 인스티튜트에 다니고 있다면 대학 입학 전에 필수 수강 과목인 다른 과정(언어, 영어 작문 등)을 예술 과정과 함께 수강할 수도 있다. 이러한 과정에 기본 영어 작문을 넣어도 되고, 고등학교 AP 수업보다 쉬울 수도 있는 대학의 과학 기초 강좌를 넣어도 좋다.

Secret 195 대학에서 하는 미술학교 및 미술 프로그램에 지원할 때 가장 중요한 요소는 **학생의 사생 능력이다.** RISD의 입학사정관이 한 말이다. 다음으로 중요한 것은 모든 과목에서 뛰어난 고등학교 성적과 더불어 개인 스타일과 창의력이다.

사생 능력을 입증하기 위해 RISD의 대학 지원서는 자전거, 실내 / 실 외 공간 및 자유 선택이라는 세 가지 드로잉을 요구한다. 더하여, 포트폴리오 자체는 일반적으로 12~20개까지 학생의 최고 작품을 포함한다(아래 포트폴리오에 대한 추가 정보를 참조하라).

Secret 196 다른 대학 미술 프로그램에 포트폴리오의 일환으로 자전거 그림을 제출하면 **학생이 RISD에도 지원한다는 표지가 된다.** 여타 미술 프로그램 중 자전거 그림을 요구하는 곳은 달리 없다. 그리고 입학사정관은 RISD에서 자전거 그림을 요구한다는 것을 알고 있다. 따라서 자신이 어디에 지원 중인지 알려주고 싶지 않다면 다른 대학이나 미술 프로그램에 지원할 때 포트폴리오에서 자전거 그림을 빼도록 하라.

{ 순수미술 지망생의 4개년 여름 계획 }

순수미술 지망생의 여름은, 포트폴리오에 도움이 될 진지한 여름 미술 활동을 중심으로 디자인해야 한다. 아래는 4년간 여름방학 계획의 한 예다(부록에 더 복잡한 옵션 목록이 있다). 미술 지망 고등학생이 해볼 수 있는 일은 수백 가지가 있으며 이동이나 체재 비용이 들지 않는 기회도 많다. 이것은 해볼 만한 계획의 견본으로서 예산에 대한 고려 없이 가장 유명한 프로그램 중 일부를 통해 네 해 여름 동안 쌓을 수 있는 크리덴셜 유형이다.

4년간 여름 계획 : 9학년에 올라가기 전 여름방학에 학생은 인터로컨 미술 캠프에서 6주간 그림을 공부할 수 있다. 그다음 해 여름에는 노스캐롤라이나 예술학교에서 4주간의 그림 수업을 듣고 캔자스 시티 예술학교의 여름 집중 미술 실습(Summer Studio Intensives)에서 1주짜리 회화 과정을 수강할 수 있다.

11학년 되기 전 여름, KEI(Knowledge Exchange Institute)와 함께 7월 이탈리아로 건너가 베네치아 미술사를 회화 수업으로 공부하고 그에 이어 시카고 미술관의 2주짜리 세션에 참가한다. 최종학년 전 여름은, 가을 입학 전형 및 인터뷰에 도움이 될 4주 프로그램을 들으면서 UCLA 여름 디자인학교에서 보내면 좋다.

대학에 입학하려면 이 모든 프로그램에 참가해야 하는가? 그렇지 않다. 순수미술 학생은 창작할 시간을 충분히 가질 필요가 있다. 하고자 하는 분야가 꼭 스튜디오에 가서 해야 하는 것은 아니라면 집에서도 많은 작업을 할 수 있다.

이와 같은 4년간의 여름방학 계획을(아니면 일부라도) 실천하는 학생이라면 고등학교 졸업 때까지 가장 유명한 미술 교육을 경험하게 될 것이고(성적과 시험 점수가 적절한 범위에 있다는 *가정 아래*) 어떤 대학교나 미술대학 지원자 가운데에서도 눈에 띌 것이다.

포트폴리오

미대에 지원하려면 자녀 자신의 작품 컬렉션이 필요하다. 이 컬렉션을 포트폴리오라고 한다. 아니, 독자들이 본 적 있는, 예술가들이 갖고 다니는 엄청나게 커다란 검은색 포트폴리오 케이스에 맞는 대형 그림 모음으로 만들 필요는 없다. 요즘 대부분 학교는 거추장스럽지 않게 작은, 슬라이드 방식의 포트폴리오나 심지어 전자(컴퓨터) 포트폴리오를 선호한다. 그러나 각 학교마다 지원자의 작품을 어떻게 보고 싶은지 각각 기준이 조금씩 다르다. 항상 미리 확인하라. (원본을 받으면 보관에 책임을 져야 하기 때문에) 원본을 받아 보려는 대학은 많지 않다.

Secret 197 예술가 자녀가 8학년이나 또는 9학년에 다닐 동안에 대체로 포트폴리오가 어떻게 보여야 할지, 이상적으로 무엇을 포함해야 할지를 숙지하라. 자녀가 고등학교에 다니는 동안 든든한 컬렉션을 모으기 위한 전략 짜기를 도와주라. 최종학년 동안의 작품이 자녀의 능력과 기술의 최고치를 보여줄 것이기는 해도, 앞으로 어떤 종류의 작품이 기대되는지 미리 알아두는 것이 현명하다.

Secret 198 예술가란 한가롭게 자유 표현을 하는 것 같은 이미지일 때가 많지만, 예술 지망이라는 것이 학생이(또는 부모가) 조직화를 게을리하는 변명이 될 순 없다.

포트폴리오, 신청서 및 이력서가 좀 더 조직화되고 구조적이며 예술적 성과에 대한 확실한 증거를 제시한다면 대학은 훨씬 더 감동을 받는다. 입학사정관은 "포장에 너무 신경 쓰지 마세요."라고 말한다. "봉투 속 투명 플라스틱 슬라이드 시트에 슬라이드가 있으면 됩니다. 입학처 파일 폴더에 보관해야 하니까, 낱장 크기가 8.5인치×11인치 이하여야 해요." 그리고 일부 대학은 디지털 이미지를 선호한다.

{ 자녀의 포트폴리오에 겉포장은 적을수록 좋다 }

미대에 지원하고자 포트폴리오를 정리하던 한 미술학도가, 마지막 순간 좋은 의도로 말을 보탠 선생님으로부터 작품을 바인더에 끼우고 바인더를 장식하여 더 매력적으로 보이도록 하라는 조언을 들었다. "재미있는 그림과 무늬를 넣어보렴. 무엇이든지 네가 좋아하는 것으로. 포트폴리오만 봐도 미술에 대한 열정이 막 뿜어져 나온다는 기분이 들게." 교사가 해준 말이었다.

그때는 좋은 충고처럼 들렸다. 그래서 소년은 바인더 커버에 밝고 신나는 별과 행성 그림(남자아이 하면 으레 떠오를 그런 장식 그림)을 그렸다. 반면에, 다른 학생들은 꾸미지 않은 슬라이드와 개별 시트를 제출했는데 이 편이 더 세련되고 전문적인 인상을 주었다. 그 뜻은 "내 작품을 그 자체로 판단해 주세요, 포장으로가 아니고."라는 것이었다. 잔뜩 꾸민 포트폴리오를 낸 소년은 1지망 미술학교에 입학할 수 없었다.

모든 사진과 슬라이드가 고급이며 전문적인 품질인지 확인하는 것도 중요하다. 아마추어적인 "스냅샷"은 자녀의 예술 작품으로 인정받지 못한다.

Secret 199 학부모는 작품을 사진이나 슬라이드로 만들 때 촬영 기술이 최고 수준인 지역 스튜디오가 있는지 선배 학생의 부모나 미술 교사에게 물어 확인해야 한다. 좋은 카메라와 조명 장비를 소유하고 있다면 집에서 촬영할 수도 있다. 그러나 집에서 모든 사진을 찍으려 할 경우 매우 섬세해야 한다. 초점이 맞지 않거나 흐린 사진 이미지는 안 된다. (작품 자체도 찢어졌거나 손상되었거나 미완성이어서는 안 된다.) 사진을 찍을 때는 플래시 반사광이 찍힌다든가, 부적절한 조명으로 그림자가 진다든가, 일부만 찍힌다든가, 작품이 너무 작게 찍힌다든가(슬라이드 윤곽 안에 꽉 차도록 찍어야 한다.), 비스듬하게 기울었다든가(반듯해야 한다.) 하지 않도록 주의해야 한다.

자녀의 순수 예술 포트폴리오를 챙길 때 다음과 같은 실수를 하지 않도록 한다. (1) 사진이나 슬라이드 한 장에 여러 작품을 넣는 것, (2) 각 작품의 구분을 잊는 것, (3) 각 작품의 설명서가 부족한 것, (4) 원본 제출. 항상 사본을 제출하고, 돌려받을 것을 기대하지 마라.

Secret 200 포트폴리오가 다양한 것은 좋지만 품질을 희생해서는 안 된다. "최고 작품만 넣으세요." 이것이 입학사정관이 추천하는 바다. 미술학교 측에서 보기에 별 볼 것 없는 작품까지 넣어서 다양하게 만든 포트폴리오보다 카테고리가 제한되더라도 최고 품질의 작품으로 이루어진 포트폴리오가 더 인상적이다. UCLA의 카빈 벅은 이렇게 조언한다. "대개의 학생들은 최종 포트폴리오에 열 개씩은 작품을 완성해 넣을 겁니다."

Secret 201 학교의 웹사이트를 확인해 봤지만 특정 미술 프로그램이나 대학이 자녀의 포트폴리오에서 뭘 보려는 건지 잘 모르겠다면, 입학 사무실에 직접 전화하여 질문하라. 포트폴리오 요구 사항이 대학마다 프로그램마다 다르므로 학생들은 해당 대학에 맞추어 여러 포트폴리오를 준비해야 한다. 그러나 "대부분의 미술 프로그램이 보고자 하는 그림은 관찰화(observational arts), 개인 그림(personal arts) 또는 즉석 시험(home test)의 세 가지 카테고리로 분류될 겁니다."라고 카빈 벅은 말한다. 이러한 분류 및 포트폴리오 작성에 대한 자세한 내용은 www.artschools.com/articles/portfolio의 카빈 벅의 기사를 확인하라.

Secret 202 — **미술 지망 학생에게 포트폴리오가 필요한 시기는 대학 입학 때만이 아니다.** 대학에 매력적일 수 있는 고등학교 여름 미술 프로그램, 대회, 고교 컨서버토리, 인턴십에도 포트폴리오가 필요하다. 따라서 학생의 포트폴리오는 이력서와 같이 학생이 작품을 축적함에 따라 지속적으로 진화해야 한다.

▶ 전국 포트폴리오의 날(National Portfolio Day)

Secret 203 — '전국 포트폴리오의 날 협회'에서는 개별 학생의 포트폴리오에 대한 일대일 자문에 응하고자 미국 전역에서 이벤트를 열어 학생들이 실제로 포트폴리오를 가져와 전문가의 구체적인 조언을 얻게 해준다. 경연 대회가 아니라 무료 상담이다. 이 행사가 열릴 때 많은 의견을 구하고 많은 전문가와 이야기하는 것이 좋다. 행사 일정은 www.npda.org/tips.html에서 확인할 수 있다.

극예술

Secret 204 — **자녀의 이력을 일찍부터 쌓아가라.** 학생이 대학의 연극영화과에 지원할 경우, 대개 극 참여 이력서에 참가했던 각 작품의 제목과 날짜, 극중 배역 또는 스태프로서 한 역할, 어디서 주최한 극인지(예: 고등학교, 공동체 극장, 대학 등)에 대한 정보를 기록하게 될 것이다. 분명히, 학생이 이 정보를 알리기 위해서는 사전 크리덴셜과 경험이 있어야 한다. 지원서의 많은 경우에, 다음 여러 기술을 포함한 학업 관련 경력 사항이 필요하다. 설명, 평균 성적, 등수, PSAT, SAT 및/또는 ACT 점수, 및 학교 프로파일 시트(학교에서 제공).

또한 지원자는 드라마 선생님이나 코치에게서 자신의 재능, 경험, 개인적 특성, 리더십 기술 등에 대한 의견서를 받아오라는 요구를 받는다. 즉 지원자에게 극 담당 선생님이 계시고 학교 프로덕션과 연극 과정에 참여했다는 것을 전제로 하는 것이다. 일찍 시작해야 하는 또 다른 이유이다.

9학년이나 10학년에 크리덴셜을 완성한 학생은 최종학년 때 대학 연극 프로그램의 오디션에서 크게 우위에 설 수 있다.

고등학교 연극 참가를 위한 오디션

Secret 205 대학 진학이라는 측면에서 볼 때, 학교의 연극 과목 선생님이 뭐라고 말하든 주연을 하는 것이 '착한 병사' 역이나 그 비슷한 단역보다 낫다. 고등학교 선생님은 누군가는 작은 배역을 해야 한다, 단역이라도 종종 관객에게 큰 인상을 준다, 주변 캐릭터들을 리드한다는 등의 이야기를 하여 대학 입학 때 더 중요하게 보일 수 있다고 합리화한다(더 뛰어난 재능이 필요하고 시간 할애가 필요하다고). 더 큰 배역, 더 도전적인 배역이 입학 지원 에세이에서 한결 성공적일 수 있다. 주인공 또는 주요 배역을 받는 건 경험 그리고 연습에 헌신하는 시간이 관건일 때가 많다.(이 경험을 얻는 방법에 대한 자세한 내용이 아래에 더 있다.)

Secret 206 자녀가 학교 연극 오디션에서 처음에 작은 배역을 맡았다고 당황하지 마라. 첫 배역이 단역(처음으로 대사를 외우고 연기를 해야 하는)이라는 것은 부담도 작다는 뜻이다. 딸이 처음으로 배역을 땄다면 출연하게 되어 기쁘다고 선생님께 말씀드리고(자녀에게도 뿌듯한 심정임을 알려줘야 한다.) 내년에는 더 도전적인 역할을 맡고 싶다고도 말할 수 있을 것이다. 딸이 감사한 마음을 갖기를 원하겠지만 항상 작은 역할에 만족하는 아이로 성격이 굳어버리기를 바라지는 않을 테니까.

Secret 207 학교 연극을 위한 오디션을 볼 때 자녀를 돕는 한 가지 방법은 대사와 노래를 미리 익히도록 하는 것이다.(준비를 해와야 한다는 걸 모든 아이가 잘 아는 컨서버토리가 아닌 한은 도움이 된다.) 어느 학교에서 연례 뮤지컬 오디션을 열었다. 올해는 「오클라호마」였다. 학생들은 주인공인 컬리가 되어 한 사람씩 대사를 읽고, 노래하고, 춤을 추게 되었다. 다른 학생들이 꼭 보고 싶어 한 소년이 있었다(이름은 로드니라 치자). 로드니는 마지막 순서를 요청했고, 결과적으로 자기 오디션이 끝나면 돌아가곤 하던 나머지 모든 지원자들이 로드니의 오디션을 보려고 기다렸다. 학생들은 차례로 일어나 대사를 읽고 각자 「아 얼마나 아름다운 아침인지」를 불렀다. 하지만 교사는 거의 관심을 보이지 않았다.
로드니를 보자면, 도무지 전통적인 주인공 감으로 보이지 않았다. 특별히 키가 크지도 않고, 길거리에서 돌아볼 정도의 외모도 아니었다. 그러나 로드니는 항상 눈부신 연기를 하기로 유명한 아이였다.

로드니 차례가 되자 경쟁자들인 관중이 열광했다. 그리고 물론, 로드니가 무대 위에 오르자 마술 같은 일이 일어났다. 그 아이는 자기가 쓴 것처럼 대사를 알았다. 매일 아침 옥수수 밭을 바라보며 노래를 부른 것처럼 노래에 통달했다. 다른 애들과 달리, 그는 긴장하거나 피곤하거나 산만해 보이지 않았다. 그렇기는커녕 자기 자신을 연기하는 것처럼 편안했다. 컬리 그 자체였다. 물론 1년 전에는 테비야였다. 그리고 그 전 해에는 헨리 히긴스였다.

"불공평해." 한 소년이 친구에게 중얼거렸다. "이러면 오디션 할 필요도 없잖아. 쟤는 자기가 배역을 맡게 될 줄 알고 있었어. 항상 배역을 따내는걸."

운일까? 아니다. 편애일까? 드라마 선생님이 오디션에 참여하는 학생에게 호의를 갖는 건 그 아이가 그 배역에 준비가 잘 되어 있고 청중을 확신시킬 수 있을 때뿐이다. 이런 광경은 미국 전역의 고등학교에서 반복적으로 벌어진다. 올해는 「오클라호마」지만 작년에는 「지붕 위의 바이올린」, 「마이 페어 레이디」 또는 「뮤직맨」이었다. 부모들은 필자에게 같은 아이가 항상 우선이라 자기 아이가 끼어들기가 불가능하다고 불평한다.

연극 담당 선생님은 대부분의 아이들이 준비가 안 된 상태로 오디션에 참석한다고 말한다. 대본을 읽을 때 더듬거리고, 노래 부를 때 음정을 틀리고, 캐릭터에서 벗어난다고. 자녀가 역할을 미리 준비하도록 도와주라.

Secret 208 **자녀가 학교 연극에 지원해 오디션을 보려 한다면, 미리 어느 작품인지 알아보고 대본과 DVD나 CD(뮤지컬일 경우)를 구하도록 하라.** 오디션 보기 전 몇 주 동안 차 안에서나 기타 적절한 시간에 배경 음악으로 CD를 튼다. 오디션에서 대본을 보고 읽을 필요가 없을 정도로 대본 연습을 함께 해주라(*체계적으로, 조금씩*). 자녀가 엄청난 우위에 서게 될 것이다.

Secret 209 **집에서 연습 세션을 녹음하라.** 그렇게 하면 당신의 자녀는 여가 시간이나 잘 때, 또는 다른 숙제를 하면서도 배경 음악으로 자기 배역을 익힐 수 있다. 그로써 "그 역과 함께 살" 수 있고 최소한의 노력으로 암기할 시간을 넉넉히 가지게 된다. 학부모로서 당신이 자녀와 정기적으로 연습할 여건이 안 되는 경우에 특히 유용하다(녹음에 오류가 없는지 확인하라).

Secret 210 자녀가 오디션 순서를 선택할 수 있다면, 맨 마지막 순서가 최상인 경우가 많다. 마지막이 가장 기억에 남는다. 또한 마지막 순서는 자녀가 다른 학생들의 실수를 관찰하게 되어 동일한 실수를 피할 수 있게 해준다.

여름방학 프로그램

중학생 또는 고등학생이 최고의 연극 역할 경험을 얻는 곳은 어디인가? 여름방학 극예술 프로그램은 품질과 미션 면에서 엄청나게 다양하다. 어떤 것들은 수영과 예술과 공예 속에 연극 활동이 제공되는 캠프일 뿐이다. 다른 것들은 캠프 환경에서 진지하게 극예술 교육을 제공하기도 한다. 또 그 외에 대학 교수진이 대학 캠퍼스에서 하는 대학 수준(대학 학점) 극 과정이나 휴양지의 하계 공연 경험, 극장 투어 또는 극장 관련 인턴십을 제공하기도 한다. 더 본격적인 고급 과정 프로그램은 대학 지원할 때 더 많이 영향력을 행사한다. 우수한 대학 수준의 여름 극예술 프로그램이 풍부하다. 고등학생을 위한 보다 경쟁력 있는 옵션으로는 노스캐롤라이나 예술학교(NCSA 여름학교 '극' 과정), 뉴욕대 티시(뉴욕에서 하는 연극, 극작, 영화, 사진 과정 및 6학점 해외 프로그램으로 파리와 더블린에서 하는 연극 과정), 카네기 멜론의 Pre-College Drama, 하버드의 Summer Secondary School Drama Program, 아이딜와일드 예술학교의 Academy Summer Drama, UC 버클리의 Actors Workshop, 새러 로렌스의 Create & Invent Theatre Intensive, UCLA의 Acting and Performing Institute, 노스웨스턴의 National High School Institute 극예술 프로그램 및 2주짜리 Musical Theatre Extension Program, 그리고 예일의 Acting in Film Workshop이 있다.

자녀가 여름 대학 프로그램 대신 여름 캠프 또는 여름 프로그램으로 시작하는 경우, 자녀가 역할 또는 공정한 기회를 얻는지 사전에 문의하라. 극예술에 진지한 관심을 가지고 있다면, 경험이 의심스러워 제대로 가르치기 어려운 사람에게서 배우는 캠프에 가서 시간을 낭비하길 바라지는 않을 것이다. 예를 들어, 이미 "회비를 납부한" 이전 캠프 참가자에게 모든 주요 역할을 배당하는지? 회비를 내면 몇 해 여름 동안 참가 가능한지? 나이순으로 캐스팅하는지, 즉 나이 많은 아이부터 자동적으로 주요 역할을 맡게 하는지? 당신의 십 대를 제외할 가능성이 높고 틀에 박힌 캐스팅을 하는지? 또한 어떤 극을 할 예정인지 확인하여 자녀가 프로그램에 도착하기 전에 오디션 준비를 할 수 있도록 한다.

Secret 211 **여름 프로그램을 알아볼 때 수강료가 비쌀수록 극장 프로그램이 인상적일 거라고 가정하지 마라.** 이런 식으로 생각하라. 학생은 가장 전문적인 상황에서 학비를 지불해야 한다.

어떤 프로그램이 대학에 가장 큰 영향을 미치는지는 프로그램이 얼마나 전문적인지, 자녀가 무엇을 하는지에 달려 있다. 브로드웨이나 할리우드의 전문 투어에서 주연하는 것이 예컨대 캠프에서 물감던지기 놀이를 한 후 다 함께 노래하는 것보다 분명히 인상적이다. 또한, 누가 프로그램을 맡아 가르치는지도 중요하다. 고등학교 CIT가? 아니면 세계적으로 유명한 극장 감독이?

학교 밖 오디션 준비

학부모는 극예술에 관심 있는 아이가 학교 밖 오디션과 대학 오디션을 준비하는 데 중요한 역할을 할 수 있다. 가장 분명한 부모 역할은 가정 내 연습 동안 열정적인 청중이 되는 것이다. (또는 아이가 자신의 대사를 연습할 수 있도록 다른 배역 대사를 읽어준다.) 학부모는 또한 자녀의 재능을 보여줄 오디션 독백물을 찾기 위해 대본을 연구할 수도 있다.

Secret 212 **오디션 담당자는 일반적으로 오디션을 위해 따로 만들어져 독백 선집에 게재된 독백을 듣기보다는 자신들이 익숙한 실제 연극 대사 듣기를 선호한다.** 다른 말로 하면, 그들은 셰익스피어의 「로미오와 줄리엣」에 나오는 독백을 메리 스미스의 「십 대를 위한 독백」보다 좋아한다. 또, 어울리는 독백을 골랐는지 주의하라. 종종 나이 많은 배우를 위한 독백이나 사투리가 많은 독백을 선택하는 아이들이 있다. 둘 다 대학 및 전문 오디션에서는 최악의 선택이다.

Secret 213 **아이가 전문 오디션을 보러 가게 되면, 가능한 한 캐릭터에 맞게 옷과 분위기를 꾸미도록 격려하라.** 이 비밀은 브로드웨이에서 성공한 어린이 스타의 어머니로부터 들은 것이다. 그 사람 아들과 내 아들이 새로운 브로드웨이 뮤지컬 배역을 따려고 경쟁하던 당시 큰 오디션 룸 밖 대기실에 앉아 있을 때 처음 만났다. 오디션은 최종 3명에 이르렀다. 그 어머니는 핸드백에서 드라이어를 꺼내어 아들의 앞머리를 똑바로 세우고 만화에 나오는 그 캐릭터 그림과 일치하도록 머릿단을 고정시키려 헤어 스프레이 통을 다 비웠다. "그건 좀 심하지 않은가요?" 그렇게까지 호들갑을 떠는 것을 보고 내가 물었다. "아니요." 그녀는 알고 있는 듯한 미소로 말했다. "선발 심사위원들이 모두 상상력이 좋은 것은 아니에요. 그 사람들 상상력에 최소한의 여지를 남기고 싶다면, 배역을 완벽하게 보여주는 거예요."

그 어머니는 뭐라도 했다. 반면에 세 번째 학생의 어머니와 나는 대기실에 가만히 앉아만 있었다. 오디션 직전에 아들 머리카락 가지고 발 동동 구르지 않는 데에 우쭐해하면서. 헤어 드라이어 소년이 주연을 맡았다. 말할 것도 없이, 그 아이는 역할을 해냈다.

대학 연극 프로그램 지원

크게 경쟁력을 갖게 해주는 대학 극 프로그램들이 여럿 있다. 학부 중에 입학하기가 몹시 어려운 곳으로는 다음 대학들이 있다. 줄리아드(매년 지원자 1,000명 중 25명을 뽑으니 2.5퍼센트 확률이다. 하버드나 와튼보다 어렵다.), 카네기 멜론, 뉴욕대 티시, SUNY 퍼체이스, 미시간.

Secret 214 부모는 자녀가 오디션을 준비하기보다 몇 년 앞서서 원하는 프로그램의 요구 사항을 숙지해야 한다. 줄리아드의 극예술 프로그램 오디션 신청자는, 예를 들어, 2분 정도 길이의 독백 둘을 외워서 해야 한다(현대 작품과 고전 각각 하나씩). 그러나 신청자는 또 다른 오디션에서 부를 경우에 대비해서 다른 독백 둘을 추가로 준비하는 것이 좋다(현대 작품과 고전 하나씩). 독백은 실제 연극에서 발췌한 것이어야 하며(앞서 언급한 내용 참조) 학생은 극 전체에 대한 맥락을 토론하고 질문에 대답해야 할 수도 있다.

줄리아드의 요구 사항과 달리, 미시간의 연기과에서는 현대극을 장려한다. 미시간은 외워서 하는 두 개의 대조적인 독백(총 4분 미만)을 원하며 신체 움직임도 함께 하기를 바란다. 그들은 배역과 나이가 맞지 않는 경우와 "정형화된 작품, 사투리, 극단적인 신체 동작과 도구 사용"을 피하라고 학생들에게 조언한다.

이상적으로 말하면 고등학교 최종학년이 될 때쯤이면 독백 레퍼토리에 익숙해졌을 테니 오디션 과제 암기가 힘들고 어색하지는 않을 것이다. 자녀가 여러 오디션을 볼 계획이라면 각 프로그램의 기준을 충족하는 독백을 찾게끔 도와주라.

Secret 215 대학 입학 에세이를 쓸 때가 되면 연극학도는 단순히 드라마 프로그램이나 감독의 이름을 나열하기보다 배우로 성장하게 된 계기에 집중해야 한다. 예를 들면, 야외 극장에서 「사랑은 비를 타고」 공연 때 주제가를 노래하는데 실제로 비가 내린 일이 있었다든지, 또는 「고도를 기다리며」의 등장인물로 연기하던 주간에 벤치 위에서 잤다든지, 「피터 팬」 뮤지컬을 할 때 나는 법을 배웠다든지, 유명한 모 감독이 내 공연을 비평했다든지 하는 것이다.

연예대행사 찾기

소속사가 있든 없든 자녀가 전문 프로덕션에서 중요한 역할을 수행했다면 대부분의 상위 대학들은 놀라게 될 것이다(학생의 성적과 테스트 점수가 적절한 범위에 있다고 가정할 때). 그리고 연예대행사에 소속되어 있다면 이런 주요 역할을 맡을 가능성이 높아진다.

Secret 216 연예대행사는 수가 많으며 놀라울 정도로 만나기 쉽다. 모델이나 연기자가 되기를 원하는 십 대의 부모들은 내부자만이 에이전트를 구할 수 있다고 믿게 마련인데 내부자가 되는 법을 아는 사람은 거의 없다. 사실 평판 좋은 에이전트에 대한 정보는 클릭 한 번으로 알아볼 수 있다.

Secret 217 ATA(Association of Talent Agents) 웹사이트에는 연예대행사와 각 회사가 모집 중인 분야가 나열되어 있다. www.agentassociation.com/frontdoor/actors_agent_search.cfm 어린이 스타의 이름을 검색하여 에이전트가 누구인지 알아보고 연락처 정보(전화번호 포함)를 얻을 수 있다. 또는 알파벳순 대행사 목록을 살펴보고 "연소자 가능"을 뜻하는 (Y)를 찾아보라.

ATA 관리자에 따르면 자녀에게 적합한 인재를 찾는 가장 좋은 방법은 다음과 같다.
(1) ATA 웹사이트에서 연예대행사 목록을 찾는다.
(2) (Y) 표시 기관에 전화하라.(부모가 전화한다, 아이가 아니고.)
(3) 대행사에 "신인 모집 요강 및 계약 조건"을 요청하라. 일부 대행사에서는 신인을 받지 않을 수 있고 또 다른 대행사에서는 열의를 보일 수 있다. 일부는 업계의 추천만 받으며 일부는 직접 방문을 원한다. 각각 다르다.

Secret 218 계약할 가능성이 있는 대행사가 나올 경우 사진을(전문 사진이 아니더라도) 보낼 준비가 되어 있어야 한다. 자녀가 진지하게 받아들여지길 원한다면 공연 이력서를 준비해 두라. 업계 경쟁이 매우 치열하기에 공연 경험이 없는 아동은 대행사가 찾는 매우 드문 특이한 모습이나 재능이 없는 한은 거들떠보지 않을 수 있다. 즉, 대행사 검색을 시작하기 오래전부터 자녀가 학교 연극, 외부 드라마 레슨 및 외부 제작과 같은 크리덴셜을 준비해야 한다는 뜻이다.

(에이전트가 생겨 자녀가 전문 오디션을 보게 될 경우 공연 이력서와 함께 8.5×11인치 크기의 전문 사진을 가져가야 한다는 점을 알아두라. 사진 뒷면에는 연락 정보, 즉 이름과 부모 전화번호, 이메일을 적어둔다. 안전을 위해, ATA는 이력서나 사진에 자녀의 주소를 포함하지 말 것을 권한다. 연예대행사에서 연락하고자 할 때는 부모에게, 즉 여러분에게 전화해야 한다.)

Secret 219 commercialkids.com이라는 회사에서 아이의 에이전트를 찾을 재미있는 방법을 제공한다. 이 회사는 연소자(0~18세, 그리고 외모가 미성년 같은 젊은 성인)와 일하는 면허 있는 에이전트 명부(이름과 주소)를 제공하고 14.95달러를 받는데, 또는 더 재미있게도 이미 인쇄한 주소 라벨을 원할 시 19.95달러에 팔아 준다. (아이의 사진과 이력서를 목록에 있는 모든 에이전트에게 동시에 보내려는 부모를 위해 생각해 낸 것이다.) 고객은 카테고리를 정하고(예: 대행사, 캐스팅 감독, 매니저, 아동 모델 에이전트, 음악 에이전트, 댄스 에이전트, TV, 무대 등.), 연소자를 위한 21개 카테고리가 매일 업데이트된다. 각 카테고리의 목록과 라벨은 뉴욕의 32개 모델 에이전시, 220명의 뉴욕 캐스팅 감독, 325~340명의 LA 캐스팅 감독에 이르기까지 다양하다. 학부모는 웹사이트 또는 전화(877) 570-9662로 회사에 연락할 수 있다.

Secret 220 합법적인 대행인은 서비스에 대해 비용을 청구하지 않는다. 대행사에서 일단 당신의 자녀를 대표하기로 동의했으면 장차의 성과에 따라 수입의 일정 비율을 떼어 갖는다. 연예대행사를 자칭하면서 포트폴리오 구성, 사진 촬영, 수업을 해 줄 테니 돈을 내라고 하는 사업체들이 있는데 부모들이 주의해야 한다.

Secret 221 대행사를 구하려고 오디션을 볼 때 그쪽에서 자녀를 거절할 수도 있다. 원래 그렇다. 20명의 에이전트가 관심 없어 하고 한 사람이 관심 있어 한다면 아무튼 당신 자녀에게 필요한 에이전트는 한 명뿐이라는 것을 기억하라.

음악과 무용

음악가와 무용가는 대체로 고등학교에 입학하기 오래전부터 훈련을 시작한다. 서너 살에 스즈키 바이올린 교실 학생으로 시작한 최고 수준의 바이올리니스트 이야기는 드문 일이 아니다. 그리고 발레리나의 몸과 기술을 개발하기 위해 열여섯 살에 갑자기 댄스를 시작할 수는 없다. 고등학교 공연자를 눈에 띄게 하기 위해서는 수년간의 준비가 필요하다. 자녀가 음악이나 무용 전공으로 가장 경쟁력 있는 대학에 진학하기를 원한다면, 효율성뿐만 아니라 전문적인 경험과 능력을 보여줄 필요가 있다. 음악을 제2의 자산으로 사용하려 할 때(예를 들어 영문학을 전공하려는 경우)에도 학생은 여전히 관심뿐만 아니라 능력을 발휘해야 한다.

이 책에서 논의된 다른 관심사와 마찬가지로, 미래의 전문 무용가나 음악가를 훈련시키는 과정에서 부모는 직접 음악이나 무용을 하지 못하더라도 참여해 도와야 한다. 부모의 임무는 특정 예술 분야의 교사와 공연 예술가 중 누가 누구인지를 잘 알 수 있도록 하고, 격려하는 자세를 갖고, 물류(강의, 연습 공간, 교통)를 마련해 주는 것이며, 자녀를 위한 최상의 기회를 찾아주는 것이다. 아이가 고등학교에 갔어도 마찬가지다.

두 분야 모두에서 누구와 공부했든, 어느 여름 프로그램에 참석했든 간에 궁극적으로 중요한 것은 자녀의 실력이다. 라이브 오디션이나 녹음본, 녹화본에서 아이가 어떤 음악을 하고 어떻게 춤을 추느냐가 관건이다.

최고의 개인 교습처 찾기

진지하게 예술을 추구하려는 고등학생 음악가와 무용가에게는 뛰어난 교육 프로그램이 많이 제공된다. 음악과 춤 공연도 운동 선수와 비슷하기 때문에 공연자는 컨디션을 유지해야 하므로 1년 내내 수업을 듣고 또 연습해야 한다. 1년의 학습을 유지하고 향상시키는 데 여름 프로그램이 필요하지만, 그것만으로는 부족하다.

Secret 222 **자녀가 특정 악기를 얼마나 진지하게 생각하는지 당신이 잘 모르겠다면(또 자녀도 잘 모르겠다고 한다면), 열심히 하고 후회하는 편이 낫다.** 괜히 했다고 관두는 거야 언제든지 할 수 있지만, 자녀가 자신의 열정에 대해 진지하다는 것을 나중에 알게 되면 잃어버린 시간을 보충하기가 훨씬 어렵다.

Secret 223 **자녀를 위한 악기 수업을 찾을 때, 전반적인 훈련의 유명도나 평판보다 자녀가 얼마나 잘 배울 수 있을지에 중점을 두라.** 가장 중요한 고려 사항은 선생님이 누군지, 그 선생님이 내 자녀와 어떻게 협력해야 할지이다. 개별 악기 음악 프로그램에서는 악기에 따라서 품질이 바뀔 수 있다. 어떤 권위 있는 프로그램에 뛰어난 비올라 선생님이 있을 수 있고, 덜 알려진 어떤 프로그램에 최고의 바순 선생님이 있을 수도 있다. 대체로 최고로 유명한 프로그램(그러니까 기금 지원이 최고로 잘 되고 가장 많이 알려진 프로그램)이 최고 수준의 교사를 유치하는 경향은 있지만, 실제 자녀에게 악기를 가르칠 교사가 최고 수준이 아니라면 최고 명성을 포기하고라도 훈련하기 더 좋은 프로그램을 선택하는 것이 일반적으로는 좋다.

이 말은 곧 명성을 완전히 무시하지는 말라는 뜻이다.

Secret 224 **명성을 최우선 순위로 두어서는 안 되겠지만, 잘 알려진 프로그램은 대학 지원 때 무게를 실어줄 수 있다. 특히 입학사정관이 훌륭한 예술적 판단력을 갖추지는 못한 반면 가장 평판 좋은 프로그램 이름은 익히 알고 있을 때에 더욱 그렇다.**

"'애비 선생님의 발레 교실'에서 무용 수업을 받았어요." 어느 리버럴 아츠 칼리지의 단체 면접 때 한 학생이 말했다.

"저는 앨빈 에일리에서 공부했어요." 다른 학생이 눈썹을 올리며 자랑스럽게 말했다.

세션의 남은 시간 동안 앨빈 에일리 학생은 슈퍼스타 대우를 받았고, 면접자는 그 소녀를 뽑기 위해 모든 노력을 기울였다. 아무도 학생들의 무용을 보지는 못했지만, 이름 있는 프로그램을 한 아이가 더 성공적이었다.

모든 지원자가 자신의 능력과 재능을 수행하거나 시연할 기회를 부여받는 것은 아니다. 실제 공연 기회가 주어지지 않을 때에는 이름 있는 프로그램을 한 학생에게 더 높은 점수가 간다.

Secret 225 **음악이나 무용 프로그램을 찾을 때, 구체적으로 누가 자녀의 교사가 될지 물어보라.** 학생들이 선생님을 선택하는가? 각각 지원자를 받아 추첨을 하는가? 그냥 무작위로 배정하나? 학생들이 컨서버토리의 여러 해짜리 코스 도중 선생님을 바꿀 수 있나?

예술 캠프 프로그램 시작일에 캠프 참가자들이 모여 누가 어느 선생님과 공부하게 될지 발표를 기다리고 있었다. 새러라는 학생이 가장 친한 친구 그레이스에게 몸을 숙이고 말했다. "정말 두근거린다. 제임스 선생님이 내 발성 선생님이 돼주신대. 빨리 발표했으면 좋겠네!"

"어떻게 제임스 선생님이 가르쳐주시게 된 거야?" 그레이스가 물었다. "원하는 선생님을 요청할 수는 없는 줄 알았는데."

"우리 부모님은, 어쨌든 한번 여쭤보는 건 문제 될 것 없다고 그러셨어." 새러가 말했다. "그래서 물어보셨고, 제임스 선생님이 좋다고 하셨어."

학부모나 자녀가 원하는 특정 선생님이 있다면, 배정 전에 프로그램이나 선생님에게 알리라는 것이 이 이야기의 교훈이다. 아이들은 일반적으로 무엇이 가능하고 무엇이 안 되는지 잘 모른다. 그러나 정통한 학부모는 조사를 하고, 자녀가 합격한 뒤에 조용히 이런저런 선생님들께 요청을 드릴 수 있다. 요청하지 말라고 되어 있는 프로그램에서도 말이다.

Secret 226 **어느 한 프로그램에 속한 모든 선생님들이 자녀를 가르치는 데 똑같이 훌륭하다고 생각하지 마라. 가장 인기 있는 선생님이 당신 자녀를 가장 잘 가르쳐줄 것이라는 생각도 하지 마라.** 대형 컨서버토리나 무용 프로그램 내에서도 차이가 있게 마련이고, 다른 성격이 다른 아이들과 잘 맞을 수 있다. 자녀가 특정 접근법을 통해 더 잘 학습한다는 것을 안다면, 프로그램에 합격한 후에 그 취향을 얘기하라. (그러한 특성을 미리 알린다면, 너무 까다롭다는 이유로 입학되지 않을 수도 있다.)

Secret 227 **자녀와 진지하게 노력할 교사 또는 코치를 찾는다면, 교사의 이전 학생들이 거둔 결과를 신중히 살펴보라.** 이 선생님은 어떤 수준까지 학생들을 이끌어갔는지? 과거 학생들은 전문 수준에 도달했는지? 어느 대학에 갔는지? 교사가 학생을 어느 수준까지만 올려주는 릴레이 시스템의 일부인지, 그래서 어느 지점에 이르면 다른 코치가 전문적인 수준으로 이끌 것인지?

선생님과 다른 아이들의 상호 작용도 관찰해야 한다. 함께하는 아이들을 존중하고 아이들을 위해 애써 주는 선생님인지?(여러분의 자녀와 신뢰관계가 형성되지 못한다면 그 선생님의 명성은 별로 중요하지 않다.)

Secret 228 **교사를 선임할 때, 시간 배분이 중요한 요소일 수 있다.** 자녀에게 얼마나 많은 관심을 기울일 수 있는지 알아보라. 강사가 그의 관심과 애정을 독점할 수 있는 다른 슈퍼스타 아이들을 가르치는지 알아보라. 강사에게 직접 물어보라. 그에 대한 대답으로 강사가 당신의 마음을 사려고, 당신 자녀가 적절한 곳에 왔다는 확신을 주려고 자기가 가르치는 다른 학생들에 대해서 자랑할 수도 있다. 그러나 초기에 그 자랑을 듣고 당신은 정말로 당신 자녀의 능력을 믿고 그 재능을 이끌어내는 데 헌신할 선생님이 필요하다고 구체적으로 말하게 될지 모른다.

즉, 자녀가 유연한 태도를 잃지 않고 다양한 성격의 선생님과 함께할 수 있도록 격려하라. 여러분의 자녀는 공포에 질린 감독, 고함을 지르는 지휘자, 무대에서 얼어붙는 연예인, 무대 일을 잊어버린 공연자와 같이 어렵고 괴팍한 성격의 사람들과 종종 협력해야 한다. 자녀가 더 융통성 있고 붙임성 있을수록 미래에 더 많은 기회가 주어지며 더 많은 도움을 받을 수 있다.

음악 분야의 크리덴셜

Secret 229 **대학에 확실한 인상을 주고 싶은 진지한 음악학도는 학교 내 음악 활동 참여에 학교 밖에서 이룬 업적을 보태야 한다.** 다른 예술 분야와 비교해 클래식 음악은 아동기에 다니는 학교와 더 밀접하게 연결되어 있으며 학교 내에서 진행되는 과정의 구조가 더 빡빡하다. 음악 분야에서 두각을 드러내고 싶다면, 학교가 제공하는 카운티, 지역 및 주 수준의 기회를 충분히 활용해야 한다. 한편 학교 밖에도 어린 음악가가 빛날 수 있는 수많은 기회가 있으니 부모는 자녀를 위한 프로그램과 콘테스트를 찾는 데 크게 도움이 되어줄 수 있다. (이러한 기회에 대한 자세한 내용은 아래를 참조하라.)

학교 관련 음악 분야 크리덴셜

Secret 230   미국의 공립 및 사립 학교 음악 경연 대회에는 순위가 있다. 최고 수준의 고등학생 음악학도들은 거주하는 카운티, 지역, 시의 음악 축제에 초청받아 참가한다. 훌륭한 크리덴셜이지만, 입학사정관 대부분을 감탄시키지는 못한다. 그중 많은 학생들이 주립 음악제 오디션을 보게 된다. 주마다 자체 조직과 행사가 있다. 일부 주에서는 9학년에서 12학년 학생들을 오디션에 초청하고, 다른 곳은 최종학년이나 그 전 학년만 참가를 허락한다. 대부분 주에서는 해마다 음악 축제를 열지만 워싱턴주나 오리건주 같은 곳은 격년제로 개최한다. 주립 음악제 참가는 많은 대학에 깊은 인상을 준다. 특히 학생이 인구가 많아 경쟁이 치열한 지역 출신인 경우에 그렇다. 주 대표 공연에서 솔로 또는 콘서트마스터로 지명되는 경우는 특별히 인상적이다.

동부 및 북서부 컨퍼런스에서, 주 대표 공연에 나갔으면 특별 합주단 오디션에 참가할 자격이 생긴다. 동부 컨퍼런스(워싱턴 D.C. 포함 메릴랜드주에서 메인주까지)는 콘서트 밴드(150명), 심포니 오케스트라(150명), 재즈 앙상블(20명), 혼성 합창단(300~330명) 등 매년 650명의 학생들을 받아들인다. 북서부 컨퍼런스(알래스카주, 아이다호주, 몬타나주, 오리건주, 워싱턴주, 와이오밍주)에는 혼성 합창단(300명), 여성 합창단(175명), 콘서트 밴드(150명), 심포니 오케스트라(150명), 재즈 밴드(20명), 재즈 합창단(24명)이 있다.

남부 컨퍼런스(루이지애나주와 미시시피주를 포함해 버지니아주에서 플로리다주까지)와 북중부 컨퍼런스(인디애나주, 아이오와주, 일리노이주, 미시간주, 미네소타주, 네브래스카주, 노스다코타주, 오하이오주, 사우스다코타주) 같은 다른 주에서는 주 대표가 되는 게 끝이다. 지역 컨퍼런스가 없는 캘리포니아와 다른 서부 및 남서부 주에서도 마찬가지다. Music Educators National Conference는 짝수 해에만 개최되며, 지역 컨퍼런스는 홀수 해에만 개최된다. (만약 거주하는 주에서 최종학년과 그 전 학년만 참가가 가능하고 11학년이 된 해가 홀수 해라면 최종학년까지 기다리지 말고 오디션을 보게 하라.)

오디션 곡을 선택하는 과정은 주마다 다르다. MENC(National Association for Music Education: 알파벳 첫 자가 기구 이름과 맞지 않는 것은 원래 Music

Educators National Conference였기 때문이다.)에서는 수락 가능한 오디션 곡을 부모가 자녀의 고등학교 음악 선생님과 상의하기를 권장한다. 주마다 다양한 난이도의 다양한 작품이 허용된다.

Secret 231 밴드, 오케스트라 또는 합창단을 통하여 전미 고등학생 음악 대표(All-USA High School Musician)가 되는 것은 지명을 기다릴 필요가 없고 주 대표 자격을 얻을 필요도 없다. 이것은 별개의 대회이며 www.menc.org에서 온라인으로 신청할 수 있다. 전미 음악 대표라는 건 악단을 구성하는 게 아니라 100명의 젊은 음악학도에게 주어지는 국가적 명예이다.

악기에 뛰어난 것으로 장학금을 받게 될 수 있다. 그리고 우수한 실력을 증명하여 지급되는 장학금은 대학 지원 시 종종 또 하나의 크리덴셜로 간주된다.

Secret 232 MENC 웹사이트는 음악 장학금을 신청하려면 일찍 계획을 세워, 바람직하게는 10학년이나 11학년부터 시작할 필요가 있다고 말한다. 고등학교 음악 선생님은 일찍부터 골몰하는 것이 고등학교 음악 프로그램을 너무 경쟁적으로 만들 수 있다고 생각해 이 사실을 자녀에게 알려주지 않을 수도 있다. 그러나 최종학년 3월이나 4월이 되면 벌써 MENC 장학금이 수여된다. 협회에서는 MENC 오디션을 준비하기 위해 오디션 레퍼토리를 몇 달 전, 몇 년 전에 결정하도록 권장한다. "자신의 강점을 보여주는 오프닝 작품을 결정하세요. 어렵게 결정해서 잘 공연한다면 당신의 능력을 보여줄 수 있습니다." MENC는 온라인에서 대학의 음악 관련 장학금 목록을 제공한다(직접 장학금을 주지는 않지만). www.menc.org/information/infoserv/Scholar.html에서 찾아볼 수 있다.

모든 종류의 클래식 음악 오디션 준비를 위한 MENC의 조언: 아이가 면접에 적절한 옷을 입는지 확인할 것, 워밍업할 수 있게 일찍 도착하도록 할 것, 악보와 여벌 현이나 리드, 이력서를 지참하게 할 것. 오디션 시에 심사위원과 눈을 맞추고, 실수를 하더라도 계속 연주하고, 변명은 하지 말라고 자녀에게 미리 일러둘 것.

자녀의 고등학교 음악부와 협력하기

준비된 트럼펫 연주자인 한 소녀는 아직 9학년이라서 중요한 공연의 트럼펫 솔로 오디션을 볼 수 없다는 말을 들었다. 고등학교 악단의 지휘자가 말했다. "9학년은 솔로 연주를 시키지 않아. 솔로 연주를 하는 건 최종학년 학생이라야 해."
"하지만 연주는 제가 최종학년 선배 누구보다도 잘하잖아요!" 그 학생은 항의했다.
"네가 잘하기는 하지만, 예외는 없어!"
그 소녀는 너무 좌절하여 악단 활동을 그만두고 싶었다.
자녀가 비슷한 상황에 처한 경우, 학교와 협력하고 훌륭한 팀 정신을 발휘하도록 격려하라. 궁극적으로 보아서 이것이 최상의 방법일 것이다. 그러나 능력을 보여주려면 학교에만 의존해서는 안 된다. 학교에는 이런저런 고려해야 할 요소가 많고 학교별 특성과 임의의 규칙이 있다. 오로지 수상 경력에만 기반하지도 않는다. 어떤 기회는 최종학년 학생들에게만 주어지거나, 모두에게 차례를 부여하기도 한다.

Secret 233 **자녀의 재능이 학교에서 제대로 인정받지 못한다고 생각되면 학교 밖 기회에 집중하라.** 자녀가 무시되는 것을 알았다면 책임 교사와 직접 이야기하라. 최종학년 학생만 솔로 활동을 할 수 있는 학교 공연 정책에 반대한다면 변화를 줄 수 있는 학부모 단체에 참여하고 교사와는 논쟁하지 마라. 그리고 담당 음악 교사나 연극 교사의 관점을 알아보지 않고 성급하게 변화를 요구하지 않도록 하라. 나는 자녀가 신입생일 때 "상급생 특권"을 열렬히 비난하던 부모들을 아는데 그분들은 자녀가 고학년이 되니 견해를 180도 바꿨다. 철학적으로 볼 때, 고등학생 시절에는 어느 시점에든 아이들 각각이 독창적인 기회를 누릴 수 있도록 하는 것이 좋다. 그 아이들이 최고의 예술가가 아니더라도 말이다. 일단 대학에 진학하면 모든 것이 실력을 바탕으로 자리매김하게 된다. 그 아이들은 다시는 공연할 기회가 없을 수도 있다. 그러나 그러는 동안에도 학교와 관련된 장애물이 자녀의 음악적 발전을 방해하지 않는지 전부 확인하라.

Secret 234 **학교 안에서만 음악적 성공을 거둘 수 있는 건 아니다.** 자녀를 위해서 학교 밖의 기회를 조사할 때, 악기나 성악 개인 교습을 하는 선생님은 자녀가 인상적인 경로를 밟아 가는 데 도움이 될 지역 내의 학교 밖 오케스트라, 밴드, 오페라단, 앙상블 등에 대해 잘 알고 있다. 지역사회 오케스트라에 자녀를 등록하라. 또는 자녀가 빛날 수 있는 4중주 또는 다른 앙상블을 만들라. 보육 시설이나 노인 센터에 솔로 투어를 하게 하라. 많은 사람들이 자녀의 공연에 감사할 것이다. 학교를 초월하라.

또한 책과 웹사이트에서 학교 밖의 최고 경연 대회를 찾을 수 있다.(예를 들어 www.Violinist.com에서 국제 바이올린 콩쿠르를 확인할 수 있다. 피아노 콩쿠르에는 58개국의 650개 대회를 열거한 www.afn.org/~afn39483/index.html을 확인하라.) 전국 대회 우승은 어떤 것이든 대학 입학위원회에 깊은 인상을 줄 수 있다. 경연 대회는 단순한 작곡 도전부터(http://musicians.about.com/od/contests에 열거된 것과 같은) 데이비슨(www.ditdservices.org) 및 스핑크스(www.sphinxmusic.org/applicants)와 같은 무게 있는 전국 대회, 그리고 클라이번, 부소니, 쇼팽, 프란츠 리스트, 하마마츠 피아노 같은 메이저 국내외 피아노 대회, 바이올린 대회와 기타 악기 및 앙상블 대회가 있다.

Secret 235 **부모는 고등학교 음악 프로그램을 지지해 줌으로써 젊은 연주자의 길을 쉽게 만들어 줄 수 있다.** 완벽한 피치를 가진 거장에서부터 생초보자까지 다양한 학생들의 요구를 충족시키려면 고등학교 선생님은 외교관이 될 수밖에 없다. 당신이 진지한 음악학도의 부모라면 여러분은 음악부와 동맹이 되어야 한다. 자녀가 모든 공연에서 중요한 솔로를 하도록 밀어붙이고 싶은 충동이 들더라도 팀 플레이어가 되어야 한다. 많은 고등학교에서 학부모들은, 심지어 전문직들 부모님들도 기금을 모으기 위해 막간에 음악부를 위해 직접 구운 과자를 팔곤 한다. 커튼콜 때 독주자 학생과 선생님께 드릴 꽃다발을 사놓도록 안배해 둔다. 의상을 만들거나 배경 그리는 것을 돕기도 한다. 참여한 학부모는 팀 플레이어의 본분을 잃지 않고 음악 교사가 책임자라는 사실을 존중하는 한, 음악부의 현안에 관하여 좀 더 의견을 말할 수 있다.

학교 밖 음악 및 무용 프로그램

다음은 최고 품질의 교육을 제공하는 음악 및 무용 프로그램의 견본이다. 두 분야 모두에 흥미진진한 기회가 더 많이 있다.

Secret 236 학생들은 지원하기 전에 제3자에 의해 "발견"되거나 추천받을 필요 없이 대부분의 프로그램에 직접 신청할 수 있다. 어린 학생들은 좋은 기회가 있어도 처음에는 영향력이 있는 누군가가 자기를 발견해 줘야 하는 줄 알고 나서서 신청하지 않는 경우가 정말 많다.

인터로컨: 인터로컨 예술 캠프는 매년 여름 미시간 캠퍼스에 2,000명의 젊은 예술가와 1,000명의 교수진 그리고 직원을 끌어들인다. 이 캠프는 무용, 연극, 창조적인 글쓰기, 시각예술, 영화 예술 및 음악에 관한 400가지가 넘는 프리젠테이션을 위해 "세계에서 가장 뛰어난 학생"(3학년~12학년)과 "세계 최고 수준의 강사"를 모집한다고 주장한다.

6학년부터 12학년까지의 무용학도들은 하루에 6시간의 집중 발레 또는 현대 무용 교육을 특징으로 하는 3주짜리 세션 한두 가지에 참여한다. 악기 연주자, 가수, 작곡가를 위해 인터로컨은 상급 호른 교실, 상급 현악 4중주, 상급 성악, 상급 합창, 클래식 기타, 작곡, 앙상블 프로그램을 제공한다. 현악(세계 청소년 심포니, 인터로컨 필하모니, 실내악), 앙상블 프로그램(세계 청소년 심포니 오케스트라, 세계 청소년 관악 심포니, 인터로컨 필하모니, 인터로컨 교향악단, 실내악), 하프, 재즈, 오르간 그리고 피아노 연주가 있다.

음악도를 위한 프로그램

'탱글우드' 즉 보스턴 대학교 탱글우드 학교(Tanglewood Institute)에서는 매사추세츠 버크셔 산맥에서 세계적으로 유명한 탱글우드 축제를 통해 집중적으로 음악을 공부하고 공연하기를 원하는 고등학생들을 위한 여름 프로그램을 제공한다. 청소년 음악가 프로그램(Young Artists Program)(15~18세) 중에는 오케스트라(6주), 보컬(6주), 작곡(6주), 하프(6주), 피아노(3주 또는 6주), 관악 앙상블(4주) 수업이 있다. 또한 시간을 줄이고 싶은 학생들을 위해 플루트, 오보에, 클라리넷, 트럼펫, 호른, 트롬본, 튜바/유포니움, 더블베이스, 현악 4중주 및 타악기 등에 2주간의 인스티튜트 워크숍(15세 이상)이 제공된다.

"오디션 대체 작곡 악보 세 점을 제출"하는 작곡 학도를 제외한 모든 참가자에게 오디션이 요구된다. 작곡을 배우는 것 외에도 작곡 학생들은 자작곡이 실제 앙상블로 연주되고 녹음된다. 그리고 그들은 세계 최고 작곡가들 중 일부와 만나게 된다. 다른 모든 탱글우드 프로그램은 라이브 오디션을 보거나 녹음을 보내서 참가할 수 있다. 참가 신청은 www.bu.edu/cfa/music/auditions/index.htm에서 할 수 있다.

노스웨스턴 대학교 음악학교(Northwestern University School of Music): 일리노이주 에번스턴 National High School Music Institute의 5주 여름 프로그램은 180명의 진지한 음악가를 위하여 (컨서버토리 첫해에 배우는 것을 본따서 구성한) 수업과 24개 이상의 앙상블을 제공한다. 커리큘럼에는 공연, 공연 탐방, 마스터 클래스와 오디션 준비 및 최고 음악학교 지원을 위한 수업이 포함된다.

UCLA의 월드뮤직 여름학교 및 음악 아카데미(World Music Summer Institute and Music Academy): 2006년 민속음악학과에서는 아프리카계 미국인 음악, 한국 음악, 멕시코 음악의 세 가지 공연 전통 중 하나에 푹 빠져보는 1주짜리 프로그램을 시작했고 참가자는 2학점을 얻는다. 또 다른 2학점은 UCLA의 1주짜리 여름 음악 아카데미에서 밴드, 심포니 오케스트라 또는 협연(피아노) 수업에 참여하여 딸 수 있다.

무용학도를 위한 프로그램

여름 무용 집중강좌: 특이 무용(Summer Dance Intensive: Extraordinary Dance): 콜로라도 칼리지는 14세 이상이며 무용 경험이 2년 이상인 학생에게 3주짜리 교육 과정을 제공한다. 참가자는 매일 6시간 기예 수업(발레, 요가/아크로밸런스, 현대 무용, 힙합, 재즈)을 하고 45분 강의와 토론이 이를 보강하며, 저녁시간에는 선택

으로 실험적이거나 드문 무용 형식 과목을 수강하게 된다.

앨빈 에일리 청소년부 여름 집중강좌 프로그램(Alvin Ailey Junior Division Summer Intensive Program): 최소 2년 발레 교육을 받은 12세부터 15세까지의 소년 소녀를 대상으로 현대무용 및 재즈 수업을 보충한 발레를 제공한다. 이 프로그램은 에일리 시티그룹 시어터에서 공연을 거듭 쌓아가고 있다. 이것은 매우 권위 있는 프로그램이다. 그리고 최고 성적 및 표준화 시험 점수와 함께라면 이 프로그램에 참여했다는 것은 무용 프로그램을 제공하거나 무용 프로그램 접근을 허용하는 대학을 놀라게 할 것이다. 비디오 또는 오디션을 통해 신청하라. 16~25세를 위해서는 7주짜리 전문부(Professional Division) 강좌가 있다.

미국 발레교실(School of American Ballet): 미국에서 가장 유명한 고등학교 발레 프로그램 중 하나이며 대학에 가장 훌륭한 크리덴셜이다. (레지덴셜 프로그램은 뉴욕시의 링컨 센터에 근거를 두고 있다.) 입학은 12세에서 18세 사이 남녀 학생들을 대상으로 한 오디션을 통해 이루어진다. "미국 대륙 밖에 거주하는 학생들은 비디오테이프 또는 DVD를 보낼 수 있다." 그러나 미국 학생들은 뉴욕으로 오디션을 하러 갈 필요가 없다. 전국적인 오디션이 22개 도시에서 진행된다.

새러 로렌스 여름 무용학교(Sarah Lawrence Summer Dance): 10, 11, 12학년생을 위한 이 2주 과정은 "협력적이고 경쟁 없는 분위기에서 기술적이고 창조적인 요소의 무용을" 가르친다. 현대무용, 즉흥 무용, 안무 및 기술이 포함된다.

UCLA 여름 무용-공연 집중강좌(Summer Dance-Theatre Intensive): 2006년에 도입된 이 1주짜리 프로그램은 대학의 무용 교수가 가르쳐왔으며 2학점을 준다. 이 프로그램은 "날마다 컨템포러리 모던/포스트모던 댄스부터 브라질 카포에이라와 힙합에 이르는 동작 기법 수업이 있으며 즉흥 무용/안무 구성 수업도 한다."

자녀의 공연 기록하기

Secret 237 자녀가 대학 및 기타 프로그램에 지원하는 DVD 또는 CD를 제작하는 경우 가능한 한 최고 전문 시설을 이용하라. 자녀가 거실에서 테이프 레코더에 노래를 기록하던 시절은 갔다. 연주가 아름다워도 집에서 엉성하게 녹음한 녹음본을 제출하는 연주자는 큰 인상을 남기지 못한다. 전문 녹음 스튜디오를 찾으려면 자녀의 음악 교사에게 문의하라. 농촌이나 외딴 지역에 살아서 근처에 스튜디오가 없다면, 좋은 음향을 갖춘 학교 음악실에서 자녀가 녹음하도록 하라. 자녀가 학교 공연 중에 솔로로 연주하는 경우에도 녹음을 하면 입학사정관은 당신 자녀의 음악가 정신을 인정할 맥락을 이해하게 될 것이다. 마지막 학년까지 기다렸다가 녹음할 일이 아니다. 가장 인상 깊은 부분에 초점을 맞추게 하고 싶다면 시간 분량을 넉넉히 잡고 좋은 것을 뽑아 구성해야 한다. 지원 지침서에 기록 시간을 제한하는 지침이 있거든 해당 시간 한도를 지켜야 한다.

창의적인 글쓰기

한 유망한 젊은 작가 지망생이 고등학교 문학 잡지에 시를 기고했지만 거절당했다. 편집자인 다른 학생 생각에 그 시를 실어주면 자기도 지원하려고 하는 대학에 상대방이 입학하는 데 도움이 될 것 같았던 것이다. 거절당한 여학생의 어머니는 분개해서 그 시를 전문 출판사에 보냈고 거기서는 즉시 책에 실어주었다. 다음 해에 대학에 지원하면서 그 학생은 지원 에세이에 자기 시가 출판된 사실을 언급했고(고등학교 문학 잡지에서 거절당한 것은 쓰지 않았다.) 1지망 대학에 입학했다.

Secret 238 **자녀의 글쓰기가 고등학교 간행물에만 국한될 필요는 없으며, 고교 간행물에서 거부당한 내용이 좀 더 인정받는 환경에서 높이 평가될 수도 있다.** 학부모는 매일 신문의 외부 필자 컬럼 면(때때로 시가 실린 것을 볼 수 있고, 자녀의 작품에 연관 있는 주제를 다루는 잡지가 있는 것을 알게 될 수 있다.)을 포함해 자녀의 독창적인 글쓰기를 위한 학교 밖 장소를 찾을 수 있다. 지역 주간지 많은 곳에서도 학교 관련 뉴스에 대한 학생의 기사를 기꺼이 실어준다. (자녀가 주간 신문에 기사를 내고 싶다면 긍정적인 것에만 초점을 맞추고, 기록 활동에 참여한 모든 사람들에게 감사 표시를 하도록 하라. 파헤치고 고발하는 유의 글이 되어서는 안 된다.) 자녀의 기사, 시 또는 책을 출판하는 데 있어 훌륭한 정보를 주는 책들이 있다.

『Writer's Market』(Writer's Digest Books, 2007)은 특별히 아동의 글쓰기에 초점을 둔 것은 아니지만, 자녀 작품의 질이 높다고 판단되면 적합한 정기 간행물이나 작가 대리인을 찾는 데 도움이 될 것이다. 『Children's Writer's & Illustrator's Market』(Writer's Digest Books, 2007) 또한 도움이 될 수 있다.

시 또는 기사를 출판하려면 (작가 대리인부터 찾기보다는) 먼저 직접 출판사에 가라. 학부모는 특정 칼럼이나 섹션을 담당하는 편집자와 직접 대화하여 작품을 제출할 방법을 문의할 수 있다. 간행물마다 절차가 다르다. 한꺼번에 여러 곳에 기고해도 무방한 곳도 있다. 그런가 하면 어떤 곳에서는 독점적으로 글을 줄 것을 요구한다.

서스쿼하나 대학교(Susquehanna University)는 고등학생 작가에게 문예지 《Apprentice Writer》에 글을 실을 기회를 준다. 고등학생을 위한 문예지는 드물기 때문에 11,000권 발행하는 이 책에 출판하는 것은 매우 권위 있으며 대학에 매우 매력적일 수 있다. 그러나 《Apprentice Writer》를 (다른 어떤 출판물도 마찬가지지만) 지원서에 언급할 때 학생은 이 간행물에 대해 설명해야 한다. 문학과 관계없는 사람(인류학이나 생물학을 전공한 사람)이 지원서를 읽는다면 《Apprentice Writer》에 대해 알지 못할 수 있다.

특별히 십 대들의 작품을 발간하는 다른 게재처로 《Positive Teens magazine》(www.positiveteensmag.com)과 《Merlyn's Pen》(www.merlynspen.org)이 있다.

Secret 239 글이 출판되는 것과 대통령 장학상을 수상하는 것 외에 고등학생 문학 작가에게 매우 영광스러운 두 가지 상은 데이비슨 펠로스 상(Davidson Fellows Award)과 스칼라스틱 미술 및 글쓰기 상이다. 문학에서 이 두 가지 상을 신청하려면 자녀가 "픽션, 논픽션, 시, 연극 영화 각본의 네 장르에서 세 가지를 포함하는 60~75쪽짜리 작품 포트폴리오를 제출해야 한다." 또한 "포트폴리오에 넣은 작품에 대한 500단어짜리 소론을 제출해야 한다."

필요한 작문 샘플을 준비하는 데 수년이 소요될 수 있다. 따라서 자녀가 고등학교에 입학하면서부터 포트폴리오 작성을 염두에 두는 것이 좋다. 대학 지원이 가장 잘 먹히는 크리덴셜들은 다 그렇지만 하룻밤 작업으로 준비가 이루어지는 것이 아니다.

재능 있는 작가는 우승하면 무엇을 받는가? 각 5만 달러, 2만 5,000달러, 1만 달러의 장학금이다. 가장 인상적인 대학 지원 크리덴셜로 전국 최고 젊은 작가 중 한 명으로 인정받으며 워싱턴 D. C. 의 의회 도서관에서 수상한다.

이 장의 시작 부분에 있는 순수미술 섹션에서 논의된 스칼라스틱 상은 7학년에서 12학년 학생들이 지원 가능하며, 글쓰기 분야 골드 포트폴리오 상의 1만 달러 수상자는 다섯 명이다. 그리고 글쓰기 및 미술 분야에서 1,000달러 수상자 최대 7명을 선발하는 Notable Achievement Portfolio Silver 장학금은 최종학년생에게 글쓰기 포트폴리오를 보아 지급된다(한 작품만 보는 것이 아니다). 과거의 수상자로는 로버트 프로스트와 윌리엄 사로얀이 있다. 글쓰기 분야는 극본, 일반 작문, 유머, 보도문, 논픽션, 소설, 수필/회고록, 시, 과학소설/환상소설, 단편 및 초단편 소설을 포함한다. 2006년에는 1,700편의 원고가 전국 경쟁에 나왔다(지역별 경쟁에 나선 62,000편 중에 선별된 것이다). 그중 7~12학년 학생들이 쓴 400편이 (1,000명의 순수미술 학도들과 함께) 카네기 홀에서 상을 받았다. 수상한 학생들에게는 모두 80개 이상의 예술학교 및 대학에서 제공하는 150만 달러의 재정 지원 및 장학금을 신청할 자격이 주어진다.

자녀가 기술을 연마할 수 있도록 돕기

여러분의 소설가 또는 시인 자녀가 출판하거나 상을 받을 만한 곳이 어딘가 물색하기에 앞서 우선 자녀가 작품을 쓰고 다듬는 데 집중하도록 독려하라. 예를 들어, 자녀의 목표가 고교 졸업 전에 소설을 쓰고 출판하는 것이라면 자녀의 계획에 최상의 여름 글쓰기 프로그램을 포함시킬 수 있다(아래 참조). 또는 휴양지로 자녀를 보내기에는 예산 부족이라면(보통 하루에 100달러 이상 든다.) 집에서 여름 작가 프로그램을 직접 진행하라. 이 경로를 선택한다면, 전반적으로 도움이 되는 작업 환경을 조성하는 것 외에도 자녀와 함께 마감일을 정하고 그 데드라인을 지키기 위한 보상이나 추가 인센티브를 제공할 수 있다. (마감일을 지키는 데 따르는 보상을 젊은 작가에게 알려주려는 부모는, 진정한 보상은 글쓰기 목표를 이루는 것이기는 해도 때로는 약간의 인센티브가 어른과 아이 모두에게 목표 달성에 크게 도움 된다는 점을 인정할 것이다.)

Secret 240 **글쓰기의 마감일은 전적으로 자신이 정해야 한다.** 부모가 정해 줄 수도 있지만(예컨대 하루에 몇 쪽을 쓴다는 식으로) 궁극적으로는 자녀가 마감일을 결정해야 한다. 우선 며칠은 소설의 전체 윤곽을 짜는 데 쓸 수 있을 것이다. 여러분의 자녀가 장기 목표를 달성하도록 도울 때 점심 시간을 충분히 넣도록 하라. (그 시간 동안은 글쓰기에 손댈 수 없다. 한 시간 뒤에 여러분의 자녀는 다시 글을 쓰러 가고 싶어 근질거릴 것이다.) 또한, 운동이나 기타 글쓰기와 관련 없는 활동에 적어도 한 시간씩을, 일과 후나 아침의 첫 활동으로 배분하도록 하라. 또한 저녁은 자유로워야 한다. 집필 시간은(매일 오전 10시까지는 집필을 시작한다고 치면) 오후 5시면 즉시 종료되어야 한다. 주말에는 일하지 않는다. 이러한 제한은 탈진을 막는 데도 중요하지만 자녀의 창의력을 키우고 여름 프로그램에 참가한 것 같은 느낌을 준다. 여러분은 자녀가 알차고 생산적인 방학을 보내는 것뿐만 아니라 다양한 여름 활동을 즐긴 후 가을학기로 복귀하기를 바랄 것이다.

자녀가 하루에 다섯 쪽을 쓸 목표를 세웠다면 첫 주말에 25쪽, 한 달 뒤에는 100쪽, 두 달 뒤에는 200쪽을 썼을 것이다. 그런 후에는 가족끼리 여행 갈 시간을 남겨두었다. 가을에 학교로 돌아왔을 때 여러분의 자녀는 (200쪽짜리 SF 소설을 쓴 작가라 치고) 이제 학교 문학 잡지와 같은 교내 창작 활동에 참여하여 글쓰기 능력을 향상시킬 더 많은 활동을 하게 된다. 교내 출판물에 글을 싣는 것은 대학 지원에 도움이 될 훌륭한 활동이다. 그러나 200쪽짜리 소설을 썼다면 설령 아직 출판해 줄 곳을 찾지 못했더라도 여러분의 자녀는 인상적으로 보일 것이다.

여름방학 글쓰기 프로그램

Secret 241 **자녀가 관심 있어 하는 문학 형식이 무엇인지 관심을 기울여 거기 맞춘 훈련을 받도록 해주라.** 단편 소설, 수필, 시, 시나리오 등 자녀가 어느 한 가지 장르에 집중하고 싶어 한다면 그것을 써볼 수 있게 해주는 여름 프로그램을 찾도록 한다. 예를 들어 자녀가 SF 소설을 쓰고 싶어 하는데 시 쓰기에 집중하라고 한다면 이는 고역이고 역효과가 날 수 있다. (물론 자녀가 어느 한 가지 형식에 뜻이 확고한 것이 아니라 다양한 글쓰기 장르를 시험삼아 해보고 싶어 한다면 한 가지 경험만 제공하는 집중 프로그램에 보낼 필요는 없다.)

고등학생을 대상으로 한 권위 있는 글쓰기 프로그램이 많다. 가장 흥미로운 프로그램 중 하나로는 듀크 TIP에서 하는, 뉴멕시코 산타페와 타오스 사이 85제곱킬로미터에 달하는 조지아 오키프의 고스트 랜치(조지아 오키프가 자주 머물며 작품 활동을 했던 시골집—옮긴이)에 틀어박혀 2주에 걸쳐 진행되는 여름 창작 글쓰기 프로그램이 있다. 이 프로그램은 **Writer's Art: Creative Writing**이라고 부르며, 10~12학년 학생들을 대상으로 한다.

피드백을 원하고 다른 젊은 작가를 만날 기회를 바라는 젊은 작가는 버몬트주 미들버리 대학에서 매년 5월에 개최되는 **New England Young Writers' Conference at Bread Loaf**를 확인하라. 2008년 참가비는 250달러였으며 기숙사, 글쓰기 워크숍, 식사 및 주말 레크리에이션 활동 포함이다. 지원하고 작문 샘플을 제출하는 연간 마감일은 11월 중순이다. 연락처는 neywc@middlebury.edu다.

컬럼비아 대학교는 고교생 대상 여름학교의 일환으로 매년 학점이 인정되는 소설 쓰기 워크숍(Fiction Writing Workshop)을 제공한다. 이 프로그램에는 단편 쓰기, 판타지 쓰기, SF 쓰기, 장편 쓰기, 단어 게임, 보도문 쓰기 및 전문적인 학생 작문 토론이 포함된다. 마지막에는 학생 작품집이 출판된다.

스탠퍼드 여름학교(Summer at Stanford)에는 서술적이고 상상적인 글쓰기에 초점을 맞춘 5개 과정의 작문 강좌가 있다. 참가자들은 서로의 작품을 읽고 토론하며 두 편의 단편을 완성하고, 간행된 이야기를 토론하고, 다른 학생들의 작품을 비평한다.

특정 장르나 형식을 전문으로 다루지 않는, 창작 전반에 관심을 가진 학생 또는 여러 형태의 글에 견고한 배경을 얻고자 하는 학생에게는 **아이오와 청년 작가 교실**(Iowa Young Writers' Studio)(10, 11학년 또는 12학년을 마친 학생)과 **인터로컨**(6~9학년)이 뛰어난 프로그램을 제공한다.

자녀의 특정 작문 관심사에 맞춘 4년간의 여름 계획은 부록에 나와 있다. 일반적으로, 학생들은 여름방학이면 공식 프로그램 하나에만 집중하고 나머지 시간은 글을 써야 한다. "작가는 글을 쓰는 사람이다." 우리 아버지 말씀이다. 이 말의 뜻은 창조적인 글쓰기를 추구하는 학생에게는 실제로 무엇을 쓰지 않는 글쓰기 과정이나 세미나란 없다는 것이다. 예비 작가는(여름이 시작되기 전에) 여름 동안의 집필을 위한 시간을 챙겨두어야 한다. 그러지 않았다가는 특정 글쓰기 형식(또는 형식들)에 대한 지식의 4개년 계획을 놓쳐 자신만의 독창적이고 출판 가능한 작품을 남기지 못하게 된다.

제9장

인문학
모든 대학이 원하는 학자

예술이나 과학에 관심이 있는 학생 모두가 실제로 새로운 예술이나 과학을 창조하는 것은 아니다. 어떤 학생들은 내부자가 아닌 통역자로서 사회에서 예술과 과학의 역사 및 역할을 공부하는 데 더 관심이 있다. 이 학생들은 언어(현대 및 고전), 언어학, 문학, 역사, 법학, 철학, 고고학, 비교종교학, 윤리학, 예술사, 비평 및 이론, 사회과학의 일부 주제와 같은 인문학 과제들에 가장 열광한다.

예술이나 과학과 달리 인문학은 확립된 계통과 실제로 접촉해 볼 기회가 적다. 그렇지만 어디에서 찾아야 할지 알기만 하면 흥미로운 기회는 분명히 있다. 그리고 대학에는 인문학 분야의 많은 과목이 기다리고 있다. 프린스턴과 같이 최고 수준의 교양 과정이 있는 대학교에서는 학사 과정 전공의 반 이상이 인문학이다. 예술, 과학, 수학 및 공학을 합한 것보다도 많다. 최고의 인문학도를 위한 첫걸음은 에세이 및 작문 기술을 닦도록 도와주는 것이다. 대부분의 인문학 과목은 고도의 글쓰기로 이루어져 있고 학생의 성적은 주로 (단답형 시험과는 전혀 딴판인) 에세이로 판가름 난다.

자녀가 다니는 고등학교에 그런 종류의 에세이 쓰기 집중 강좌가 없다면, 지역 대학의 작문 강좌를 듣게 하라. 대부분 해설문 또는 에세이 쓰기 수업을 개설하고 있다. 주제('아서왕', '문학으로 영화 보기', '미국 정치 운동' 같은 것들인데)는 자녀가 특별히 매력을 느끼는 것이 아니라도 별 상관이 없다. 요점은 에세이 쓰기 기술을 습득하는 것이다. 일주일에 한 번, 저녁에 하는 곳을 찾아보라. 또는 스탠퍼드의 EPGY 프로그램으로 온라인 에세이 작문 강좌에 등록하라. 여기서는 학생들이 나이와 표준화된 성적에 따라 분류된 가상 클래스에서 일주일에 한 번 온라인 수업을 하게 된다. 에세이 과제로 긴 것과 짧은 것이 준비되어 있다. http://epgy.stanford.edu/courses/english

Secret 242 자녀가 인문학 계통 정공을 지망해 출발하는 가장 구체적인 방법은 TASP (Telluride Association Summer Programs)에 문의하는 것이다. 과학 계통에 RSI가 있고 예술 계통으로 대통령 장학상, 데이비슨, 스칼라스틱 상이 있듯이, 인문학이라면 이것이 정답이다. 이 프로그램 정보는 인터넷에서 찾을 수 있지만 최종학년 학생들을 위한 비영리 여름 교양 프로그램인 TASP는 널리 알려지지 않았으며 경쟁이 치열한 곳에서는 비밀스럽게 언급된다.

자녀가 아직 8학년이라면 www.tellurideassociation.org/tasp1.html에서 TASP용 샘플 응용 프로그램을 다운받아라. 이 신청서는 자녀가 고등학교에 다닐 때까지 3, 4년의 생산적인 계획을 수립하기 위한 기본 틀 또는 최종 목표의 역할을 할 수 있다. 대학이 인문학 지망생에게 어떤 능력을 원하는지 (어떤 걸 갖춰야 두드러지는지), TASP 또는 그와 동등한 자격을 얻는 데 최종학년 전 학년까지 어떤 크리덴셜을 구축해야 할지 알려줄 것이다. (이 프로그램이 원하는 단 한 가지 학생 프로파일이라는 게 있는 건 아니지만, TASP를 참조 기준으로 사용하면 자녀가 부차적인 학습 일정을 짜는 데 도움을 주어 인문학 지망생으로서 대단히 우수한 고등학교 커리어를 쌓을 수 있을 것이다.)

Secret 243 TASP 신청서는 SAT에서 99.5퍼센트 성적을 받은 최종학년 전 학년생들에게 발송되지만(상위 0.5퍼센트), 학생은 초청장 없이도 직접 이름을 올려 신청서를 받고 신청할 수 있다. 이 프로그램은 매년 약 950명이 신청서를 받게 되며, 면접을 통해 120~150명으로 수가 줄고, 최종적으로 88명 학생이 참여하도록 선택된다. 그래서 신청자 중에서 프로그램에 선정될 확률은 10분의 1이 되지 않는다. 참가자는 뉴욕주 이타카의 코넬 대학교, 앤아버에 위치한 미시간 대학교, 오스틴에 있는 텍사스 대학교, 세인트루이스의 워싱턴 대학교 중 한 곳에서 하루 3시간 일주일에 5일씩 6주에 걸쳐 최대 18명의 학생과 세미나에 참석한다. 대학 교수가 이끄는 수업은 대학 인문 과정의 상위 수준으로 강의보다는 토론 위주로 진행된다. 학생들은 방대하고도 심도 있는 독서와 글쓰기를 하는데 성적은 평가하지 않는다. 대학 학점도 주지 않는다. TASP는 여하의 교육 배경에 관계없이 지적 호기심과 동기가 큰 학생들을 찾고 있음을 강조한다.

TASP가 권위 있는 이유는 수업료가 없기 때문이기도 하다. TASP는 무료다. 모든 학생은 소득에 관계없이 주거, 식사 및 장학금을 제공받는다.

"TASP를 마친 학생들이 결국 대학은 어디를 가나요?" 이 책을 쓰느라고 나는 전화로 직원에게 문의했다.

"코넬 대학교에 많이 가네요, 미시간 대학교에도 가고요." 직원이 말했다. "그러나 그 학교들 말고도 하버드, 예일, 스워스모어, 버클리에서 많이들 데려가요."

그런 장점에도 불구하고, TASP는 많은 고등학교 인문 교사들의 레이더 스크린에 잡혀 있지 않다. 그리고 TASP가 초대장을 발송할 때 많은 상위 학생들을 종종 놓친다. 그러므로 지명해 달라고 요청하지 않고 선생님이 요청해 주시기를 기다리는 부모들(심지어 초청이 오기를 기다리는 부모들)은 훌륭하고 재능이 많은 자녀를 두고도 지명을 받아보지 못할 수 있다.

적극성을 발휘하라. 아이가 인문학을 사랑하고 프로그램에서 잘할 것이라고 생각한다면 TASP에 지원하게 하라. 여기엔 교사 추천이 필요하다. TASP 참가를 희망한다는 걸 미리 그쪽 담당을 하시는 영어과나 사회과 선생님께 언질해 두도록 하라. 최종학년 전 학년이 시작될 즈음에 하는 것이 바람직하다. 맨 처음 말 꺼내는 건 자녀에게 시키지 마라. (선생님에게 자길 추천해 달라고 말한다는 게 아이 생각에는 끔찍이 건방진 느낌일 수 있다.) 또한 학교에 대고 프로그램 이야기를 하지는 마라. 그러면 선생님이 더 많은 아이들을 추천 후보로 망라하게 만들어 불리해질 수 있다. 교사당 최대 다섯 학생을 추천할 수 있기 때문이다.

Secret 244 TASP를 운영하는 사람들은 11학년에 올라가는 우수한 학생들만을 위해 TASS(Telluride Association Sophomore Seminars)라는 소규모 프로그램도 운영한다. TASS는 아프리카계 미국인 연구에 집중한다. 매년 300~350명 정도의 학생들이 지원하며 대부분 고교 선생님 및 여타 교원이 추천한다. 이 프로그램은 미시간 대학교와 인디애나 대학교에서 하는 세미나에 최종 54명이 참여할 수 있다. TASS 참가자들은 다음 해 여름 TASP에 초대받는다.

인문학 크리덴셜 쌓기

인문학 과정에 관심이 있는 학생은 8학년 올라가기 전 여름에 인문 관련 강좌가 많은 주요 영재 발굴 프로그램 중 하나로 출발할 수 있다(2장 참조). 예를 들어, 노스웨스턴의 CTD(Center for Talent Development)에 7~9학년을 위한 최근 프로그램들로는 '위대한 미국 작가들', 셰익스피어, 라틴어, 어원학, 심리학, 철학, 지정학 및 법이 포함된다. 듀크의 TIP(Talent Identification Program) 여름 인문학 강좌에는 '애팔래치아 설화', '문학에 나타난 폭동과 약탈', '원더랜드에서 호그와트까지', '극장으로 세상을 바꾸다', '셰익스피어와 공연예술', '20세기 디스토피아 문학', '혁명과 테러리즘', '프로도에서 존 스노까지(판타지 문학)', '가장 위대한 세대, 세기 중반의 정치, 문화, 사회', '문학과 예술에 나타난 영혼들', '빛나는 갑옷을 입은 기사(사실 대 허구)', '바이킹', '동방의 지혜(자신을 앎에 대하여)' 같은 주제들이 포함된다.

인류학과 고고학

Secret 245 **고등학교 동안의 이상적인 인류학 과정은 교과 과정은 최소로 하고 탐사를 최대한도로 해야 한다. 다른 문화에 자신을 몰입시키는 것이다.** 고등학교에는 인류학 과정이 거의 없는 데 반해, 학교 밖(특히 여름 집중 프로그램과 학년 중 교환학생 프로그램)에는 여러분 자녀의 관심을 사로잡고 나중에 인류학 과정이 최고 수준인 대학(대부분 최고 리버럴 아츠 칼리지)에 진학하게 할 수도 있는 프로그램이 있다.

나바호 보존 지역에서 한 달간 살게 하는 심층 프로그램에 보내서 아이의 신발이 젖을 수도 있을 것이다. 차를 타고 와서 하루나 이틀 건물 짓는 걸 돕는 정도가 아니라 Experiment in International Living(75년 이상 참여 여행을 조직해 온 회사다.)이 후원하는 4주짜리 나바호 국립공원 여름 "원정" 프로그램에 참가하도록 한다. (고등학생들은 며칠 동안 오리엔테이션을 받고 보호구역에서 가족생활을 경험한다). 프로그램에는 놀이터 만들기나 농사일 돕기 같은 지역사회 봉사와 래프

팅, 하이킹, 아나사지 유적 탐험 등이 포함되어 있다.

최근 듀크는 흥미로운 미국 내 인류학 탐사를 제안했다. '애팔래치아 이야기: 유령, 탐험가, 블루그래스(Appalachian Tales: Ghosts, Hikers, and Bluegrass)'는 "노스캐롤라이나 블루리지 산지의 민담, 습속, 생태계에 특히 초점을 두어서" 메인에서 조지아에 이르는 애팔래치아 길의 문화를 탐험한다. 읽을거리로는 유령 이야기, 하이킹 잡지, 그리고 블루그래스 음악 가사가 있다. 학생들은 도보 자연 탐사를 하고 지역 음악 공연에 참석한다.

이국적인 해외 인류학 탐험과 프로그램은 Global Routes(아프리카, 아시아, 중남미, 프랑스, 카리브해 지역에서 3~5주간의 지역사회 봉사 프로그램을 후원하는 단체), Experiment in International Living과 어스워치 인스티튜트(Earthwatch Institute: 현장 연구에서 전 세계 사람들을 이어주는 조직으로, 젊은이들이 학자들의 실제 연구에 참여할 수 있게 해준다.)를 통해 가능하다. 어스워치는 북미 지역 탐사에 6~8명 1조로 구성되는 학생 팀을 만들어 매년 100명의 십 대 청소년(17세부터)에게 펠로십을 수여하는 프로그램을 만들었다. 그중 일부는 자연에 집중하는 것이고 나머지는 인류학이다. 자세한 정보는 EducationAwards@earthwatch.org로 이메일을 보내라.

Secret 246 경험과 자격을 풍부하게 하기 위해 여러분 자녀가 인류학 클럽을 학교에 다시 세울 생각을 해볼 수 있다. 인종이 다른 회원끼리 다른 문화를 경험하기 위해 서로 상대방의 집에 교환학생이 되어 축하 행사와 휴일을 체험해 볼 수도 있다. 대학은 선도자 역할을 하는 학생, 새로운 활동에 도전하는 학생을 사랑한다. 무슨 이유에서든 학교에서 이런 클럽을 만들지 못한다면 학교 밖에서라도 만들어라.

* * *

고고학 쪽에 더 관심이 있는 학생이라면, 옵션은 국제적으로 또는 국내적으로도 있다. 매우 매혹적인 프로그램 중 하나는 크로 캐니언 고고학 센터(Crow Canyon Archaeological Center)의 여름 현장학습으로, 고교생들이 콜로라도에서 푸에블로 인디언의 아나사지 문명을 발굴하고 연구실 작업에 참여하는 것이다(www.crowcanyon.org).

어스워치 인스티튜트에서는 청소년이 고고학자를 도와 발굴에 참가할 수 있다. 가족 단위로 참가하기도 한다. 최근 몇 년 사이에 몇 가족들이 일리노이에 있는 카호키아 고분 유적지에서 미시시피강의 고대 문명을 연구하는 7일간의 발굴 작업에 참가했다(어린이 10세 이상). 어스워치 탐험에 드는 비용은 여타 조금 사치스러운 휴가 비용과 엇비슷하다. 2006년 기준으로 성인 1인당 2,400달러, 어린이 1인당 1,995달러였다.

Secret 247 **고고학 발굴에 참여하는 것은 대학 입장에서 매우 인상적으로 보일 수 있다. 단, 학생들이 고고학 연구실의 기술을 배우고 연구 대상 사람들의 문화를 배우는 데 실제로 참여한 경우에 한해서다.** 발굴 현장에 차 타고 가서 하루 이틀 보는 것만으로는 대학에 깊은 인상을 남기지 않는다. 자녀가 얼마나 많은 지적 에너지를 그 일에 바치는가가 관건이다.

예술사

Secret 248 **대학으로부터 인정받으려는 고등학생으로 미술사에 야심이 있다면 AP 미술사를 수강해야 한다.** 고등학교에 과목이 마련되어 있지 않다면, 11학년에 이르기 전에 그 과정을 준비하라. 이것은 교육위원회 모임 전(10학년 때)에 학교 교장 선생님이나 학교에서 금전적 결정을 내리는 사람들과 상의해야 할 수도 있다. 학생들의 관심이 적거나 예산이 부족해 과정 개설이 불가능하다고 할 때에는 독자적으로 준비하거나, 통신 교육 과정 또는 지역 대학 프로그램으로 준비해 둔다.

어떤 학부모는 고등학교의 미술 과정을 대학이 낮게 평가할까 걱정한다. 대학이 물리학이나 라틴어 결과를 더 알아주지 않을까 생각한다. 그러나 자녀가 지원하고자 하는 대학에 미술사나 미술 실기 전공이 있다면, 아이가 미술사 전공에 진지한 관심을 나타내고 또 그런 관심에 걸맞은 과거 기록이 뒷받침된다면, 이 학생이

한 미술 과정은 존중받는 정도가 아니라 낙점을 해준다고까지 볼 수 있다.
대학의 미술사가 점점 비서구 미술을 포함하기 시작하므로, 경력에는 AP 미술사 외에도 AP 유럽사가 포함되어야 한다. 강력한 경력으로서 또 다른 방법은 대학의 여름 미술사 과정을 수강하는 것이다. 고등학생에게 제공되는 여름 미술사 과정 중 일부는 실제 작품을 보고 전문 지식을 얻으려 해외로 여행 가거나 박물관 및 갤러리를 찾아가는 것이다(교실 수업 포함). (부록에 있는 미술사 지망 학생용 여름 선택지 목록을 보라.)
미술사에 대한 진지한 관심도를 보여주는 또 다른 방법으로는 박물관, 갤러리, 조각 정원 방문 그리고 유명 예술가의 집을 찾아가거나 대학 에세이에 이러한 방문을 강조하는 방법이 있다. 더하여, 학생의 경력에는 미술품 거래상, 박물관, 갤러리 또는 귀중한 미술품을 소장한 유서 있는 가택에서 한 인턴십이 포함되어야 한다. (www.VolunteerMatch.org를 통해 그러한 기회를 찾아보자.)

Secret 249 규모가 작은 박물관에서는 선물가게나 기금 마련 행사에 학생들을 위한 인턴십이나 자원봉사 과정을 운영하면서도 광고를 하지 않는 경우가 꽤 많다. 미술사에 열정적인 학생이라면 여름방학 또는 학기 중에 미술 관련 기관에서 자원봉사 이력을 만들어야 한다. (기관에 직접 전화하라.) 또는 자녀가 예술을 지원하는 학생 그룹을 조직하거나 자기 자신의 기금 모금 활동을 시작하도록 격려하라. 이러한 경험과 네트워킹 기회는 대학 지원 레주메에 큰 도움이 될 것이다.

고전

많은 영화와 컴퓨터게임 들이 고대 로마와 그리스를 재구성하는 데 초점을 맞추는 요즘 같은 때는 고대사에 대한 관심이 새로워지게 마련이다. 그러므로 연구중심 대학(2장 참조) 및 예일, 하버드, UCLA, 노스웨스턴 같은 주요 대학에 고전 시대 문명과 언어를 탐구하는 여름 강좌와 프로그램도 풍부하다.
자녀가 다니는 고등학교가 라틴어, 고대 그리스어 또는 고대사를 가르치지 않더라도 많은 대학이 가르친다. 학부모는 인근 대학의 저녁 과정 또는 온라인 과정으로 고대 그리스어 교육을 알아볼 수 있다. "도대체 고전 같은 걸 왜 공부해요?" 토론회에서, 자녀가 고등학교에서 스페인어, 프랑스어가 아닌 라틴어를 할 까닭이 뭔지를 묻는 학부모들이 있다. 훌륭한 이유가 많이 있다. 많은 교사들이 라틴어를 하면 학생들의 SAT 언어 영역 점수가 올라간다고 말한다. 그러나 라틴어를 선택하는 또 다른 이유는 대학 입학 기회를 늘리는 것이다. 라틴어와 고대 그리스어에 등록한 많은 학생들은 고전의 본질적인 가치를 발견한다.

Secret 250 최고 수준의 리버럴 아츠 칼리지 중 많은 곳에 고전학과가 있지만, 고전을 전공하고자 하는 학생들은 비교적 드물다. 비록 학생이 우수한 성적과 시험 점수를 입증할 수 있어야 들어가겠지만, 진정 고전을 전공하려는 욕망이 있는 학생이라면 매우 경쟁력 있는 대학에 뒷문으로도 들어갈 수 있는 여지가 있다. 진지하게 받아들여지려면 고등학교 때 라틴어나 고대 그리스어 과정을 배워야 한다.

Secret 251 40분짜리 전국 라틴어 시험(National Latin Exam)에서 메달을 따는 것이 고전학의 주요 경력이다. 시험은 1급부터 6급까지 있는데 약 148,000명의 학생들이 매년 3월 자기 급수에 맞게 시험을 본다. 5~6급은 AP 라틴어 과정에 버금가며, 그 수준에 오를 정도로 오래 공부한 학생은 대학이 감동할 정도로 미국 내에서 뛰어난 경우이다. 예를 들어, 2006년에는 2,194명 학생들만이 5급 라틴어 시험에 응시했다. 이 중 44명이 만점을 받았고 여기에 추가로 190명이 더 금메달을, 292명은 은메달을, 319명은 동메달을, 326명은 성적 우등 인정을 받았다. 라틴어 6급을 마친 학생은 가능성이 훨씬 높아진다. 2006년에는 6급을 치른 학생이 215명에 불과했지만 반수 이상(*123명*)이 수상했다. 9명은 만점, 23명은 금메달을, 22명은 은메달을, 42명은 동메달을, 그리고 36명은 성적 우등 인정을 받았다.

여러분의 자녀가 다니는 학교가 전국 라틴어 시험 공부를 시켜주지 않는다면 학교 밖에서 라틴어 교사 또는 개인 교사를 구할 수 있다. 학생 한 사람이라면 시험 비용은 20달러면 된다. 두 명이나 그보다 많을 때는 한 명당 4달러씩 추가 비용이 들고 배송 및 운용 비용으로 10달러가 든다. www.nle.org를 방문하라.

이보다도 더 아는 학생이 적은 시험이 전국 그리스어 시험(National Greek Exam)이다. 고대 그리스어에 집중하는 시험으로, 고등학생 및 대학생이 응시 가능하다.

Secret 252   **자녀를 최고 대학에서 원하는 인재로 만들고 싶다면, 고대 그리스어 공부를 시켜라.** 라틴어 배우는 학생도 드물지만 고대 그리스에 대한 지식이 있는 고등학생은 훨씬 드물다. 한 국가 시험 대변인은 강조해 말한다. "대학은 이런 학생을 원합니다." 많은 리버럴 아츠 칼리지 및 유수 대학교들에 고전학과가 있지만 학생이 다 차는 곳은 많지 않다는 것이 그의 설명이다. 매년 전국에서 1,500명 정도의 학생들이 입문, 초급, 중급, 호메로스, 산문, 고전 비극(최상급이다.)으로 이루어진 6개 등급의 전국 그리스어 시험을 신청하지만 실제로 시험을 보는 학생은 1,300명뿐이다. 그중 80퍼센트가 낮은 등급의 시험을 본다. 최상급인 고전 비극을 선택하는 학생은 보통 15명도 안 된다. 이 학생들은 대학 진학 때가 되면 잘나간다. 최고 득점자인 1등 학생은 1,000달러의 장학금을 받는다. 테스트 응시자의 약 절반이 리본을 받는다. 보라색(만점), 파란색, 빨간색, 초록색. 고급 레벨에서 보라색 리본을 획득하는 것은 대단한 일이다. 최근 몇 년 동안 최고 득점자는 프린스턴, 옥스퍼드, 예일, 하버드, 그리고 오스틴 텍사스 대학교에 장학금을 신청했다. 각 시험은 40문제, 50분, 복수의 정답을 선택하는 객관식 시험이다. 학생들은 미리 공부 패킷(무료)과 기출 문제를 2달러에 받을 수 있다, NGE@ACLClassics.org로 연락하라. 그 외 시험 정보는 데브 데이비스 박사 앞으로(ddavies@brooksschool.org)로 문의하라. 시험은 매년 3월 둘째 주에 실시된다.

Secret 253   **자녀의 학교에서 고대 그리스어를 가르치지 않는다면 자녀에게 온라인 과정을 배우게 하라.** 실제로 전국 그리스어 시험 응시자 중 가장 큰 성장세는 인터넷 과정을 배우는, 홈스쿨링을 받는 아이들이다. 몇몇 가상 학교에서는 고대 그리스어를 온라인으로 가르친다. 인기 있는 곳은 Kypros-Net이다. www.kypro.org/LearnGreek.

Secret 254 최고의 대학들이 바라는 또 다른 희귀한 분야는 성서 그리스어이다. 초급에서 대학원 수준에 이르는 일련의 인터넷 시험인 전국 성서 그리스어 시험(National Biblical Greek Exams)을 통해 재능을 나타내야 한다. www.greekexam.com/index.php

Secret 255 고전에 대한 또 다른 관심을 알리고, 전국적으로 눈에 띄며 대학에 인상을 심어주는 기회를 얻기 위해 학생들은 연례 대회를 후원하는 전국 청소년 고전 리그(National Junior Classical League)에 참가할 수 있다. 이 조직은 라틴어, 고대 그리스어 또는 신화를 연구하는 7학년에서 12학년 학생들을 위한 포괄적인 그룹이다. NJCL 전국 대회는 매년 여름, 다른 대학에서 개최된다. 2007년은 테네시 대학교 녹스빌이었고, 2008년은 오하이오주 옥스퍼드 소재 마이애미대 오하이오에서, 2009년은 샌디에이고 주립대에서 열릴 예정이다. 대회에 참가할 수 있는 유일한 기준(학년 기준 말고는)은 NJCL(www.njcl.org)의 회원이어야 한다는 것인데 입회비는 학생 1인당 7달러이며 일반적으로 학교 라틴어반에서 지불한다. 학교가 참여하지 않거나 홈스쿨링인 경우에는 대량 회원으로 가입할 수도 있다. 컨벤션에서 매우 인기 있는 이벤트 중 하나는 퀴즈볼 식 컨테스트인 Certamen이다. 학생들이 고전의 등장인물처럼 옷을 입고 그 인물에 관한 질문을 받는 코스튬 콘테스트가 또 하나의 하이라이트이다. 일주일 중 대부분은 인증서, 메달, 트로피 및 리본을 수여받는 라틴어 필기 시험을 치게 된다. 시험 옵션에는 신화와 그리스어 토론이 포함된다.

Secret 256 고전으로 전국에서 눈에 띄는 또 다른 방법은 메두사 신화 시험(Medusa Mythology Exam: www.medusaexam.org)을 선택하는 것이다. 전국 라틴어 시험이나 전국 청소년 고전 리그만큼 알려져 있지는 않으나 고등학생이라면 누구나 치를 수 있다. 자녀가 라틴어 또는 그리스어로 등록할 필요가 없다. 시험은 신화에만 초점을 맞춘다. 잘 한다면, 고전을 전공하고자 하는 대학 지원자에게 좋은 자격이 된다.

여름방학 코스 및 프로그램

고전학 지망생의 여름 강좌에는 신화, 그리스 희곡, 고전 철학, 고전 유희 및 고전극이 포함될 수 있다.(여름방학 코스 샘플은 부록을 참조하라.)

몇몇 대학에는 고등학교 라틴어 과정 학생을 위한 로마 여행 프로그램이 있다. 댈러스 대학교 여름학교에는 '로마에서 라틴어를(Latin in Rome)'이라는 이름의 매우 진지한 현장 학습 과정이 있다. 참가자들은 7월에 3주 동안 키케로, 플리니우스, 베르길리우스, 호라티우스가 로마에 관해 쓴 글을 연구하면서 이들이 언급한 유명 장소를 방문한다. 이 프로그램에는 대학 교수의 강의, 일상 언어 자습서, 토론 및 가이드를 동반한 역사적 유적지 및 박물관 견학이 포함된다. 자격을 얻으려면, 적어도 3년 동안 고교 라틴어 과목을 이수한 우수한 최종학년 또는 그 전 학년 학생이어야 한다. 이 프로그램은 대학 3학점을 준다.

외국어 및 언어학

프랑스어나 스페인어가 아닌 특이한 외국어를 국제 관계 또는 국제 경영과 결합하여 공부하거나, 몇몇 언어나 언어학 그룹에 가치를 느껴 전공한다면 고등학교 이력서가 매우 인상적이 된다. 두 방법 모두 프랑스어나 스페인어가 아니면 모국어에만 집중하는 대다수의 미국 학생들에 비해 학생을 매우 인상적인 입학 후보로 만든다. 미국인은 외국어를 배워 구사하는 데 무관심하기로 악명이 높다. 그러나 진지하게 외국어를 숙달하고자 하는 학생들에게는 해외 연수 프로그램이 많이 있다. www.PlanetEdu.com에서 해외 옵션을 확인하라. 또한 대학 및 예비학교에서 여름 동안 외국어 집중 강좌 및 몰입 교육 프로그램을 미국내 캠퍼스에서 한다. 일부 대학에서는 대학 학점도 제공한다. 많은 대학에서 여름방학 때 프랑스어, 독일어, 이탈리아어 및 스페인어를 가르치지만 좀 더 이국적인 언어 옵션도 있다. 벌로이트는 최근 여름에 아랍어, 중국어, 체코어, 헝가리어, 일본어, 한국어 및 러시아어를, 보스턴 대학교는 아랍어, 중국어, 히브리어 및 일본어를,

콩코르디아는 아랍어, 중국어, 덴마크어, 핀란드어, 일본어, 한국어, 노르웨이어, 러시아어 및 스웨덴어를 가르쳤다. 얼햄은 일본어를, 조지타운 대학교는 현대 아랍어, 이집트 아랍어, 이라크 아랍어를 분리해서 가르치고, 그 밖에 중국어, 페르시아어, 러시아어를 가르친다. 하버드는 아랍어, 켈트어, 중국어, 그리스어, 힌디어, 일본어, 라틴어, 포르투갈어, 러시아어, 산스크리트어, 스페인어 및 우크라이나어를 가르친다. UCLA의 여름 언어 집중강좌(Summer Language Intensives)에는 암하릭어(에티오피아), 아랍어, 카탈로니아어(스페인어), 그리스어, 히브리어, 이란어(페르시아어), 일본어, 한국어, 라틴어, 케추아어(안데스 산맥), 포르투갈어, 루마니아어, 러시아어, 스와힐리어(동아프리카, 탄자니아), 요루바어(나이지리아)가 있다. 미시간 대학교 여름 언어학교는 아랍어, 중국어, 네덜란드어, 그리스어, 힌디어, 일본어, 쿠르드어, 라틴어, 폴란드어, 러시아어 및 스웨덴어를 가르친다. 그리고 펜실베이니아 대학교 여름학교에는 아랍어, 중국어, 그리스어, 라틴어, 러시아어, 슬라브어 및 스와힐리어가 있다.

Secret 257 미국 정부는 국가 안보 언어 구상(National Security Language Initiative, 2006년 시작)의 일환으로 학생들에게 특정 교과의 언어를 배우도록 장려하고 있다. 요점은 이것이다. 미국 해외 조사 센터(American Overseas Research Centers)들과 그 연계소들에서 아랍어, 방글라데시/벵골어, 중국어, 힌디어, 한국어, 페르시아어, 펀자브어, 러시아어, 터키어 및 우르두어를 7~11주 동안 배우는 대학생에게 장학금이 지급된다. 언어학도들은 고등학교 때 이러한 언어 중 하나를 배우기 시작한다면 대학에서 장학금을 받을 자격이 훨씬 커진다.

Secret 258 배울 언어를 선택할 때 주의하라. 자녀가 자신이 지원하는 대학에서 가르치지 않는 희귀 언어에 대한 열정을 선언하면, 대학은 그 학생을 적절히 수용할 수 없다고 느끼고 일부러 떨어뜨리면서 그것이 그 학생에게 호의를 베푸는 일이라고 생각할 수 있다. 여러분의 자녀가 새로운 언어를 시작하기 전에, 지원할 가능성이 있다고 생각하는 대학에서 지금 배우려는 언어를 가르치는지, 그 후속 조치를 해주는지 확인하라.

언어학 과정은 고등학생 대상 과정에 상대적으로 드물지만 최근 몇몇 대학 여름 강좌에 등장했다. 펜실베이니아 대학교 입학 전 과정, 존스홉킨스 CTY와 CAA, 그리고 UCLA에 있다. 언어학 지망생은 고등학교 때 복수의 언어를 공부해야 한다.

Secret 259 재능 있는 언어학도 자녀를 둔 정통한 부모라면 미국 언어학 경시대회 팀을 꾸려볼 수도 있다. 2003년 설립된 국제 언어학 경시대회는 최신 과학 경시대회 중 하나로 여겨지며, 참여 학생은 음성학, 형태학 및 의미론 분야 질문을 받는다. 대회는 매년 각기 다른 나라에서 개최된다. 미국은 아직 이 경시대회에서 팀 후원을 하지 않았으므로, 팀 창립의 어려움은 개척자 역할을 하고자 하는 젊은 미국 언어학도(및 부모)에게 좋은 기회이다. 6장에서 설명한 바와 같이, 국제 언어학 경시대회에 참가한다면 그 티켓을 사실상 어느 대학에나 쓸 수 있다. 최근 몇 년 동안의 콘테스트 사이트에는 러시아, 불가리아 및 네덜란드가 포함되었다. http://olympiads.win.tue.nl/ilo/index.html에서 찾아보라.

지리학

자녀가 지리학에 대한 열정이 있다면 AP 인문지리에 등록하는 것으로 시작하라. 고등학교에서 가르치지 않는다면, 그 학교나 교육청에 그 과정을 요구하라. 또한, 자녀가 대학에서 하는 지리학 과정을 해보도록 격려할 수도 있다. 물론 자녀가 지리학 전문 지식을 인상적으로 얻을 가장 좋고 즐거운 방법은 여행이다. 단체여행 및 십 대 여행을 통해 독자적으로 또는 가족과 함께 여행하는 것이다. 그래서 방문지의 문화나 환경과 상호 작용을 할 수 있다. 예를 들어, 국립 공원으로 캠핑 여행을 간다면 학생 환경보전 협회(Student Conservation Association)를 통해 미국 국립 공원에서 조직적 자원봉사 활동을 해보는 식으로 지리와 지질에 대한 이해를 깊게 할 수 있다.

 **Secret 260** 지구의 지형, 지질학 및 인구에 흥미를 느끼는 학생은 미국 지리학 경시대회를 만들거나 팀 구성을 고려할 수 있다. 기회는 활짝 열려 있다. 1996년 창

설 이래 다른 여러 나라들이 국제 지리학 경시대회에 참가했지만 미국에는 현재 팀이 없다. 이러한 갭을 메우는 것은 커다란 노력이 필요할 것이고 지망 대학에 들어가는 것보다도 훨씬 큰 보상을 얻게 될 것이다. 그러나 여기에는 부모도 큰 몫을 해주어야 한다. 여러분의 자녀가 팀을 구성하는 데 힘을 보태면 자녀는 설립자로 기록될 수 있다. 2006년에는 23개국이 호주에서 열린 이 국제 행사에 참가했다.(격년으로 개최되며, 다음 행사는 튀니지에서 2008년에 예정되어 있다. *www.geoolympiad.org/pass/geoolympiad/2008/*)

Secret 261 대부분의 미국 고등학교 사회 과목이나 지구과학 수업에서 지리학을 거의 다루지 않으므로, 지리학이나 유사 과정이 있는 대학에 지원할 때 자녀가 미리 지리학 트레이닝을 했다면 또래들보다 훨씬 좋은 조건이 된다. 지리학 전공 과정이 있는 대학이 많지는 않다. 그러나 지리에 대한 이해가 탄탄하다면 지질학, 지구 물리학, 국제 관계, 자연 자원, 환경 연구 및 다양한 문화 연구 전공에 지원할 수 있다.

역사

Secret 262 역사에 뛰어난 지원자가 대학 입학을 할 때 산더미 같은 지원서 중에서 두드러져 보일 수 있는 국가적 족보가 있다. 전미 글쓰기 위원회(National Writing Board)를 소개하겠다. 아는 학부모가 별로 없는 것 같다. 관리자에 따르면, 몇몇 가장 경쟁력 있는 대학(하버드, 예일, 프린스턴, 스탠퍼드, 듀크, 조지타운, 암허스트, 윌리엄스, 다트머스 등)을 포함한 39개 대학이 공식적으로 이 프로그램을 인정한다고 한다.(대학 입학 신청서와 함께 NWB를 제출하는 것을 환영한다.)

참가비는 200달러다. 대강은 이와 같다. 자신이 쓴 역사 리포트를 고지하면 장점이 될 것 같다고 생각한다면 수표를 첨부하여 학생이 직접 NWB에 보내서 평가를 받는다. 성적과 서면 평가서를 함께 낸다. 사회과 선생님이 대신 제출해 주기를 기다릴 필요는 없다. 이것은 학교와 관계없이 진행할 수 있다. 논문은 짧은 논문(1,500~2,500단어) 또는 긴 논문(4,000~6,000단어)이어야 하고 국내 또는 외국 역사의 어떤 토픽이어도 좋다. 위원회로부터 3쪽 분량의 평가가 온다. 많은 학생들이 역사에 대한 탁월한 능력을 드러내기 위하여 대학 지원서와 함께 이 평가서를 제출한다. 가장 경쟁력 있는 대학조차도 위원회의 긍정적 피드백에 깊은 인상을 받았다고 말한다. 제출에 대한 자세한 내용은 www.tcr.org에 있다.

Secret 263 NWB는 《콩코드 리뷰(Concord Review)》의 연관 단체로, 이 저널 또한 고등학교 학생들이 역사 실력을 자랑할 수 있는 장이다. 과학에 인텔 과학영재 발굴 대회가 있다면, 역사에서는 여러모로 이것이 그에 비견할 만하다. "중등학생(secondary students)의 학술적 업적을 출판하는 세계 유일의 계간 저널"이라고 하는 《콩코드 리뷰》는 해마다 44개 논문을 게재하고 최고 논문 다섯 편에 랠프 왈도 에머슨 상을 시상한다. (최근 몇 년간 상금은 500~3,000달러에 이르렀다.) 최고 리버럴 아츠 칼리지들이 매년 에머슨 상 수상자를 비롯한 논문 저자들을 진정으로 환영한다고 말한다. 혹시 궁금하다면, 이 저널이 10년 전 시작된 이래 2007년 초까지 논문이 실린 700명 넘는 저자 중 하버드에 83명, 예일에 64명, 프린스턴에 44명, 스탠포드에 26명, 브라운에 21명, 펜실베이니아 대학교에 15명, 컬럼비아에 14명, 코넬에 12명, 다트머스에 10명, 옥스퍼드에 10명이 진학했다. 논문 게재료는 1년 구독(4권)을 포함하여 40달러이다.

Secret 264 역사를 좋아하는 학생에게 학교에서 전국 역사 클럽(National History Club)의 챕터(지부)를 만들어 역사 관련 활동 그룹을 이끌도록 격려해 주라. 이 국가 기구는 240개 이상의 챕터로 구성되어 있으며 40개 주가 참여하고 있다. 클럽의 목표는 중등학생과 그 교사에게 "역사의 읽기, 쓰기, 토론 및 즐거움을 장려하는 것"이다. 활동은 챕터마다 다르다. 인디애나 클럽은 2006년 소비보르 강제수용소 생존자를 연사로 초청했다. 메릴랜드 챕터는 자기들 고등학교의 역사를 공부했다. 버지니아 챕터는 포토맥강을 내려가는 카누 여행으로 강이 지역 역사에 미치는 영향을 알아보았다. 클럽 정보는 www.tcr.org/nhc/index.htm에서 찾아라.

역사학도에게 도움되는 또 다른 크레딧

역사학도가 대학을 감동시킬 스펙으로 추구할 또 다른 것은? 다음은 미국 역사에 대한 열정을 가지고 있는 상상 속 학생의 이력서 샘플이다. 두꺼운 글씨는 고등학교에서 실제로 과거에 받았거나 현재 받을 수 있는 자랑스러운 스펙이다. (특정 기회는 해에 따라 바뀔 수 있으며 어떤 해에는 서로 다른 프로그램의 일정이 겹칠 수도 있음을 유의하라. 그러나 후원 기관은 매년 비슷한 선택지를 제공하는 경향이 있다. 또한 이러한 성과의 대부분은 GPA 기반이 아닌데, 그럼에도 이 이력서는 뛰어난 역사 학생을 나타낸다.)

REGINALD WALKER

American History Achievements

President's Volunteer Service Award, 2008
Congressional Award, gold medal, 2009
Concord Review, published original article on Civil War
   (national high school journal of history)
Gilder Lehrman Prize of American History recipient
DAR American History Essay Contest state finalist
Fort Necessity National Battlefield, volunteer crew for Student
   Conservation Association to help restore this Pennsylvania
   battlefield from the French and Indian War (summer 2009)
Camp Evans, Landmark Volunteer, helped to restore National Park
   Service science facility (NJ) where Guglielmo Marconi transmitted
   the first trans-Atlantic radio communication, 2009
Student Challenge Award Project (SCAP), Earthwatch Institute,
   Analyzed structural burning in an ancient Hopi Village at state park
   in Arizona, led by scientists, 2007
Battle of Gettysburg Reenactor, Gettysburg, PA, 2007 and 2008
Battle of Cedar Creek Reenactor, Virginia, 2008 and 2009
Battle of Bull Run Reenactor, Virginia, 2008 and 2009

> **Education**
> **College of William and Mary, Precollegiate Summer Program** in Early American History, 4 college credits, summer 2008
> **Harvard Summer Secondary School Program** 8 weeks, summer 2007
> The American Revolution(4 college credits)
> History of the U.S. Constitution(4 college credits)
> Citytown Public High School, full-time student GPA 3.78(unweighted)
> SAT I: 700 verbal, 620 math, 670 writing
> SAT II: 800American History, 720 Global History, 590 Math 1C
> AP Exams: American History 5, European History 5, U.S. Government 5
> President of Citytown Public High School Student Government

문학

미국 고등학교는 문학에서 수박 겉핥기를 할 뿐이다. 아래의 유럽 그리고 러시아 문학에서 다음 저자 중 한 사람의 이름이라도 읽은 미국 고등학생은 드물다. 톨스토이, 도스토옙스키, 체호프, 괴테, 플로베르, 발자크, 푸시킨, 블레이크, 워즈워스, 콜리지, 바이런, 페트라르카, 단테, 토마스 만, 카프카, 볼테르, 조이스, 셸리, 예이츠. 대부분의 영어 프로그램에는 1년에 셰익스피어 연극 하나와 찰스 디킨스 소설 세 편, 이것이 전부다. 추가로 제인 오스틴 소설 영화 한 편을 보게 된다. 이것이 외국 문학의 전부다. 셰익스피어 4편, 디킨스 3편, 오스틴 영화 1편. 카뮈, 빅토르 위고, 몰리에르를 배우는 것은 프랑스어 수업에서만이다. 라틴어를 배우는 학생들만이 베르길리우스가 누구인지를 배운다. 대부분의 미국 영어 수업의 큰 초점은 미국 문학이다.

Secret 265 당신 자녀가 문학에 관심이 있다면, 그 아이가 경쟁자들보다 뛰어나게 만들려면, 유럽 작가의 책을 펼치기만 하면 된다. 십 대 청소년이 에세이에서 괴테나 예이츠를 인용한다면 그것은 놀라운 일이다. 서두에 흔히 하는 피상적인 인용 말고, 대화 중에 언급한다면 말이다. ("친구여, 로마인이여, 변방 사람들이여" 또는 "장미는 다른 이름으로 불러도" 또는 "어디에 있나요 로미오"로 에세이를 시작하는 대학 지원자를 너무나 많이 보아왔다. 대학을 감동시키고 싶다면, 토마스 만이나 체호프를 인용해 보라. 아니면 적어도 벼락치기용 요약 참고서만 본 게 아니라 셰익스피어 희곡을 통째로 읽고 흡수했음을 보여주는 좀 더 심오한 셰익스피어 인용구를 찾아라.)

Secret 266 하버드에 지원하기 위한 옵션 중 하나는 지원자들이 지난 12개월 동안 읽은 책의 목록을 만드는 것이다. 면접 동안 질문을 받으면 토론할 책 목록을 정리해 둔, 드물게 잘 준비한 지원자를 본 적도 있다. 요점은, 고등학교에서 요구되는 최소 수준 이상의 독서를 한 고등학생은 대학에게 매우 인상적으로 보일 수 있다는 것이다. 그리고 이러한 목표를 달성하기 위해서는 값비싼 프로그램에 수업료를 지불할 필요조차 없다.

Secret 267 독서의 동기를 부여하기 위해 자녀에게 교내 또는 교외에 독서회를 만들어볼 것을 권장하라. 이것은 문학에 대한 사랑과 리더십 기술을 모두 보여준다. 이미 클럽이 있다면, 참여해 보라고 독려할 수도 있다. 또한 지역 대학 영문학 코스 및 독서 토론을 자극할 수 있는 성인 교육 코스를 찾아볼 수도 있다.
고등학교 저학년 학생 중 졸업 때까지 독서를 잘해 가고 싶다면 스탠퍼드 또는 암허스트에서 하는 여름 명작 교실(Great Books Summer Program)을(1~2주 과정) 즐길 수도 있다(www.greatbookssummer.com). 그러한 짧은 프로그램으로 긴 책을 보기는 어렵겠지만, 2주간의 세션에는 플라톤의 『국가』, 아리스토텔레스의 『윤리학』, 키케로, 톨스토이의 『주인과 하인』, 단테의 『신곡: 지옥편』, 에우리피데스의 『트로이의 여인』, 소포클레스의 『안티고네』 같은 게 들어간다. 이에 더해 여름방학 남은 기간은 미국 작가의 여러 작품을 포함하여 학생 자신의 관찰에 따라 좀 더 긴 책을 읽는 데 바칠 수도 있다.

고등학생 후반기에 대학 학점을 취득할 수 있는 자격이 되면 해마다 달라지기는 하나 대학을 놀라게 할 수 있는 다양한 선택지가 생긴다. 하버드 여름학교에서 여는 20세기 저자에 대한 4학점짜리 세미나에서는 프루스트, 울프, 베케트, 나보코프, 핀천, 칼비노, 제발트, 사라마구 등을 다룬다. 코넬에서는 3주 3학점짜리 '문학 속 천재와 광증(Genius and Madness in Literature)'에서 아리스토텔레스, 플라톤, 피치노, 셰익스피어, 괴테, 칸트, 푸코, 프로이트, E. T. A. 호프만, 뷔히너, 니체, 바그너, 브론테 자매, 톨스토이, 입센, 카프카, 토마스 만의 뛰어난 작품을 다룬다. 고등학교 최종학년 전 학년을 마친 후부터 참가 자격이 있다. 여름이 끝날 때까지 이 작가들 작품을 토론할 능력을 갖춘 학생과 영문학을 전공하고자 하면서도 고작 고등학교 커리큘럼에만 전적으로 의존한 지원자를 비교해 보라.

철학과 비교종교학

공립 고등학교에서 철학이나 비교종교학을 가르치는 곳은 많지 않다.

Secret 268 **고등학생이 철학이나 비교종교학을 배울 기회가 부족하기 때문에 이 공부를 한 학생은 대학으로서는 더 독특하고 매력적으로 보인다.** 미국의 주요 영재 발굴 프로그램들이 8학년, 9학년 및 10학년에게 철학을 가르치는 유일한 여름학교다. 브라운 대학교에는 '회의론과 실존주의'에서 '생의 의미'에 이르기까지 다양한 주제를 다루는 20개 이상의 여름 단기 과정이 있다.

자녀가 비교종교학에 관심이 있다면 자신의 종교 기관에서 수업을 시작하라. 이처럼 하는 것이 가장 접근하기 쉽고 부모가 해석을 돕기 쉽다. 최종학년 전 학년까지 자녀는 대학 종교 과정과 철학 과정을 수강할 수 있으며, 그 안에도 많은 선택지가 있다. 대부분의 리버럴 아츠 칼리지에서도 두 분야 과정을 제공하기 때문에 지역 야간 과정을 수강하거나(학기 중 일주일에 하루 저녁) 다양한 여름 학기 과정에서 학점을 받을 수 있다.

Secret 269 철학이나 비교종교학 학생으로 대학을 현혹시키고자 한다면, 과학 학생들이 연구를 하듯이 대학 연구 인턴십을 찾아볼 수도 있겠다. 과학만 대학 연구에 독점권이 있는 것은 아니다. 인터넷을 사용하여, 대학 철학과나 종교학과를 검색하고 개별 교수가 진행하는 작업을 찾아보라. 진행 중인 프로젝트 가운데, 당신과 당신 자녀가 흥미를 느끼는 것이 있다면, 교수에게 직접 연락하라. (이력서를 보낼 준비가 되어 있어야 한다.) 아이가 참여할 길이 있을지 확인해 보라. 큰 학과라면 야심 있는 고등학생을 멘토링하고 논문감 연구 주제에 도움을 줄 교수가 더 많을 것이다. 철학이나 종교학 전문 학술지에 발표된 논문의 저자 또는 공동 저자가 된다면, 대학은 이 학생을 거부할 수 없게 된다.

* * *

자녀가 인문학 연구와 조사 과정을 즐기는데, 자기가 한 일이(그것이 편향되지 않은 내용이든 아니면 어떤 특정 대의를 지지하는 것이든 간에) 신문이나 잡지에 실리기를 바란다면, 또는 TV나 라디오에 방영되는 것을 선호한다면 언론이나 지지 홍보 활동(사회운동) 쪽을 알아보면 어떻겠느냐고 권할 수도 있다.

제10장

언론, 매체, 사회운동 계통
뛰어난 아이를 헤드라인으로 올리기

대학 입학 면접 시에 인생 목표에 대한 질문을 받고, 한 학생은 이렇게 대답했다. "저는 TV 뉴스 앵커가 되고 싶습니다."

"그래요? 그럼 학생이 지금까지 텔레비전이나 언론 매체 관련으로 해본 활동이 있어요?" 면접관이 물었다.

"전 그냥 고등학생인걸요." 그 여학생의 대답이었다. "그렇지만 TV 뉴스는 많이 봐요."

지금처럼 경쟁이 치열한 시대에 꿈은 크지만 아무런 경력이 없는 지원자가 대학에 어필하기는 쉽지 않다. "고등학생인걸요."라는 말은 더 이상 변명이 못 된다. 언론, 그리고 사회 정치적 지지 홍보 활동에 관련된 장래 희망에는 학생의 의지와 능력을 입증하는, 해당 분야 최고의 학생 활동 프로그램을 이수해야 받을 수 있는 인상적인 이력 증명들이 뒷받침되어 있어야 한다.

이 책에서 다룬 여타 영역에서와 마찬가지로, 자녀가 호소력 있는 기회를 찾아 계발하는 데 부모가 큰 역할을 해줄 수 있다. 언론 및 지지 홍보 활동에 관련해 미국 고등학교들의 수준은 그다지 고르지 않다. 일부 학교에는 다른 곳보다 훨씬 정교하고 세분화된 과정이 있다.

방송 언론

Secret 270 전문 텔레비전 방송 뺨칠 수준의 뉴스 방송을 주 5일 운영하는 고등학교도 있다. 이런 학교에 아이를 보내는 사람들은 그 학교 방송이 얼마나 전문적인지 잘 알지만 다른 지역 사람들에게 굳이 그 사실을 알리지는 않는다. 확인해 보고 싶다면 www.carlsbadhigh.com에 들어가 캘리포니아주 칼즈배드에 있는 칼즈배드 고등학교 방송 CHSTV를 보라. 2002년부터 일주일에 5일 운영하는 방송으로 학생 에미상(Student Emmies)에서 여러 차례 상을 탄 바 있다. 이 방송부에서 활동하는 학생들은 같은 지역에 있는 밸리 중학교의 VMSTV 방송부에서 먼저 경험을 쌓고 올라온다. 고등학교 학생들의 수상작들은 www.nationalstudent.tv/play.asp?id=CA-1167-0022에서 볼 수 있다.

품질도 전문가 수준인 데다 시시각각 내놓는 이 매체의 내용을, 월간이나 격주 발행하는 고리타분한 고교 신문의 그것과 비교해 보라. 당신 자녀의 입학 지원서에 고교 신문부의 편집장을 했노라고 자랑하기에 앞서 이 차이를 알고 들어가는 것이 중요하다.

사는 곳이 칼즈배드가 아니라고? 방송 언론 쪽 진로에 열의를 품은 아이의 부모라면 자녀가 카메라 앞에서 일하기를 원하든 아니면 카메라 뒤에서 일하기를 원하든 간에 다니는 고등학교의 테두리를 벗어나 여름 프로그램이나 지역 TV, 라디오 방송사에 기회가 있는지 찾아봐야 한다.

텔레비전 방송사 인턴십 및 일자리

▶ 공공 및 지역 주민 방송(Public and Community Access TV)

주민에게 일정 비율의 우리 마을 프로그램을 할당하는 공공/지역 주민 참여 방송사가 있는 지역사회가 적지 않다. 이런 동네 프로그램은 대체로 퇴직자, 또는 낮 시간이 남아돌아 출연료도 없이 열심히 나와 주중 토크쇼를 만들곤 하는 주민들이 독점하지만 고등학생이라고 참여하지 말란 법은 없다. 채널 운영자가 누구든 간에 이 같은 시민 참여 방송에서는 대개 장비 사용법을 가르쳐준다. 거주 지역에 우리 마을 텔레비전 방송이 있다면, 해당 방송사나 케이블 서비스 제공 업체에 전화하여 토크쇼 진행자 꿈나무가 지역 주민 제작 TV 프로그램을 만들기 위해 필요한 절차와 연령 조건 하한선이 있는지를 알아보라. 시민 참여 방송 경험은 전문 언론인이나 뉴스 앵커가 될 야심을 품은 학생에게 든든한 발판이 되어줄 수 있다.

▶ 도서관 TV와 공원 TV

일부 공공 도서관 구역과 공원 구역은 TV 방송국을 충분히 활용하지 못한다. 대부분의 프로그램은 도서관이나 학교 또는 지역사회 행사 촬영분 및 향후 일정 안내다. 이런 기관들은 지역사회 중심의 프로그램이 추가되는 것을 환영할지도 모른다. 자녀가 정기적으로 열리는 시리즈 형식의 쇼를 제작하고 싶다면, 지역 공동체에 특히 도움이 될 만한 내용인데 현재 방송되고 있지 않은 게 있는지 확인하라. 간단히 예를 들면 이런 것들이다. 고등학교 팀 탐방, 최근 이슈에 관한 지역 정치인 인터뷰, 지역 의사에게 건강 이야기 듣기, 초등생을 위한 미술 공작, 학교의 수업 장면 소개.

자녀가 자신의 관심사를 보완하는 상상력이 풍부한 아이디어를 시작하도록 격려하라. 다른 지역에서 만들어지는 방송 내용을 계속 확인하려면 www.communitymedia.se/cat에서 전 세계 공공 및 지역 주민 방송국 정보가 있는 중앙 집중식 온라인 소스인 Global Village CAT를 체크하라.

* * *

지역 공공/주민 참여 방송과 도서관 방송, 공원 방송을 운영하는 지역사회 관리자 또는 이사회에 아이디어를 줄 수 있도록, 하고자 하는 쇼 또는 시리즈물의 제안서를 작성하라고 권하라. 이렇게 하면 쇼가 승인받고 제작될 가능성이 높아진다. 자녀가 일정을 짤 수 있는 상황이라면 처음에는 지나치게 욕심을 부리지 말도록 해야 한다. 너무 자주 틀어 달라고 한다든가 황금 시간대를 요구하지는 마라. 제작은 고등학교 과제 일정과 조화롭게 이루어져야 함을 기억하라. 처음에는 한 달에 한 번씩 하도록 하라. 일단 제작 허가가 떨어지면, 쇼를 제작하기 위해 필요한 주변 허드렛일과 데려다주고 데려오는 교통편, 사무일 및 홍보를 도와주라.

처음에는 한 편으로 끝나는 다큐멘터리도 여러 편짜리 방송 못지않게 얻어지는 게 많다. 이런 방송 제작 경험으로 추후 더 집중된 관심사 및 질문을 탐구할 수 있을 것이다.

▶ 지역 채널이나 공공 TV

지역 채널이나 공공 TV(public TV) 방송국은 일반적으로 (지역 주민 참여 방송(public access TV)과는 달리) 직업적인 미디어 종사자들이 운영하지만, 고등학생 인턴이나 자원봉사자를 환영하는 경우도 많다. 인턴십은 잔심부름부터 방송 출연하는 손님 준비, 뉴스 보도 준비에 이르기까지 다양하다. 그러나 살고 있는 마을이나 도시의 인구에 따라 그러한 인턴십이 전국적인 경쟁력을 가질 수 있다. 자녀가 TV 제작이나 관련 분야에서 몇 가지 사전 코스를 마쳤다면 합격 확률이 더 높아진다.

▶ 제대로 활용되지 못하고 있는 교내 TV

운이 좋아서 자녀가 다니는 학교나 지역이 자체 TV 시스템이 있기는 한데 칼즈배드시 규모의 훌륭한 프로그램을 제공하지는 않는다면, 여러분이나 여러분 자녀가 학교 또는 공동체의 기회를 향상시키는 데 더 열심히 나설 수 있을 것이다. 방송 시설이 자녀가 다니는 고등학교 건물에 있지 않다면 자녀를 스튜디오로 데리고 가라. 가서 책임자에게 자기소개를 하고 자녀를 인사시켜라. 시설이 학교 내에 있다면, 자녀가 직접 찾아가 독립적으로 인맥을 얻도록 하라. 학교 스튜디오와 그 용도는 변한다. 어떤 학교는 방송 시스템을 등교 못 한 학생의 보충 수업이나 교실 수업 용도로 잠깐씩만 쓰는 데 그치기도 한다. 학교가 아이디어를 받아들이기만 한다면, 집에 있는 학생들에게 새롭고 흥미진진한 프로그램을 소개하는 것이 미래의 TV 프로듀서에게 훌륭한 기회가 될 수 있다. 다른 학교에서는 학교 공연과 운동 경기를 재방송하기 위해서 이 서비스를 사용한다. 이것 또한 추가 프로그램을 소개해볼 폭넓은 기회가 될 수 있다.

TV 프로그램 제작 과정

때로 지역 성인 교육 프로그램, 주민 참여 TV(위에서 언급했다.), 지역사회의 방과 후 프로그램, 도서관 또는 지역 대학에서 TV 방송 제작 과정을 제공한다. TV 쪽으로 진로를 잡은 자녀는 11학년 전 여름에 대학 또는 TV 프로덕션 교육 프로그램의 제작 코스를 진지하게 수강해야 한다. 이렇게 한다면, 대학 지원 때 TV나 저널리즘 아니면 둘 다에 진정으로 관심이 있다는 데 힘이 실릴 것이다.

아래는 여름방학에 고등학생이 즐길 수 있는 대학의 TV 과정 중 뛰어난 것들이다.

▶ 컬럼비아 대학

시카고에 있는(뉴욕이 아니다.) 컬럼비아 대학의 고교 여름학교(High School Summer Institute)는 텔레비전 뉴스 I을 제공한다. 리포터와 앵커 과정으로 1개월 2학점이다. TV 방송 장비에 대한 추가 경험을 얻으려는 학생은 역시 1개월 2학점 과정인 아래 네 가지 중에서 더 고를 수 있다.

텔레비전 프로그램 만들기(Creating a Television Program), 텔레비전 시트콤 대본 쓰기(Writing the TV Sitcom), TV 프로덕션 상급 과정: 인터랙티브 텔레비전(Advanced Television Production: Interactive Television), 그리고 TV 프로덕션 상급 과정: AVID 편집(Advanced Television Production TV: AVID Editing). (한편 시카고의 컬럼비아 대학에서는 라디오 뉴스 중계 입문(Introduction to Radio Newscasting)과 라디오 스포츠 중계 입문(Introduction to Radio Sportscasting)을 포함한 라디오 저널리즘도 제공한다는 것을 알아두자.)

▶ UCLA

여름학교에 고등학생 대상의 대학 수준 과정으로 텔레비전 및 영상 제작 학부 과정을 두고 있다. 각 학생은 본인이 선택한 카메라 3대짜리 생녹화방송을 감독하게 된다. 옵션에는 드라마 또는 시트콤 장면, 요리, 뉴스 또는 토크쇼의 한 부분, 광고방송, 실습영상, 또는 "무언가 실험적인 것"이 있다. 한편으로는 돌아가며 스태프 역할을 해줌으로써 제작 경험을 얻는다.

▶ **보스턴 대학교의 TV, 영화, 라디오 제작 강좌**

보스턴 대학교의 TV, 영화, 라디오 학교에 있는 1개월간의 여름 코스에는 고교생을 위한 텔레비전 현장 및 텔레비전 스튜디오가 포함된다. 인디애나 대학교, 노스웨스턴의 메딜 스쿨, 그리고 오하이오의 마이애미에서도 또 다른 뛰어난 프로그램을 제공한다.

TV 프로듀서 지망생의 대학 지원

Secret 271 **자녀가 대학에 가서 학교 TV 제작 활동을 하고 싶어 한다면, 최종학년 올라가기 전 여름에 전문 TV 방송국에서 인턴십이나 직업을 찾을 수 있도록 도와주라.** 그로써 업계 실제 활동을 익히게 되고 지원할 때 우위에 서게 된다.

Secret 272 **TV 인턴십을 신청하려면 작품 샘플을 보여주어야 한다.** 크리덴셜을 일찍부터 축적해야 할 좋은 이유다. 자녀가 제작한 모든 프로그램을 테이프로 녹화해 두어 인턴십 신청 때 TV 방송국에 사본을 가져가도록 하라.

Secret 273 **대학에 지원할 때 학교가 추가 자료를 받아준다면 자녀의 최고 작품 테이프를 제출하라. 자녀가 논리정연하고, 기술적 결함이 없으며, 하필 말을 잘못하거나 실수하지 않은 날 찍은, 입학사정관이 분명히 대단하다고 느낄 만한 것을 내야 한다.** 기본적으로 TV는 인상적이다. 물론, 쇼가 오류 없이 잘 편집된 것일 때 이야기다. 프로그램 중 아이가 뛰어나게 보이는지 확인하고, 테이프에 라벨이 잘 붙어 있는지 확인하라. 반드시 복사본으로 제출해야 한다. 대학 입시에서 테이프나 DVD를 반환해 줄 것이라고 기대하지 마라. 대학에 지원하기 전에 캠퍼스에 TV 스튜디오가 있는지 확인하고, 자녀가 대학 TV 스튜디오를 방문해 시설이 자신의 관심을 충족시킬 만한지 확인해야 한다. 스튜디오가 잘 활용되고 있지 않다면, 그 이유를 알아보라. 학생들에게 접근 권한이 주어지지 않았는지? 작은 그룹이 스튜디오를 통제하고 있는지? 학생이 장비를 만지기까지 수년간의 엄격한 전제 조건이 있는지?

대학생들에게 가장 권위 있는 TV 관련 상인 전국 텔레비전 기술 과학 아카데미(Academy of Television Arts & Sciences)의 대학 TV상(College TV Awards)에서 대학 학과가 어떻게 운영되고 있는지 알고 싶을지도 모른다. 제28회 시상식은 2007년 3월에 있었고 엔트리는 다음과 같다.

아메리칸 필름 인스티튜트(American Film Institute), 아트센터 디자인 칼리지(Art Center College of Design) 캘리포니아, 볼스테이트 대학교(Ball State University), 브리검 영, 칼아츠, 뉴욕 시티 칼리지, 클라크 애틀랜타 대학교, 크리에이티브 스터디 칼리지(College for Creative Studies) 디트로이트, 이스턴 워싱턴 대학교, 에머슨 칼리지, 플로리다 주립대학교 영화대학원, 노스캐롤라이나 예술학교, 노스웨스턴 대학교, NYU, 오하이오 대학교, 피츠버그의 로버트 모리스 대학교, 사바나 미술 디자인 칼리지(Savannah College of Art and Design), 세인트클라우드 주립대학교 미네소타, 오리건 대학교, UC 버클리 언론대학원, UCLA, 플로리다 대학교, 텍사스 대학교 오스틴, 그리고 USC.

Secret 274 방송 지망생은 지원할 때 그 캠퍼스의 TV 스튜디오 및 커리큘럼에 대해, 그리고 자신이 대학의 TV 방송 시스템에 얼마나 잘 맞는 지원자인지에 대해 훤히 잘 알고 글을 써야 한다. 입학하면 대학 방송국용 새 토크쇼를 해볼 구상인가? 새로운 대학 스포츠 쇼 보도를 할 생각인가? 방송 보도나 TV 프로덕션을 전공할 계획인가?(대학에 그런 전공이 있기는 한가?)

Secret 275 TV 방송 지망생으로서 대학이 가장 탐내는 인물상은 이미 확실한 학생, 고등학교를 다니면서 TV 쇼나 기타 연관된 것을 제작하여 존 캐넌 기념 장학금(John Cannon Memorial Scholarship)이나 학생 에미상 같은 상으로 인정을 받은 학생이다. 전국 텔레비전 기술 과학 아카데미 재단은 4년제 대학에서 커뮤니케이션을 전공할 고등학생 중 1명에게 매년 4만 달러의 존 캐넌 기념 장학금을 수여한다. 심사는 3단계로 진행된다. 2007년에는 총 258명의 지원자가 있었다. 28명이 준결승, 10명이 결승에 올랐고, 최종 에미상 수상자는 상금 40,000달러(나머지 9명은 각각 1,000달러)를 받았다. 지원하려면 독창적인 TV/방송/보도 작품을 제출할 수 있어야 한다(라디오 및 학생 신문의 작가와 편집장이 응모 가능). 2006년 우승자는 위스콘신주의 커노샤 출신이었다. 2005년 우승자는 미주리주 스프링필드 출신이었다. 신청서는 www.emmyonline.TV/emmy/scholarship.html에서 얻을 수 있다. 마감일은 12월 중순이다. TV에서 보는 에미상 시상식에 참석하지는 않지만 수상자(미리 고지한다, 깜짝 발표는 아니다.)가 트로피를 받는 별도의 시상식이 있다. (매년 다른 장소에서 개최한다.) 커뮤니케이션을 자신의 분야라고 생각하는 고등학생에게 이 상은 최고의 족보가 될 것이다.

인쇄 매체 보도 활동

TV와 인쇄물은 여러 면에서 다르지만 인쇄물은 종종 언론의 중추로 간주된다. 방송 보도 경력 쌓기를 원하는 학생은 아마도 양쪽에서 약간의 경험을 얻을 것이다. 다양한 형태의 매체에서 확실한 경력을 쌓은 학생은 언론학 전공이 있는 대학에 일반적으로 더 매력적으로 보이며 더 선택 폭이 넓어진다.

Secret 276 대부분 학생 편집자가 언론 보도 전공에 대해 아는 것은 고등학교나 중학교 학교 신문을 통해 배운 것을 뛰어넘지 못한다. 따라서 자녀가 학교 밖 과정을 하나라도 선택했다면 경쟁에서 훨씬 앞서는 것은 물론, 다른 학생보다 훨씬 많은 지식을 갖게 될 것이다.

Secret 277 많은 고등학교에서 학교 신문부 고문 선생님은 저널리즘에 대해 별로 아는 것이 없으며 뉴스 조직에서 일한 적도 없고 언론 보도 관련 교육도 전혀 받지 못했다. 고등학교에서는 대개 언론에 대해 아는 것이라고는 일간 신문을 본 정도인 영어나 사회 교사에게 고문을 맡긴다. 이 사실을 알아야 당신 자녀가 언론 보도 관련 지식을 신문부 고문 선생님께 의존하지 않을 수 있다.

"우리 딸이 편집장이 돼야 마땅했어요." 한 어머니가 우스꽝스럽게 소리쳤다. "학교 다니는 내내 학교 신문 광고를 팔았다고요. 그러면 마지막 학년엔 알짜배기 편집장 자리를 얻게 될 줄 알았죠. 그런데 그러기는커녕 애를 광고 편집 담당으로 삼더라고요. 그래서 우리 애가 고문 선생님께 어쩌면 이럴 수가 있느냐고 했더니 선생님이 넌 기사를 쓰거나 편집한 경험이 없지 않느냐고 그랬어요. 그렇죠, 당연히 없죠. 여태까지 몇 년 동안 기사 쓰고 편집하는 일은 안 시켜줬잖아요. 편집장 자리는 시종일관 중요한 위치만 차지해 온 어떤 애에게 갔어요. 그리고 그 새로 편집장 된 애가 우리 딸에게, 네가 편집자가 못 된 건 기사를 그리 잘 쓰지 못해서라고 당돌한 소릴 했다니까요. 고등학교 애들이 정말로 기사 잘 쓰는 게 뭔지, 편집이 뭔지, 언론이 뭔지 알아요? 그냥 인기투표지."

나는 이렇게 학교 신문에게 뒤통수를 맞은 아이들 이야기를 전국의 부모로부터 들어왔다. 자녀가 학교 밖으로 나가게 하여 학교 정치를 초월하라. 그렇다, 고등학교 자리는 임의적일 수 있다. 그러나 자녀가 적절한 자리에 있더라도 이것은 대학 입학 신청까지일 뿐이다. 대부분 학생의 인쇄 매체 경험이란 최소한의 크리덴셜, 최소한의 실제 언론 경험밖에 못 되는 고등학교 경험이다. 그리고 대학은 그것을 알고 있다. 대학에서 합법적인 인쇄 매체 언론 경험 및 훈련을 받는다면 당신 자녀는 훨씬 더 인상적으로 보일 것이다

▶ CSPA(Columbia(University) Scholastic Press Association)

CSPA는 꿈 많은 고등학생 언론인에게 다음과 같은 세 가지 주요 기회를 준다. 뉴욕에서 하는 신문 및 연감 편집인을 위한 5일간의 집중 워크숍(참가자는 350명, 학교당 30명으로 제한), 학생 편집자 및 신문부 고문을 위한 추계 컨퍼런스(Fall Conference: "글쓰기, 편집, 직원 조직 및 동기부여, 디자인 및 레이아웃, 그리고 법적 및 윤리적인 관심"에 중점을 둔다.), 3일간의 춘계 학술 컨벤션(Spring Scholastic Convention: 수백 명의 학생 및 교수진이 신문, 연감, 잡지, 온라인 매체, 영상/방송, 법률 및 윤리, 고지 기사 작성 등 7가지 분류에서 300개가 넘는 강의, 워크숍 및 세션을 선택해 참석한다. 단순 참석보다 적극적인 참여(무엇을 배웠고 글 쓸 때 그 정보를 어떻게 활용했는지 지원 에세이에서 밝히는)가 대학에 인상을 줄 것이다.

춘계 학술 컨벤션의 하이라이트는 최종 출판물 중 "최고 출판물"에 주는 골드크라운 상과 실버크라운 상 발표다. 최종 후보는 컨벤션 전에 발표된다. (예를 들어, 2007년에는 1,860개의 고등학교 출판물을 심사해 그중 40개 신문과 30개 이상의 연감 및 30종 이상의 잡지가 최종심까지 올랐다.) 3월 컨벤션에서 골드크라운 상

부문 최우수 학생도 발표한다. 이 대회에서 우승하면 고등학교에서 대학으로 이어지는 궤도에 오를 수 있다.

인쇄 매체 보도 여름 과정

CSPA 프로그램 외에도 일부 미국 최고 대학 학부는 고교생에게 실제 신문에 낼 수 있는 수준의 보도 프로그램도 갖추고 있다. 그런 프로그램을 활용하면 대학이 보기에 입학 경쟁을 하지 않아도 될 정도가 되기도 한다.

▶ **메딜 언론학교(Medill School of Journalism)**
여름방학에 진지하게 언론 보도 공부를 하여 고등학교 편집장 경쟁에서 우위를 점하고자 하는 학생에게 노스웨스턴 대학교 메딜 스쿨의 고등학생 대상 인스티튜트(High School Institute at Medill)는 미국 최고 학부 언론대 중 한 곳에서 1개월짜리 기숙 집중 프로그램을 들을 기회를 제공한다. 들어가려면 경쟁을 해야 한다. 오직 88명의 뛰어난 최종학년 학생만이 인정된다
자격이 되려면, 고등학교 성적이 상위 4분의 1에 들고 현재 성적 증명서와 추천서를 제출하고 PSAT 점수를 내야 한다. "높은 수준의 인성, 신뢰도 및 지적 능력을 충족"하고 "선택 분야에 특별한 능력과 관심이 있다는 증거를 보여라."

▶ **인디애나 대학교의 고교 언론 보도 교실(High School Journalism Institute)**
인디애나대 고교 언론 보도 교실이 제공하는 5일간의 여름 프로그램 시리즈는 신문/시사 잡지, TV 뉴스, 보도 사진, 연감 및 비즈니스 광고 분야에서 학생과 교사를 교육한다. (5일에 걸쳐 신문/시사 잡지 세션 하나를 마치고 나면 학생들은 학교 신문반에 드는 것 이상으로 많은 것을 할 수 있다는 것을 알게 된다. www.journalism.indiana.edu/hsji를 방문하라.)
고등학생을 위한 또 다른 최고 여름 언론 보도 프로그램은 시러큐스의 S.I. 뉴하우스 학교(S. I. Newhouse School)와 미주리 대학교이다. (둘 다 미국 최고 학부 언론학 프로그램이다.) 언론 지망생의 4개년 여름방학 계획에 대해서는 274쪽 부

록을 참조하라.

자기 목소리를 낼 터전

Secret 278 지역 사회에 목소리를 내기 위해 고등학교가 후원하거나 고등학교에서 펴내는 간행물에만 의존할 필요가 없음을 부모는 주목해야 한다. 학교 밖에도 해볼 만한 터는 많다. 자녀가 편집장이 못 되었지만 스스로 목소리를 내보고 싶어 한다면 다음 몇 가지를 시도해 보라.

- 지금 당장 블로그를 시작해 게시물을 올리게 하라. (블로그에 대한 더 많은 내용은 아래를 참고하라.)
- 글쓰기 대회, 문학 대리인, 잡지 및 책 출판사를 망라해 놓은 《The Writer's Market》을 챙겨라. 이로써 학교와 별개로 할 일을 해나갈 수 있다.
- 학생이 참가할 대회와 각종 상, 장학금 등을 망라한 www.FastWeb.com을 확인하라. 많은 몫이 젊은 작가들을 위한 것이다.
- 소규모 토박이 지역 신문에 글을 써 보내도록 권유하라. 학교 요트 팀, 조정 팀, 그 외 뭐든지 아무도 다루고 있지 않은 주제를 잡아 기사를 쓰라.
- 학교 밖 간행물에 글 싣기를 시작하고(문예지, 자녀가 하는 스포츠와 관련된 스포츠 잡지, 아니면 자녀가 쓴 외국어 시를 실어줄 외국 문학 잡지), 이것들을 복사하고 철해서 학교 안에서도 배부하도록 도와주라.
- 글짓기 장학금을 받기 위해 스칼라스틱 미술 및 글쓰기 상(7~12학년 대상)에 자녀의 작품 견본을 입력하게 하라. (이 대회에 관한 더 자세한 정보는 184, 213쪽을 보라.)

블로그

Secret 279 블로그 운영 자체가 고등학생들에게 최고의 비결이다. 블로그를 시작한다면 자녀는 즉시 국제 간행물의 편집장이 되는 것이다. 블로그는 학교 신문이나 잡지보다 더 널리 읽히기도 하며, 관료주의가 적고 비용도 적으며 낭비되는 종이도 없다. 여러분의 자녀는 집에서 직접 블로그를 만들고 스스로 편집자가 될 수 있다. 또한 블로그 운영은 문자, 구글링, 이메일 시대에 자란 아이들에게는 신문보다 자연스럽다.

잘 모른다고 긴장하지 마라! 자녀와 함께 그 길을 걸어보라. 첫 단계로 온라인에서 표본 삼을 블로그를 읽어본 뒤 www.blogger.com/start를 방문하면, 자녀를 블로그 구성 과정에 단계별로 안내할 것이다.

어떤 블로그로 만들지 정하기에 앞서 자녀가 글의 대상으로 삼으려 하는 잠재적 틈새 수요에 관하여 함께 브레인스토밍하라. 자녀가 신문 칼럼을 쓴다면 할 것처럼, 그대로 하는 것이다 출판 윤리에 대해서도 이야기하라. 블로그를 남을 욕하거나 명예훼손하는 데 써서는 안 된다. 그리고 블로그에 쓴 모든 내용을 언젠가 자신을 판단할 입학사정관이 읽을 수 있다고 가정해야 한다. 검열자가 아닌 보호자로서 여러분은 자녀의 블로그 내용 전부를 미리 보고 싶을 수 있다. 블로그 운영은 비교적 새로운 형태의 개인 언론이지만, 보는 사람이 많고 잘 써진 블로그는 대학에 큰 인상을 줄 수 있다.

앞길을 열어줄 보도 경진대회 및 상들

한 야심찬 언론 지망 학생이 내게 자신이 2학년 때 고등학교 신문에 실었던 기사를 보여주면서 대학 지원서에 첨부해도 좋을지 물었다. 그 학생은 기자상을 받았으니 그 기사가 바로 수상한 기사였다.

나는 별로라고 생각했다. 간단히 말해, 일반지에 실린 것이 아니라면 대학 입학 지원 시에 본인이 쓴 기사를 제출하지는 말기를 권한다. 입학사정관에게 썩 훌륭하지 않은 글을 제출하는 것은 위험을 감수할 가치가 없다. 대신, 수상 경력이 있는 열의 있는 언론 지망생이라면 자신이 재능 있다는 것을 증명하는 방법으로 수상한 대회를 나열해야 한다.

언론 보도 대회들은 다양하다. 어떤 것은 후보를 교사가 올려야 하고(부모가 자녀를 후보 등록할 수는 없다는 뜻이다.) 대부분은 학교 간행물에 참여해야 한다. 즉,

부모는 담당 선생님이나 고문 교사들에게 자신의 자녀가 뽑히기를 원한다고 말함으로써 그 과정을 촉발시킬 수도 있다. 인쇄 매체 보도 부문의 상 및 경연대회 목록을 보려면 www.Publishingstudents.com/Awardprograms.html을 방문하라. 가장 값진 것은 퀼 앤드 스크롤 국제 명예회(Quill and Scroll International Honorary Society) 고등학생부 상 수상이다. 국제적으로 14,000개가 넘는 고등학교가 가입한 이 조직은 총 170개 상을 수여하는데, 그중 24개가 전국 최우수(National First Place) 상이며 두 가지 콘테스트(연감과 작문/사진 경연 대회)가 있다. 모든 연감과 대부분의 작문/사진 출품작은 학교가 후보를 지명하지만, 학교 출판이 아니더라도 어디선가 출판되었다면 학교 측의 도움 없이 독자적 참여가 가능하다. 퀼 앤드 스크롤에서 상을 탔다면 자녀의 대학 지원서에는 눈에 띄는 크리덴셜이 더해진 셈이다. 일반지에 글이 실리기까지 한다면 자녀는 더욱 빛날 것이다.

고등학교 이후의 언론 계통 지망

대학에서 저널리즘을 계속 공부하려는 학생의 경우, 가장 경쟁력 있는 대학 중에 취재 보도, 미디어학 또는 커뮤니케이션을 전공이나 부전공으로 제공하는 대학은 비교적 드물다. 그러나 펜실베이니아 대학교 아넨버그, 코넬대 농업 및 생명과학대(College of Agriculture and Life Sciences), 그리고 스탠퍼드에는 모두 커뮤니케이션 전공이 있으며 노스웨스턴대 메딜 스쿨과 NYU에는 언론학 전공이 있다. 나머지 다른 모든 경쟁력 있는 대학에서 언론학 경력을 쌓으려면, 일반적인 경로는 학부 학위를 얻고 또 다른 어떤 전문 지식을 습득한 다음 언론학 대학원 과정을 공부하는 것이다.

학부 전공으로 언론학을 하고 싶은 학생은 뛰어난 언론학 과정으로 유명한 미주리 대학교 시러큐스 뉴하우스, 그리고 USC 아넨버그를 고려할 수 있다.

지지 홍보 활동과 공익 봉사

지지 홍보 활동(advocacy)이나 공익 봉사에 자신의 발언권을 투자하려는 학생은 기회가 많다는 것을 알게 될 것이다. 많은 단체가 마음 따뜻하고 유능한 고등학생을 찾고 있다. 그리고 이러한 자원봉사 활동은 대학 지원 레주메를 돋보이게 만들 것이다. 다만 이것은 어떠한 경험을 했고, 무엇을 배웠는가에 달려 있다.

Secret 280 **지적 성장 가능성이 낮거나, 얻을 새로운 기술이 없는 곳의 자원봉사는 피하라.** 지역사회 봉사의 주요 보상은 학습, 풍요, 혁신, 다른 사람을 돕는 만족, 자신이 믿는 대의를 지지하는 것, 그리고 즐거움이다. (보수가 아니라!) 성공적인 지지 홍보 활동이 고등학생에게 주는 커다란 부가 혜택은 대학에 좋은 인상을 줄 수 있다는 것으로, 특히 어떤 방법으로든 정량화된다면 더욱 그렇다. 여러분의 딸은 기금 모금 행사에서 한 연설의 결과로 림프종 연구에 얼마나 많은 기금을 모았는지 말할 수 있는가? 여러분의 아들은 '옷 모으기 운동'을 이끈 결과 얼마나 많은 아이들에게 옷을 입혀주었는지 집계가 가능한가?

일반 원칙으로, 학생이 지지하고 홍보할 만한 과업을 여럿 갖고 있을수록 성공 가능성이 높아진다. 중요한 기여를 하고 있지 않다고 느끼는 무언가 멍청하고 보람 없는 과제를 맡은 학생은 지능적으로 도전하지 못하며, 동기가 아무리 고귀하다 해도 그들 목소리가 들리지 않는 사업은 일반적으로 먼저 중단되게 마련이다. 주말마다 지역 병원에서 지루한 파일 작업을 하거나, 노인 센터에서 그릇을 닦거나, 거리 구석에서 선거 운동 자료를 나누어주는 등 부모가 권한 일에 불만을 토로하는 학생들이 있었다. 모두 자원봉사로 한 것이지만 처음부터 달갑지 않았단다. 이런 것은 지지 홍보 활동이 못 된다. 학부모들은 지루한 일이라도 오랫동안 성의를 보여주면 자녀가 대학에, 의대에, 로스쿨에 입학하는 데 도움이 될 것이라고 생각하지만, 순진한 생각이다.

Secret 281 **통찰력이나 발전에 혁신적이지 않고, 도움이 되지 않는 지루한 과업을 부모가 하라 해서 하는 학생은 대학에 깊은 인상을 주지 못한다는 것을 강조하고 싶다.** 또한, 목적이 확실하지 않은 자원봉사는 역효과를 내기도 한다. 나는 병원에서 그런 지루한 일을 한 탓에 의학 공부를 할 수 없게 된 수많은 학생을 알고 있다.

Secret 282 고등학교 때 부근에서 지지 홍보 활동 거리를 찾을 때, 자녀가 가고자 하는 대학들에 어떠한 활동 단체들이 있는지를 확인해 봐야 한다. 각 대학이 어떤 부류 활동에 가치를 두는지 감을 잡기 위해서다. 모든 대학이 모든 것을 환영하지는 않는다. 그러나 당신 자녀의 활동이 대학의 가치와 일치하고 성적과 시험 점수가 대학의 인정 범위 내에 있다면, 특정 과제에 적극적으로 참여한 것이 입학에 도움이 된다.

자녀가 고등학생 때 어디에 집중할지 모를 경우 논란의 여지가 많은, 심하게 정치적이거나 종교적인 대의는 피하라. 대학 입학 에세이에도 그런 내용의 글쓰기는 피하라고 조언하라. 대신, 질병 예방, 공중 보건, 공공 안전, 환경, 개인 교습, 문학, 교육, 빈민 급식 사업, 식물원과 동물원 및 박물관 기금 모으기, 노인 센터와 보육 센터 오락 같은, 분열을 조장하는 것이 아닌 과업을 추구하도록 격려하라.

Secret 283 지지 홍보 활동 및 지역사회 봉사는 당신 자녀에게 귀중한 리더십 기술을 개발하고 지적 기회를 얻을 수 있도록 도와준다. 과제 유형으로는, 기금 모금 또는 집회에서 연설을 하거나, 기금 모금자의 설계를 처음부터 디자인하거나, 다른 봉사자를 조직함으로써 지도력을 개발하거나, 낯선 사람과 상호 활동하는 법을 배우거나, 필요한 물품을 배분하는 새로운 방법을 개발하거나, 새로운 교육 및 개인 교수법을 개발하거나, 또는 새로운 사람들과의 사회적 단차를 메꿔줄 방법을 배우는 것 등이다.

자녀가 대학 지원서에 지지 홍보 활동을 기술할 때, 결과가 긍정적이었던 것 즉 지적 성장이 있었고 사회에 기여도 된 일에 초점을 맞추라고 조언해 주라. 궁극적으로 해피엔딩이 아닌 한은 실패에 관해 쓰지는 말도록 조언하라. 징징거리는 에세이는 인상적이지 않다. 일례를 들자면, 매우 경쟁력 있는 대학 한 곳에서 지원자에게 "세상의 종말"처럼 보였던 때를 기술하라고 했다. 성공적이지 못한 봉사 및 지지 홍보 활동 시도가 좋은 주제가 될 수 있다. 단, 아이가 경험을 통해 배웠고 그 봉사를 성공적으로 마쳤다는 것을 증명했을 때에 해당된다. (자녀가 대학에 자신이 그들이 원하는 인재임을 확신시킬 기회가 딱 한 번만 있다는 것을 이해하

라. 실패했다고 기술하는 에세이는 신뢰를 주지 못한다. 아무리 입학사정관이 마음 따뜻한 사람일 거라고 상상하더라도 말이다.)

Secret 284 자녀의 고등학교에 설치돼 있는 사회 봉사 클럽과 지지 홍보 활동 조직을 찾아내고, 자녀가 9~10학년일 때 제일 관심이 있는 조직에 가입하도록 하라. 그래야 탄탄대로에서 선출된 리더십을 발휘할 수 있다. 스펙 경력을 쌓게 하여 11~12학년이 되면, 학교 클럽의 리더가 되고 싶을 경우, 상급생으로서 자격을 갖게 될 것이다. 학교 밖에서도 지지 홍보 활동에 관심이 있다면, 이력서에 적을 훌륭한 내용과 경험을 쌓게 될 것이다.

지역 봉사의 요건

모든 아이가 지역사회 봉사를 해야 할까? 자상한 성인으로 키우고 싶다면 나쁜 생각은 아니다. 그러나 무엇을 봉사로 봐야 하는가 하는 문제에서 부모는 창조적으로 생각할 필요가 있다. 암을 없애기 위한 과학 연구를 수행하는 것도 충분히 지역사회 봉사다. 봉사 이력을 인정받기 위해 연구를 좋아하는 아이가 보육원에 가서 바닥을 청소할 필요는 없다. 마찬가지로, 당신의 바이올리니스트 아이가 지역 노인 센터에서 공연하는 경우, 그것은 지역사회 봉사이다. 또는 원예 애호가가 지역 관광 명소에 나무를 심는 경우, 역시 봉사로 인정된다. 봉사가 고통이나 지루함과 동일시되어서는 안 된다.

Secret 285 많은 아이들이 생각하는 것과는 반대로 활동 단체에서 사무를 보는 것 자체는 그다지 인상적이지 않다. 그러나 새롭고도 혁신적인 기금 모금 행사나 사회 봉사 캠페인 같은 행사에 그룹의 사무 자원을 성공적으로 활용한다면, 그 학생은 대학이 매우 바람직하게 생각하는 지원자가 될 것이다. 노숙자를 위한 음식과 옷 모으기, 암 연구를 위한 자선 옷 무도회, 지역 공원(또는 해변 또는 식물원)을 청소하자는 혁신적인 캠페인, 입원 어린이 및 병상 노인을 위한 퍼포먼스 투어, 불우 어린이들을 위한 개인 교수 프로그램 등을 그룹에 속했든 속하지 않았든 실행할 수 있다.

Secret 286 지역사회 봉사에 중점을 둔 학생은 대학이 더 매력을 느끼게 하기 위해 자신이 어떤 일을 할 것인지 전반적인 주제를 설정해야 한다. 주제는 건강, 환경 보호, 국제 관계, 예술 기금 모금 등이 될 수 있다. 불분명하고 체계가 없고 리더십 기회조차 없는, 관련 없는 일들에 빠지지 않도록 지도하라.

여러분 자녀가 대의를 선택하는 데 도움이 되도록(Secret 282에서 제안한 것을 기억하라.), 가장 즐기는 활동이나 기관에서부터 시작하라. 식물학을 좋아하는가? 지역 정원이나 원예종묘소에 어떤 기회가 있는지 알아보라. 컴퓨터를 좋아하는가? 컴퓨터 관련으로 도움이 필요한 지역 기관이 어딘지 알아보라. 지역사회 봉사 옵션을 알아볼 수 있는 가장 좋은 곳은 VolunteerMatch.org이며, 온라인으로 볼 수 있다. 집 우편번호와 자원봉사하러 갈 수 있는 거리를 입력하라. 큰 도시나 그 인근에 기회가 더 많다. 그러나 온라인 봉사 및 교환 학생 숙식 제공이 있을 가능성은 가장 외진 지역에도 있다. 자녀의 관심 테마를 선택하라.

여기에서 골라보라. 사회운동 및 인권, 동물, 예술과 문화, 보드 개발, 어린이와 청소년, 커뮤니티, 컴퓨터 및 기술, 위기 지원, 장애인, 교육 및 문학, 비상 사태 및 안전, 고용, 게이, 레즈비언, 양성애, 트랜스섹슈얼, 건강과 의학, 노숙자 및 주택, 식량 부족, 허리케인 이재민 구호, 이민자와 난민, 국제, 정의와 합법, 미디어 및 방송, 정치, 인종 및 소수민족, 종교, 노인, 스포츠 및 레크리에이션, 여성.

청소년에게 제공되는 자원봉사 기회에 대한 감을 얻기 위해 VolunteerMatch.org의 2007년도 목록을 확인하라. 뉴욕의 박물관은 큐레이터 팀원 및 뉴스 레터 작가를 모집했다. LA 토끼 보호소는 입양 절차를 도와줄 자원봉사자를 원했다. 버지니아 방과 후 프로그램은 체스 전문가를 원했다. 오하이오 암 연구 기금 모금 단체는 파티 기획자를 찾았다. 중서부의 한 호스피스에서는 생일 케이크 만들어줄 사람을 원했다. 뉴멕시코 광야 프로젝트는 "견습 생태학자"를 찾았다. 매사추세츠주 세일럼에서는 매년 열리는 할로윈 축제의 자원봉사자를 원했다. 위에 언급한 것들 중 어느 하나에라도 참여한다면 대학 입학 에세이 주제로 훌륭한 것이 될 수 있다. 그리고 더 중요한 것은 고등학교 학생들에게 뛰어난 지역사회 봉사 경험을 제공한다는 것이다.

자신의 주된 재능으로 지지 홍보 활동 및 지역사회 봉사를 추구한 고등학생은 특히 리더십, 독창적인 노력 투자, 상당한 시간 할애 및 결과를 입증할 경우 대학에 매우 바람직한 인재로 보일 수 있다. 당신 자녀가 성공하기 위해 노력해야 할 크리덴셜 유형에 대해 더 잘 알기 위해, 이 분야에 열정을 갖고 있는 학생의, 대학에 매우 인상적일, 샘플 이력서를 준비했다. 굵게 표시한 항목이 진정한 기회임을 유의하라.

AMY RIVERS

Racial Equality Advocacy and Community Service

Desmond Tutu Peace Foundation, administrative assistant, part time, during school year, New York City, 2008–09

Religions for Peace-USA, publicity volunteer, wrote press releases/speeches, 2007
Delivered a speech at 9/11 Unity Walk Rally

Congress of Racial Equality, writer, volunteer, 2008
Contributed articles to organization newsletter

Advocacy speech writer, worked in the office of local congressman and helped draft speeches, 2007–08

Project Ghana, Global Routes, helped build a health clinic in small village outside Cape Coast city, four weeks, summer 2008

Winner, Patricia M. McNamara Memorial Scholarship, 2009

ACT-SO (Afro-Academic, Cultural, Technological, and Scientific Olympics), Oratory Award, 2009

Toyota Community Scholars Program, $20,000 Scholarship

US Congressional Award, Gold Medal, 2009

Education

TASS, Telluride Association Sophomore Seminars, Indiana University, Civic Engagement and African American Youth, six weeks, summer 2006

Central High School, class of 2009, GPA: 4.0
  Courses included: **AP World History**, **AP U.S. History**,
   AP Comparative Government and Politics, and **AP Human Geography**
  NAACP School Chapter
    President, 2008–09
    Member, 2006–07 and 2007–08
  UCLA, Elementary Yoruba (language of Nigeria), eight weeks, summer 2007, 12credits, final grade:A
  Stanford University Summer Session, Liberty and Justice for All? Law and Inequality in American Society, summer 2005, four units

Athletic Achievements

  Central High School Girls' Track and Field Team Thrower
    Captain 2007–08 and 2008–09
  Scholar-Athlete Award 2009in discus and javelin
    No. 1 in county in javelin, 2008

지지 홍보 활동 및 부가 행정 서비스 과정

하급생 때에 전국 규모 영재 발굴에 들었던 상급생(10~12학년)이라면 존스홉킨스에서 제공하는 3주 여름 프로그램인 CLI(Civic Leadership Institute)나 나중에 비슷하게 만들어진 노스웨스턴 대학교의 CEP(Civic Education Project)에 지원할 것을 생각해 보라. 존스홉킨스의 프로그램은 시민 참여 및 사회 현안(Civic Engagement & Contemporary Social Issues)에 관한 과정으로 "지역사회 개발 및 긍정적인 사회 변화를 위한 도구 및 전략"을 제공하는 것을 목표로 한다. 학생들은 지역사회 기구와 협력하고 각자 특별한 관심 주제에 집중한다(세계 빈곤, 범죄 정의, 학교 개혁 등). 저녁 전문가 모임(colloquia)은 초청 연사가 나오며, 날마다의 레크리에이션 프로그램은 학생들이 다른 학생들과 네트워크를 형성하는 데 도움이 된다.

Secret 287 환경 운동에 관심 있는 학생에게 학생 환경보전 협회(*Student Conservation Association*)는 참가비도 받지 않고 정말 아는 사람이 적은 기회로, 상위 대학(최고 성적과 시험 점수가 있을 시) 많은 곳에 입학하도록 돕는다. 참가자는 여름 동안 미국 국립공원의 직원이 되어 환경에 가시적으로 기여하고, 생태에 대해 배우며, 미국 전역의 학생들을 만나고, 팀워크를 배운다.

* * *

언론 종사와 지역사회 활동은 학생이 고등학교에서 리더십 기술을 발전시키는 두 가지 방법이다. 리더십에 직접 집중하기를 원하는 학생에게는 행정 및 정치 분야에 많은 기회가 있다.

제11장

정치, 행정
처음부터 순서대로
정치 리더의 길로

"제 꿈은 언젠가 미국 대통령이 되는 것입니다." 한 여학생이 8학년 반 대표 선거 연설에서 말했다. "이것이 시작입니다. 지금, 그리고 앞으로 4년간 고등학교에서 여러분의 지원이 필요해요."

물론, 그 뒤를 이어 4년 동안 그 학생은 반 대표로 뽑혔고 최종학년 때에는 학교 전체 대표로 선출되었다. 그 학생은 열심히 공부했고 최고 성적을 유지했고 그 뒤에는 놀라울 것도 없이 리더십을 중시하는 대학인 예일에 들어갔다.

쭈뼛거리는 소년에서 부끄럼 많던 젊은 청년을 거쳐 나중에는 훌륭한 지도자가 된 간디와 같은 전설적인 지도자도 있다. 그러나 태생이 왕족인, 또는 마치 그런 것처럼 인정받아 처음부터 확신을 가지고 지도자가 되도록 가르침을 받아온 사람들도 많다. 부모는 아이들 리더십 경력에 도움을 줄 수 있다. (이는 꼭 정치에 국한된 것도 아니다.)

Secret 288 경쟁력 있는 대학은 학생회뿐 아니라 예술, 수학, 인문학, 지역사회 봉사, 스포츠 등에서 리더십 경력을 보여주는 지원자를 선호한다. 몇몇 대학 입학사정관들이 지적하듯이, 리더는 단순한 간판 소유자와 구별된다. 예를 들어, 학생 클럽 부회장에 선출된 한 아이는 이 크리덴셜을 자신의 대학 지원을 위해 쓸 생각뿐 다른 것에는 손가락 하나 까딱하지 않았는데, 대학은 그런 학생들을 자리 지킴이, 간판 따기꾼 또는 죽은 나무라고 부른다. 왜냐하면 그들은 자리만 지킬 뿐 자리에 걸맞은 리더십이나 열정은 없기 때문이다. 그러나 선출되어 실제로 혁신을 이루거나 발전을 시킨다면 대학 입학처로부터 많은 점수를 얻을 수 있다. "최상위 대학의 학생들이 전부 리더라면, 따라가는 역할은 누가 해요?" 한 어머니가 나에게 물었다. "이 대학에는 일벌도 필요하지 않습니까?" 맞는 말이다. 그러나 그럼에도 가장 경쟁력 있는 대학들은 리더에게 끌린다. 그리고 어느 분야든 리더십을 발휘하는 것은 최고 대학에 진학하는 데 중요하다.

Secret 289 **꼭 자리를 차지해야만이 리더는 아니다. 사람들을 움직이는 사람, 흔들어 놓는 사람이 리더다.** 만나보면 명확히 알 수 있다. 그들은 새 클럽을 만들고, 학교 커리큘럼에 영향을 미치며, 공동체에 새로운 발상을 일으킨다. 그들은 혁신적이고 정력적이고 낙관적이며, 그들의 열정은 전염성이 있다. 그들이 바로 대학이 찾는 아이들이다. 그리고 이 학생 지도자 중 상당수는 정치와 학생회에 끌리는 경향이 있다.

Secret 290 **자녀를 위한 공식 리더십 훈련을(잠재적 리더 모두에게 그런 훈련이 필요한 것은 아니지만) 알아볼 때에는 구체적으로 어떤 기술을 어떤 방법으로 가르치는지 물어보라.** 1박 2일 리더십 캠프에서부터 대학 스타일의 정치과학 또는 경영관리 과정에 이르기까지, 다양하고 많은 프로그램이 리더 되는 법을 가르친다. 어떤 프로그램은 암벽 등반이나 감수성 훈련(다른 사람이 받쳐줄 것을 믿고 뒤로 쓰러지는 식의)이 여러분 자녀의 리더십 자신감과 능력을 향상시킬 것이라고 주장한다. 결정은 여러분에게 달렸다. 자녀가 리더십 기술이나 대중 상대 연설 같은 특정 관리 기법을 배우는 식의 접근 방식을 선호할까? 데일 카네기 코스 덕분에 대중 연설에 자신감이 붙고 요령도 생겼다고 말하는 학생들을 여럿 안다. 당신 지역의 서비스를 찾으려면 www.dalecarnegie.com을 방문하라.

Secret 291 **리더십 역할은 (동일한 고등학교로 진학하는 경우) 흔히 중학교 때부터 이루어진다.** 고등학교에서 정치 지도자가 되고자 한다면 자녀의 중학교 시절을 중시하라. 별도의 사립학교로 고등학교를 다닐 계획이라 할지라도, 8학년 말까지 리더십 경험(그리고 자신감)을 어느 정도 얻었다면, 리더가 될 가능성이 훨씬 더 커진다.

확신을 줄 만한 고등학교 행정/정부 경력 쌓기

앞에서 말했듯이, 리더가 되고 싶다고 말하는 지원서는 고등학교 때 실제로 리더로서 (자리만 지킨 것이 아니라) 웬만큼 역할을 했다는 기록을 보여줄 때 더욱 신뢰감을 준다.

한 지원자는 예일, 프린스턴, 하버드 대학에 지원하면서 "정치에 관심이 있어서 정부 행정을 전공하고 싶습니다."라고 썼다. "저는 지난해 학생회 부회장으로 선출되었고, 그 전해에는 총무를 지냈습니다." 그는 세 대학 중 어디에도 들어가지 못했다. 그 학생은 에세이에서 그 자리에서 자신이 무엇을 했는지 전혀 말하지 않았기 때문에 그의 크리덴셜은 눈에 띄지 않았다.

그러한 학생은 자신이 최고 경쟁력 있는 대학이나 심지어 백악관에도 들어갈 수 있다고 자신할지 모르지만, 그런 자리에 있었다는 것만으로 가장 경쟁력 있는 대학에서 감탄하진 않는다. 미국에는 2만 7,000개의 고등학교가 있고 각 학교마다 대표, 부대표, 총무 및 재무가 있다고 가정하면 중요 직책을 맡았던 학생은 10만 명이 넘으니까.

자신의 배경을 가지고 대학 입학처에 좋은 인상을 주고 싶으면, 고등학교 경력을 최대한 활용토록 해야 하고 또 학교 밖에서의 기회와(이 장에서 설명한 대로) 도전적인 코스를 통해 전국적으로도 뛰어나 보일 만한 것을 찾아야 한다. 정부나 정치의 어느 분야에 관심이 있는지에 많이 좌우된다.

"여름에 국회에서 일했어요. 지구온난화에 대한 중요한 조사를 했습니다." 한 학생이 '방학동안 한 일' 발표에서 자랑스럽게 말했다.

"어떻게 그 일을 얻은 거야?" 다른 동급생들이 놀라워하며 물었다.

"경쟁이 치열했지." 아이는 힌트를 주지 않고 반응했다. "그렇지만 내 크리덴셜을 좋아하더라고."

Secret 292 고등학생이 워싱턴에 인턴십을 구하는 일도 실제로 있다. 그러한 일자리를 얻는 첫 단계의 "큰 비밀"은 그저 지원하는 것이다. 대부분의 사람들은 정부 인턴십을 얻는 유일한 방법이 가족, 친지를 통한 인맥일 거라고 생각한다. 인맥은 필요 없다. 그러나 당신 아이가 경쟁에서 우위를 갖게 하는 요소는 해당 공무

원실에 직접 지원하는 것이지, 고용 담당 부서나 학생 인턴십에 지원하는 것이 아니다. 그리고 인상적인 이력서를 만들 크리덴셜을 미리 충분히 쌓아두어야 한다.

Secret 293 **국내 정치에 관심 있는 고등학생이라면 거주 지역 정치인 사무실이나 프로그램 등에 직접 접촉할 수 있다.** 당신의 국회의원은 지역구의 지지자를 선호할 것이다. 많은 곳에서, 가장 인구가 많은 곳이라도, 다른 학생들이 이런 길을 잘 모르기 때문에 경쟁이 심하지 않다. 지역 정치인 사무실에 연락하여 여러분 자녀가 자원봉사를 할 수 있는 방법을 물어보라. 처음에 학부모가 신청 절차에 대해 전화를 거는 것은 좋다. 그러나 그 전에 학생이 이메일이나 팩스로 보낼 수 있는 이력서를 갖고 있어야 한다.

Secret 294 **정부 관청에서 일하고 싶은 학생은 9학년 때에 든든한 이력서를 만들기 시작해야 한다.** 11학년이나 최종학년 때까지 정부 관련 크리덴셜을 만들어둔 학생들이라면 국회에 자리를 얻을 자격이 된다. 상원의원을 통해 신청하라. 최소 나이는 16세이다. 학생들은 의사당 내에서 정보 전달이 된 사환 노릇을 한다. 그들은 미국 상원의원 사환학교(United States Senate Page School)에 참가하고 Middle States Association of Colleges and Schools에서 인정도 받는다. 그리고 그 일이 주로 잔심부름으로 이루어져 있다고 하더라도, "정치적 의사 전달의 중심부"에 있어본 경험은 많은 기록에서 매우 흥미로울 수 있으며 대학에서 잘 받아들여질 것이다. 아이가 A 상원의원, B 상원의원과 대화한 이야기를 하며 그 대화가 나라 정책에 어떤 영향을 미쳤는지를 말하는 대학 지원 에세이를 상상해 보라. (상원의원의 사환으로 있었던 경우에는 의원 이름을 삭제하는 것이 정당한 것으로 간주된다.)

물론 당신 자녀가 일을 어떻게 처리하는지에 많은 것이 달려 있다. 나는 상원의원과 토론 시작하는 법을 알고 그렇게 해서 정책에 영향을 준다는 느낌을 아는 학생들과 함께 일해본 적이 있다. 나는 또한 최소한도로만 의사를 전달한 매우 과묵한 학생들과도 일했다. 후자는 대학이 꼭 원하는 학생은 아니다. 에세이에 써봤자 그저 자리만 지켰던 것처럼 보일 수 있다.

Secret 295 **여타 행정 집행 기관에서도 고등학생 인턴을 뽑는다.** 워싱턴 D.C. 지역에 살거나 여름 동안 거기에 거주할 수 있는 사람들은 스미소니언 박물관(www.si.edu/ofg/intern.htm)과 다른 정부 기관에서 기회를 얻을 수 있다. 자녀가 관심을 보이는 특정 기관에 가능한지를 확인해 보라. 인턴을 뽑는 기관 목록이 UC 샌디에이고의 웹 페이지에 있다. career.ucsd.edu/sa/GovInternship.shtml

정부에서 일해 본 학생으로서 대학이 거절하기 어려운 지원자가 되고 싶다면 고등학생 때 관련 분야, 특히 법률, 경영, 경제, 미국 역사, 대중 연설 및 토론 분야의 지식과 기술을 어느 정도 발전시켜 두어야 한다. 지역사회 신문과 그 밖의 다른 출처의 뉴스를 날마다 읽어야 하며, 그렇게 한다면 정치와 정치인에 대해서 지적으로 논의하고 누가 누구인지 알 수 있다.

사환 자리를 비롯한 인턴십 지원 이력서를 만들려면 9학년 여름방학 전에 코네티컷의 초트 로즈마리 홀 존 F. 케네디 행정학 교실(Choate Rosemary Hall John F. Kennedy Institute of Government) 4주 프로그램에 참여할 수도 있겠다. 그리고 다음 해 여름에는 워싱턴 D.C.의 조지타운에서 4주짜리 청소년 정치가 프로그램(Junior Statesmen Program)에도 등록할 수 있다. 그다음 여름에는 조지 워싱턴 대학교 여름학교에 있는 10일짜리 선거 정치 단기과정 '선거 운동 조직'을 듣는다. 그리고 그에 더하여 버나드 대학의 '젊은 여성을 위한 지도력 강좌' 일주일 과정을 한다. 최종학년에 들어가기 전 여름에는 워싱턴 D.C.의 조지타운에서 1주짜리 American Politics and Current Affairs and the Presidential Classroom Scholars 프로그램에 참여할 수 있다. 최종학년에 이르면 이 학생은 학생 사환제에 당당한 자격을 갖추게 될 것이다.

그러한 여름 계획에는 고등학교 토론 팀, 모의 의회, We the People 또는 다른 연설 관련 동아리에 활동적으로 참여함은 물론이고 고등학교 때에 AP 미국사, AP 미국 행정 정치학(Junior Statesmen에서 실시하는), AP 비교 정치학(역시 Junior Statesmen에서 실시하는), AP 경제학, 그리고 AP 유럽사가 함께 있어야 한다. 자녀의 고등학교에서는 그렇게 다양한 AP 과목을 가르치지 않는다고? 고등학교 커리큘럼을 보충할 지역 대학 야간 과정을 알아보라.

그 밖의 인상적인 크리덴셜

보이스 네이션(Boys Nation)과 걸스 네이션(Girls Nation): 인상적인 전국적 리더십 경험을 얻는 또 다른 방법은 보이스 네이션(www.legion.org/boysnation)과 걸스 네이션(girlsnation-auxiliary.com)을 통해 할 수 있다. 이 두 "네이션" 프로그램은 전국 여러 곳에서 불규칙하게 홍보되는데 소년부는 American Legion 이, 소녀부는 American Legion Auxiliary가 후원한다. 보이스 네이션은 원래 1946년에 Boys Forum of National Government라는 이름으로 설립되었다. 그 1년 뒤 걸스 네이션이 설립되었다. 참가하면 이력서에 인텔 과학영재 발굴 대회 최종 후보나《USA Today》Academic First Team 수상자와 같이 두루 써넣을 수 있다. 소년부 소녀부 각각 매년 지역 단위 및 지부에서 11학년 대표단을 뽑아 해당 주에서 열리는 컨벤션에 참가시킨다.

> **Secret 296** 선택 자격을 얻으려면 자녀가 가까운 지부에 연락하여 신청할 필요가 있다. 지명이 오기를 기다리지 마라.

이 활동에 자녀가 흥미를 느낀다면 누구 다른 사람이 추천해줄 것을 기대하지 말고 여러분이 직접 문의하라. 참가자는 학점 평균, 자원봉사 활동 그리고 어쩌면 에세이, 이력서 또는 인터뷰(각 지부마다 다르다.)에 따라 선택된다. 미국에는 1만 5,000개의 지부가 있다. 가장 가까운 지부를 찾으려면 전화번호부를 보라.

주 차원의 행사는 대개 6월에 대학 캠퍼스에서 열린다. 학생들은 학년이 시작하기 훨씬 전에 Legion이나 Auxiliary에 지원한다. American Legion의 모토가 "하나님과 나라를 위해(For God and Country)"이긴 하지만, 조직위는 참가자들이 "피부색이 어떻든 생긴 것이 어떻든 상관없으며 정치 및 종교도 다양하다."고 강조한다. 각 주 프로그램은 주와 지방 행정부에 대해 가르친다. 각 주 대표단(수만 명의 학생들이 참여) 중 소년 두 명이 보이스 네이션 대회에 참가자로 선출되며(같이 참여한 학생들이 뽑는다.), 소녀 두 명도 걸스 네이션 대회에 선출된다.

워싱턴 D.C.에서 개최되는 전국 대회는 전국구 정치에 관해 가르친다. 참여 학생들은 연방 상원에 제출할 결의안을 작성한다. 빌 클린턴 전 대통령도 대표로 나왔던 적이 있다. 전국 대회가 시작될 때 대의원은 무작위로 두 개 당으로 나뉘며 대회 끝에 가서는 대통령과 부통령을 선출한다, 두 사람은 필히 같은 당의 당원이어야 한다. 걸스 네이션에서는 "전국 정부 훈련 프로그램"이라고 하는 1주일 행사 동안 후보자들이 캠페인을 벌이며, 또한 진짜 워싱턴의 관리를 만날 수 있다.

법률 캠프(Law Camp): UCLA 로스쿨과 캘리포니아주 법원 기금 그리고 헌법 권리 재단(Constitutional Rights Foundation)은 법대 진학 전 과정이나 정치학 전공을 고려하는 고등학생을 대상으로 1주일간 집중적인 여름 법률학교(Summer Law Institute) 과정을 함께 제공한다. 이 프로그램에는 변호사 따라다녀 보기, 로펌 방문, 판사와 점심 식사, 수정 헌법 1조의 사형 제도 워크숍 참여, 법으로 사회 변화시키기, 미디어의 사법 제도 영향 등이 포함된다. 2007년 비용은 숙식을 포함하여 1,200달러였다. 장학금도 있었다. http://crf-usa.org/law_government/sli.htm에 가보라. 이 크리덴셜만 가지고 자녀를 대학에 입학시킬 수는 없겠지만 이 캠프에 더하여 다른 법률(또는 리더십) 관련 프로그램에 참석한다면 멋진 이력을 추가할 수 있다.

토론과 연설 팀

전혀 별개이기는 해도 정치, 정부 및 법률에 관심 있는 학생들에게 역시 인상적일 수 있는 경로가 연설과 토론이다. 수천 개 고등학교가 토론 팀을 두고 있다. 토론에는 팀을 보조해 줄 고문 선생님 이외에 비싼 실험실이나 자금이 필요하지 않기 때문에 예산이 정말 없는 학교도 토론 팀을 만든다.
미국 전역에 학생들 토론 실력을 길러줄 집중 훈련 프로그램이 있다. (프로그램에 대한 자세한 정보는 아래를 보라.) 하지만 고등학교 토론회에 참여하는 대부분의 학생들은 학기 중 활동으로만 간주하고 단순히 참여만으로 대학이 감명받을 줄 안다. 그래서 학교 팀이 제공하는 것 이상으로 실력을 연마하지 않는다. 실제로, 고등학교 수준 토론이 그리 인상적이지는 않다. 전국에 2만 7,000개 고등학교가 있으며, 많은 학교에 토론/연설 팀이 있음을 기억하라. 그러나 학생이 주 수준에서 두드러진다면(단순히 주 대회에 참여하는 것이 아니라 상을 탄다면) 그때부터는 대학에 인상적으로 보이기 시작한다.

"토론 팀에 들어봤는데요." 9학년 학생이 어머니에게 말했다. "그렇지만 아이들 중 두 명이 너무나 똑똑해서 무슨 얘길 하는 건지 전 이해도 못 하겠더라고요. 주 대회에서 여러 번 우승한 이 두 애들이 팀을 압도했어요. 그래서 재미가 없길래 그냥 나왔어요."

초보 관찰자에게 토론이란 매우 위협적일 수 있지만, 일반적으로 주 및 지역 행사에서 상을 타는 아이들과 그 나머지 팀 간에는 매우 큰 격차가 있다. 머리가 아니고 훈련의 격차다.

Secret 297 **고등학교 토론은 고등학교의 다른 스포츠와 마찬가지로 다루어져야 한다. 즉 훌륭한 훈련과 지도가 승자를 만든다.** 아이가 얼마나 똑똑하든, 얼마나 독립적이든 상관없이 토론왕이 되고자 한다면 말하고 조사하는 기술을 배워야지 다른 길은 없다. 이것이 자녀에게 중요한 활동이라면 제대로 된 여름방학 훈련 과정에 보내라.

Secret 298 **훈련된 학생으로서 지역에서 토론 실력을 인정받았고 그 이상으로 발돋움하고자 한다면, 아무리 경쟁이 심한 주라도 주 차원 대회에서 상을 받는 것이 실질적인 선택이다.** 여러 고등학교 토론 대회에서 좋은 성적을 거뒀어도, 설령 몇몇 매우 경쟁력 있는 카운티에서 인정받았다 해도, 실제로 독자적으로 조사를 하고 사안에 설득력 있게 접근할 줄 아는 학생은 별로 보지 못했다. 지적 능력이 매우 높은 아이들도 외부 교육을 받지 않았기 때문에 대부분 곤혹스러워한다. 많은 경우, 학생들은 세계 경제, 국가 교육 표준, 타국의 치안 유지, 국가 안전을 위한 고문이 옳은가 그른가 등 자신들이 논쟁하는 주제를 결코 완전히 이해하고 있지 못하다. 토론에서 흔히 판정자 자리에 선 학부모 또한 대체로 이해도가 낮다. 학생이 입은 옷이나 태도가 얼마나 자신감에 차 있는가 따위로 승자를 선정하는 것으로 알려져 있다. 동시에, 토론 팀 아이들이 어떤 논거를 세울지, 누구의 말을 인용할지를 팀장이나 고문 교사에게 의존하는 것을 심심치 않게 볼 수 있다.

처음에 주제를 분석하는 방법(많은 논쟁이 그렇듯이, 그 주제의 양면을 보는 법)을 가르쳐주는 진지한 여름 프로그램에 참석했다면 그 학생은 양쪽 의견을 받쳐줄 수 있는 논리적 의견을 발전시키고 자기 주장을 뒷받침할 적절한 자료를 찾을 것이다. 해당 지역, 해당 주의 토론 대회에서 엄청난 우위를 갖는 것이다.

아이를 가장 경쟁력 있는 리그에 넣고 싶은가? 뉴햄프셔의 다트머스 토론 교실(Dartmouth Debate Institute)에 가장 엄격한 교육 프로그램이 있다.

Secret 299 최종학년 전 학년생들을 위한 다트머스의 4주 여름 프로그램은 "지난해 (2006년) 열린 NFL(National Forensic League) 토너먼트 19회 중 17회 토너먼트 우승자가 우리 프로그램 출신이고 그 외에도 대부분의 국가 토너먼트에서 좋은 성적을 거둔 학생들이 훈련했습니다."라고 말한다. 다트머스의 접근법은 진지하며, 교차 시험 정책 토론의 모든 측면을 다룬다.

"다트머스 토론 교실처럼 집중적으로 철저하게 세팅된 학습의 장은 경험해 보지 못했을 것입니다." 광고는 말한다. "학생들은 월요일부터 금요일까지, 오전 8시 30분부터 오후 5시까지 출석해야 하며 대개는 주말에도 수업이 있습니다." 집중 토론에 관심 있고 발전이 뛰어난 10, 11학년 학생들을 위해 다트머스는 3주짜리 토론 워크숍을 제공한다. 커리큘럼은 "이론, 전략 및 기술을 상당한 양의 연구와 함께 가르친다."

노스웨스턴 대학교는 쿤 하디 전국 고등학교 토론 학회(National High School Coon-Hardy Debate Scholars)라는 또 하나의 매우 진지한 훈련 프로그램을 제공한다. 매해 여름(성적, 추천 및 과거 대회 기록에 근거하여) 실시하는 이 프로그램은 학생들의 필요에 따라 개별화 및 맞춤화된 수업을 유지하고 "학생과 교수진 간의 충분한 상호 작용"을 활성화하기 위해 36명만 받는다.

노스웨스턴에서는 **챔피언십 토론회**(Championship Debate Group)라는 좀 더 선별된 최종학년 학생용 5주 프로그램을 제공한다. 지원자들 가운데서 뽑은 16명에 한해서 들을 수 있다. 챔피언십 토론회에서는 뛰어난 10, 11학년 학생을 위한 4주 세션도 하고 있다. 정원은 24명이다.

스탠퍼드의 National Forensic Institute에서 "발전이 빠른 학생들은 캠프 동안 평가받을 수 있는 라운드 20개가 보장된다. 이외에 특별 프로그램으로 초보자 프로그램 및 평가받을 수 있는 연습 라운드를 더 뛸 수 있는 4주차 연장 프로그램도 있다."

진지한 토론자라면 베일러 대학교의 베일러 토론 워크숍(Baylor Debate Workshop), 버클리대의 전캘리포니아 토론교실(Cal National Debate Institute), 캐머론 대학교의 연설-토론-방송 캠프(Speech-Debate-Broadcast Camp), 곤자가의 곤자가 토론교실(Gonzaga Debate Institute), 마이애미대의 마이애미 토론교실(Miami Debate Institute), 미시간대의 미시간 토론교실(Michigan Debate Institute), 중서부 캠퍼스 세 곳에서 하는 미주리-캔자스 학술 프로그램(Missouri-Kansas Scholars Program), 미시간 주립대의 스파르타 토론교실(Spartan Debate Institute), 휴스턴대 토론교실, 리치먼드 대학교 전국 토론교실, 노스텍사스 대학교 민 그린 워크숍(Mean Green Workshop), 웨이크 포레스트 대학교의 토론 워크숍, 휘트먼 전국 토론교실, 그리고 버몬트 대학교 세계 토론교실(World Debate Institute) 같은 훈련 캠프도 있다.

몇몇 매우 도전적인 여름 토론 프로그램에 참여하는 학생은 선출 혹은 지명으로 고등학교 토론 팀의 팀장이 될 수 있을지 여부를 걱정할 필요가 없다. 그는 학교 정치를 뛰어넘는 인상적인 크리덴셜을 갖게 될 것이다. 특히 토론에서 이기기 시작하면 더욱 그렇다. 전국 챔피언이 되기를 원하면, 네 해 여름 전부를 토론에 초점을 맞추거나 아니면 토론에 임하는 기본 실력을 쌓아 우위를 점할 수 있도록 고등학교 저학년 때 한 번의 여름방학을 투자하여 집중케 하라. 그런 다음 이후 여름방학에는 예컨대 미국 정부, 경제 또는 국제 관계 같은 토론 내용에 더 중점을 두도록 하라.

전국 수준의 토론 및 연설 대회

학생이 토론이나 연설로 얻을 수 있는 대학에 가장 바람직한 크리덴셜은 전국 대회에서 우승하는 것이다. 토론 및 특별 경연을 하는 대회 두 곳이 그런 전국 대회다.

챔피언스 토너먼트(The Tournament of Champions)에서는 링컨-더글라스 토론(Lincoln-Douglas Debate), 정책 토론(Policy Debate), 공공 간담회(Public Forum), 그리고 학생 의회(Student Congress)를 진행하는데 켄터키 대학교에서

매년 5월에 사흘간 열린다. 개인에게 전국 우승 상을 주는데 대단히 귀한 상이며 대학에 호소력이 있다. 자격이 되려면 전국 각지에서 열리는 자격 있는 지정 토너먼트 중 어느 것이든 2군데 이상의 참가권을 따야 한다.

Secret 300 **토너먼트 조직위에서는 참가권 하나만을 딴 학생이 추가로 일반 참가권을 신청하는 것도 허용한다.** 일반 참가권 수령자는 이른 봄에 결정된다. "지역 내 일반 참가권을 신청하는 다른 모든 사람들과 기록을 비교하여 그것을 토대로 결정한다." 최근 몇 년 동안 지원 마감 기한은 3월 초였다. 규칙 및 지침은 www.uky.edu/Provost/ChellgrenCenter/Debate/champions.htm을 참조하라.

또 다른 주요 전국 토론 대회인 **전국 연설 토너먼트(National Speech Tournament)** 는 NFL이 운영하며 미국 전역의 103개 지구에서 예선에 우승한 학생들이 참여한다. 일주일의 전국 대회에서는 학생 의회, 링컨-더글라스 토론, 정책 토론, 공공 간담회 토론, 국제 즉석 연설(International Extemp), 미국 즉석 연설, 웅변(Original Oratory), 연극적 설명(Dramatic Interpretation), 희극적 설명(Humorous Interpretation), 2인 설명(Duo Interpretation) 등의 이벤트가 있고 패자부활전과 아차상 선정도 한다. 장학금으로 13만 달러 이상이 수여된다. 경쟁은 해마다 다른 지역에서 이루어진다. 지역 예선 토너먼트를 찾으려면 www.nflonline.org/DistrictInformation/TournamentDates를 참조하라.

국제 관계

정부와 정치계에서 경력 쌓기를 바라는 학생 중 일부는 고등학교에서 국제 관계와 외교를 택해 완전히 다른 길을 걷는다.

국제 관계에 관심 있는 고등학생의 경우, 다음이 이력서의 견본이다. 이것이 잠재적으로 자녀의 관심사라면, 일부 프로그램과 기회를 골라서 4개년 계획을 세우라.

프로그램의 품질은 다양하며, 여기 언급돼 있다고 해서 보장된 것은 아니다. 또

여기에는 좀 과하게 여분의 크리덴셜을 깔아두었으므로 이러한 활동 중 일부는 시간적으로 잘 맞지 않을 수도 있다. 목표는, 자녀가 추구할 만한 크리덴셜에 대한 아이디어를 주는 것이다. (아이의 고등학교 4개년을 계획하는 데 있어, 부록에 있는 국제 관계를 위한 4년 여름방학 계획도 확인해야 한다.)

BRENDAN O'REILLY

International Relations Experience and Honors

United Nations Internship, eight weeks, summer 2010
Global Scholar, Washington and Lee University, summer 2010
Cross Cultural Solutions, volunteered in China, eight weeks, 2009
U.N. National High School Essay Contest, semifinalist, 2007
Global Routes, four weeks as volunteer in Tibet and China, 2008
  Taught English to young Tibetan children
Model U.N., President of school chapter 2008, 2009, and 2010
Yale Model U.N., represented United Arab Emirates, 2007
Student Cultural Exchange Club, created and led (2007 to current)
  local club in which students experience cultural celebrations in one another's homes, began with 10 members, up to 100
EF Foundation for Foreign Study, hosted an international exchange student from Argentina during winter of 2008

Education

Georgetown International Relations for High School Students
  Intensive eight-day program on international law, economics, policy, and crisis simulation, summer 2008
University of Pennsylvania Model UN, four weeks, summer 2007
  Foreign Policy, International Relations and Global Politics
University of Pennsylvania International Relations Theory and U.S. Grand Strategy, summer 2009
Columbia University, U.S. Economy and Globalization, summer 2008

> **Concordia College**, Chinese Language Village (Minnesota) Chinese (four-week immersion, one year of high school Chinese credit), 2007
> **Concordia College**, Arabic Language Village(Minnesota) Arabic (two-week immersion), 2006
> **Citytown Public High School**, expected to graduate May 2010
> Grade point average 3.75 (unweighted)
> SAT I : 670 verbal, 670 math, 690 writing
> SAT II: Global History 730, American History 690, English Literature 680, Biology 590
> AP Exams: European History 5, American History 4, World History 4, Comparative Government 5, U.S. Government 4, Economics (Macro and Micro) 5, English Composition 4, Math 1C 2.

Secret 301 학생의 국제 관계 관련 이력서를 강화하고, 강한 우위를 준비하기 위해서 부모는 적어도 한 가지 이상의 외국어, 바람직하게는 두 가지 언어를 습득하도록 권장해야 한다. 가장 인기 있는 언어는 아랍어, 중국어(만다린), 러시아어 및 인도의 특정 언어이다(9장의 "외국어 및 언어학" 참조).

국제 관계를 전공하고자 하는 학생은 학교 내에서 AP 비교 행정 및 정치, AP 유럽사, AP 세계사, AP 미국 행정 및 정치학, AP 경제학, 그리고 학교에서 적어도 한 가지 외국어를 되도록 AP 수준으로 배워야 한다.

Secret 302 자녀가 다니는 고등학교에서 사회 관련 또는 언어 과정 AP를 가르치지 않는다면 독학하거나 또는 지역 대학에서 배울 수 있는 방법을 알아보라. 예를 들어, 딸이 이미 존재하는 사회 과목을 듣고 관련 AP 시험을 위한 추가 자료를 받을 수 있는가? 아들이 학교의 사회 과목에서 AP 과정을 독자적으로 공부할 수 있는가? 자녀가 8학년인 경우, 어떤 사회과학 AP를 수강하고자 하는지, 어떤 해 어떤 과정을 선택해야 하는지 결정하라.

2007년 기준으로, AP 사회과학 옵션은 다음과 같다. 미국사, 세계사, 유럽사, 비교 행정 및 정치, 미국 행정 및 정치, 거시경제학, 미시경제학, 인문지리, 심리학. 관련 있는 토픽은 다음과 같다. 통계학, 미술사, 중국어와 중국 문화, 영어, 영문학, 프랑스어, 프랑스 문학, 독일어, 이탈리아어와 이탈리아 문화, 일본어와 일본 문화, 라틴어, 라틴어 베르길리우스, 스페인어, 스페인 문학.

Secret 303 **당신 자녀가 학교에서 해주지 않는 사회과학 과정을 배우고자 한다면 또 다른 선택지는 학교 이사진이나 재정협의회와 협상하여 적어도 1년 앞서 그 과정을 만드는 것이다.** 아이가 배울 준비가 될 때까지 기다리지 마라. 그런 과정을 가르칠 수 있도록 선생님들이 공부하게 1년을 주어야 한다. 또한, 자녀가 그 과정을 배우는 데 경제적으로 부담이 되더라도, 같은 관심사를 가진 학부모를 모으면 성공할 확률이 높다.

새로운 과정을 제안할 때, AP 과정을 가르칠 선생님을 다른 일에서 해방시키기 위하여 폐지할 수 있는 과정이 있는지 알아보라. 그렇게 함으로써 학교에서 교사나 공간이 충분치 않다고 말할 때, 교사와 교실을 확보할 방법을 설명할 수 있다.

Secret 304 **원칙적으로, 고급 과정을 선호한다는 이유로 보충 또는 기초 과정을 없애라는 말은 절대로 하지 마라. 그렇게 한다면, 다른 부모나 교사 중에 적을 만들게 되고 달성하려는 바를 이루지 못할 것이다.** 또한 당신은 보충 교육을 하는 선생님이 익숙하지 않을 수 있는 고급 과정을 가르치는 것을 원하지 않을 것이다. AP 과목을 예컨대 비교행정학에서 비교행정 한 섹션, 미국 행정 한 섹션을 하기보다는 해마다 번갈아 하는 계획을 제안하는 것이 현명할 것이다.

* * *

정치 지도자보다는 선도적인 사업가가 되고자 하는 학생의 경우, 경영 분야의 여러 전공 과정 및 프로그램을 이용할 수 있다. 일부 학생들은 고등학교 행정학 공부를 기업 경영 기회와 결합하기를 원할 수도 있다.

제12장

경영
장래의 대사업가 마케팅하기

"**왜** 펜실베이니아대에서는 지원자들에게 어느 교수님 밑에서 공부하고 연구하고 싶으냐고 물어보지요?" 12학년 학생의 아버지가 대학 지원에 대한 조언을 구하려고 내게 전화를 걸었다. 그분의 자녀는 방금 와튼 스쿨에서 조기 결정에 탈락했고, 그래서 다음 지원에 자녀를 도와줄 방법을 알고 싶었다. "고등학생이 그것을 어떻게 압니까?"

"어떻게 이제부터 경영대에 갈까 말까 하는 애가 자신의 '비즈니스 경험'에 대해 글을 쓸 수 있을까요?" 다른 학생의 어머니도 비슷한 질문을 던졌다. "고등학생한테 제대로 된 사업 경험 같은 게 있을 리가 없잖아요?"

* * *

대학교나 비즈니스 칼리지에서 학사 학위를 얻고자 하는 자녀의 부모로부터 받는, 가장 일반적인 종류의 질문이 이런 것이다. 대부분 경영학 프로그램은 지원용 에세이를 개방형으로 남겨둔다. 따라서 학생이 꼭 사업 경영에 관해 글을 쓸 필요는 없다. 그러나 입학처 직원들은 사업 경영에 대한 관심이나 경력을 보여주는 에세이를 찾는다.

사업 경영에 관심이 있는 고등학생에게는 흥미진진한 기회가 많으며, 예비 경영학도가 최종학년 직전 학년이 될 때까지는 적어도 일부 경험이 있어야 한다. (그렇지 않다면 기다렸다가 대학 졸업 후 MBA를 해도 된다. 대학은 경영학을 배울 마지막 기회가 아니다.) 예를 들어, 대학 여름 코스는 충분히 많아서 십 대 청소년이 경영대에 지원하기 전에 얼마든지 재정, 기업가 공부, 또는 마케팅을 전문화하고 학교 안팎에서 충분한 크리덴셜을 쌓을 수 있다. 또한 학생은 여름방학 동안 지역 사업체에서 일하거나 고등학교를 다니면서 창업을 해볼 수도 있다.

비즈니스 칼리지며 종합대학교의 학부에서 학생들이 경영학 과정을 들은 적이 있는지 알고 싶어 하는 건 왜일까? 여러분은 궁금할 것이다. 어차피 경영학과에 가면 배울 것 아닌가?

초급 회계 과목을 수강 신청한 초보 경영학도가 일주일 뒤 예상과는 달리 회계가 별로라는 사실을 깨닫는다고 상상해 보라. 솔직히, 별로 안 좋은 정도가 아니라 완전 질색이다. 그런데 그 학생이 들어간 학과 과정은 회계학을 적어도 두 학기 더 들을 것을 요구한다. 어떻겠는가? 아니면 학부모로서, 한 달 동안 경영학과를 다닌 딸이 갑자기 의사가 되고 싶다고 하는데 의학 쪽으로는 아무 밑천이 없고 지금 다니는 학교는 뱁슨 칼리지, 벤틀리 또는 뉴욕대 스턴(비즈니스 칼리지)일 경우를 상상해 보라.

Secret 305 **자녀가 특정 전문 분야(예를 들어 경영학, 의학, 치의학 같은 분야) 과정에 지원하고자 한다면, 그처럼 집중된 학문 내지 교육 과정을 행복하게 해나갈 수 있을지 알아보기 위해서라도 현장 경험이 필요하다.** 이러한 대학들은 적어도 그런 관련 경험이 있는 학생들에게서 깊은 인상을 받는다. 이것은 그들이, 학생들에게 왜 그 학교에 "가장 적합" 하거나 "완벽한 일치"를 보이는 학생이라고 생각하는지 설명을 요구하는 이유의 일부이다. 대학이 특별하게 보는 분야에 자녀가 주제가 무엇이든 관심과 적성을 증명하지 못했다면, 대학은 그를 거부하는 것이 그 학생을 위하는 일이라고 믿을 수도 있다.

학교에서 시작하자

학생이 경영학 관련 알맞은 배경을 얻는 데 있어 가장 좋은 곳은 다니고 있는 고등학교다. 많은 학교에 경영학 과정과 관련된 클럽이 있다. 과정의 선택지를 살피고 시작하라. 어떤 학교에서는 상법, 창업, 기초 부기를 매우 깊이 있게 가르친다. 다른 학교에서는 같은 제목의 수업이 문제 학생들을 위한 잡동사니 수업이다. 자녀를 등록시키기 전에 미리 직접 과정에 대해 공부하라.(지도 선생님과 고학년 학부모와 이야기하라.) 최소한 AP 경제학 과정은 확실해야 하고, 자녀는 고등학교에 다니는 동안 몇 학년 때든 이 과목을 배울 계획을 세워야 한다.(대개 11, 12학년 때 듣는다.)

국제적으로 최상급인 고등학생용 경영학 동아리가 둘 있다. DECA(*Delta Epsilon Chi Association*)와 FBLA(*Future Business Leaders of America*)이다. 둘 다 자녀를 경영학에 끌어들일 다양하고 흥미 있는 활동을 제공한다. DECA는 15,000개 챕터와 18만 명이 넘는 회원을 보유하고 있다고 말한다. 목표는 "사업 경영, 경영 관리, 창업, 자금 조달, 마케팅, 판매 및 서비스, 접객 및 관광업 분야의 미래 지도자를 양성하는 것"이다. 협회는 사업 경영의 재미를 가르쳐주고 학생들 이해를 향상시키기 위해 경쟁 이벤트 및 역할극을 마련해 준다. 하이라이트 중에는 매년 DECA가 후원하는 스포츠 연예 마케팅 컨퍼런스(*Sports and Entertainment Marketing Conference*)도 있다. 2007년과 2008년 컨퍼런스는 올랜도에서 개최되었다.

"세계 최대의 비즈니스 기반 학생 조직"이라고 주장하는 FBLA는 매력적인 사업 경연 및 대회뿐 아니라 지역 봉사 프로젝트도 제공한다. 8학년이라면 두 단체의 현지 지부가 있는지 확인하라. 지역 지부가 없으면, 학교 채널을 통해 학교 지부를 설립하는 방법을 알아볼 수 있다. 둘 중 하나라도 지부가 있다면 경영학 지망 자녀라면 9학년 올라가면서 바로 가입하여 4년 내내 회원 특전을 누리도록 장려해야 한다.

경영대 지원 시에 자녀가 정확히 몇 년간 클럽 활동을 했는지까지 신경 쓰진 않을지 모르지만, 일반적으로 클럽은 지원 에세이 작성 및 경영 관련 크리덴셜 취득에 도움이 되는 경험을 많이 안겨줄 것이다.

Secret 306 자녀가 학교 밖에서 경영을 배울 기회를 찾을 때 부모는 어디에 선택지가 있는지 찾아주는 데 막대한 도움을 줄 수 있다. 저학년 때에는 자녀들이 사업 경영의 다양한 분야(재정, 마케팅, 창업 등)에 익숙해지도록 목표를 정하라. 자녀가 11학년에 올라갈 때쯤 해서는 관심을 집중토록 권장하라. 여름학교 과정 외에도 학생은 다양한 비즈니스 환경(소매점, 기금 모금 행사, 벤처 기업, 지역 사업체 사무실 등)에서 경험을 쌓고, 저녁 과정을 수강하고, 심지어 자신의 생산품과 사업 계획을 발전시킬 수도 있다.

사업 경영 인턴십 및 일자리

사업의 세계에서 무급 인턴십이나 자원봉사 활동을 하기는 까다롭다. 여러분 자녀는 유급으로 일하든가 아니면 일을 하지 않든가 둘 중 하나다. 그렇더라도 사업 관련 인턴십을 찾는 방법이 몇 가지 있다. 어떤 회사나 정부 기관 에이전시가 자녀의 고등학교와 함께하는 기회의 목록을 알아보는 것이 제일 쉽다. 어떤 고등학교에는 청소년 고용 사무실이 있고, 안내 사무실이나 학교 인턴십 사무실이 있다면 기회를 알려준다. 이런 자료가 없다면, 부모는『The Internship Bible』(Princeton Review), 『Internships』(Peterson's), 또는 『Vault Guide to Top Internships』과 같은 책에서 매력적인 기회를 찾아볼 수 있다. 인턴십 목록은 대학생이나 학부 졸업생을 원한다고 많이 말하지만, 일부 고용주는 필요한 기술을 갖춘 인상적인 고등학생에게는 예외를 둔다. 내 학생들은 그들이 가장 일하고 싶은 회사나 기관, 지방 정부 사무실, 투자회사, 은행 및 기타 사업체에서 직접 더 나은 운을 찾아냈다. (책이나 신문에서 직장이나 인턴십을 찾으며 허송세월하지 않고!) 그리고 가장 성공적인 학생들은 자신이 일하고 싶은 곳의 담당 직원에게 직접 지원함으로써 최고의 인턴십을 구했다고 말했다.

때로는 고등학생이 자원봉사 단체에서 일하고 기금 모금, 부기, 미디어 관계와 같은 사업 관련 역할을 도와줌으로써 우수한 경영 관련 경험을 얻을 수도 있다.

자녀가 인턴십을 찾도록 도울 때, 쓸데없는 인턴십을 하지 않도록 주의하라. 재활센터를 위해 초콜릿 바를 파는 아이(기금 모금 인턴)를 아는가? 당신 집에 굴뚝도 없는데 굴뚝 청소 서비스를 팔려고 당신의 저녁식사를 중단시키는 젊은 텔레마케터(소매 인턴)는? 그리고 당신 동네에서 운동 센터 개장을 홍보하려 전단지를 건네준 소녀(마케팅 인턴)는? 막연하게 비즈니스와 관련이 있지만, 이력서에 넣으면 좋아 보일 것 같아서 경영학 지망 학생들이 종종 선택하는 이런 인턴십들은 허드렛일일 뿐 무급이든 유급이든 대학에 별다른 인상을 주지 못한다. 또 이러한 경험은 금방 지루해지며, 학생들이 비즈니스가 어떻게 작동하는지 이해하는 데 도움이 되지 않는다. 심적으로도 도전이 되지 않고 사업가의 책임이나 경영에 관하여 아무것도 가르치지 못한다. 이런 일들은 종종 학생들을 경영학으로부터 멀어지게 한다. 지적으로 성장하는 인턴십이 훨씬 쓸모 있다. 마찬가지로, 근처 소매점에서 일해 보는 건 첫 경험으로 좋겠지만 매년 같은 가게에서 일하는 것은, 새로운 기술을 가르치는 자리로 승진하지 않는 다음에야 한 해 여름만 일한 것보다 나을 것이 없다.

자녀가 도전적인 인턴십을 얻기 어렵다면 대신 여름방학 중 경영학 과정을 수강하게 하는 것이 당신의 최선이다. 그리고 도전적인 기업 활동을 해보도록 일시적으로 자기 사업을 시작하게 하라.

창업

나와 함께했던 고등학생들은 보석 제작 및 판매, 파티 마술사, 웹페이지 디자인, 컴퓨터 수리, 비료 판매, 파티에서 록밴드 공연, 신년 카드 제작 및 판매, 의류 디자인, 지역 관광 가이드, 농산물 가판대 운영 등으로 성공적인 사업을 시작했다. 이러한 것을 시작하고 운영하는 노력은 자녀에게 작은 사업을 어떻게 운영하는지 알게 해준다. 창의적인 개념, 성공적인 사업 경험이 있는 아이로서 에너지와 열정이 있다면 대학에 매우 인상적으로 보일 것이다. 아이 돌보기, 과외, 눈 치우기, 개 산책 같은 보통의 "애들 사업"으로는, 당신 자녀가 아이 돌보기 회사를 차리거나 수익성 높은 개인 교습소를 조직하지 않는 다음에야 더 이상 대학을 감동시키지 못한다. 다른 학생들이 좀 더 정교한 사업을 하기 때문이다. 모험적으로 사업을 해보려고 할 때는 창조적으로 생각하도록 자녀를 격려하라. 3년간의 성공적인 사업 경험을 가진 아이가 경영대에 지원할 때 얼마나 인상적일지 상상해보라. 젊은 초보자에게 무료로 기업 활동 조언을 해주려고 하는 은퇴한 임원들은 지역사회 곳곳에 있다. 사업을 성공적으로 해내기 위해, 자녀는 여름마다 적어도 일부씩 수업을 듣고자 할 수도 있다.

창업 학교들

9학년 올라가기 전 여름은 듀크의 TIP 센터에서 전술적 기업 활동 리더십(Strategic Entrepreneurial Leadership)을 연구하는 3주 코스가 있다. 10학년 올라가기 전 여름에는 보스턴 대학의 경영 도전 여름학교(Summer Challenge Business) 과정 2주짜리가 있어서, 여기서는 전문 사업 계획을 어떻게 세우는지 가르친다. 11학년 이전 여름은 USC의 창업 모색 여름학교(Summer Exploring Entrepreneurship) 4주 과정(대학 3학점) 또는 메릴랜드 대학교의 Young Scholars Program에 새 벤처 발견 및 창업의 기초(Discovering New Ventures and Foundations of Entrepreneurship) 19일 과정이 있다. 그리고 최종학년 전 여름은 와튼 스쿨의 Management & Technology Summer Institute에서 보내고 1주짜리 Presidential Classroom의 창업과 글로벌 비즈니스(Entrepreneurship and Global Business)도 들을 수 있다. (여름 코스 옵션에 대한 자세한 내용은 부록을 참조하라.) 이 학생이 최종학년에 이를 때면, 대학 과정 세 개를 듣고 창업에 대한 기초를 얻었을 것이다.

투자 및 금융

투자 및 재정에 관심이 더 많다면, 여러 가지 여름방학 옵션이 있다. (가장 좋은 기회 중 일부는 부록에 있다.) 매우 흥미로운 투자 집중 프로그램 중 하나는 매사추세츠의 벤틀리 대학에 있다. 최종학년 및 그 전 학년생을 위한 벤틀리의 월스트리트 101(Wall Street 101)이라는 1주짜리 여름 프로그램은 비즈니스 칼리지의 "최첨단 트레이딩 룸"에서 실시간 데이터를 보여주며 실제 사업상 거래를 시뮬레이션한다. 이 "벤틀리 훈련소(Camp Bentley)"에는 신청만 하면 들어갈 수 있지만, 학생이 투자에 대해 지적으로 이야기할 수 있음을 보여준다면 대학 면접관들은 놀랄 것이다.

펜실베이니아 대학 와튼 스쿨에서는 Business World Program에서 4주짜리 리더십을 제공한다. 참가자들은 "팀을 이루어 자기만의 사업 계획 발표를 디자인,

준비, 그리고 공식화하고 벤처 캐피탈리스트의 판단을 받는다." 여기에 참가해 보면 대학의 경영학 과정을 신청할 때 누구와 경쟁하는지도 잘 알 수 있다. 들어가는 데 경쟁이 심하다. 와튼은 원고, 시험 성적(공식 보고서 포함), 공표된 비즈니스 경험(비즈니스 크리덴셜), 교사 두 사람의 추천서 및 리더십을 토대로 여름방학마다 장래가 촉망되는 최종학년 학생 60명을 입학시킨다.

국제 비즈니스

국제 비즈니스와 경제학을 탐구하고자 하는 학생들을 위해 Knowledge Exchange Institute(대학, 연구 시설, 예술학교, 기업 및 전문 기관과 결연하여 주제별 특정 교육 기회를 제공하는 여행 그룹이다.)는 암스테르담, 베를린, 브뤼헤, 브뤼셀, 제네바, 런던, 룩셈부르크, 파리, 프라하, 그리고 빈 등 유럽 10개 도시를 방문하는 유럽 수도 탐방(European Capitals)이라는 여름 프로그램을 운영한다. 5주간의 경제-정치-문화 집중 프로그램은 브뤼셀의 International Management Institute를 기반으로 하며 영어로 진행된다. 학생들은 대학 3학점을(또는 추가로 프랑스어 3학점도) 취득한다. 성적 증명서는 IMI와 클라크 애틀랜타 대학교에서 발행한다.

특히 국제 비즈니스에 관심 있는 학생들은 비즈니스 관련 과정 외에 외국어를 마스터해 대학 지원서를 강화할 수 있다. 그러한 학생은 사전에 9, 10학년 여름에 집중적으로(외국 거주 집중 프로그램이나 국내 대학에서 제공되는 여러 프로그램을 통해) 외국어를 배워서 11, 12학년 때에는 경영학 과정에만, 또는 경영 과정과 외국어를 혼합한 과정에 집중하도록 하면 된다. (코스 옵션은 9장의 "외국어 및 언어학"에 나와 있다.)

FED 챌린지

Secret 307 자녀가 비즈니스 칼리지에 가거나 경영학 또는 경제학 전공을 하는 데 필요한 최고 크리덴셜을 취득하도록 돕고 싶다면, 고등학교 사회를 공부할 때 Fed 챌린지에 관심을 두도록 하라. 학교에서는 아무도 이런 기회가 있다고 알려주지 않는다. 프로그램 경쟁이 매우 치열하고 고등학교 팀을 대표할 사람이 적기 때문이다. 자녀가 경제학을 하고 싶어 한다면 사회과나 경제학 담당 선생님과 의논을 시작하라. 저학년 때 하라. 누가 권유할 때까지 기다리지 말고, 아이 친구 부모들을 끌어들이지도 마라. 자녀가 흥미를 갖고 있음을 일찌감치 알려서 사회과 선생님이 다른 학생에게 기회를 줘버리는 불상사를 막아라. 이것은 교사가 아이들을 직접 선택하도록 요구하는 프로그램 중 하나여서 지역 신문에 최종 결과가 날 때까지 까맣게 모를 수도 있다.

Fed 챌린지는 연방준비제도(Federal Reserve System) 이사회와 참여 은행들이 후원한다. 요지는 다음과 같다. 고등학교 팀은 지역 및 지구 수준에서 FOMC(Federal Open Market Committee) 현 회원들에게 통화 정책 권고안을 준비하고 제시한다. 지구 우승자는 준결승전에 나가고 5월에 워싱턴 D. C.에서 전국 결승전에 나간다. 이 대회는 1994년에 시작되었으며, 매년 시티은행은 전국의 우승 팀에게 거의 20만 달러의 상금을 준다. 학생 한 명당 최대 7,000달러까지 받을 수 있다. 연준의 7개 예비 은행과 지점이 전국 대회를 후원한다.

경영학 지망생을 위한 이력서

다음은 경영학에 진지하게 관심이 있는 학생을 위한 이력서의 예로, 최종학년 때까지 취득할 수 있는 크리덴셜이다. 학부모는 특히 실제 기회를 나타내는 굵은 글씨로 표시된 크리덴셜에 유의해야 하며, 과부하가 걸릴 수도 있지만 해볼 만한 것이 많다는 것을 알아두라. 이 이력서를 사용하여 당신 자녀를 위한 기회를 고르라.

RALPH HAWKINS

Business-Related Experience and Achievements

Federal Reserve, Fed Challenge Winner, 2010

Wharton School, University of Pennsylvania, summer 2009
  Management and Technology Summer Institute
    three-week program, one of only fifty students selected nationally

Georgetown University, summer 2008
  Gateway to Business Program for High School Juniors
    five-week, 3-credit intensive program exploring finance, marketing, accounting, management, communications, strategy, planning, organizational behavior, and business law

Brown University, summer 2007
  International Financial Markets & Investments, three weeks
  Financial Markets & Investments, three weeks

DECA
  Earned "Exceeds Expectations" score
  Business Law & Ethics Management Team
  Decision Making Event, score 100 in 2010
  Sports and Entertainment Management Team
  Decision Making Event, score 98 in 2009
  President of school DECA Club 2009–10
  Vice president of school DECA Club 2008–09

Future Business Leaders of America
  Business Achievement Award winner, 2009

NLC Banking and Financial Systems Award, 2010

Stock Market Game Club, National Winner 2010
  Organized and led a schoolwide investment club for students to gain an understanding of the stock market, 2008, 2009, 2010

Education

Middledale High School, class of 2010
    GPA   3.6
    SAT I: 700 math, 620 verbal, 620 writing

AP	MicroEconomics	4
	MacroEconomics	5
	U.S. History	3
	Calculus A	4
	Statistics	4

Business courses at Middledale High School:
Business Law, Business Writing, Sports Marketing

경영학 과정 지원

대학에서 개설한 경영학 프로그램에 지원해야 할 사람은 누구일까? 정말로 기업 경영에 관심이 있는 학생이다.

"저는 생물학을 잘하지 못했습니다. 그래서 의예과는 포기했습니다. 또 법률 책을 보니까 엄청 지루했어요. 그래서 법학도 제쳐두었습니다. 하지만 연봉은 높게 받고 싶었습니다. 그래서 경영학을 지망하기로 했습니다." 한 학생이 지원서에 쓴 말이다.

경영학과에 떨어지는 학생의 에세이 시작 부분이다. 지원서는 부정적 내용으로 쓸 게 아니라 긍정적인 이유를 근거 삼아 써야 한다. 여기도 안 되고 저기도 안 될 것 같아서 지망한다는 이야기를 듣고 싶은 대학은 없다. 게다가 그렇게 쓴다면 관심이 약간 덜해지거나 교과 과정이 어려워졌을 때 과연 이 학생이 학업을 지속할까 하는 물음에 전혀 확신을 주지 못한다.

이와 반대로 내가 상담했던 한 학생은 자기가 여차저차해서 유명 의류 디자이너와 만나게 된 이야기를 하며 마케팅에 참고할 만한 기여를 하여 그 디자이너가 기획하던 의상 라인에 자신의 아이디어를 반영했다고 썼다. 내가 만나본 또 다른 학생은 소매점에서 일할 때 점장이 해결 못 한 고객 분쟁을 해결했다는 내용을 썼다. 또 한 학생은 배수관을 개량해 판매한 성공담을 썼다. 이런 긍정적인 에세이가 입학처 사람에게는 훨씬 더 매력 있게 보인다. 학생의 지원 분야에 적합한 사업에 대한 열정과 실생활 경험이기 때문이다. 결과적으로, 이 학생들은 모두 명문대 경영학 과정에 합격했다.

Secret 308 비즈니스 칼리지 및 경영학과 지망생이 제출할 완벽한 에세이는 아무래도 자기 삶에 영향을 준 어떤 한 가지 사업 관련 경험에 중점을 두어 쓴 것이다. 많은 분야에서 똑같이 적용되는 이야기이긴 하지만, 일반적으로 말해 철학 전공의 잠재력이 있는 학생이 리버럴 아츠 칼리지에 진학 후 정치과학이나 인류학으로 전공을 바꾼다 해도 학교에서는 별달리 간섭하지 않는다. 반면에 경영학과는 일단 입학이 허가되면 다른 데로 갈 수 없는 경우가 많다. 에세이에서 학생은 자신의 관심이 뿌리가 깊고, 불안정하거나 변할 가능성은 없다고 확신시켜야 한다. 그러면서도 추가적인 경험을 가볍게 언급해 자신의 관심이 그 한 가지 사건 때문만은 아님을 보여야 한다. 그런데 그러한 에세이를 쓸 수 있으려면 여러 가지 경험을 해봤어야 한다.

Secret 309 이런저런 과정을 다니고 공부를 한 것이 경영학에 관한 관심을 북돋우는 것으로 끝날 게 아니라 실제 확실하게 경영의 기본에 숙달하게 만들었어야 한다. 경영학과 지망을 공언하는 학생이라면 충분한 경험과 바탕도 갖춰야 한다. 예컨대, 주식과 채권의 차이쯤은 확실히 알아야 한다. '자금'이 뭔지, 마케터가 무슨 일을 하는지, '사업가'가 무슨 뜻인지 잘 알고 있어야 한다.

비즈니스 칼리지 입학 면접에 가면, 경영학의 어느 분야를 공부하고 싶은지 물어볼 것이다. 여러분 자녀의 반응은 지식의 다양성과 가능성을 탐구하려는 의지에 기초해야 한다. 아무런 바탕이 없는 생초보, 관심 분야도 없는데 그냥 지망해 본 학생, 면접관을 상대로 무슨 분야가 있느냐고 물어보는 동기부여 안 된 학생에게 대학은 관심을 보이지 않는다.

* * *

요는 이것이다. 다른 분야에서도 마찬가지이지만 경영학 지망 학생은 고등학교 최종학년이 되기 전에 가장 관심이 있는 분야에서 매혹적인 경험들을 해왔어야 한다. 고등학교는 기회의 시간이다. 수많은 선택지가 있다. 이처럼 경쟁적인 시대에 대학에서 무엇을 공부하고 싶은지 전혀 모르는 아이는 전혀 매력이 없으며,

관심 분야가 있고 동기부여가 되어 있는 학생에 비해 대학의 막대한 자원을 활용할 가능성이 낮아 보인다. 부모로서 당신은 고등학교 과정을 마치기까지 자녀가 집중할 분야를 찾아내도록, 그리고 선택한 분야에 어느 만큼 숙달할 수 있도록 보조해 주고 싶을 것이다.

{책을 끝내며}

고등학생들이 잡아볼 수 있을 많은 기회를 이 책에 담은 것은 독자로 하여금, 나는 자녀들에게 이만큼 해주지 못한다고 걱정시키기 위함이 아니다. 오히려 독자의 자녀들이 가장 관심 가는 목표를 추구하는 일을 돕고자 했다. 특히, 고등학교에서 가르쳐주지 않는 창의적인 가능성을 나열해 보는 것이 목적이었다. 이 책을 읽으려고 골랐다는 사실 자체가 여러분이 자식을 사랑하는 부모임을 드러낸다. 교육 소비자로서, 저 밖에 무엇이 있는지, 어떻게 해야 자녀가 인정받는지, 자녀가 경쟁력 있는 대학에 입학하려면 어떤 크리덴셜이 필요한지, 나에게 알려주고 싶어 하지 않는 경쟁자만의 특별한 기회가 무엇인지 등을 여러분도 알 권리가 있다. 자녀의 가장 깊은 열망에 귀 기울이면, 고등학교 자녀의 경력을 보다 성공적으로 안내할 수가 있다.

이 책을 다 읽은 뒤에는 침대 머리맡에 두라. 고등학교 시절 내내 참고하라. 자녀가 특별한 학술 또는 예술 꿈을 이루는 데 도움이 될 방법에 대해 궁금한 점이 있으면 언제든지 이메일을 보내주기 바란다(www.WhatHighSchoolsDontTellYou.com 참조). 그리고 이 책에서 언급하지 않은 방향으로 이미 성장한 기회가 있다면 공유해 주면 좋겠다. 그렇게 함으로써 저자의 웹사이트에서 다른 사람들과 공유하여 남들을 돕는 데 이바지할 수 있다. 앞서 말했듯이, 현재 대학 입학 광풍의 많은 부분은 부모들이 얼마나 많은 훌륭한 기회가 존재하고, 얼마나 많은 다른 분야가 있는지 알지 못해서 생긴 결과다. 부모는 자기가 아는 몇 안 되는 적은 기회로 자녀를 입학시켜야 하는 스트레스를 받고 있다. 그러나 당신이 이제 알게 된 바와 같이 대부분의 부모가 상상하는 것보다 훨씬 많은 고무적인 기회가 있다.

이 책이 고등학교 정치와 대학 진학 광풍을 초월하여 당신 자녀의 꿈을 실현하기 위해 필요한 비밀을 얻는 데 도움이 되기를 바란다.

{감사의 말}

전에 쓴 책 『대학이 가르쳐주지 않는, 그리고 다른 부모들은 당신이 모르기를 바랄 것들 What Colleges Don't Tell You(and Other Parents Don't Want You to Know)』을 집필하면서 나는 정말 많은 대학 입학사정관들 입에서 대부분의 지원 학생 부모들이 '다른 지원자들이 얼마나 수준 높은지', 그리고 그 다른 지원자들이 제시하는 크리덴셜이 얼마나 강력한지 영 감을 잡지 못하고 있다고 하는 말들을 들었다.

그 크리덴셜이 무엇이고 어떻게 딸 수 있는가 하는 것은 몇십 년 동안 미국에서 제일 잘 지켜져온 비밀이었다. (어떻게 해야 그중에 들 수 있는지를 아는 상대적으로 매우 적은 수의 부모들은 자기가 아는 정보를 남에게 알려주지 않는다. 자기 자녀들이 그대로 두각을 드러내게 하고 싶어서다.) 하지만 이제 모든 걸 밝힐 때가 되었다. 그래서 이 책을 썼다. 대학들이 눈부서 할 그런 크리덴셜을 구축할 최고의 기회들을 소개하는 안내서로, 내 두 아들을 키울 적에 세상에 있었더라면 참 좋았을 책이다.

4년간의 고등학교 과정을 거치면서 대학들이 가장 반길 크리덴셜을 구축하는 대외비 정보들을 알아내기 위해 나는 선생님들, 대학 입학사정관들, 전국적으로 이름을 날린 고등학생의 부모들, 대상을 최고로 엄선하는 몇몇 여름학교의 감독자들, 동기부여가 되는 갖가지 경시대회를 위시해 기회가 되는 행사를 만들고 운영하는 이들을 만나보았다. 너무나 많은 분들이 선선히 도움을 주어 이 책에서 제공하는 여러 선택지를 더 풍성하게 해주셨으니, 그 모든 분들께 감사드린다.

덧붙여서, 출판업자 로린 롤런드의 청사진과 동시대적 감각이 없었더라면, 루크 뎀시와 클레어 페라로가 꾸준히 애써 주지 않았더라면, 또 담당 편집자 다니엘르 프리드먼의 사려 깊은 질문들과 전염성 있는 열정이 아니었더라면 이 책은 만들어질 수 없었을 것이다. 리즈 키넌, 마리 쿨먼, 애비게일 파워스, 수전 슈바르츠, 이브 커히, 멜리사 자코비를 비롯하여 이 책을 위해 애써 주신 허드슨 스트리트 프레스의 모든 분께 감사드린다. 정말 빈틈없이 교정을 봐준 리다 샤인터브께도 감사를 표하고 싶다. 나의 대리인 수전 긴스버그에게도 '뉴욕 최고의 대리인'이라는 인상에 언제까지나 부합해 주신 점에, 그리고 에밀리 살라디노에게는 베풀어 주신 모든 도움에 특히 감사를 드려야겠다.

나를 많이 참아준 벗들과 가족에게도 고마운 마음이다. 『대학이 가르쳐주지 않는, 그리고 다른 부모들은 당신이 모르기를 바랄 것들』을 쓰고 1년 만에 이 책을 쓰느라고 몇 주씩이나 정신이 딴 데 가 있기도 하고 모임에 빠지기도 했는데 정말 너그럽게 이해해 주었다.

무엇보다도, 내가 만나 함께할 수 있어서 영광이었던 수백 명의 학생들, 나이 어린 과학자, 수학자, 예술가, 학자, 언론인, 운동가, 독서가였던 그 학생들에게 감사한다. 스스로 꿈을 갖고자 하고 그 꿈을 이루기 위하여 앞장서 길이 만들어지도록 힘을 보탠 친구들이다. 이 책은 바로 그 학생들에 대한 책이다.

부록 1

40가지 관심 분야별
여름방학 4개년 계획

(알파벳순)

부록에서는 자녀의 관심 분야에 따라 4년간의 고등학교 여름방학 맞춤 계획을 세우려고 하는 부모들을 위해 학생들이 가장 많이 갖는 40가지 전공 목표별 여름방학 계획 견본을 보여준다. 모든 전공 분야를 망라한 것은 아니다. (학생들에게 매우 인기 있는 여타 전공도 많다.) 또한 특정 프로그램 및 교육 과정을 추천하거나 홍보하려는 의도도 없다. 이 자료의 목표는 여기저기 얼마나 많은 기회가 있는지를 부모에게 실감하게 하려는 것이다. 이 목록은 여러분 자녀에게 적합한 선택지, 여러분 자녀가 해볼 만한 프로그램을 조사하는 시작점이 되어야 한다. 이 부록을 만든 이유는 자녀에게 교육적이고 경험적인 우위를 제공하고 대학에 대한 설득력 있고 잘 초점을 맞춘 실적을 창출하는 데 여름방학이 몹시 중요하기 때문이다. 여러분의 시간을 절약하고 자녀를 성공으로 이끄는 일에 도움이 되려는 것이다. 특정 분야가 다른 분야보다 프로그램과 코스가 더 많다는 것을 알아차릴지 모르겠다. 이것을 어떤 전공은 더 중요하고 어떤 건 덜 중요하다는 가치 기준으로 해석하면 곤란하다.

자녀의 4년간 여름 계획을 세울 때는 고르고 또 골라야 한다. 이것만 이수하면 1지망 대학에 입학한다고 보장할 만한 프로그램이야 거의 없지만, 매년 여름 다양한 집중 프로그램의 모든 수업을 흡수하고 거기에 적절한 등급과 성적을 더하면 강력한 이력서를 완성할 수 있을 것이고 어떤 대학에 지원하든 합격 가능성이 높을 것이다. 이어지는 자료에서 Summer 1이란 9학년 이전 여름방학을 뜻하며, CAA, CTD, CTY, TIP 아카데미와 TIP 센터는 경쟁력 있는 입학 요건을 갖춘 여름 영재 프로그램으로 2장에서 말한 것을 뜻한다. (일반적으로 7~8학년 때 보는 표준화된 시험이다.) 여기 언급한 모든 프로그램이 자금 조달, 인기도, 강사 채용 사정에 따라 해마다 변경될 수 있고 심지어는 취소되어 사라질 수도 있음을 알기 바란다.

항공학과 우주과학 (Aeronautics and Aerospace)

Summer 1 University of Illinois, Illinois Aerospace Institute
Camp Kennedy Space Center
Duke University TIP, Above and Beyond: Astronomy, Physics and Astrobiology, PARI Observatory
Embry-Riddle Aerospace Engineering Summer Camp
Summer 2 Westminster College, Salt Lake City, Aviation Camp
Duke University TIP Academy/Center Aerospace Engineering
University of Illinois, Illinois Aerospace Institute
Summer 3 Oklahoma State Aerospace Education High School Summer Academy
North Carolina State Aerospace Engineering Workshop
Summer 4 Embry-Riddle Prescott Campus Summer Flight Program
NASA Goddard research internship (NASA 내의 기회는 정부 지원금에 따라 매년 변경된다. 해당 연도의 고등학생이 참가 가능한 인턴십 기회로 어떤 것이 있는지 알아보려면 연초에 NASA 지사에 확인하라.)

내가 항공 및 우주과학에 열정이 있다고 주장하는 두 학생을 비교하는 대학 입학 사정관이라고 가정해 보라. 두 학생의 전체 조건이 엇비슷하다면 그 분야 책을 읽기만 한 학생을 뽑겠는가, 아니면 NASA에서 인턴을 했거나 비행용 차량을 디자인한 학생을 선호하겠는가?

인류학 (Anthropology)

Summer 1 Duke TIP Academy, Appalachian Tales: Ghosts, Hikers, and Bluegrass, Trips to Blue Ridge Mountains
UCLA Culture and Society
Summer 2 Experiment in International Living, Navajo National Summer Abroad Program
Global Routes Project Thailand
Summer 3 Harvard Summer School, Introduction to Social Anthropology
Experiment in International Living, South Africa

Summer 4　Washington University High School Summer Scholars, Introduction to Cultural Anthropology
Global Routes Project Costa Rica, four weeks

고고학 (Archaeology)

Summer 1　Johns Hopkins CTY, Archaeology
Duke TIP Center, Stones & Bones: Archaeology & Anthropology
Brown University Summer Mini-Course, Introduction to Archaeology
Summer 2　Cornell University, Archaeology 100: Explorations in Ancient People and Places
Earthwatch, Ancient Civilizations on Mississippi River family dig
Crow Canyon Archaeological Center, High School Field School
Summer 3　Penn State, Introduction to Archaeology
Archaeological Institute of America international dig
Summer 4　Washington University, High School Summer Scholars, Introduction to Archaeology
Gunston Hall Archaeology Project dig
Stanford, Introduction to Statistical Methods (archaeology)
University of Pennsylvania, Introduction to Archaeology

어떤 프로그램을 고르는가에 따라, 자녀는 9~11학점을 쌓을 수 있으며 고등학교를 마칠 때까지 국내 및 해외 발굴 경험을 할 수 있다.

건축 (Architecture)

American Institute of Architects는 고등학생을 대상으로 한 여름 건축 교육 프로그램을 많이 소개한다. 4년간 계획을 세울 때에는 www.aia.org/ed_k12programs를 방문하라. 아래 계획은 이용 가능한 프로그램의 극히 일부에 불과하다.

| Summer 1 | Duke University TIP Academy, Architecture
| Summer 2 | Penn State University, Introduction to Architecture
| Summer 3 | University of Pennsylvania, Penn Summer Studio in Architecture
Cornell Explorations, Introduction to Architecture (Studio and Lecture)
University of Illinois, Discover Architecture
| Summer 4 | Syracuse Summer Pre-College, Architecture (portfolio help)
Ball State College of Architecture & Planning Summer Workshop
Roger Williams (Rhode Island) Summer Academy in Architecture

4년 동안 학생은 매우 매력적인 포트폴리오를 만들기에 충분한 건축, 구조 설계 및 모델을 축적할 수 있으며 포트폴리오를 쌓아가는 과정에서 지침을 받을 수 있다.

미술: 회화 (Art: Drawing and Painting)

| Summer 1 | California State Summer School for the Arts, InnerSpark
Interlochen Arts Camp, Painting (portfolio required)
| Summer 2 | North Carolina School of the Arts
Kansas City Arts Institute, Summer Studio Intensives, painting
| Summer 3 | Knowledge Exchange Institute (KEI), Venetian Art History (in Italy), with two studio courses in painting or drawing
Art Institute of Chicago
Otis College Summer of Art, Los Angeles, four weeks
| Summer 4 | Rhode Island School of Design (RISD), painting or drawing
Massachusetts College of Art (MassArt), Summer Youth Program, students develop portfolios during program
UCLA Design Summer Institute, portfolio assistance

이 4년 여름 프로그램은 학교에서 미술 과정을 보완하고 AP 미술사와 AP 미술 실기에서 우수한 포트폴리오와 코스를 완성해야 한다. 또한, 미술 지망 학생은 지역의 성인 센터나 도서관 같은 공공장소를 통해 자신 및 동료 학생 작품을 전시할 수도 있다.

미술사 (Art History)

Summer 1　Duke TIP Center, Art History
　　Johns Hopkins CTY, 20th Century Art
Summer 2　Duke TIP, Art and Soul: Architecture and Art History— Rome and Florence, Italy
　　Brown University Pre-College Mini-Courses, Survey of Art History: Italian Renaissance to the Present
　　Penn State, Renaissance to Modern Art
Summer 3　UCLA: Art of India and Southeast Asia or Renaissance and Baroque Art
　　Barnard College Pre-College, Masterpieces of Western Art, 뉴욕 시의 주요 미술관 방문 포함.
Summer 4　AIFS Summer Advantage: History of Russian Art, 생트페테르부르그에서 러시아어 수업과 함께 진행
　　NYU, Introduction to Galleries and Museums of New York

대부분의 프로그램에 박물관 및 갤러리 방문이 포함된다. 해외로 나가는 여름방학 미술사 과정이 많은 대학에 있다.

경영학: 사업체 경영 (Business: Entrepreneurship)

Summer 1　University of Wisconsin, Youth Entrepreneur Camp Money Camp, info@themoneycamp.com
Summer 2　Boston University Summer Challenge, Business Seminar USC Summer,

Exploring Entrepreneurship
Summer 3 University of Maryland Young Scholars, Discovering New Ventures—Foundations of Entrepreneurship
Summer 4 Maritime Academy, Camp Venture, Vallejo, California Presidential Classroom, Entrepreneurship and Global Business

창업에 관심이 있는 학생이라면 여름방학마다 일시적으로 소규모 사업을 시작해 보는 것, 그리고 사업이 성공적일 경우 학기 중에도 지속하는 것을 진지하게 고려해야 한다. 대학은 성공한 젊은 기업가들에게 깊은 인상을 받는다.

경영학: 금융, 투자, 마케팅
(Business: Finance, Investment, and Marketing)

Summer 1 Westminster College, Finance Camp, Salt Lake City Choate Rosemary Hall, Wall Street
Summer 2 Stanford University Education Program for Gifted Youth, Topics in Business Brown Mini-Course, Financial Markets and Investments
Summer 3 Bentley College, Wall Street 101, Camp Bentley, Massachusetts
Columbia University Summer Program for High School Students, Introduction to Business Finance and Economics
Northwestern University College Prep, Principles of Marketing
Summer 4 Georgetown Gateway to Business for High School Juniors
Syracuse Summer Pre-College Management Miami University of Ohio, Junior Scholars, Introduction to Business and Principles of Marketing

기업 경영에 관심이 있는 학생들은 여름 동안 실제 사업 경험을 얻거나, 기업 또는 상거래 관련 정부 에이전시에 취업해 인턴십을 쌓기에 진력할 수도 있다.

무용, 안무 (Choreography and Dance)

Summer 1 American Ballet Theatre Summer Intensive, University of Texas (Austin)
  Interlochen, Intermediate Dance program
Summer 2 Cornell University Dance 210: Beginning Dance Composition
  USC Summer Dance
  Northeast Louisiana University, Dance
Summer 3 University of Michigan Summer Dance Institute
  UCLA Dance Theater Intensive
Summer 4 NYU Tisch Summer Dance Residency Festival
  Alvin Ailey Summer Intensive

매우 진지한 대학 무용 과정에 뽑히고자 하는 학생이라면 발레나 현대무용, 또는 둘 다에 약간의 경험은 있어야 한다. 설령 학생이 컨템포러리 댄스나 전통무용을 전공하고자 한다 해도 그렇다. 여름은 학생이 선호하는 특정 춤 이외의 춤을 경험해 볼 가장 이상적인 시기('탐색기')이며 좋아하는 춤에 집중하는 평소 레슨을 보완해 준다. 여름방학에 다른 종류의 춤을 추어볼 기회를 찾으려면 《Dance Magazine》(www.dancemagazine.com)과 《Cyberdance》(www.cyberdance.org/summer.html)를 확인하라.

기호, 암호학 (Codes and Encryption)

Summer 1 Brown University Mini-Course, Cryptography Introduction to Egyptian Hieroglyphics
  Rocky Mountain Talent Search, Cryptography, University of Denver
Summer 2 Cornell University, The Art of Secret Writing
  Duke TIP Center, Spy 101: Cryptology and Number Theory
  University of Michigan, Math and Science Summer Scholars, Codes, Ciphers and Secret Messages
Summer 3 University of Connecticut Mentor Connection, Cracking the Code

Summer 4 Harvard Summer Seminar, Lost Languages and Decipherment
Johns Hopkins CTY, Advanced Cryptography

고등학생이 기호 및 암호에 중점을 두기로 선택했다면, 고급 암호화에 중요한 정련된 수학(뒤에 나오는 "수학" 항목 중 로스 및 PROMYS 같은 프로그램을 참조하라.)을 숙달해야 한다.

토론 (Debate)

Summer 1 Duke University TIP Center, State Your Case, the Art of Debate,
Summer 2 Case Western CTD Equinox, Public Speaking and Debate Honors
Phillips Exeter Academy, Debate and Argumentation
Summer 3 Dartmouth Debate Institute
Northwestern National High School Coon-Hardy Debate Scholars
UCLA Mock Trial Institute
USC Summer Argumentation and Debate
Summer 4 Dartmouth Debate Institute
Northwestern National High School Coon-Hardy Debate Scholars or Northwestern's Championship
토론 그룹 활동

당신 자녀가 설령 학교 토론 팀의 팀장이 아니었다 해도, 이 4개년 계획을 따랐다면 문제가 되지 않는다. 고등학교 최종학년까지 지역이나 그 이상 규모의 모든 토론 대회에서 상을 타고 있을 것이다.

연극 영화 (Drama)

Summer 1 American Academy of Dramatic Arts Summer Program (New York and L.A.)
Interlochen

Summer 2 UCLA Acting and Performance Institute Carnegie Mellon School of Drama (Pittsburgh)

Summer 3 NYU Tisch, Drama at Lee Strasberg Theatre Institute Northwestern, Acting I, and Stage Makeup

Summer 4 Yale Summer Conservatory for Drama

인상적인 이력서를 갖고 있더라도, 연기 지망 학생은 고등학교 경험의 일부로서 지역 및 전문 프로덕션에서 오디션을 받아야 한다.

에너지 과학 (Energy Science)

Summer 1 Duke TIP Academy, The Science of Energy, Fueling the World for the 21st Century (Texas A&M)
Johns Hopkins CAA, Nuclear Energy
Brown University Mini-Course, Harnessing the Giant: Our World of Energy

Summer 2 University of Michigan, Michigan Math and Science Summer Scholars, Cars, Energy and Chemistry

Summer 3 North Carolina State Young Investigators' Program in Nuclear Technology
University of Connecticut Mentor Connection, Chemical Engineering: Securing a More Energy-Efficient Future (conducting research)
Oklahoma State, Exploring the Science, Technology, Engineering & Mathematics of Wind and Oil Energy in Oklahoma

Summer 4 University of Connecticut Mentor Connection, Fuel Cells (conducting research)

에너지에 관심 있는 학생들은 전문적인 실험실에서 인턴십을 받아 독창적인 연구를 수행해야 과학 연구 대회에 참가할 수 있다. 에너지 및 원자력 코스는, 일부 상위 대학 및 기술대에 지원자가 적기 때문에 에너지에 관심이 있는(그리고 지식이 있는) 학생들이 유리하다.

공학 (Engineering)

Summer 1 Duke TIP Center, Nanotechnology, Engineering Problem Solving
Summer 2 North Carolina State, Engineering Workshops Rensselaer Polytechnic Institute (RPI), Why Plastics?(chemical engineering)
Widener University Engineering Summer Camp (Pennsylvania)
Summer 3 George Washington University, Explore Engineering (lab experience)
University of Connecticut, Mentors, Calling All Inventors (original inventing) and Biological Engineering
Michigan State High School Engineering Institute American Society of Metals Materials Science Research Camp
Summer 4 George Washington University, Applied Pre-Engineering Experience
Vanderbilt University, PAVE Pre-College Program
Cornell Summer Explorations, Topics in Engineering; Digital World and You
North Carolina State, Materials Science & Engineering Workshop
MIT Women's Technology Program
MIT Minority Introduction to Engineering and Sciences (MITES)

이 4개년 여름 계획으로 공학 지망생은 나노 기술, 화학 공학, 기계 공학, 생물 공학 및 독립적 발명을 경험하게 된다. 이러한 코스와 프로그램을 창의적, 독립적으로 결합시키면 학생들은 최종학년 전 학년까지 독창적인 프로젝트로 과학 및 공학 경시 대회에 참가할 수 있게 된다. 특히, 여성이나 소수계층을 끌어들이기 위하여 만들어진 것들을 포함해 더 많은 프로그램이 존재하는데, 이런 것들은 비교적 소문이 덜 난 경우가 많다. 추가 목록을 보려면, http://tbp.mit.edu/highschool을 확인하라.

패션 (Fashion)

Summer 1 Williams College, Excel Pre-College, Putney, Fashion Design
Summer 2 Penn State, Fashion and Design
    Savannah College of Art and Design, Designing for the Runway: Fashion Basics
    Art Institute of Chicago, Fashion Design and Fashion Construction
    Columbia College in Chicago, Chicago Fashion Industry
Summer 3 Parsons New School of Design, New York, Fashion Design
    Parsons New School of Design, Fashion in Paris (in France)
    Pratt Pre-College, New York, Fashion Design University of the Arts, London College of Fashion,
    Creating a Customized Collection (five days)
Summer 4 Syracuse Summer Pre-College, Fashion and Textile Design
    Rhode Island School of Design Pre-College Program, Fashion

4년 여름을 쇼핑몰이나 기웃거리며 보낼 게 아니다. 진지한 패션 디자인을 네 해 여름에 걸쳐 공부한다면 고등학생이라도 자신의 디자이너 의상 라인을 설립해 볼 수 있다. 또한 패션 지망의 고등학생은 학기당 18학점까지 대학 학점을 취득할 수 있으며(한 학기 다닌 것보다 많다.) 런던과 파리에서 공부할 수 있다.

법과학 (Forensic Science)

Summer 1 Duke TIP Center, Forensic Science
    Brown University Mini-Course, Art of Forgery in the Age of Photoshop
Summer 2 Syracuse Summer Pre-College, Forensic Science SUNY Stony Brook, Investigations in Forensics Camp
Summer 3 University of Miami, Forensic Investigation Vanderbilt University, Forensic Anthropology
Summer 4 Yale University, Forensic Anthropology Northeastern University, Crime Scene Investigation

이 배경은 미래의 법 집행 전문가는 물론 미래의 미스터리 소설가, 형사 변호사, 법의학 전문가 및 실험실 과학자에게도 유용하다. 이 분야의 직업을 갈망하는 학생은 법과학 지식으로 입학사정관을 감탄케 할 수 있다.

게임 프로그래밍 (Game Programming)

Summer 1 Penn State, Introduction to 2-D Game Design, Animation and Web Development
Vanderbilt Program for Talented Youth, Digital Storytelling: Narration Through the Web, Graphic Design and Video
Rensselaer Polytechnic, Computer Game Development Academy
Duke TIP Center, Java for Video Games

Summer 2 Case Western CTD Equinox, Introduction to Computer Game Design
Penn State, Advanced 2-D Game Design
Northeastern University (Boston), Video Game Design Fundamentals

Summer 3 Columbia University Summer, Computer Graphics through Game Programming
UCLA Design/Media Arts Summer Institute, Game Design
USC Summer Session, Introduction to Video Game Design

Summer 4 Johns Hopkins, Discover Hopkins Pre-College, Machinima
Carnegie Mellon, National High School Game Academy

이 4개년 계획은 학생들 스스로 게임을 만들어보도록 해준다. (그리고 결국 마지막 여름에는 카네기 멜론의 *National High School Game Academy Awards* 경연에 참가한다.) 고등학교 네 해 여름 동안 단순히 게임만 한 학생들에 비해 이런 예술가이자 혁신자, 창작자가 대학에 얼마나 더 매력적일지 상상해 보라.

유전학 (Genetics)

- **Summer 1** Johns Hopkins CTY, Genetics, and Genomics
  Brown, Summer Studies, Genetics and Human Behavior
- **Summer 2** Case Western CTD, Genetics and Biotechnology Honors Phillips Exeter Academy, Genetic Engineering/Molecular Biology
- **Summer 3** Penn State, Genetics, Ecology & Evolution
  Brown, Techniques in DNA Based Biotechnology and Molecular Basis of Human Disease
- **Summer 4** University of Michigan, Math-Science Scholars Program, Genes to Genomics
  Northwestern College Prep, Genetics & Evolution Genetics research at a university or laboratory

이러한 네 해 여름 프로그램은 고등학교 학습 과정과 조심스럽게 조율하여 학생이 고교 생물 및 고교 화학 지식을 충분히 갖춘 상태에서 임하도록 해야 하며, 이를 위해 때로는 AP 과정이 필요할 수 있는데 그래야만 해당 과정에서 제대로 득을 볼 수 있기 때문이다. 최종학년이나 그 전 학년까지는 유전학에 충분한 지식이 쌓여 여름 연구를 실시하고 고등학교 과학 연구 경쟁에 참여할 만하게 된다.

행정학 (Government)

- **Summer 1** Choate Rosemary Hall John F. Kennedy Institute of Government
- **Summer 2** Junior Statesmen Program
  Georgetown University Summer, U.S. Political Systems
- **Summer 3** Harvard Summer School, Introduction to American Government
  George Washington Summer Mini-Course, Election Politics: Building a Campaign
- **Summer 4** Presidential Classroom Scholars Program, Washington D.C.
  University of Connecticut Mentor Program, Adventures in Saving the World Government internship

이 계획은 11학년이나 12학년 전 여름까지 정부에서 하는 인턴십이나 여름방학에 하는 정치 캠페인에 참여할 단단한 교육적 배경이 되어주고 또 실제 크리덴셜도 된다. 정치학 수업만으로 대학을 현혹할 수는 없을지라도 인턴십이나 캠페인 과정이 학생을 빛나게 할 수 있다.

산업디자인 (Industrial Design)

Summer 1   Johns Hopkins CAA, Principles of Engineering Design Auburn University (Alabama) Industrial Design Work-shop
Duke TIP Academy, Shaping the Future, Product Design for the New Millenium
Summer 2   UCLA Summer Session, Nature of Design
Summer 3   Columbia Summer, Engineering Design via Community Service
Pratt Institute, New York, Pre-College Program, Interior Design
Parsons New School of Design, New York, Product Design
Rhode Island School of Design, Pre-College Industrial Design (or Furniture Design)
Summer 4   Pratt Institute, New York, Pre-College Industrial Design
Carnegie Mellon Pre-College Fine Arts Program in Design

새로운 자동차 사진을 꿈꾸는 젊은 예술가나 일상 용품 및 기타 품목의 디자인 개선을 꿈꾸는 아이에게도 몇몇 유명한 엔지니어링 디자인 프로그램에서는 대학 학점과 경험을 제공한다.

국제 관계 (International Relations)

Summer 1   Dickinson College, Comparative Law and International Relations
Auburn University World Affairs Camp (Model U.N.) Duke University TIP Global Dialogues Institute (at Wake Forest University)
Summer 2   Johns' Hopkins CTY Princeton, Global Politics: Human Rights & Justice
Putney Student Travel Global Awareness trips to El Salvador, Malawi, India,

　　　　　Madagascar, Cambodia, or U.S. Gulf Coast
　　　Duke TIP, World Politics: Diplomat's Perspective— London
`Summer 3`　Georgetown, International Relations Program for High School Students
　　　Harvard Summer School, variety of international relations courses
　　　Tufts, Ethics and Global Citizenship
　　　Presidential Classroom, Future World Leaders Summit Washington and Lee
　　　　　University, Global Scholar High School Program
`Summer 4`　Yale, International Dimensions of Democratization American Field Service
　　　　　internship in orphanage in Ghana
　　　Johns Hopkins CTY (Princeton), Global Issues in the 21st Century

이 중 일부 과정과 프로그램을 이수하는 학생은 조지타운, 하버드, 예일, 존스홉킨스 등의 대학교에서 대학 한 학기 학점을 넘는 14학점까지 취득이 가능하고 국제 관계 전문 지식을 습득할 수 있다. 또한 학생은 해외 체류 교육과정이나 해외 지역사회 봉사 활동을 하고자 시간을 들여 독립적인 여행을 해두어야 한다(놀러 가는 십 대 여행 말고).

언론학 (Journalism)

`Summer 1`　Syracuse University Summer Pre-College, Public Communications
`Summer 2`　Indiana University Summer High School Journalism Institute, newspaper/
　　　　　newsmagazine, TV news, photojournalism
　　　George Washington University Photojournalism
`Summer 3`　Presidential Classroom, Media and Democracy Program
　　　University of Missouri, full menu of summer journalism classes
`Summer 4`　Miami University of Ohio, Junior Scholars Program, News Writing and
　　　　　Reporting for All Media
　　　Northwestern Summer High School Institute, intensive journalism (eighty-eight
　　　　　students)

자녀가 고등학교 신문 편집인인지 여부와 관계없이 위의 4개년 여름 과정을 따른다면 고등학교를 졸업할 때까지 저널리즘에 관해서 다른 학생보다 두 배는 더(심지어 진로 지도 선생님보다도 더) 잘 알게 될 것이다. 이 계획의 과정은 한 학기 상당의 학점을 제공하고 사진 보도, 미디어 윤리 및 논픽션 글쓰기에 대한 견고한 기초를 제공함과 동시에 대학에서 편집장 또는 핵심 기자 역할을 할 수 있는 자격을 만들어 준다. 이 프로그램을 보완하고 대학을 놀라게 하고 싶다면, 학생은 기사 또는 논설을 써 출판하도록 해야 한다.

조경 (Landscape Design)

Summer 1 University of Michigan Math and Science Summer Scholars Program: Why Here? Reading Diverse Landscapes

Summer 2 Penn State Architecture-Landscape Architecture Camp USC, Designing the Architectural Landscape of Tomorrow

Summer 3 Ball State University College of Architecture and Planning (CAP) High School Summer Workshop on Environmental Design

Parsons New School of Design, New York, The Edge of the City: Architecture and Landscape

Barnard College, Urban Landscapes, Exploring New York Cityscapes

Summer 4 Harvard Summer School, Crucial Issues in Landscape Creation and Perception

University of Miami School of Architecture, Explorations in Architecture and Design (including landscape)

떠오르는 분야인 조경 설계 분야에서 전문성을 얻는 것 말고도 이 주제가 주는 배경은 궁극적으로 건축학, 컴퓨터 게임의 가상 경관 디자인, 도시 계획 또는 공원 관리 쪽으로 나가는 데 유용하다.

법학 (Law)

Summer 1 Johns Hopkins CAA, Great Cases: American Legal History
Brown University Mini-Course, Law and Criminality in American History
Duke TIP Center, Criminal Law and Mock Trial
Summer 2 Case Western Reserve CTD, Equinox, Law & Politics Honors
Furman College, Mock Trial: Who Kidnapped Bailey Reynolds?
Summer 3 Northwestern College Prep, Introduction to Philosophy of Law
UCLA's Mock Trial Institute and Summer Law Institute
Cornell University, Freedom and Justice
George Washington University Mini-Course, Law and Evidence, Inside Criminal Law
Summer 4 Columbia University, Summer Program for High School Students, Constitutional Law or Leadership in Law
University of Pennsylvania, Law and Society, Criminology
University of Chicago, American Law and Litigation Presidential Classroom, Law and Justice in a Democracy

문학 (Literature)

Summer 1 Great Books Summer Program (Stanford or Amherst campuses)
Duke TIP Center, From Frodo to Jon Snow, The Evolution of Fantasy Literature, and From Wonderland to Hogwarts
Summer 2 Harvard, Shakespeare
Brown University, Russian Short Stories from Karamzin to Chekhov
Summer 3 Duke TIP Center, The Play's the Thing, Performance, Popular Culture and Shakespeare's Dramatic Works
Cornell University, Genius and Madness in Literature
Cornell Explorations, Imaginative Argument in English Literature
University of Dallas, Shakespeare in Italy
Summer 4 TASP (Telluride Program)
University of Pennsylvania, 18th Century British Literature, Satire

이 4년짜리 여름 옵션은 셰익스피어에서 해리 포터에 이르기까지 광범위한 문학 분야 전문 지식을 학생들에게 제공하며 하버드, 스탠퍼드, 듀크, 코넬, 암허스트의 문학 과정을 학생들이 경험하게 한다. 또한, 댈러스 대학교의 이탈리아 과정은 베네치아, 파도바, 시칠리아, 베로나의 셰익스피어 작품에 중점을 두고 있다. 학생이 어떤 프로그램을 선택하든, 여름 내내 문학 레퍼토리를 만들기 위해 작품을 읽어야 한다.

해양과학, 해양생물학 (Marine Biology and Ocean Science)

Summer 1 Johns Hopkins (CTY and CAA) courses in Hawaii: Oceanography, the Hawaiian Pacific
The Life Cycle of an Island: Hawaii
Earthwatch, Grey Whale Migrations (family trip), British Columbia

Summer 2 Johns Hopkins CAA, The Blue Crab, The Chesapeake Bay Oyster, or Whales and Estuary Systems
Earthwatch, Belize Reef Survey
Oceanic Society Expeditions, Marine Mammals (in Belize)
Students on Ice, Youth Whale-Watch, Gulf of St. Lawrence
Duke TIP courses: Coastal Ecology, Marine Biology, Marine Zoology, Oceanography, and Physiological Ecology in North Carolina Outer Banks

Summer 3 Duke TIP, Beneath the Surface: Marine Biology and Neuroscience, Sarasota Bay, New College of Florida
Earthwatch, Bahamian Reef Survey, San Salvador Island
Apply to Student Challenge Awards Program (SCAP)
Stanford, The Oceans: Introduction to the Marine Environment
Brown University, The Hidden Island, Marine Science (Kohala, Hawaii)

Summer 4 Cornell, Oceanography of the Gulf of Maine, living aboard a ship and on Shoals Island to conduct research
USC, Oceanography of the Southern California Bight, living aboard ship and on Catalina Island to conduct research
Student Conservation Society, volunteer at choice of national parks

이 계획을 통해 학생들은 세계에서 매우 아름다운 여러 해변에서 소중한 해양생물학과 환경 연구를 할 수 있다. 이 프로그램 중 일부는 대학 학점을 주며 해양과학, 대양학, 보존학 또는 동물원학 프로그램을 보유한 대학에 지원할 때 좋은 인상을 줄 것이다.

수학: 숫자이론 또는 경시대회 훈련
(Math: Number Theory or Olympiad Training)

Summer before 8th grade   Stanford University, Math Olympiad Problem-Solving
(grades 8to 10), Education Program for Gifted Youth
Summer 1   Awesome Math Summer Program (Olympiad)
Enroll: The Art of Problem Solving online courses for fall (Olympiad)
Summer 2   Canada/USA Mathcamp
Enroll: The Art of Problem Solving online courses for fall (Olympiad)
Summer 3   Ross Program at Ohio State University, Number Theory
PROMYS at Boston University, Number Theory Hampshire College Summer Studies in Math, Number Theory
Enroll: The Art of Problem Solving online courses for fall
Summer 4   Ross Program at Ohio State University, Combinatorics
Enroll: The Art of Problem Solving online courses for fall

이 4개년 여름 계획은 전 세계 손꼽히는 최고 고등학교 수학도 중 한 명이 되기를 원하는 학생이 걸었던 경로를 기반으로 한 것이다. 문외한의 생각과는 반대로, 학생들이 자기 또래의 수학도가 누구인지를 알게 되고 소수 정예 경쟁자들과 일대일로 대면하게 되는 이 프로그램에서 수학은 짜릿한 즐거움이다. 이 프로그램을 잘 수행하여 어느 대학이든지 자신만의 티켓으로 쓰도록 하라.

의학 (Medicine)

Summer 1 Johns Hopkins CTY, History of Disease, Neuroscience, Introduction to Biomedical Sciences
Johns Hopkins CAA, Pharmacology & Toxicology, Biotechnology
Duke TIP Academy, Introduction to Medical Science
Duke TIP Center, Medicine in America, Disease and Immunology
University of Michigan Math/Science Scholars, Mysteries of Embryology

Summer 2 Duke TIP Center, Biology of Cancer, Neuroscience, Medical Ethics
Brown University Mini-Courses include Introduction to Medicine, Medical Microbiology, Epidemiology, Waging War on Cancer, Nervous System Function, Sport Physiology, Bio-Medical Science, Molecular Basis of Human Disease, Research Techniques in Biomedical Fields

Summer 3 Duke TIP, Tropical Medicine and Ethnobiology, Costa Rica
University of Pennsylvania, Penn Summer Science Academy, Biomedical Research Program: Frontiers & Challenges
University of Kansas School of Pharmacy Summer Camp
University of Connecticut Mentor Connections, Drug Development

Summer 4 UCSF Department of Pediatrics High School Summer Internship
Jackson Laboratory, Bar Harbor Maine, summer research
National Institutes of Health (NIH) Summer Internship in Biomedical Research

고등학생 대상의 의학 및 질병 치료 연구 여름 프로그램이 아주 많이 있다. 일반적인 목표는 학생들에게 11학년, 12학년까지 독자적인 연구를 실시하여 미국 최고의 과학 및 의학 연구 대회에 참가할 수 있도록 하는 것이다. 또한, 이 과정 중 일부를 수강하는 학생은 잠재적으로 질병이나 기타 특수 분야의 전문가가 될 수 있으며, 이러한 크리덴셜은 몇 년 뒤(학부뿐만 아니라) 의과전문대에 지원할 때 도움이 될 수 있다.

기상학 (Meteorology)

Summer 1   Weather Academy, University of Missouri
　　Brown University SPARK program, Forces of Nature: Monster Storms, Global
　　　　Warming, and the Science of Weather
　　Penn State University Weather Camp
　　University of Michigan Math and Science Summer Scholars, Modeling Daisyworld
　　　　(controlling climate)
Summer 2   University of Missouri, Introductory Meteorology on-line course, Center for
　　　　Distance and Independent Study (CDIS)
　　University of Wisconsin, Madison, Meteorological Co-operative Institute for
　　　　Meteorological Satellite Studies
　　　　Summer Workshop on Atmospheric, Earth, and Space
　　　　Sciences for High School Students
　　Brown University BELL program (environment leadership, global warming)
Summer 3   Furman College (South Carolina), Understanding and Using GIS and GPS
　　Northeastern University, Disasters, Nature's Violence, and the Human Threat
Summer 4   University of Connecticut Mentor Connection, Earth From Above, Exploring
　　　　Our Environment via Remote Sensing
　　Johns Hopkins Discover Hopkins Program, Global Warming
　　Johns Hopkins Pre-College Program, Introduction to Meteorology
　　Internship with the National Weather Service

이 프로그램으로 학생들은 기상학에 대한 전문 지식과 원격 감지 장치 및 위성 연구를 포함한 기상 학자가 사용하는 도구에 대해 익숙해진다.

신화와 설화 (Mythology and Folktales)

Summer 1   Brown University Summer and Continuing Studies, Mythology and
　　　　Classical Roots of Western Literature
　　Duke TIP Center, Mind and Myth

Summer 2   Cornell Explorations, Greek Mythology, Intensive Ancient Greek

Summer 3   Harvard, two concurrent courses: Gods & Rituals in Greek Tragedy and Fairytales: Their Tellers, Hearers & Interpreters or Introduction to Irish Myth and Folklore

Summer 4   Miami University of Ohio, Junior Scholars, Classical Mythology

University of Missouri, Columbia, Classical Mythology Brandeis University, Adolescent Literature from Grimm to Voldemort

Duke TIP Pre-College, Fairy Tales: Grimm to Disney

신화와 설화가 어린애들만을 위한 것이라고 생각한다면, 하버드에 민속학과 신화학 학부 과정이 있는 것을 주목해 보라. 고대 그리스와 로마 신화에 관심 있는 학생들은, 4개년 여름 과정에서 잘만 고른다면 전국 신화 시험이나 메두사 신화 시험 같은 가장 유명한 전국 대회에 참가할 수 있을 것이다.

신경과학 (Neuroscience)

Summer before 8th grade   Brown University SPARK program, From Brain to Sensation

Johns Hopkins CTY, Neuroscience

Summer 1   Brown University, three courses: Brain Basics from Biology to Behavior, Vision: A Glimpse of the Brain and The Brain from Neurons to Behavior

Summer 2   Case Western Reserve CTD, Neuroscience Honors

Summer 3   Brown University Summer Courses Pre-College, Introduction to Neuroscience

Harvard University Summer, Neurobiology

Summer 4   University of Connecticut Mentor Connection, Brain Power: Unraveling the Development of the Cerebral Cortex, research

신경과학은 현재 의학 연구의 최첨단 분야 중 하나이며, 여름 프로그램을 통해 대학에서는 고등학생에게 뇌를 공부하고 독자적인 뇌 연구를 수행할 기회를 준다. 이것은 여름 기회의 샘플일 뿐이다. 이 길을 가고자 하는 고등학생은 최종학년이 되면 최고 연구 대학에서 공부를 했을 것이며 대학 학점이 쌓였을 것이다. 미국 신경학회 경연대회 신경과학상(Neuroscience Award)을 포함한 주요 과학 및 신경과학 경시대회에 참여할 수 있는 독자적인 신경과학 연구를 실제로 수행했을 것이다.

고생물학 (Paleontology)

Summer 1 Johns Hopkins CTY, Paleobiology
Earthwatch, family trip Mammoth Graveyard, Hot Springs, South Dakota
Royal Tyrrell Museum, Alberta, Canada, family one-day digs (age four and up)
Summer 2 Paleo World Research Foundation Montana Dinosaur Expedition (for families)
Colorado College, Geology of the Pike's Peak Region
Summer 3 UCLA, Dinosaurs and Their Relatives
Landmark Volunteers, Paleontological Research Institution
Volunteer at Rocky Mountain (bird) Raptor Program
Summer 4 University of Chicago Stones and Bones Paleontology (Chicago classes, Wyoming digs)
Volunteer at the Smithsonian Institution National Museum of Natural History or Dinosaur National Monument

고생물학에 관심이 있는 학생을 위한 창조적인 4개년 여름 계획에는 워싱턴 D. C.의 Smithsonian Institution National Museum of Natural History 인턴십과 더불어 캐나다, 사우스다코타, 와이오밍에서 진행하는 발굴 체험, 콜로라도주와 유타주의 Dinosaur National Monument 방문이 있다. 이 과정을 추구하는 학생은 대학 지원 절차가 시작될 때까지 11학점을 누적할 수 있다.

철학 (Philosophy)

Summer 1 Duke TIP Academy, Philosophy of Mind and The Philosophic Quest: In Search of Wisdom
Johns Hopkins Talent Search choices include Ethics, and Logic, Principles of Reasoning, Philosophy of Mind, Philosophy, and Introduction to Logic
Summer 2 Duke TIP Academy, Existentialism and Beyond
Johns Hopkins Pre-College Introduction to Political Philosophy
Johns Hopkins Pre-College Introduction to Moral Philosophy
Brown University Pre-College Mini-Courses: Giants of Philosophy, Themes from Existentialism, Meaning of Life, and more
Summer 3 Harvard Summer Session, Introduction to Philosophy concurrent with Harvard Introduction to Deductive Logic
UCLA, Introduction to Philosophy of Mind
Summer 4 Stanford Summer choices include Philosophy East and West, Introduction to Moral Philosophy, The Perception of Others, and Logic, Reasoning & Argumentation
Georgetown University, Introduction to Ethics

다른 분야는 학생들에게 4개년 여름 동안 "보여줄 수 있는 무언가"를 줄 수 있지만, 진지한 철학 학생은 생각과 아이디어의 노트북을 그리고 가능하면 블로그까지 보완해야 한다. 또한, 철학 학생은 아마도 철학 교수가 멘토링하는 철학 관련 연구를 중심으로 하여 대학 수준의 사회과학 연구를 해보도록 해야 한다.

시문학 (Poetry)

Summer 1 Interlochen, Intermediate Level Creative Writing
Summer 2 Sarah Lawrence College (New York), Free Verse Poetry: Reining In & Letting Loose
Brown University, Pre-College Mini-Course, Creative Writing/Poetry

`Summer 3` Susquehanna University (Pennsylvania), Writers Workshops (poetry)
    University of Arizona Poetry Center, Get Your Verse On: Poetry Workshop for High School Writers
    Iowa Young Writers' Studio (poetry)
`Summer 4` Columbia University, Creative Writing Master Classes in Poetry
    Barnard College, Poetry in New York
    Johns Hopkins, Introductory Workshop in Poetry
    Yale, Writing the Lyric

이 길을 걷고자 하는 학생들은 최종학년에 올라갈 때까지 대학 지원 때 보여줄 만한 작품을 많이 만들어두어야 한다. 시인은 고등학교 문학 잡지에 기고해야 하며(없다면 그러한 간행물을 찾아야 한다.), 해마다 시 경연에 나가야 한다. 매년 발행하는《Writer's Market book》에서 리스트를 찾아라.《Poets & Writers》도 확인하라. 시인 지망생이라면 인사말 카드 회사를 통한 작품 출판도 고려할 수 있겠다. 인사말 카드 회사의 정보는《Writer's Market》에서도 볼 수 있다. 많은 어린이 잡지는 아이들이 쓴 시를 좋아한다. 부모는《Children's Writer's & Illustrator's Market》도 구입해야 한다. 또한, 많은 지역 신문들은 편집된 페이지에 가끔 시를 발표하며, 전문 잡지는 종종 자기 주제와 관련된 시를 기꺼이 출판한다, 학생들은 이런 곳에도 투고해야 한다. 자신의 민족 언어로 글을 쓴 학생이라면 민족 신문 및 잡지에 시를 게재해야 한다.

심리학 (Psychology)

`Summer 1` Duke TIP Center program, Abnormal Psychology
    Johns Hopkins CTY, Cognitive Psychology
    Johns Hopkins CAA, Foundations of Psychology
    Brown University Mini-Courses offer a wide range of topics including Genetics and Human Behavior, Addictive Behaviors, Abnormal Psychology, Mood Disorders, Introduction to Clinical Psychology
`Summer 2` Northwestern College-Prep, options include Social Psychology,

　　　　Introduction to Psychology, Developmental Psychology, Research Methods
　　University of Chicago, Developmental Psychology, Theories and Techniques
　　Brown University Summer, Controversies in Mood Disorders (and many more psychology options)
- **Summer 3** University of Pennsylvania Introduction to Experimental Psychology
- **Summer 4** Harvard Summer Seminar, Behavior and Behavior Modification
　　Stanford, a wide range of options includes Social Psychology, Cognitive Psychology, Developmental Psychology, Personality, Self and Identity
　　University of Connecticut Mentor Connection offers multiple research opportunities in autism and also memory

고등학생을 위한 여름 강좌를 제공하는 대부분의 대학은 심리학을 기본 옵션으로 한다. 진정으로 대학에 좋은 인상을 주려면 11, 12학년 때까지는 과학 연구 대회에 참가할 수 있도록 실험실 전문가의 감독 하에 심리학 연구를 수행해야 할 것이다. 그러려면 그 전 고등학교 저학년 여름에 대학 수준의 과목을 수강해 두어야 한다.

종교학 (Religion)

- **Summer 1** Duke TIP Center, World Religions
　　UCLA, Introduction to the Philosophy of Religion
- **Summer 2** Johns Hopkins CTY, Islam
　　Brown University Mini-Courses offer a wide range of options, including Buddhism, Meaning of Life, Religious Traditions
- **Summer 3** Harvard University, Perspectives of Islam: Religion, History, and Culture
　　Washington University, Science Fiction & Religion: May the Force Be with You
　　Vanderbilt University, Comparative Religions
- **Summer 4** Stanford University, American Evangelicalism
　　Washington University, Introductionto the World's Religions
　　Brown University, Philosophy of Religion

비교종교학 과정은 다른 분야와 달리, 해마다 바뀌는 경향이 있다. 어떤 대학에서든지 여름 코스를 찾을 때 목록에서 R(종교학) 항목이 안 보이면 C(비교종교학)를 찾아라. 특정 종교의 가르침을 탐구하려는 학생은 대학 외에 신학교, 순례 여행 단체 및 종교 기관을 방문하라.

로봇공학 (Robotics)

Summer before 8th grade Rensselaer Polytechnic Institute, LEGO® Robotics Academy

Summer 1 Stanford University's Education Program for Gifted Youth, Introduction to Computer Programming, Java & Robotics
Lake Superior State University (Michigan), Robotics Summer Camp
Cybercamps (locations across America)
iD Tech Camp (locations across America)
Rocky Mountain Talent Search, Robotics (University of Denver)
NASA Alliance Robotics Course Project Vex online
Vanderbilt Summer Academy, Robotics

Summer 2 Case Western Reserve Equinox, CTD, Introduction to Robotics
USC Summer, Introduction to Robotic Design
Brown University Mini-Course, Robot Rover Derby

Summer 3 Stanford University, EPGY, Java and Robotics
North Carolina State, Autonomous Robotics Workshop
Arizona State, ROBOTS Camp for Girls

Summer 4 Harvard Secondary Program, Engineering Sciences
S-160 Mobile Robot and Embedded Programming

최종학년까지 로봇공학의 진정한 전문가가 되는 열쇠는 수학 및 컴퓨터 프로그래밍을 충분히 배우는 것이다. 이상적으로, 로봇공학을 하려면 학교에서 배우는 수학 과정과 교내 컴퓨터 클럽, 학교 수학 팀, 학교 외의 인터넷 기반 전미 컴퓨터 경시대회, 학교의 FIRST 로봇 경진대회 팀 같은 교과 밖의 활동이 조화를 이루도록 해야 한다.

로큰롤 및 대중음악 (Rock and Roll and Popular Music)

Summer 1 Rock and Roll Camp, ends with campers' rock concert
Battle of the Bands, Explore Camp, Queens University (Charlotte, North Carolina)
Brown University Mini-Course, Hip-Hop, Punk and Country
Summer 2 Penn State University, Music: The History of Rock 'N Roll
USC Summer Seminars, Electric Guitar—Jazz, Rock and Beyond
Columbia College in Chicago, Fundamentals of Record Production
Summer 3 UCLA Design/Media Arts Summer Institute, Music Video
Northwestern University College-Prep, two courses: The Beatles, A Multidisciplinary Mystery Tour, and Rap Music
Summer 4 Northeastern University (Boston), The Entertainment Industry Rock 'n Roll Fantasy Camp (child attends with parents)

이 계획은 로큰롤 음악가 또는 팝스타 경험 공연, 음악 산업 감각, 그리고 역사, 음악 이론, 레퍼토리 및 음악 감상을 포함하는 문화 교육을 포함하고 있다. 이 프로그램을 지향하는 학생은 대학 인터뷰에서 로큰롤에 대해 지적으로 말할 수 있어야 한다. 또한, 적절한 아이에게 그것은 그저 재밋거리다.

과학소설 및 기타 소설 (Science Fiction and Other Fiction)

Summer 1 Simon's Rock College (Great Barrington, Massachusetts) Summer Young Writers Workshop, three-week program (not sci-fi)
Johns Hopkins CTY, The Critical Essay: Science Fiction (writing about science fiction) Duke TIP Center, Science Fiction (reading)
Summer 2 Duke TIP Academy, Science Fiction and Society: Interstellar Battleships and Beyond
University of Kansas, Science Fiction Writers Workshop (also available as online course Science Fiction, English 506)
Summer 3 Iowa Young Writers' Studio (fiction)
Washington University, Science Fiction & Religion: May the Force Be with You

`Summer 4` Duke University TIP, Creative Writing Ghost Ranch, write novella

조직된 프로그램에서 쓰는 것 외에도 프로그램에 참석한 후 여름마다 적어도 소설 1편씩을 써야 한다. 이 4개년 계획이 끝날 때쯤이면 학생은 과학 픽션 소설 3편을 쓰고 최대 6학점을 얻었을 것이다. 학부모는 자녀를 위한 출판 기회 및 소설이나 글쓰기 경연을 알아보고, 원고 개선을 위해 편집상 조언을 해줄 수 있는 지역 멘토(지역 저널리스트, 작가, 영어 선생)를 찾아야 한다. 자녀의 글이 출판되도록 도우려면 최신판 《Children's Writer's & Illustrator's Market》을 구하라.

시나리오, 극작 (Screenplay Writing / Playwriting)

`Summer 1` Interlochen Summer Camp, Playwriting
  Duke University TIP, Screenwriting
`Summer 2` Northwestern University College Prep, Foundations of Screenwriting
  Barnard College, Columbia University (New York), Fiction Film: Page to Screen
`Summer 3` Yale University Summer Program, Screenwriting
  University of Pennsylvania, Pre-College Screenwriting Workshop
  USC Summer Screen/Playwriting (complete twenty-page play)
`Summer 4` Harvard Summer, Beginning Screenwriting
  NYU Tisch, Dramatic Writing for High School Students (Summer Screenwriting and Summer Play Writing)

이 프로그램의 대부분은 학생이 고등학교를 졸업할 때쯤 제작할 수 있는 시나리오의 포트폴리오를 구성하는 데 도움이 된다. 만약, 당신이 영화 제작을 전공으로 하는 명문 대학의 입학위원회에 있다면, 4년 여름방학 내내 텔레비전을 보고 대본만 많이 갖고 있던(실제로 써보지는 않은) 또래보다 이 학생에게 훨씬 더 매력을 느낄 것이다.

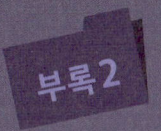
부록2

기관, 시설, 행사명 찾아보기

한 국어판에서는 책을 읽어나가는 데 걸림이 없도록 여러 번 언급되는 학교나 경시대회, 여름학교 등은 이름을 번역하여 전달하는 것을 원칙으로 하였다. 그러나 미국 대학 입학을 예정하고 준비하는 학부모와 학생이 책에 언급된 정보를 검색할 수 있도록 한 번만 언급되는 기관 명칭 등은 원어로 표기했으며, 덧붙여 여기에 가나다순, 알파벳순 찾아보기를 제공한다.

알파벳순

Academy of Applied Science · 185
Academy of Television Arts & Sciences College TV Awards 전국 텔레비전 기술과학 아카데미 · 254
Acting and Performing Institute UCLA 연기 공연학교 · 204, 308
Acting in Film Workshop · 204
Actors Workshop · 204
All-USA High School Musician 전미 고등학생 음악 대표 · 215
Alliance for Young Artists & Writers · 194
Alvin Ailey Summer Intensive Program 앨빈 에일리 여름 집중강좌 프로그램 · 220, 306
American Academy of Neurology Competition 미국 신경학회 경연대회 · 152, 322
American Computer Science League, ACSL · 147
American Film Institute 아메리칸 필름 인스티튜트 · 254
American Invitational Mathematics Exam, AIME · 111, 114~115, 116, 117, 123, 124
American Legion · 273
American Legion Auxiliary · 273
American Mathematics Competitions, AMC 미국 수학 경시대회 · 111, 113~118, 121, 122, 123, 124, 125

American Overseas Research Centers
American Regions Math League, ARML · 111, 118~119, 126, 128, 134, 136
Amherst College 암허스트 대학 · 128, 241, 245, 316~317
AP Scholars AP 상 · 87
Appalachian Tales 애팔래치아 이야기 · 232
Apprentice Writer · 223
Art Center College of Design(California) 아트센터 디자인 칼리지 · 254
Art Institute of Chicago 시카고 미술관 · 85, 93, 196, 198, 303, 310
Art of Problem Solving Foundation 문제 풀이의 기술 재단 · 116, 123~124
Arts Recognition and Talent Search 예술 재능 발탁 사업 · 190, 194, 195
Association of Talent Agents, ATA · 208, 209
AwesomeMath 어섬매스 · 123, 124~125
AwesomeMath Yearround, AMY · 124
Babson 뱁슨 칼리지 · 26, 283
Ball State University 볼스테이트 대학교 · 254, 303, 315
Barnard College 바나드 대학 · 272
Baylor Debate Workshops 베일러 토론 워크숍 · 276

Baylor University 베일러 대학교 • 179, 276
Beloit 벌로이트 • 239
Bentley College in Massachusetts 매사추세츠의 벤틀리 대학 • 287, 305
Berkeley, UCB 버클리 • 25, 125, 132, 205, 230, 254, 277
Boston University Tanglewood Institute 탱글우드 학교 • 219
Boston University's Institute 보스턴대 TV, 영화, 라디오 학교 • 253
Boys Forum of National Government
Boys Nation 보이스 네이션 • 273
Brigham Young 브리검 영 • 254
Brown University 브라운 대학교 • 25, 58, 118, 242, 246, 290, 302, 304, 305, 306, 308, 310, 312, 316, 317, 319, 320, 321, 323, 324, 325, 326, 327
Cal National Debate Institute 전캘리포니아 토론 교실 • 277
Cal State Summer School for the Arts 캘리포니아 주립대 여름 미술학교 • 86
CalArts, CalArts 칼아츠, 캘리포니아 예술학교 • 25, 254
California Institute of Technology, Caltech, CIT 캘리포니아 공과대학교, 칼테크 • 17, 25, 45, 112, 115, 117~118, 179
Cameron University 캐머론 대학교
Camp Bentley 벤틀리 훈련소 • 287, 305
Carnegie Mellon 카네기 멜론 • 63, 195, 204, 206, 308, 311, 313
Carnegie Mellon, National High School Game Academy 카네기 멜론, 전국 고등학교 게임아카데미 • 63, 311
Caroll College 캐롤 칼리지 • 55
Carver Center 카버 센터 • 192
Center for Academic Advancement, CAA • 50, 51, 64, 240, 300, 308, 313, 316, 317, 319, 324

Center for Astrophysics, Space Physics and Engineering Research, CASPER • 152, 179
Center for Excellence in Education • 176
Center for Talent Development, CTD • 49, 231, 300
Center for Talent Development, Case Western CTD Equinox • 63, 300, 307, 311, 312, 316, 321, 326
Center for Talented Youth, CTY 청년 영재 센터 • 49, 50, 51, 53, 64, 112, 133, 146, 240, 300, 302, 304, 307, 312, 313, 314, 317, 319, 321, 322, 324, 325, 327
Championship Debate Group 챔피언십 토론회 • 276, 307
Christopher Columbus Fellowship Foundation 크리스토퍼 콜럼버스 펠로 재단 • 187
City College of New York 뉴욕 시티 칼리지 • 254
Civic Education Project, CEP • 266
Civic Engagement & Contemporary Social Issues 시민 참여 및 사회 현안 • 266
Civic Leadership Institute, CLI • 89, 266
Claremont McKenna 클레어몬트 매케나 • 26
Clark Atlanta University 클라크 애틀랜타 대학교 • 254
Clay Mathematics Institute 클레이 수학연구소 • 47, 131~132
College for Creative Studies(Detroit) 디트로이트의 크리에이티브 스터디스 칼리지 • 254
College of Agriculture and Life Sciences 농업 및 생명과학대 • 260
Colorado College 콜로라도 칼리지 • 220, 322
Columbia College's High School Summer Institute 컬럼비아 대학의 고교 여름학교 • 252, 310, 327
Columbia(University) Scholastic Press Association, CSPA • 256~257

Concord Review 콩코드 리뷰 • 242
Concordia 콩코르디아 • 239
Congressional Award Program 의회상 프로그램 • 17, 89, 104
Constitutional Rights Foundation 헌법 권리 재단 • 274
Cooper Union 쿠퍼유니언 • 25
Cornell University 코넬 대학교 • 25, 118, 190, 196, 229, 230, 242
Create & Invent Theatre Intensive • 204
Crow Canyon Archaeological Center 크로 캐니언 고고학 센터 • 232
CUNY Baruch 뉴욕 시립대 버룩 칼리지 • 26
Curtis Institute of Music 커티스 음악원 • 25
Cybercamps • 147, 326
Dartmouth College 다트머스 대학 • 242
Dartmouth Debate Institute 다트머스 토론 교실 • 276, 307
Davidson Institute, 데이비슨 인스티튜트 • 49, 94, 152, 218, 223
Davidson THINK Summer Institute 데이비슨 싱크 여름학교 • 49
Delta Epsilon Chi Association, DECA 델타 엡실론 치 협회 • 42, 284, 290
Drexel University High School Contest Exhibition 드렉셀 대학교 고교 사진전 • 191
Duke 듀크 대학교 • 17, 26, 49, 51, 117, 146, 225, 232
Earlham 얼햄 • 239
Earthwatch 어스워치 • 64, 232, 244, 302, 317, 322
Earthwatch Institute 어스워치 인스티튜트 • 232
Eastern Washington University 이스턴 워싱턴 대학교 • 254
Education Program for Gifted Youth, EPGY 소년 영재를 위한 교육 프로그램 • 49, 125, 228, 318, 326
Emerson College 에머슨 칼리지 • 254
Experiment in International Living • 232

Fall Conference 추계 컨퍼런스 • 256~257
Fashion Institute of Technology • 90
Federal Open Market Committee, FOMC 연방 공개 시장 위원회 • 289
Federal Reserve System 연방준비제도 • 289
FIRST Robotics Competition FIRST 로봇 경진대회 • 82, 186
First Step to the Nobel Prize in Chemistry 노벨 화학상 첫걸음 • 152
First Step to the Nobel Prize in Physics 노벨 물리학상 첫걸음 • 17, 152
Fletcher Graduate School 플레처 대학원 • 26
Florida State University Graduate Film School 플로리다 주립 대학교 영화대학원 • 254
Future Business Leaders of America, FBLA • 284
Garcia Program 가르시아 프로그램 • 177~178
George Washington University 조지 워싱턴 대학교 • 272, 309, 312, 314, 316
George Washington University Summer Session 조지 워싱턴 대학교 여름학교 • 272
Georgetown University 조지타운 대학교 • 26, 58, 89, 239, 272, 314
Georgia Institute of Technology 조지아 공대 • 117
Girls Nation 걸스 네이션 • 273~274
Global Routes 글로벌 루츠 • 232
Gonzaga Debate Institute 곤자가 토론교실 • 277
Governors' Schools 주지사 장학생 • 152
Great Books Summer Program 여름 명작 교실 • 245
Guts Round 것츠 라운드 • 119
Hampshire College Summer Studies in Massachusetts, HCSSiM 매사추세츠의 햄프셔 칼리지 여름 수학 연구 • 112, 126, 128, 318
Harvard University 하버드 대학교 • 16, 26, 59, 85,

94, 110, 112, 114, 119, 125, 126, 128, 132, 137, 175, 205, 207, 235, 236, 239, 241, 242, 244, 245, 246, 270, 301, 307, 312, 314, 316, 317, 321, 323, 325, 326, 328
Harvey Mudd 하비머드 • 25, 132, 179
High School Institute at Medill 메딜 스쿨의 하이 스쿨 인스티튜트 • 253, 257
iD Tech Camps • 146, 326
Idyllwild Arts Academy 아이딜와일드 예술학교 • 192, 205
Indiana University 인디애나 대학교 • 55, 231, 257
Indiana University High School Journalism Institute 인디애나 대학교 고교 언론학 교실 • 257, 324
Intel International Science and Engineering Fair, ISEF 인텔 국제 과학 기술전 • 77, 112, 129, 135~136, 178, 180, 184
Intel Science Talent Search, Intel STS 인텔 과학 영재 발굴 사업 • 16, 32, 101, 112, 128, 134, 135, 136, 152, 157, 160, 162, 169, 176, 178, 180, 181, 182, 242, 273,
Interlochen Arts Camp 인터로컨, 인터로컨 예술 캠프 • 193, 196, 198, 219, 226
International Animated Film Association, ASIFA 국제 애니메이션협회 • 84~86
International Chemistry Olympiad 국제 화학 경시대회 • 98
International Extemp 국제 즉석 연설 • 278
International Geography Olympiad 국제 지리학 경시대회 • 241
International Linguistic Olympiad 국제 언어학 경시대회 • 240
International Management Institute 국제경영학교 • 288
International Math Olympiads, IMO 국제 수학 경시대회 • 111, 113, 114, 117, 120, 124, 126,
International Open Amateur Photography Contest 국제 오픈 아마추어 사진대회 • 191
International Student-Teacher Photo Exhibit and Competition 국제 학생 및 교사 사진전 • 191
Iowa Young Writers' Studio 아이오와 청년 작가 교실 • 95, 226, 324, 327
Ithaca College 이타카 칼리지 • 55
John Cannon Memorial Scholarship 존 캐넌 기념 장학금 • 254
Johns Hopkins 존스홉킨스 • 25, 49, 50, 53, 64, 89, 112, 133, 146, 180, 240, 266, 302, 304, 307, 308, 311, 312, 313, 314, 316, 317, 319, 320, 321, 322, 323, 324, 325, 327
Juilliard School 줄리아드 학교 • 42, 207
Junior Engineering and Technical Society(JETS) TEAMS competition, JETS TEAMS competition 청소년 기술공학회 단체전 • 82
Junior Science and Humanities Symposium, JSHS 청소년 과학 인문학 심포지엄 • 137, 152, 185
Junior Statesmen 청소년 정치가 • 89, 272, 312
Junior Statesmen Program 청소년 행정가 프로그램 • 272
Kansas City Art Institute 캔자스 시티 예술학교 • 196, 198
Kansas City Art Institute's Summer Studio Intensives 캔자스 시티 예술학교의 여름 • 196, 198
Kennedy School 케네디 스쿨 • 26
Knowledge Exchange Institute, KEI • 198, 288, 303
Laboratory Institute of Merchandising • 90
Latin in Rome 로마에서 라틴어를 • 238
Lincoln-Douglas Debate 링컨-더글라스 토론 • 277
London International Youth Science Forum 런던 국제 청년 과학 포럼 • 186
Mandelbrot 맨델브로트 • 111, 118

Mathcamp 매스캠프 • 112, 129, 318
MATHCOUNTS 매스카운츠 • 111, 117
Mathematical Olympiad Summer Program,
MOSP • 111, 114, 115, 117, 123, 124
MathScore 매스스코어 • 123~124, 125
Medill School of Journalism 메딜 언론학교 • 257
Medusa Mythology Exam 메두사 신화 시험 • 237
Merlyn's Pen • 223
Miami Debate Institute 마이애미 토론교실 • 277
Miami of Ohio 오하이오 마이애미 대학교 • 237, 253, 305, 314, 321
Michigan Debate Institute 미시간 토론교실 • 277
Michigan State High School Honors Science-Math Engineering Program, HSHSP 미시간 주립대 고등학생 장학 과학-수학 엔지니어링 프로그램 • 178
Middle States Association of Colleges and Schools • 271
Middlebury College 미들버리 대학 • 226
Minority Introduction to Engineering and Science, MITES • 152, 309
Missouri-Kansas Scholars Program 미주리-캔자스 학술 프로그램 • 277
MIT, MIT 매사추세츠 공과대학 • 16, 17, 25, 56, 59, 110, 112, 114, 117, 119, 126~127, 128, 132, 135, 152, 175~176, 179, 309
MIT Women's Technology Program MIT 여성 기술 프로그램 • 152, 309
Music Educators National Conference, MENC • 215, 216
Musical Theatre Extension Program • 205
NAACP ACT-SO Competition NAACP ACT-SO 대회 • 191, 265
National Association for Music Education, MENC • 215, 216
National Association for the Advancement of Colored People, NAACP 전미 흑인 지위향상 협회 • 191, 265
National Biblical Greek Exam 전국 성서 그리스어 시험 • 237
National Forensic Institute • 276
National Forensic League, NFL • 276, 278
National Foundation for Advancement in the Arts, NFAA 전국 예술 진흥 재단 • 190, 194, 195
National Gallery for America's Young Inventors 미국의 젊은 발명가를 위한 내셔널 갤러리 • 17, 152, 187
National Greek Exam 전국 그리스어 시험 • 236
National High School Coon-Hardy Debate Scholars 쿤 하디 전국 고등학교 토론 학회 • 276, 307
National High School Institute, NHSI • 204, 220
National History Club 전국 역사 클럽 • 242
National Junior Classical League 전국 청소년 고전 리그 • 237
National Latin Exam 전국 라틴어 시험 • 235
National Merit Scholarship Winners 내셔널 메리트 장학생 • 87
National Portfolio Day Association 전국 포트폴리오의 날 협회 • 201
National Security Agency, NSA 미 국가안보국 • 116
National Security Language Initiative 국가 안보 언어 구상 • 239
National Speech Tournament 전국 연설 토너먼트 • 278
National Writing Board, NWB 전미 글쓰기 위원회 • 241
New England Young Writers' Conference at Bread Loaf • 226
New Orleans Center for Creative Arts 뉴올리언스 창조예술센터 • 192
New York Film Academy 뉴욕 영화학교 • 85

New York Tech 뉴욕 테크 • 193
North Carolina School of the Arts, NCSA 노스캐롤라이나 예술학교 • 194, 198, 205, 254
North Dakota State 노스다코타 주립대 • 55
North-western's Medill School 메딜 스쿨 • 253, 257, 260
Northern Arizona University 노스애리조나 대학교 • 55
Northwestern University 노스웨스턴 대학교 • 25, 49, 52, 86, 194, 205, 220, 231, 235, 253, 254, 257, 260, 266, 276
Northwestern University School of Music 노스웨스턴 대학교 음악학교 • 220
NYU, NYU 뉴욕 대학교, 뉴욕대 • 25, 26, 84, 86, 112, 254, 260, 304, 306, 308, 328
NYU Stern 뉴욕대 스턴 • 26, 283
NYU's Tisch School, NYU Tisch 뉴욕대 티시, 뉴욕대학교 티시 칼리지 • 25, 194, 196, 204, 206
Oberlin Conservatory 오벌린 컨서버토리 • 25, 194
Ocean Sciences Bowl 해양과학전 • 82
Ohio University 오하이오 대학교 • 253, 254
Ojai 오하이 • 47, 136, 152, 178
Olin 올린 • 25
Otis College 오티스 칼리지 • 196
Ottawa International Animation Festival 오타와 국제 영화제 • 85~86, 98
Ottawa Student Animation Festival 오타와 학생 애니메이션 영화제 • 84~86
Parsons School of Design 파슨스 디자인학교 • 25, 195, 196, 310, 313, 315
Penn Summer Studio in Animation 펜실베이니아대 여름 애니메이션 실기 교실 • 85
Pennsylvania State University, Penn State 펜실베이니아 주립대학교 • 63, 85, 118, 128, 304, 310, 311, 312, 315, 320, 327

Perry-Mansfield 페리맨스필드 • 192
Photo Imaging Education Association • 191
Policy Debate 정책 토론 • 277
Positive Teens magazine • 223
Pratt Institute 프랫 인스티튜트 • 25, 195, 310, 313
PreCollege Research Abroad Program, PRAP • 176
Presidential Classroom Scholars Program
Presidential Scholar 대통령 장학상 • 87, 93, 190, 194, 223,
Princeton University 프린스턴 • 17, 26, 59, 69, 117, 119, 132
Princeton University Mathematics Competition 프린스턴 대학교 수학 경진대회 • 119
Program in Mathematics for Young Scientists, PROMYS • 112, 126, 127~128, 129, 130, 132, 307, 318
Public Forum Debate 공공 간담회 • 277
Putnam Competition 퍼트넘 대회 • 117
Quill and Scroll International Honorary Society of High School Students 퀼 앤드 스크롤 • 260
Ralph Waldo Emerson 랠프 왈도 에머슨 상 • 242
Research Science Institute, RSI • 47, 136, 152, 175~176
Rhode Island School of Design, RISD 로드아일랜드 디자인스쿨 • 25, 85, 194, 195, 196, 197, 303
Rice 라이스 • 25, 117
Robert Morris University 로버트 모리스 대학교 • 254
Rocky Mountain Talent Search 로키 마운틴 재능발굴 • 49, 306, 326
Ross Program at Ohio State University 로스 프로그램 • 47, 112, 126~128, 129, 130, 132, 307, 318
S. I. Newhouse School S.I. 뉴하우스 학교 • 258
San Diego State 샌디에이고 주립대 • 237
San Jose State University 산호세 주립대 • 125

Sarah Lawrence College 새러 로렌스 대학 • 204, 221, 323
Sarah Lawrence Summer Dance 새러 로렌스 여름 무용학교 • 221
Savannah College of Art and Design 사바나 미술 디자인 칼리지 • 254, 310
Scholarship List Service, SLS • 194
Scholastic Art & Writing Award 스콜라스틱 미술 및 글쓰기 상 • 191, 194, 223, 229, 258
School of American Ballet 미국 발레교실 • 221
Science Service 사이언스 서비스 • 180, 184
Seaborg SIYSS 시보그 시스 상 • 184
Siemens Competition in Math, Science and Technology 지멘스 수학 과학 공학 공모전 • 135, 152, 169, 182
Simons Program 시몬스 프로그램 • 177
Smithsonian Institution National Museum of Natural History • 322
Socorro 소코로 • 47, 136, 152, 178
Southeastern University 사우스이스턴 대학교 • 55
Spartan Debate Institutes 스파르타 토론교실 • 277
Spatial Test Battery, STB • 49
Speech-Debate-Broadcast Camp 연설-토론-방송 캠프 • 277
Sphinx Music 스핑크스 • 218
Spring Scholastic Convention 춘계 학술 컨벤션 • 256~257
St. Cloud State University 세인트클라우드 주립대학교 • 254
Stanford University 스탠퍼드 대학교 • 17, 25, 49, 64, 69, 112, 117, 123, 125, 129, 135, 179, 226, 228, 241, 242, 245, 260, 266, 276, 302, 305, 316, 317, 318, 323, 325, 326
Stanford University Math Olympiad Problem-Solving Institute, MOPS 스탠퍼드 대학교 수학 경시대회 문제 풀이회 • 123, 125
Stanford University Mathematics Camp, SUMaC 스탠퍼드 대학교 수학 캠프 • 112, 126, 129~130
Stockholm International Youth Science Seminar, SIYSS • 184
Stony Brook 뉴욕 주립대 스토니 브룩 • 177~178
Student Congress 학생 의회 • 277
Student Conservation Association, SCA 학생 환경보전 협회 • 17, 241, 243, 267
Student Emmies 학생 에미상 • 249, 254~255
Study of Exceptional Talent, SET • 53
Summer at Stanford 스탠퍼드 여름학교 • 226
Summer Dance Intensive: Extraordinary Dance 여름 무용 집중강좌: 특이 무용 • 220
Summer Law Institute 여름 법률학교 • 274
Summer Science Programs, SSP • 47, 136, 152, 178
Summer Secondary School Drama Program • 205
Summer Textile Exploration Program • 90
SUNY Cortland 뉴욕 주립대 코틀랜드 • 55
SUNY Purchase 뉴욕 주립대학교 퍼체이스 칼리지 • 25, 206
Susquehanna University 서스퀘하나 대학교 • 222, 324
Swarthmore 스워스모어 • 230
Syracuse 시러큐스 대학교 • 258, 261
Talent Identification Program, TIP • 49, 64, 93, 146, 225, 231, 287, 300, 301, 302, 304, 306, 307, 308, 309, 310, 311, 313, 314, 316, 317, 320, 321, 323, 324, 325, 327, 328
Tanglewood 탱글우드 음악 축제 • 128
Telluride Association Sophomore Seminars, TASS • 230

The Harvard-MIT Mathematics Tournament, HMMT 하버드-MIT 수학 토너먼트 • 119
The Tournament of Champions 챔피언스 토너먼트 • 277
Toyota Community Scholars Program 도요타 지역사회 장학 프로그램 • 87
Tufts University 터프츠 대학교 • 25, 26, 314
U.S. Geography Olympiad 미국 지리학 경시대회 • 241
UC Berkley UC 버클리 • 125
UC Berkley Graduate School of Journalism UC 버클리 언론대학원 • 254
UC Davis UC 데이비스 • 125
UC Irvine UC 어바인 • 125
UCLA Design Summer Institute UCLA 여름 디자인 학교 • 63, 198, 303
UCLA Design/Media Arts Summer Institute UCLA 디자인/미디어아츠 여름학교 • 63, 311, 327
UCLA School of the Arts and Architecture UCLA 미술 및 건축학교 • 196
UCLA Summer Dance-Theatre Intensive UCLA 여름 무용-공연 집중강좌 • 221, 306
UCLA's Summer Language Intensives UCLA 여름 언어 집중강좌 • 239, 240, 266
UCLA's World Music Summer Institute and Music Academy UCLA의 월드뮤직 여름학교 및 음악 아카데미 • 220
United States Senate Page School 미국 상원의원 사환학교 • 271
University of California Los Angeles, UCLA 캘리포니아 대학교 로스앤젤레스 • 25, 63, 84, 196, 198, 201, 205, 220, 221, 235, 239, 240, 252, 254, 266, 274, 301, 303, 304, 306, 307, 308, 311, 313, 316, 322, 323, 326, 327
University of Chicago 시카고 대학교 • 26, 316, 322, 325
University of Colorado, UC 콜로라도 대학교 • 125
University of Dallas 댈러스 대학교 • 238, 316~317
University of Denver 덴버 대학교 • 49, 51, 306, 326
University of Florida 플로리다 대학교 • 254
University of Houston Debate Institute 휴스턴대 토론교실 • 277
University of Iowa 아이오와 대학교 • 118
University of Kentucky 켄터키 대학교 • 277
University of Maine (Machias) 메인 주립대 마키어즈 • 55
University of Maryland 메릴랜드 대학교 • 141, 287
University of Miami 마이애미 대학교 • 277, 310, 315
University of Michigan 미시간 대학교 • 229, 230, 239, 277
University of Michigan Summer Language Institute 미시간 대학교 여름 언어학교 • 239
University of Missouri 미주리 대학교 • 258, 261
University of Nebraska 네브래스카 대학교 • 114, 215
University of North Texas Mean Green Workshops 노스텍사스 대학교의 민 그린 워크숍 • 277
University of Oregon 오리건 대학교 • 254
University of Pennsylvania, Penn 펜실베이니아 대학교 • 58, 85, 93, 128, 239, 240, 242, 260, 279, 282, 287, 290, 302, 316, 319, 325, 328
University of Pittsburgh 피츠버그 대학교 • 55
University of Richmond National Debate Institute 리치먼드 대학교 전국 토론교실 • 277
University of San Diego 샌디에이고 대학교 • 125
University of Texas in Austin 텍사스 대학교, 오스틴 텍사스 대학교 • 75, 142, 229, 236, 254
University of the Arts in Philadelphia 필라델피

아 예술종합대학교 • 85
University of Utah 유타 대학교 • 125
University of Vermont 버몬트 대학교 • 55, 277
University of Wisconsin 위스콘신 대학교 • 75, 142
University of Wyoming 와이오밍 대학교 • 125
USA Biology Olympiad 전미 생물학 경시대회 • 77, 142
USA Computing Olympiad 전미 컴퓨터 경시대회 • 17, 142, 326
USA Mathematical Olympiad, USAMO 전미 수학 경시대회 • 17, 111, 114, 116, 120, 123, 124, 136, 142
USA Mathematics Talent Search, USAMTS 미국 수학 영재 발굴 • 111, 116~117
University of Southern California, USC 서던캘리포니아 대학교 • 25, 84, 194, 254, 261, 287, 304, 306, 307, 311, 315, 317, 326, 328
USC Annenberg USC 아넨버그 • 261
USC Summer Basic Animation Technique 서던캘리포니아 대학교 기초 애니메이션 기법 • 85
Virginia 버지니아대 • 117
Visual Arts Scholastic Event, VASE • 191
Wake Forest University 웨이크 포레스트 대학교 • 277, 313

Wake Forest University Debate Workshops 웨이크 포레스트 대학교 토론 워크숍 • 277
Wall Street 101 월스트리트 101 • 287, 305
Washington and Lee University 워싱턴 앤드 리 대학교 • 279, 314
Washington University, UW 워싱턴 대학교 • 302, 325, 327
Washington University in St. Louis 세인트루이스 워싱턴 대학교 • 125, 229
We the People • 272
Wharton 와튼 스쿨, 와튼 경영대 • 26, 41, 58, 207, 282, 287, 288, 290
Whitman National Debate Institute 휘트먼 전국 토론교실 • 277
Woodrow Wilson School 우드로윌슨 스쿨 • 26
World Debate Institute 세계 토론교실 • 277
Worldwide Online Olympiad Training, WOOT • 124
Writer's Art: Creative Writing • 225
Yale University 예일 대학교 • 17, 25, 42, 59, 114, 117, 128, 204, 230, 235, 236, 241, 242, 268, 270, 279, 308, 310, 314, 324, 328
Young Women's Leadership Institute 젊은 여성을 위한 지도력 강좌 • 272

가나다순

가르시아 프로그램 Garcia Program • 177~178
걸스 네이션 Girls Nation • 273~274
곤자가 토론교실 Gonzaga Debate Institute • 277
공공 간담회 Public Forum Debate • 277
국가 안보 언어 구상 National Security Language Initiative • 239
국제 수학 경시대회 International Math Olympiads, IMO • 111, 113, 114, 117, 120, 124, 126
국제 애니메이션협회 International Animated Film Association, ASIFA • 84~86
국제 언어학 경시대회 International Linguistic Olympiad • 240
국제 오픈 아마추어 사진대회 International Open Amateur Photography Contest • 191
국제 즉석 연설 International Extemp • 278
국제 지리학 경시대회 International Geography Olympiad • 241
국제 학생 및 교사 사진전 International Student-Teacher Photo Exhibit and Competition • 191
국제 화학 경시대회 International Chemistry Olympiad • 98
국제경영학교 International Management Institute • 288
글로벌 루츠 Global Routes • 232
내셔널 메리트 장학생 National Merit Scholarship Winners • 87
네브래스카 대학교 University of Nebraska • 114, 215
노벨 물리학상 첫걸음 First Step to the Nobel Prize in Physics • 17, 152
노벨 화학상 첫걸음 First Step to the Nobel Prize in Chemistry • 152
노스다코타 주립대 North Dakota State • 55
노스애리조나 대학교 Northern Arizona University • 55
노스웨스턴 대학교 Northwestern University • 25, 49, 52, 86, 194, 205, 220, 231, 235, 253, 254, 257, 260, 266, 276
노스웨스턴 대학교 음악학교 Northwestern University School of Music • 220
노스캐롤라이나 예술학교 North Carolina School of the Arts, NCSA • 194, 198, 205, 254
노스텍사스 대학교의 민 그린 워크숍 University of North Texas Mean Green Workshops • 277
농업 및 생명과학대 College of Agriculture and Life Sciences • 260
뉴올리언스 창조예술센터 New Orleans Center for Creative Arts • 192
뉴욕 대학교, 뉴욕대 NYU, NYU • 25, 26, 84, 86, 112, 254, 260, 304, 306, 308, 328
뉴욕 시립대 버룩 칼리지 CUNY Baruch • 26
뉴욕 시티 칼리지 City College of New York • 254
뉴욕 영화학교 New York Film Academy • 85
뉴욕 주립대 스토니 브룩 Stony Brook • 177~178
뉴욕 주립대 코틀랜드 SUNY Cortland • 55
뉴욕 주립대학교 퍼체이스 칼리지 SUNY Purchase • 25, 207
뉴욕 테크 New York Tech • 193
뉴욕대 스턴 NYU Stern • 26, 283
뉴욕대 티시, 뉴욕 대학교 티시 칼리지 NYU's Tisch School, NYU Tisch • 25, 194, 196, 205, 207
다트머스 대학 Dartmouth College • 242
다트머스 토론 교실 Dartmouth Debate Institute • 276, 307
대통령 장학상 Presidential Scholar • 87, 93, 190, 194, 223
댈러스 대학교 University of Dallas • 238, 316~317
데이비슨 싱크 여름학교 Davidson THINK Summer

Institute • 49

데이비슨 인스티튜트 Davidson Institute, • 49, 94, 152, 218, 223

덴버 대학교 University of Denver • 49, 51, 306, 326

델타 엡실론 치 협회 Delta Epsilon Chi Association, DECA • 42, 284, 290

도요타 지역사회 장학 프로그램 Toyota Community Scholars Program • 87

듀크 대학교 Duke • 17, 26, 49, 51, 117, 146, 225, 232

드렉셀 대학교 고교 사진전 Drexel University High School Contest Exhibition • 191

디트로이트의 크리에이티브 스터디스 칼리지 College for Creative Studies(Detroit) • 254

라이스 Rice • 25, 117

랠프 왈도 에머슨 상 Ralph Waldo Emerson • 242

런던 국제 청년 과학 포럼 London International Youth Science Forum • 186

로드아일랜드 디자인스쿨 Rhode Island School of Design, RISD • 25, 85, 194, 195, 196, 197, 303

로마에서 라틴어를 Latin in Rome • 238

로버트 모리스 대학교, 피츠버그 Robert Morris University(Pittsburgh) • 254

로스 프로그램 Ross Program at Ohio State University • 47, 112, 126~128, 129, 130, 132, 307, 318

로키 마운틴 재능 발굴 Rocky Mountain Talent Search • 49, 306, 326

리서치 사이언스 인스티튜트 Research Science Institute, RSI • 47, 136, 152, 175~176

리치먼드 대학교 전국 토론교실 University of Richmond National Debate Institute • 277

링컨-더글라스 토론 Lincoln-Douglas Debate • 277

마이애미 대학교 University of Miami • 277, 310, 315

마이애미 토론교실 Miami Debate Institute • 277

매사추세츠 공과대학 MIT, MIT • 16, 17, 25, 56, 59, 110, 112, 114, 117, 119, 126~127, 128, 132, 135, 152, 175~176, 179, 309

매사추세츠의 벤틀리 대학 Bentley College in Massachusetts • 287, 305

매사추세츠의 햄프셔 칼리지 여름 수학 연구 Hampshire College Summer Studies in Massachusetts, HCSSiM • 112, 126, 128, 318

매스스코어 MathScore • 123~124, 125

매스카운츠 MATHCOUNTS • 111, 117

매스캠프 Mathcamp • 112, 129, 318

맨델브로트 Mandelbrot • 111, 118

메두사 신화 시험 Medusa Mythology Exam

메딜 스쿨 North-western's Medill School • 253, 257, 260

메딜 스쿨의 하이스쿨 인스티튜트 High School Institute at Medi, ll • 253, 257

메딜 언론학교 Medill School of Journalism • 257

메릴랜드 대학교 University of Maryland • 141, 287

메인 주립대 마키어즈 University of Maine (Machias) • 55

문제 풀이의 기술 재단 Art of Problem Solving Foundation • 116, 123~124

미 국가안보국 National Security Agency, NSA • 116

미국 발레교실 School of American Ballet • 221

미국 상원의원 사환학교 United States Senate Page School • 271

미국 수학 경시대회 American Mathematics Competitions, AMC • 111, 113~118, 121, 122, 123, 124, 125

미국 수학 영재 발굴 USA Mathematics Talent Search, USAMTS • 111, 116~117

미국 신경학회 경연대회 American Academy of Neurology Competition • 152, 322

미국 지리학 경시대회 U.S. Geography Olympiad • 241

미국의 젊은 발명가를 위한 내셔널 갤러리 National Gallery for America's Young Inventors • 17, 152,

187

미들버리 대학 Middlebury College • 226

미시간 대학교 University of Michigan • 229, 230, 239, 277

미시간 대학교 여름 언어학교 University of Michigan Summer Language Institute • 239

미시간 주립대 고등학생 장학 과학-수학 엔지니어링 프로그램 Michigan State High School Honors Science-Math Engineering Program, HSHSP • 178

미시간 토론교실 Michigan Debate Institute • 277

미주리 대학교 University of Missouri • 258, 261

미주리-캔자스 학술 프로그램 Missouri-Kansas Scholars Program • 277

바나드 대학 Barnard College • 272

밥슨 칼리지 Babson • 26, 283

버몬트 대학교 University of Vermont • 55, 277

버지니아대 Virginia • 117

버클리 Berkeley, UCB • 25, 125, 132, 205, 230, 254, 277

벌로이트 Beloit • 239

베일러 대학교 Baylor University • 179, 276

베일러 토론 워크숍 Baylor Debate Workshops • 276

벤틀리 훈련소 Camp Bentley • 287, 305

보스턴대 TV, 영화, 라디오 학교 Boston University's Institute • 253

보이스 네이션 Boys Nation • 273

볼스테이트 대학교 Ball State University • 254, 303, 315

브라운 대학교 Brown University • 25, 58, 118, 242, 246, 290, 302, 304, 305, 306, 308, 310, 312, 316, 317, 319, 320, 321, 323, 324, 325, 326, 327

브리검 영 Brigham Young • 254

사바나 미술 디자인 칼리지 Savannah College of Art and Design • 254, 310

사우스이스턴 대학교 Southeastern University • 55

사이언스 서비스 Science Service • 180, 184

산호세 주립대 San Jose State University • 125

새러 로렌스 대학 Sarah Lawrence College • 205, 221, 323

새러 로렌스 여름 무용학교 Sarah Lawrence Summer Dance • 221

샌디에이고 대학교 University of San Diego • 125

샌디에이고 주립대 San Diego State

서던캘리포니아 대학교 USC, USC • 25, 84, 194, 254, 261, 287, 304, 306, 307, 311, 315, 317, 326, 328

서던캘리포니아 대학교 기초 애니메이션 기법 USC Summer Basic Animation Technique • 85

서스쿼하나 대학교 Susquehanna University • 222, 324

세계 토론교실 World Debate Institute • 277

세인트 클라우드 주립대학교, 미네소타? St. Cloud State University(Minnesota) • 254

세인트루이스 워싱턴 대학교 Washington University in St. Louis • 125, 229

소년 영재를 위한 교육 프로그램 Education Program for Gifted Youth, EPGY • 49, 125, 228, 318, 326

소코로 Socorro • 47, 136, 152, 178

스워스모어 Swarthmore

스콜라스틱 미술 및 글쓰기 상 Scholastic Art & Writing Award • 191, 194, 223, 229, 258

스탠퍼드 Stanford • 17, 25, 49, 64, 69, 112, 117, 123, 125, 129, 135, 179, 226, 228, 241, 242, 245, 260, 266, 276, 302, 305, 316, 317, 318, 323, 325, 326

스탠퍼드 대학교 수학 캠프 Stanford University Mathematics Camp, SUMaC • 112, 126, 129~130

스탠퍼드 대학교 수학경시대회 문제 풀이회 Stanford University Math Olympiad Problem-Solving Institute, MOPS • 123, 125

스탠퍼드 여름학교 Summer at Stanford • 226

스파르타 토론교실 Spartan Debate Institutes • 277

스핑크스 Sphinx Music • 218

시러큐스 대학교 Syracuse • 258, 261

시몬스 프로그램 Simons Program • 177

시민 참여 및 사회 현안 Civic Engagement & Contemporary Social Issues • 266

시보그 시스 상 Seaborg SIYSS • 184

시카고 대학교 University of Chicago • 26, 316, 322, 325

시카고 미술관 Art Institute of Chicago • 85, 93, 196, 198, 303, 310

아메리칸 필름 인스티튜트 American Film Institute • 254

아이딜와일드 예술학교 Idyllwild Arts Academy • 192, 205

아이오와 대학교 University of Iowa • 118

아이오와 청년 작가 교실 Iowa Young Writers' Studio • 226

아트센터 디자인 칼리지 Art Center College of Design(California) • 254

암허스트 대학 Amherst College • 128, 242, 245, 316~317

애팔래치아 이야기 Appalachian Tales • 232

앨빈 에일리 여름 집중강좌 프로그램 Alvin Ailey Summer Intensive Program • 220, 306

어섬매스 AwesomeMath • 123, 124~125

어스워치 Earthwatch • 64, 232, 244, 302, 317, 322

어스워치 인스티튜트 Earthwatch Institute • 232

얼햄 earlham • 239

에머슨 칼리지 Emerson College • 254

여름 명작 교실 Great Books Summer Program • 245

여름 무용 집중강좌: 특이 무용 Summer Dance Intensive: Extraordinary Dance • 220

여름 법률학교 Summer Law Institute • 274

연방 공개 시장 위원회 Federal Open Market Committee, FOMC • 289

연방준비제도 Federal Reserve System • 289

연설-토론-방송 캠프 Speech-Debate-Broadcast Camp • 277

예술 재능 발탁 사업 Arts Recognition and Talent Search • 190, 194, 195

예일 대학교 Yale University • 17, 25, 42, 59, 114, 117, 128, 205, 230, 235, 236, 241, 242, 268, 270, 279, 308, 310, 314, 324, 328

오리건 대학교 University of Oregon • 254

오벌린 컨서버토리 Oberlin Conservatory • 25, 194

오타와 국제 영화제 Ottawa International Animation Festival • 85~86, 98

오타와 학생 애니메이션 영화제 Ottawa Student Animation Festival • 84~86

오티스 칼리지 Otis College(Los Angeles) • 196

오하이 Ojai • 47, 136, 152, 178

오하이오 대학교 Ohio University • 253, 254

오하이오 마이애미 대학교 Miami of Ohio • 237, 253, 305, 314, 321

올린 Olin • 25

와이오밍 대학교 University of Wyoming • 125

와튼 스쿨, 와튼 경영대 Wharton • 26, 41, 58, 207, 282, 287, 288, 290

우드로윌슨 스쿨 Woodrow Wilson School • 26

워싱턴 대학교 Washington University, UW • 302, 325, 327

워싱턴 앤드 리 대학교 Washington and Lee University • 279, 314

월스트리트 101 Wall Street 101 • 287, 305

웨이크 포레스트 대학교 Wake Forest University • 277, 313

웨이크 포레스트 대학교 토론 워크숍 Wake Forest University Debate Workshops • 277

위스콘신 대학교 University of Wisconsin • 75, 142

유타 대학교 University of Utah • 125

의회상 프로그램 Congressional Award Program • 17, 89, 104

이스턴 워싱턴 대학교 Eastern Washington University • 254

이타카 칼리지 Ithaca College • 55
인디애나 대학교 Indiana University • 55, 231, 257
인디애나 대학교 고교 언론학 교실 Indiana University High School Journalism Institute • 257, 324
인터로컨, 인터로컨 예술 캠프 Interlochen Arts Camp • 193, 196, 198, 219, 226
인텔 과학영재 발굴 사업 Intel Science Talent Search, 인텔 STS • 16, 32, 101, 112, 128, 134, 135, 136, 152, 157, 160, 162, 169, 176, 178, 180, 181, 182, 242, 273
인텔 국제 과학 기술전 Intel International Science and Engineering Fair, ISEF • 77, 112, 129, 135~136, 178, 180, 184
전국 고등학생 대상 학교 National High School Institute, NHSI • 205, 220
전국 그리스어 시험 National Greek Exam • 236
전국 라틴어 시험 National Latin Exam • 235
전국 성서 그리스어 시험 National Biblical Greek Exam • 237
전국 역사 클럽 National History Club • 242
전국 연설 토너먼트 National Speech Tournament • 278
전국 예술 진흥 재단 National Foundation for Advancement in the Arts, NFAA • 190, 194, 195
전국 청소년 고전 리그 National Junior Classical League • 237
전국 텔레비전 기술과학 아카데미 Academy of Television Arts & Sciences College TV Awards • 254
전국 포트폴리오의 날 협회 National Portfolio Day Association • 201
전미 고등학생 음악 대표 All-USA High School Musician • 215
전미 글쓰기 위원회 National Writing Board, NWB • 241
전미 생물학 경시대회 USA Biology Olympiad • 77, 142
전미 수학 경시대회 USA Mathematical Olympiad, USAMO • 17, 111, 114, 116, 120, 123, 124, 136, 142
전미 컴퓨터 경시대회 USA Computing Olympiad • 17, 142, 326
전미 흑인 지위향상 협회 National Association for the Advancement of Colored People, NAACP • 191, 265
전캘리포니아 토론교실 Cal National Debate Institute • 277
젊은 여성을 위한 지도력 강좌 Young Women's Leadership Institute • 272
정책 토론 Policy Debate • 277
조지 워싱턴 대학교 George Washington University • 272, 309, 312, 314, 316
조지 워싱턴 대학교 여름학교 George Washington University Summer Session • 272
조지아 공대 Georgia Institute of Technology • 117
조지타운 대학교 Georgetown • 26, 58, 89, 239, 272, 314
존 캐넌 기념 장학금 John Cannon Memorial Scholarship • 254
존스홉킨스 Johns Hopkins • 25, 49, 50, 53, 64, 89, 112, 133, 146, 180, 240, 266, 302, 304, 307, 308, 311, 312, 313, 314, 316, 317, 319, 320, 321, 322, 323, 324, 325, 327
주지사 장학생 Governors' Schools • 152
줄리아드 학교 Juilliard School • 42, 207
지멘스 수학 과학 공학 공모전 Siemens Competition in Math, Science and Technology • 135, 152, 169, 182
챔피언스 토너먼트 The Tournament of Champions • 277
챔피언십 토론회 Championship Debate Group • 276, 307
청년 영재 센터 Center for Talented Youth, CTY • 49,

50, 51, 53, 64, 112, 133, 146, 240, 300, 302, 304, 307, 312, 313, 314, 317, 319, 321, 322, 324, 325, 327
청소년 과학 인문학 심포지엄 Junior Science and Humanities Symposium, JSHS • 137, 152, 185
청소년 기술공학회 단체전 Junior Engineering and Technical Society(JETS) TEAMS competition, JETS TEAMS competition • 82
청소년 정치가 Junior Statesmen • 89, 272, 312
청소년 행정가 프로그램 Junior Statesmen Program • 272
초트 로즈마리 홀 존 F. 케네디 행정학 교실 Choate Rosemary Hall John F. Kennedy Institute of Government • 272
추계 컨퍼런스 Fall Conference • 256~257
춘계 학술 컨벤션 Spring Scholastic Convention • 256~257
카네기 멜론 Carnegie Mellon • 63, 195, 205, 308, 311, 313
카네기 멜론, 전국 고등학교 게임아카데미 Carnegie Mellon, National High School Game Academy • 63, 311
카버 센터 Carver Center • 192
칼아츠, 캘리포니아 예술학교 CalArts, CalArts • 25, 254
캐롤 칼리지 Caroll College • 55
캐머론 대학교 Cameron University
캔자스 시티 예술학교 Kansas City Art Institute • 196, 198
캔자스 시티 예술학교의 여름 Kansas City Art Institute's Summer Studio Intensives • 196, 198
캘리포니아 공과대학교, 칼테크 California Institute of Technology, Caltech, CIT • 17, 25, 45, 112, 115, 117~118, 179
캘리포니아 대학교 로스앤젤레스 University of California Los Angeles, UCLA • 25, 63, 84, 196, 198, 201, 205, 220, 221, 235, 239, 240, 252, 254, 266, 274,

301, 303, 304, 306, 307, 308, 311, 313, 316, 322, 323, 326, 327
캘리포니아 주립대 여름 미술학교 Cal State Summer School for the Arts • 86
커티스 음악원 Curtis Institute of Music • 25
컬럼비아 대학의 고교 여름학교 Columbia College's High School Summer Institute • 252, 310, 327
케네디 스쿨 Kennedy School • 26
켄터키 대학교 University of Kentucky • 277
코넬 Cornell Engineering • 25, 118, 190, 196, 229, 230, 242
콜로라도 대학교 University of Colorado, UC • 125
콜로라도 칼리지 Colorado College • 220, 322
콩코드 리뷰 Concord Review • 242
콩코르디아 Concordia • 239
쿠퍼유니언 Cooper Union • 25
쿤 하디 전국 고등학교 토론 학회 National High School Coon-Hardy Debate Scholars • 276, 307
퀼 앤드 스크롤 Quill and Scroll International Honorary Society of High School Students • 260
크로 캐니언 고고학 센터 Crow Canyon Archaeological Center • 232
크리스토퍼 콜럼버스 펠로 재단 Christopher Columbus Fellowship Foundation • 187
클라크 애틀랜타 대학교 Clark Atlanta University • 254
클레어몬트 매케나 Claremont McKenna • 26
클레이 수학연구소 Clay Mathematics Institute • 47, 131~132
탱글우드 음악 축제 Tanglewood • 128
탱글우드 학교 Boston University Tanglewood Institute • 219
터프츠 대학교 Tufts University • 25, 26, 314
테네시 대학교, 녹스빌 University of Tennessee in Knoxville
텍사스 대학교, 오스틴 텍사스 대학교 University of

Texas in Austin • 75, 142, 229, 236, 254
파슨스 디자인학교 Parsons School of Design • 25, 195, 196, 310, 313, 315
퍼트넘 대회 Putnam Competition • 117
페리맨스필드 Perry-Mansfield • 192
펜실베이니아 대학교 University of Pennsylvania, Penn • 58, 85, 93, 128, 239, 240, 242, 260, 279, 282, 287, 290, 302, 316, 319, 325, 328
펜실베이니아 대학교 대학전? University of Pennsylvania Pre-College
펜실베이니아 대학교, 아넨버그 University of Pennsylvania(Annenberg) • 260
펜실베이니아 주립대학교 Pennsylvania State University, Penn State • 63, 85, 118, 128, 304, 310, 311, 312, 315, 320, 327
펜실베이니아대 여름 애니메이션 실기 교실 Penn Summer Studio in Animation • 85
프랫 인스티튜트 Pratt Institute • 25, 195, 310, 313
프린스턴 Princeton University • 17, 26, 59, 69, 117, 119, 132
프린스턴 대학교 수학 경진대회 Princeton University Mathematics Competition • 119
플레처 대학원 Fletcher Graduate School
플로리다 대학교 University of Florida • 254
플로리다 주립 대학교 영화대학원 Florida State University Graduate Film School • 254
피츠버그 대학교 브래드퍼드 University of Pittsburgh (Bradford) • 55
필라델피아 예술종합대학교 University of the Arts in Philadelphia • 85
하버드 대학교 Harvard University • 16, 26, 59, 85, 94, 110, 112, 114, 119, 125, 126, 128, 132, 137, 175, 205, 207, 235, 236, 239, 241, 242, 244, 245, 246, 270, 301, 307, 312, 314, 316, 317, 321, 323, 325, 326, 328
하버드 여름학교 Harvard Summer School
하버드-MIT 수학 토너먼트 The Harvard-MIT Mathematics Tournament, HMMT • 119
하비머드 Harvey Mudd • 25, 132, 179
학생 에미상 Student Emmies • 249, 254~255
학생 의회 Student Congress • 277
학생 환경보전 협회 Student Conservation Association, SCA • 17, 241, 267
학생 환경보전 협회 Student Conservation Association, SCA • 17, 241, 243, 267
해양과학전 Ocean Sciences Bowl • 82
헌법 권리 재단 Constitutional Rights Foundation • 274
휘트먼 전국 토론교실 Whitman National Debate Institute • 277
휴스턴대 토론교실 University of Houston Debate Institute • 277
AP 상 AP Scholars • 87
FIRST 로봇 경진대회 FIRST Robotics Competition • 82, 186
MIT 여성 기술 프로그램 MIT Women's Technology Program • 152, 309
UC 데이비스 UC Davis • 125
UC 버클리 UC Berkley • 125
UC 버클리 언론대학원 UC Berkley Graduate School of Journalism • 254
UC 어바인 UC Irvine • 125
UCLA 디자인/미디어아츠 여름학교 UCLA Design/Media Arts Summer Institute • 63, 311, 327
UCLA 미술 및 건축학교 UCLA School of the Arts and Architecture • 196
UCLA 여름 디자인 학교 UCLA Design Summer Institute • 63, 198, 303
UCLA 여름 무용-공연 집중강좌 UCLA Summer Dance-Theatre Intensive • 221, 306
UCLA 여름 언어 집중강좌 UCLA's Summer Language Intensives • 239, 240, 266
UCLA 연기 공연 학교 Acting and Performing

Institute • 205, 308

UCLA의 월드뮤직 여름학교 및 음악 아카데미
UCLA's World Music Summer Institute and Music Academy • 220

USC 아넨버그 USC Annenberg • 261

옮긴이 이정근

서울에서 태어나 서울대학교 의과대학을 졸업하고 서울대학교병원 방사선과에서 전공의를 했다. 지금은 건국대병원 영상의학과 교수로 일하고 있다. 대한흉부영상의학회 간행위원장으로 주저자로서 영문 의학 교과서 『Imaging of Lung Cancer』(군자출판사)를 냈다. 일반 독자를 대상으로 『어디가 아프십니까, 쉽게 쓴 백 가지 병 이야기』(조선일보사)를 썼고, 골프를 무척 좋아하여 골프 스윙과 스토리 그리고 골프 클럽에 관해 망라한 책 『나는 골프가 즐겁다』(군자출판사)도 출판 예정에 있다.

현지 학부모가 알려주는
미국대학
진학코디

초판 1쇄 인쇄 2020년 2월 5일
초판 1쇄 발행 2020년 2월 10일

지은이 **엘리자베스 위스너그로스**
옮긴이 **이정근**
발행처 **사냥꾼**
발행인 **계관웅**
표지 디자인 **이정훈**
본문 디자인 **보임디자인(주)**
전산 **최원석**

출판신고 등록번호 **제2006-000210호**
주소 **서울시 강남구 삼성로 324, 3층 (대치동, 신해청상가)**
전화 **02-554-9897**
팩스 **02-553-9895**
이메일 **xpertprep@naver.com**

값 **19,000원**

ISBN **979-11-954910-6-3 03370**